# 红庄社区志

《红庄社区志》编纂委员会 编

苏州大学出版社

### 图书在版编目(CIP)数据

红庄社区志/王志强,刘建根,毛俊杰主编;《红庄社区志》编纂委员会编. —苏州:苏州大学出版社,2017.7
 ISBN 978-7-5672-2118-5

Ⅰ.①红… Ⅱ.①王… ②刘… ③毛… ④红… Ⅲ.①社区－概况－苏州 Ⅳ.①D669.3

中国版本图书馆 CIP 数据核字(2017)第 101156 号

| | |
|---|---|
| 书　　名: | 红庄社区志 |
| 编　　者: | 《红庄社区志》编纂委员会 |
| 主　　编: | 王志强　刘建根　毛俊杰 |
| 责任编辑: | 倪浩文 |
| 装帧设计: | 倪浩文 |
| 出版发行: | 苏州大学出版社 |
| | (苏州市十梓街1号　215006) |
| 印　　刷: | 苏州市大元印务有限公司 |
| 开　　本: | 787 mm×1 092 mm　1/16 |
| 插　　页: | 14 |
| 印　　张: | 19.5 |
| 字　　数: | 495 千字 |
| 版　　次: | 2017 年 7 月第 1 版 |
| 印　　次: | 2017 年 7 月第 1 次印刷 |
| 书　　号: | ISBN 978-7-5672-2118-5 |
| 定　　价: | 168.00 元 |

苏州大学版图书若有印装错误,本社负责调换
苏州大学出版社营销部　电话:0512-65225020
苏州大学出版社网址　http://www.sudapress.com

## 《红庄社区志》编纂委员会

主　　任：刘建根

副主任：毛俊杰

委　　员：钱志林　王建方　王晓宏　张　燕　陆康健　陆水福

## 《红庄社区志》编纂委员会办公室

主　　任：毛俊杰

副主任：王志强

主　　编：王志强　刘建根　毛俊杰

编写组：王志强　毛永元　郭水云　顾会水根　王纪根

编　　务：张　燕

## 《红庄社区志》审定单位

中共红庄社区委员会

红庄社区居民委员会

吴中区城南街道社会事业科

吴中区地方志办公室

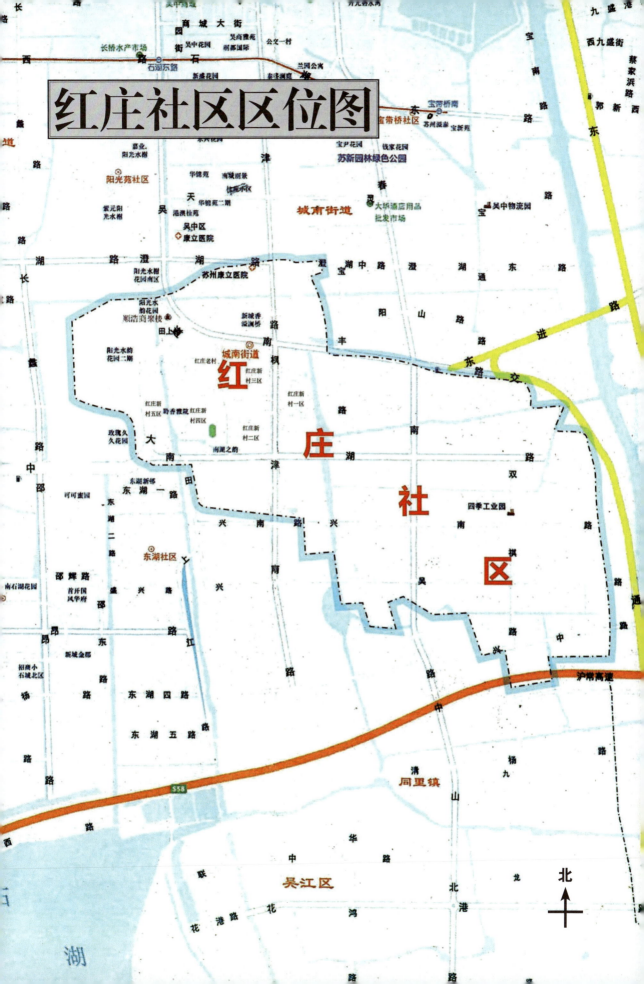

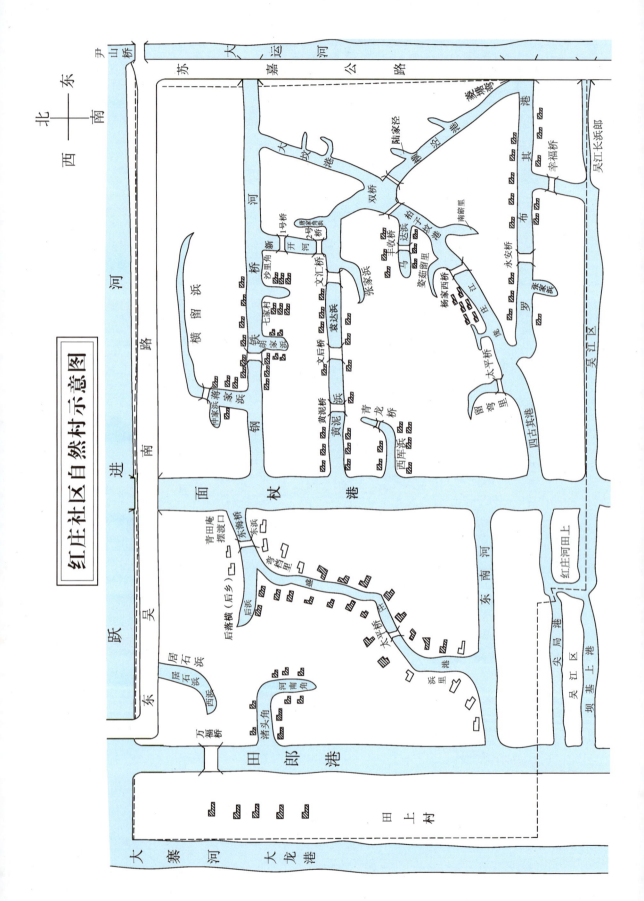

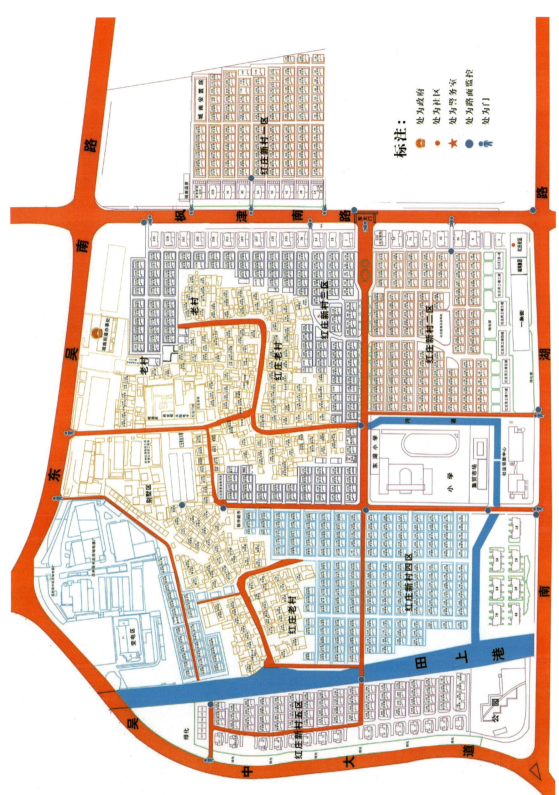

红庄社区居住区示意图（2015年）

红庄社区办公楼

红庄商贸区(致远大厦)

红庄新村大门

吴中区城南街道办事处

香溢澜桥商住楼

红庄商贸区(城南大厦)

红庄社区警务室

苏报集团城南研发大楼

2010年11月7日,公安部副部长黄明(前排左二)视察红庄社区外来人口管理

2010年11月8日,中央综治办主任、政法委副秘书长陈冀平(右三)视察红庄社区法制教育

2010年6月21日,江苏省公安厅副厅长秦军(右二)视察红庄社区警务室

2011年11月4日,苏州市委常委、政法委书记王翔(左四)、吴中区委书记俞杏楠(右二)视察红庄社区建设

2008年9月5日,苏州市副市长、市公安局局长张跃进(右三)视察红庄社区社会管理

2008年11月28日,吴中区委副书记孙卓(左四)视察红庄新村居民区

社区夜景

垄地
（2001年5月摄）

犁（耕）田
（1965年10月摄）

手扶拖拉机耕（打）田
（1972年5月摄）

拔秧
（1978年6月摄）

莳（插）秧
（1978年6月摄）

晒席草
（1969年8月摄）

采收茭白（打茭白）
（1975年10月摄）

采摘莲藕（捉藕）
（1968年9月摄）

采摘蔬菜
（1985年6月摄）

采摘菱角
（1965年摄于南白洋菱荡）

红庄社区集市一角
（2013年5月摄）

收割前的席草田
（1969年6月摄）

西瓜
（1975年10月摄）

油菜
（1978年4月摄）

莲藕
（1968年6月摄）

蚕豆
（1978年3月摄）

种植初期的席草田
（1969年3月摄）

鱼塘
（1968 年摄）

水稻田
（1978 年 11 月摄）

小麦
（1978 年 3 月摄）

农用水泥船
(1978年摄)

古桥（一）

古桥（二）

尹西工业小区
（2013年摄）

亿模科技公司
（2013年摄）

三威集团公司
（2013年摄）

石湖中学
（2014年5月摄）

石湖中学开学典礼
（2014年9月摄）

东湖小学
（2014年9月摄）

东湖小学学生广播操
（2014年9月摄）

东湖小学附属幼儿园
（2014年9月摄）

东湖小学附属幼儿园——幼儿教育
（2011年3月摄）

农民家庭客（厅）堂
（2013年8月摄）

节日团圆
（2013年清明节摄）

社区文艺队参加农民婚礼
（2014年5月摄）

农民公园(一)
(2014年9月摄)

农民公园(二)
(2014年9月摄)

农民私家车
(2014年9月摄)

居民广场舞
（2014年3月摄）

社区文艺队参加城南
街道文艺会演（一）
（2012年10月摄）

社区文艺队参加城南
街道文艺会演（二）
（2012年10月摄）

《红庄社区志》编纂委员会成员

左起:张燕(女)、王晓宏、陆康健、钱志林、刘建根、毛俊杰、王建方

《红庄社区志》编写组成员

左起:郭水云、王纪根、王志强、顾会水根、毛永元

# 凡 例

本志遵循辩证唯物主义和历史唯物主义的原则，系统记述红庄社区自然、社会的历史和现状，力求客观、翔实。

本志记述的地域范围：2013年末红庄社区居民委员会现有区域。

本志以详今略古为原则，上限因事而异，尽力追溯；下限为2013年12月31日。大事记延伸至2015年12月31日。

本志历史纪年，中华人民共和国成立前用朝代年号，加注公元纪年。中华人民共和国成立以后，采用公元纪年。"新中国成立前""新中国成立后"，以1949年4月27日为界。

本志地区、政区、官职、机构均采用当时名称，需要时，加注今名。凡专用名称，在第一次出现时均用全称，此后再次出现时用简称。

大事记以编年体为主，按发生时间的先后为序。

本志以述、记、志、表、图、传、录为表述形式，按事物内容横分门类、纵写史实。

本志"人物"章所载人物，以红庄本籍为主，也有曾在红庄居住过的客籍人士。历史人物以卒年为序。在世人物不立传。

根据行文需要，保留"寸""亩"等旧制单位。阿拉伯数字及汉字数字仅局部统一。仅在章节或段落首次出现时加注"20世纪"等字样，后一般略去。保留"村长"的称法，不径称"村主任"。

本志资料采自历史文献、档案和调查所得。统计数据基本上以吴中区档案馆档案资料为准。档案馆没有的，采用有关部门的年报资料。

# 序

红庄地处太湖之滨，是典型的江南"鱼米之乡"。据史料记载，吴越春秋时期，红庄境内已形成村落，民间有"先有盛庄里，后有蠡墅郎（镇）"之说，距今已有两千五百多年历史。

由于红庄历史上分属吴县、长洲（清后期为元和）、吴江三县，系"三县"交会地区，地域分散，地情复杂，故史料少有记载，更未形成一本全面记载红庄历史和现实的地方志书。中华人民共和国成立以后，尤其是党的十一届三中全会以来，红庄发生了翻天覆地的变化，全社区人民发扬艰苦奋斗、团结拼搏、勇于创先、开拓进取的创业精神，在红庄这块仅有约五平方千米的土地上，绘制了一幅宏伟绚丽的画卷。红庄人亲身经历了从农业到工业、农村到城市、农民变居民的历史性巨变。今日红庄，旧貌换新颜，已经从过去苏州城南偏僻荒郊发展成苏州城南一个现代化的工业基地和吴中区城南街道的政治、经济、文化、信息中心，并获得了"江苏省社会治安综合治理先进集体"、"苏州市实践科学、推进两个率先先锋社区"、"吴中区和谐社区"等众多荣誉称号。

由于红庄社区历史上行政区域和归属变化频繁，许多历史沿革、人文资料，如不通过编纂地方志保存下来，势必湮没无闻；而且，红庄人民在历史进程中所积累的丰富经验和失败教训，也需要有一部地方志来传之于后世。所以，为了记述历史，特别是记述红庄新中国成立以来各项事业的发展历史，以便前有所稽、后有所鉴，激励我们再接再厉建设家园、繁荣家乡，红庄社区党委、居委会决定编纂出版一部具有较高质量的《红庄社区志》。

《红庄社区志》从指导思想到内容体例，力求符合社会主义新方志的基本要求。全志立足于当代，系统地记述了红庄在政治、经济、文化等方面的历史和现状。《红庄社区志》的出版，为我们了解过去、探索规律、进行正确决策提供了重要的科学依据；为全社区人民尤其是青少年提供了一份接受爱国主义、集体主义、社会主义和革命传统教育的生动的乡土教材；为海内外客商了解红庄的投资环境，做出明智抉择，提供了翔实的资料。总之，《红庄社区志》是红庄的一部"百科全书"，是一本认识红庄、熟悉红庄、热爱红庄、建设红庄的地情书、资料书、助教书和工具书。它的问世，对激励今人、启迪后人、艰苦创业、建设红庄具有十分重要的意义，定能发挥"存史、资政、教化"的功能。

《红庄社区志》是全体编修人员广征博采、求真务实、辛勤笔耕、默默奉献的结果，也是各方人士热情关注、出谋献策、悉心指导的结果，在此谨向他们表示衷心感谢。

《红庄社区志》的编成是红庄的一件大事，为此，我们衷心希望每个红庄人和红庄的在外工作人员、旅外人士能认真读一读，以激发热爱祖国、热爱家乡的热情，共同投身到建设新红庄的伟大事业中来。

中共红庄社区委员会书记 刘建根

红庄社区居民委员会主任 毛荣杰

2016年5月

# 目　录

概述 ······················································································· 1

大事记 ···················································································· 3

**第一章　建置地理** ································································· 19
　第一节　建制沿革 ································································· 21
　第二节　自然环境 ································································· 24
　第三节　自然村 ···································································· 36

**第二章　人口** ········································································ 49
　第一节　人口规模 ································································· 51
　第二节　人口构成 ································································· 55
　第三节　人口控制 ································································· 63

**第三章　土地所有制** ······························································ 67
　第一节　土地面积 ································································· 69
　第二节　土地改革 ································································· 70
　第三节　土地集体所有制 ······················································· 73
　第四节　家庭联产承包责任制 ················································ 74

**第四章　城市化建设** ······························································ 77
　第一节　城市化历程 ····························································· 79
　第二节　自然村拆除移居 ······················································· 80
　第三节　公共设施 ································································· 98
　第四节　商店市场 ································································· 99
　第五节　环境保护 ································································· 103
　第六节　社会管理 ································································· 105

**第五章　农业** ········································································ 109
　第一节　种植业 ···································································· 111
　第二节　养殖业 ···································································· 120
　第三节　水利 ······································································· 123
　第四节　农业科技 ································································· 126

  第五节 农机具 ………………………………………………… 128

**第六章 工业** …………………………………………………………… 131
  第一节 经济成分 ………………………………………………… 133
  第二节 行业结构 ………………………………………………… 140
  第三节 经营管理 ………………………………………………… 144
  第四节 企业简介 ………………………………………………… 146

**第七章 副业** …………………………………………………………… 151
  第一节 运输业 …………………………………………………… 153
  第二节 刺绣业 …………………………………………………… 155
  第三节 烂田经济作物 …………………………………………… 157
  第四节 园地种植 ………………………………………………… 161
  第五节 其他种植 ………………………………………………… 162

**第八章 基层政权** ……………………………………………………… 165
  第一节 中国共产党组织 ………………………………………… 167
  第二节 街道（镇、乡、公社）及以上党代会代表 …………… 172
  第三节 村（社区）行政组织 …………………………………… 172
  第四节 经济组织 ………………………………………………… 177
  第五节 群众组织 ………………………………………………… 179
  第六节 民兵组织 ………………………………………………… 182

**第九章 教育文化** ……………………………………………………… 185
  第一节 教育 ……………………………………………………… 187
  第二节 民间曲艺 ………………………………………………… 193
  第三节 文艺宣传队 ……………………………………………… 194
  第四节 古迹 ……………………………………………………… 195

**第十章 交通卫生** ……………………………………………………… 199
  第一节 陆路交通 ………………………………………………… 201
  第二节 水路交通 ………………………………………………… 206
  第三节 卫生 ……………………………………………………… 209

**第十一章 居民生活** …………………………………………………… 221
  第一节 生产资料分配 …………………………………………… 223
  第二节 经济分配 ………………………………………………… 223
  第三节 居民经济收入 …………………………………………… 226
  第四节 居民衣食住行 …………………………………………… 228

第五节　习俗……………………………………………………………230

第十二章　人物………………………………………………………………241
　　第一节　人物传…………………………………………………………243
　　第二节　人物简介………………………………………………………244
　　第三节　党代表　人民代表　贫协代表………………………………245
　　第四节　红庄籍在外工作人员…………………………………………247
　　第五节　大专及以上学业人员…………………………………………248
　　第六节　退伍、转业军人………………………………………………259
　　第七节　荣誉录…………………………………………………………264

第十三章　杂记………………………………………………………………269
　　第一节　民间传说………………………………………………………271
　　第二节　遗文选录………………………………………………………277
　　第三节　表………………………………………………………………278

编纂始末………………………………………………………………………304

# 概　述

　　红庄坐落在姑苏城南郊。地理坐标为北纬31°23′—31°24′，东经120°63′—120°66′。它东靠古运河，南接吴江区，西依鲇鱼口，北连新江、宝带桥社区，为吴中区中心城区的南大门。境内古运河、227省道纵贯南北，跃进河、吴中大道横穿东西，地势平坦，港河交错，水陆交通便捷。全境地处中亚热带北缘，受太湖水体调节，气候宜人，四季分明，雨量充沛，日照充足，无霜期长，水资源丰富，适宜水稻、三麦、油菜生长。2013年，全社区户籍人口3283人，人口密度为每平方千米657人，有1个居民委员会，35个居民小组。总面积约为5平方千米。

　　红庄境域商末属勾吴国。秦置吴县后属吴县。唐朝时，先后析吴县东、南部地置长洲县和吴江县，境内东部地（面杖港为界）属长洲县，西部地属吴江县。明代始建乡，境内东部地属长洲县尹山乡，西部地属吴江县范隅上乡。清雍正二年（1724年），析长洲县东南地置元和县，境内东部地属元和县尹山乡。民国元年（1912年），元和县并入吴县，红庄分属吴县、吴江县。1950年8月8日，境内属吴江县的西部地划归吴县，自此，全境复隶吴县。1958年人民公社化时，红庄属吴县郭巷人民公社。1965年12月划归吴县蠡墅人民公社，同时蠡墅人民公社改称长桥人民公社。1996年2月，划归吴县市经济技术开发区。2003年建吴中区城南街道时，改隶城南街道。

　　红庄扼江苏连接浙中、浙西的要冲，历来是官宦兴宅、商贾云集之地。唐代都元帅府尹山桥兵营，宋代毛相爷行宅（俗称毛家院），明代芦坝基赠都司徐源行宅（俗称夹浦书屋）及盛庄里许姓绸商宅第（俗称许家园）、庞庄村西首叶姓绸商宅第（俗称芝庭）都筑在红庄境内。建于宋代的苏州城南闻名的有千余间房屋、五百余尊佛像的华祖师庙亦在红庄境内。周边群峦环绕、山夷水旷、丰神特秀、溪桥映带、炊烟萦绕。有着吴地特有的青山绿水、秀丽黛色的山水田园风光。

　　红庄的自然村落形成较早，民间曾有"富盛庄、穷蠡墅"一说。至今仍有盛庄里毛家园藏有九缸六十甏珠宝的传说。可见红庄西部的盛庄里形成集市早于苏州城南唯一的古镇蠡墅。

　　红庄是苏绣的发源地之一。早在吴越春秋时期，境内就有以刺绣为业的绣女。明代，境内出现了家家养蚕、户户绣花的景象。时，盛庄里许姓绸商曾在后落横西浜底建造了一座名为翠花楼的绣楼，收养数十名10岁以上未婚的女孩为绣女，常住绣楼，专门为朝廷绣制宫服。新中国成立后，境内创办有红庄、钢铁两个刺绣工场，有绣女250余人，年产绣品上万件。

　　红庄又是苏南丝绸的产地之一。唐宋时，境内就出现了专门从事种植桑蚕、缫丝织绸的农户，所织绸布去苏州城街巷"置摊叫卖，换取粟栗"。明代时，浙江湖州绸商叶明哲来境内亲教农户种桑养蚕，织成绸布，将绸布悉数收买运至湖州、苏州开设的绸行出卖。后叶明哲在境内建行宅定居，躬教养蚕。新中国成立后，境内仍有农户从事种桑养蚕。20世纪70年代，境内红庄、钢铁大队还专门成立集体副业队种桑养蚕，蚕茧出售给当地供销合作社。

红庄盛产稻麦，新中国成立后，农业生产发展迅速。20世纪60年代，全国水稻专家陈永康在长桥地区推广单季稻高产栽培技术，亩产达600多千克。70年代，境内推广种植双季稻，亩产高达1000千克。境内种养茭白、慈姑、荸荠、莲藕、灯席草、水红菱等烂田和河沼经济作物的历史悠久。明代初期，就有菰（茭白）莲（藕）置街成市以及每年农历八月十八，村妇挽篮至上方山脚叫卖红菱的景象。新中国成立后，经济作物仍是境内农村经济收入的重要来源。随着改革开放和城市化建设的加速，红庄的工业经济迅速发展，第三产业也有了长足发展。至2013年，全社区国内生产总值达343.48亿元，工业生产总产值达251.92亿元，第三产业增加值达91.56亿元，集体经济收入达1016万元。

红庄的城市化建设始于20世纪90年代中期的小城镇建设。21世纪初，吴中区人民政府将红庄整个区域列为城南经济带工业区，制订了工业区建设详尽的规划。经过10多年的开发建设，完成了自然村落拆除迁移，城南经济带东吴工业园基本建成。全社区近5平方千米的土地上，开发建设成单家独院、彩墙宫瓦、错落有序、环境优美的别墅式红庄新村，小高层、高层相应配套的香溢澜桥商住区，苏州市最大的轨道交通站4号线田上站。形成了大运河以西、苏州环城高速路以北、古塘河以东、跃进河以南近4.5平方千米的东吴工业园。整个社区与吴中区中心城区浑然一体，已经成为吴中区重要工业基地和吴中城南街道的政治、经济、文化中心。改革开放以来，尤其是进入21世纪以来，红庄发生了巨大的变化。历史上形成的自然村落已经绝迹。红庄人住进了别墅群、商住楼，迈步在宽敞明亮的马路上，憩息在春意盎然的公园里，品尝着都市人的生活。当代红庄人都亲身经历了从农业到工业、农村到城市、农民变居民的历史性巨变。

如今的红庄不仅经济发达，人民生活富裕，社区面貌焕然一新，而且科技、教育、文化、卫生等各项社会事业蓬勃发展。进入21世纪后，红庄先后获得了"江苏省社会治安综合治理先进集体"、苏州市级"先锋社区"、吴中区级"和谐社区"等荣誉称号。

红庄的过去，有过辉煌的历史；红庄的今天，正发生着日新月异的变化；红庄的将来，充满了希望。新一代的红庄人正昂首阔步、自强不息、满怀信心地投身于红庄新型社区建设，把安定、繁荣、美丽的新红庄真正融汇于苏州市城区，使其成为真正的"人间天堂"。

# 大事记

## 秦

始皇帝二十六年（前221年）
以吴国故都设立吴县，红庄属吴县。

秦二世元年（前209年）
楚人项梁、项籍（字羽）在吴中杀会稽郡守殷通，举八千义兵起义反秦。

## 汉

惠帝五年（前190年）
夏大旱，太湖涸。

武帝年间（前140—前87年）
开挖吴县至嘉兴段运河，经境内东侧近7华里。

## 三国

吴大帝年间（222年—252年）
始建专门生产丝织品的官营"织造"作坊，妇女从事刺绣。

吴太平元年（256年）
八月初一，江南涌溢，平地水深八尺，拔吴高陵（孙坚墓），松柏，飞落于城南门。

## 晋

隆安三年（399年）
十一月，浙东孙恩起义，攻克会稽郡。吴郡陆瓖响应，后被晋朝官军镇压，百姓惨遭荼毒。

## 南北朝

南齐永元三年（501年）
某夜天开，黄色明照，须臾有物绛色如小瓮，渐渐大如仓廪，声音如雷，坠太湖中。

## 隋

开皇十一年（591年）
吴县县治迁至横山（境域西侧越城遗址，俗称皇瘼山），唐武德七年（624年）迁返原址。

## 唐

贞观十二年（638年）
冬旱，至次年五月无雨。

武周万岁通天元年（696年）
析吴县东部地置长洲县，红庄社区东部（面杖港以东）划归长洲县。

元和五年（810年）
苏州刺史王仲舒令筑城南（境内东部）运河堤为路，并带头捐宝带，于元和十一年至十四年（816年—819年）建造宝带桥。

## 五代十国

开平三年（909年）

析吴县南部地置吴江县，境内西部（面杖港以西）划归吴江县，至时，红庄社区为长洲、吴江县分治。

## 宋

景祐元年（1034年）

天降暴雨，田淹年荒。

熙宁八年（1075年）

夏，大旱，太湖水退数里，湖底现丘墓、街衢、窨井。

元祐元年（1091年）

六月大雨，皆成汪洋，全无庄稼，民饥，死者无数。

建炎四年（1130年）

二月二十五日，金兀朮陷平江，掳掠女子财帛，纵火焚城，光照百里，五日始熄，士民十之六七遭杀戮，横尸枕藉。

嘉定二年（1209年）

秋，蝗飞入境，大灾。冬，饿莩遍野，道路多弃小儿。

嘉定八年（1215年）

夏，大旱，井源皆竭，担水易二百钱，贫民渴死。

宝庆三年（1227年）

七月十一日夜四更，大风起自西南，雨如注，拔百年老树，平地水深数尺，民居毁坏十之八九。

## 元

大德十一年（1307年）

蟹灾，多如蝗，田地皆满，稻谷荡尽。

## 明

景泰五年（1454年）

正月大雪，历二旬不止，深丈余，太湖诸港连底结冻，舟楫不通。夏大水，秋亢旱。

弘治十四年（1501年）

十月七日，地大震，屋宇动摇，人立者数起数仆。

嘉靖二十三年（1544年）

四月至八月大旱，日色如火，沟洫扬尘，禾苗尽枯，米价腾贵。翌年复大旱、大疫，民多饿死。

万历八年（1580年）

闰四月十六日至五月中，大雨连绵，昼夜倾倒。六月复大雨，皆成汪洋，遍野行舟。

崇祯十四年（1641年）

春风沙，夏旱，秋蝗，比户疫痢，日收露尸以万计，为宋代金兵劫城后未有之奇灾。

## 清

雍正二年（1724年）

析长洲县东南地置元和县。境内东部（面杖港东）地属元和县。至时，红庄社区为元和县、吴江县分治。

乾隆四十年（1775年）

夏、秋无雨，东太湖龟裂，有"龙骨"一具横陈湖底，头角皆备。

嘉庆九年（1804年）

五月，大雨。六月，城乡爆发抢米风潮，官兵驱马冲突，捕杀饥民60余人。

道光三年（1823年）

夏，天连降暴雨，大潦嗻湑不泄，毁堤破岸。

道光十六年（1836年）

丝业萧条，工场停工。匠户嗷嗷莫济。260天吴县抚恤机匠3600余名。

道光十八年（1838年）

除夕，雷电交作。

宣统三年（1911年）

九月十五日，苏州响应辛亥革命，江苏巡抚程德全宣布"和平光复"，苏州独立。

是年十月，苏州府及吴县、长洲县、元和县、吴江县均裁撤，设苏州民政长署，红庄社区属苏州民政长署管辖。

## 中华民国

民国元年（1912年）

1月并县、原元和县境域并入吴县，时红庄社区为吴县、吴江县分治。

民国2年（1913年）

4月3日晨6时49分地震，门窗均摇荡，台凳倾倒，持续3分钟。

6月20日，浙江海潮浸冲太湖，使湖水浑浊异常，历时3小时，随潮冲来带鱼、黄鱼甚多。

民国3年（1914年）

7月23日，久旱无雨，苏常道尹殷鸿寿、吴县知县杨懋卿、警察厅长孙筠等在玄妙观及城隍庙二处设坛祈求降雨，并出布告禁屠宰。

民国9年（1920年）

7月11日，浙江军阀混战，苏（州）、湖（州）间轮船停航。败兵从瓜泾港北撤经红庄东部到苏州。

民国11年（1922年）

5月，流行白喉，死者甚多。

民国15年（1926年）

8月10日，天气奇热，最高温度39.5℃，最低温度也有36.1℃，为50多年来所未有。

民国16年（1927年）

2月3日，12时许，突然地动，约3分钟。下午1时复震2分钟。

民国17年（1928年）

7月17日，晚6时左右，大批蝗虫飞临境内，自西而东，连续数日不辍。

民国20年（1931年）

夏，阴雨连绵，至9月雨势不止，河水骤涨，几成泽国，是42年来所未有。

民国21年（1932年）

2月22日，红庄社区上空发生空战，国民政府军政部航空学校美籍飞行教官劳勃脱·萧特驾机与6架日机激战，重创日机1架，击毙日本飞行员1名；萧特座机坠毁于车坊高垫，萧特不幸罹难。

12月28日，太湖中发现巨鸟，重16千克，翼长2丈4尺有余，观者称之大鹏或天鹅。

民国22年（1933年）

6月27日，纵贯红庄全境的苏（州）嘉（兴）公路举行通车典礼。

民国23年（1934年）

6月26日，气温高达38.6℃，创60年来6月份最高纪录。

夏，入梅以来，滴雨未降，水田龟裂，河道搁浅，班轮停航，水井枯竭，太湖显底。

民国24年（1935年）

2月22日，纵贯红庄全境的苏（州）嘉（兴）铁路正式动工兴建，次年7月15日建成通车。民国34年（1945年）3月被日军拆毁。

民国25年（1936年）

3月11日，夜1时许，大雨滂沱，天空忽生五色缤纷之怪异闪电，似镁光灯，历时七八分钟，闪电过后，雷声大作。

民国26年（1937年）

11月19日，日军侵占红庄。

民国27年（1938年）

是年，国民政府通令禁止妇女缠足。

民国28年（1939年）

11月1日，日伪发放"良民证"，废除通行证。

民国29年（1940年）

12月，奉伪江苏省民政厅令，恢复民国26年前区域。

民国33年（1944年）

境内流行脑膜炎。

民国37年（1948年）

6月，并编区、乡，境内东部地改隶吴县车坊区尹山乡，西部地改隶吴江县城区越溪乡。

民国38年（1949年）

1月，境内红庄村建田上私塾（私立）。1960年改称红庄小学。

4月27日，红庄解放。

5月1日，境内建尹山（连界，即部分区域不属红庄社区现区域，下同）、湖东（连界）乡，尹山乡属吴县车坊区人民政府，湖东乡属吴江县城厢区人民政府。

是月，统一使用人民币，收兑金圆券，严禁银圆在市场上流通。

7月24日，遭6号台风袭击，一昼夜降雨132.9毫米，加之入梅以来霪雨连绵，水位暴涨，农田受淹。

## 中华人民共和国

1949 年

10 月 1 日，中华人民共和国成立，红庄人民游行集会，次日庆建国盛典。

12 月，举办冬学，境内入学农民达 300 余人。

1950 年

3 月，尹山乡拆分为长桥、宝带、尹山及青树(今吴江境内)4 个乡。境域东部地为尹山乡，乡政府驻袁达浜。

4 月 15 日，尹山乡改称尹西乡。

8 月 8 日，原隶属吴江县湖东乡的境域西部地划归吴县尹西乡。

9 月，开展土改运动。

10 月根据中央人民政府政务院、最高人民法院颁布的《关于镇压反革命活动的指示》，境内全民开展镇压反革命运动。

是月，境内掀起抗美援朝运动，群众自发举行游行，声讨美帝侵朝。

12 月，重组区、乡、镇。时，红庄社区全境隶属尹西乡。

是年底，庞中、庞北村建袁达浜小学（1968 年改称钢铁小学，1987 年复称袁达浜小学）。

1951 年

4 月 12 日，境内有 4 人参加志愿军，赴朝参战。

5 月 1 日，境内各界群众数百人参加了反对重新武装日本大游行，有数十人参加和平签名运动。

6 月，境内各地以自然村为单位建立村行政组织。

9 月，境内认真宣传贯彻、落实《婚姻法》。

11 月，开展第二次镇压反革命运动。

1952 年

年底，境内开展兴办互助组运动。

1953 年

4 月，贯彻吴县第七次各界人民代表大会决议精神，在全区开展了互助合作、爱国增产运动和反官僚主义、反命令主义、反违法乱纪的"三反"斗争。

5 月中旬起，40 天无雨，大旱，农作物减产。

7 月 1 日全国第一次人口普查登记，以零时标准统计时间为准。境内有常住人口 1969 人，其中：男性 918 人，女性 1051 人。

8 月，建立中国新民主主义青年团尹西乡支部，为境内第一个青年团组织。1957 年改称中国共产主义青年团。

是月，召开吴县尹西乡第一届人民代表大会。

10 月，粮食、油料实行统购统销。

秋，境内开展第一次普选活动。在普选基础上，尹西乡建立了党支部，并设民兵中队部。

1954 年

春，境内办起 2 个（红庄、尹西村各一个）初级农业生产合作社。

5 月，发生梅雨型特大洪涝灾害，5 月至 7 月降雨 768 毫米。8 月 25 日又遭强台风袭击，大片农田受淹。

是年，尹西乡成立扫盲委员会，开展扫盲活动。各自然村办起了夜学、识字班。

**1955年**

3月1日，开展使用新人民币，与旧人民币比值为1：10000。

4月15日至25日，太湖实行禁捕，保护渔业资源。

10月，境内开展农业生产高级合作社运动。建金星二十（后改称东风十四）、金星二十二（后改称东风十六）2个高级农业生产合作社。

**1956年**

3月，长桥乡、尹西乡合并为长桥乡。红庄境域改隶长桥乡。

**1957年**

3月，吴县撤区并乡，长桥乡并入郭巷乡，红庄境域隶属郭巷乡。

是月，庞北、庞中村建中共郭巷乡13党支部，中心、西田村建11党支部。

5月，开展整风运动，发动乡干部、教师等"鸣放"、提意见。11月转入反"右派"斗争。

7月上旬，遭受暴雨袭击，稻田被淹。

9月，开展以粮食问题为中心的社会主义教育运动，至1958年底结束。

**1958年**

7月，开展高产摆擂打擂，亩产高达万斤，浮夸风蔓延。

9月14日，吴县召开大炼钢铁紧急电话会议，号召各地在20日前掀起全民炼钢高潮。随后，村村造小高炉，砸铁锅，砍树木，搜集群众家用铁器充作炼钢原料，造成极大浪费。

是月，境内大办民兵，实行全民皆兵，提出行动军事化，生活集体化，青壮年集体住宿。

10月，成立郭巷人民公社，实行工农商学集一体，政社合一的体制。境内隶属郭巷人民公社。时，13党支部改称钢铁大队党支部，11党支部改称红庄大队党支部。

是月，境内各大队大办食堂，提出"放开肚皮吃饭，鼓足干劲生产"、"吃饭不要钱"等口号，"共产风"盛行。同时，实行营连制，钢铁大队建8、9、10三个连，红庄大队建3、4两个连。

是年，大旱。

**1959年**

1月，境内开展捕捉麻雀的群众运动。

1月下旬，境内出动150余名干部、群众参加太浦河工程施工。

4月，5营4连5连合并，复称郭巷公社红庄大队。7连8连9连合并，复称郭巷公社钢铁大队。

8月下旬起，80多天无雨，大旱。

12月，境内开展两条道路、两条路线、两种思想、两种作风的阶级斗争，反"右倾"、鼓干劲，一批干部遭到批评打击。

**1960年**

2月，境内出动100多人开挖太浦河。

是年，粮食、副食品供应紧张，政府动员抗灾开荒，生产自救。

**1961年**

1月25日，公社、大队、生产队干部参加吴县四级干部会议，历时25天，学习中共中央《关于农村人民公社当前政策问题的紧急指示信》（中央12条），纠正公社化以来出现的"五风"（共产风、浮夸风、瞎指挥风、干部特殊风、强迫命令风）错误，决定退赔"一平二调"款，组织开展整风整社工作。

5月，境内各大队、生产队干部参加郭巷人民公社召开的三级干部会议，学习党中央《农村人民公社工作条例（草案）》（农业60条）。会后，解散食堂。

6月，商店出售高价糖果、糕点、面饭等。一粒普通硬糖售价达1元（当时价）。秋季，浙江胡萝卜售价达0.5元1斤（当时价）。

1962年

9月5日—7日，遭14号台风袭击，低田、鱼池被淹，境内各大队组织基干民兵抗险突击队排涝。

是年，境内农村实行统筹医疗，农民看病每人每次只需支付5分钱挂号费，看病取药不付钱，医疗费由政府、大队集体负担。

1963年

1月9日—22日，红庄大队党支部书记顾夫才当选为中共吴县第三次代表大会代表，出席了在吴县人民大会堂召开的为期14天的代表会议。

3月5日，境内开展"向雷锋同志学习"的活动。

9月12日—13日，遭12号台风袭击，大批农作物倒伏，且有旧房坍塌。后，大旱。

1964年

1月22日，开放粮油市场。

1月23日，吴县县委、县人委发出《认真提倡计划生育的通知》。2月，郭巷人民公社召开三级干部会议，要求公社、大队干部带头实行计划生育。

7月1日，全国开展第二次人口普查登记。以零时标准统计时间为准，境内有常住人口2265人，其中：男性1078人，女性1187人。

12月，开展面上社会主义教育运动，组织开展"四清"（清政治、清经济、清思想、清组织）工作。

是年，郭巷人民公社依法规定地主、富农、反革命分子、坏分子（简称"四类"分子），对其实行监督改造。时，境内有地主分子4人，富农分子2人，反革命分子1人，坏分子4人。

1965年

12月，境内红庄、钢铁大队划归蠡墅人民公社。蠡墅人民公社随之改称长桥人民公社。

1966年

8月，境内破"四旧"（旧思想、旧文化、旧风俗、旧习惯）运动全面展开，抄家、揪斗、游斗"四类分子"，没收文物、金银首饰，组织群众献金、献银。

10月，境内各大队设卫生保健所，配备1—2名卫生保健员，做到小病不出村，卫生保健员上门行医。

冬，境内各大队成立"造反队""战斗队"揪斗大队主要干部。

1967年

1月，受上海"一月风暴"影响，境内各大队风行"夺权"。

3月，公社武装部主持公社工作，境内各大队党、政工作由大队民兵营长主持。

4月，受苏州造反组织影响，境内群众组织分裂成支、踢两派，并参与了苏州市区的武斗"派"仗。

9月，境内两派（支派、踢派）群众组织实行大联合。
1968年
8月，境内掀起"三忠于"（忠于毛主席、忠于毛泽东思想、忠于毛主席革命路线）风潮，强调早请示、晚汇报、向毛主席献忠心，形式主义成风。原钢铁大队10队王木根家床头、屋内遍贴红"忠"字，公社组织各大队群众分批前往参观学习。
12月上旬，境内各大队、生产队干部在龙桥大队参加吴县县委、县政府举办的全县三级干部农业学大寨学习班。
1969年
5月，境内推行双季稻三熟制，即每年种植两茬水稻、一茬小麦。1983年实行联产到劳、联产到户后双季稻种植逐年减少。至1987年，双季稻在境内绝迹。
9月，蠡墅镇91名知识青年到境内钢铁（1981年拆分为尹西、双桥大队）、红庄大队插队落户，接受贫下中农再教育。
1970年
2月中旬，长桥人民公社开展"一打三反"（打击现行反革命分子、反对贪污盗窃、反对投机倒把、反对铺张浪费）运动。境内各大队积极响应，进行大检举、大批判、大清理，凡涉嫌有经济问题者皆为运动对象，进学习班交代。
3月10日晚，天气突变，打雷下雪，积雪17厘米左右。
9月，境内各大队重建党支部。
是年冬，位于红庄西首的石湖围垦造田4600余亩，境内300余名青壮年参加了围湖造田运动。
1971年
夏，大旱，百日无雨。
10月18日，境内各大队支部书记被紧急召集在公社大会堂，听取吴县县委传达林彪"九一三"叛国外逃事件的有关文件。月底传达到群众。境内掀起批判林彪、陈伯达反革命集团热潮。
1972年
5月建造钢铁大队大会堂。
11月29日，境内组织民兵参加常熟白茆塘（河）拓浚工程。
1973年
秋，境内各大队播种三麦时，试行开挖鼠道排水沟，俗称暗沟。1975年在长桥公社推广。
1974年
2月境内开展批林批孔运动。
4月22日8时29分，溧阳上沛发生5.5级地震，境内有震感。
1975年
年初，境内各地积极响应毛主席"农业学大寨"号召，广泛开展农业学大寨运动。
8月，境内组织农民开展农业水利大生产运动，疏通渠道，开挖河道，平整土地。至1976年，境内开挖生产河道1条，沟通开挖生产河2条。
9月，境内掀起"评《水浒》、批宋江"运动。
11月25日，境内组织92名基干民兵参加浏河拓浚工程。

1976 年

1 月 8 日，长桥公社建立地震领导小组，领导防震抗震。境内各大队农民纷纷搭简易棚，供夜间住宿。累月人心渐趋稳定。

9 月 9 日，毛泽东逝世，境内农民悲痛欲绝，纷纷前往设在蠡墅镇大会堂的灵堂吊唁。

10 月 19 日，中共中央粉碎王洪文、张春桥、江青、姚文元"四人帮"反党集团的喜讯传到红庄，全社区农民积极拥护。24 日，大批农民在蠡墅镇举行盛大集会游行，欢庆粉碎"四人帮"集团。

1977 年

1 月 31 日，大雪纷飞，严寒，港浜大部冰封。

6 月 27 日，境内 72 名基干民兵前往东风大队（现南石湖社区）南侧，构筑东太湖防洪大堤，为期 2 个月。

9 月 11 日下午 2 时至 3 时，8 号台风袭击境内，最大风力达 11 级，连降暴雨，淹田毁房。

1978 年

1 月 10 日，境内有 250 名基干民兵参加东太湖复堤工程。

5 月至 9 月，大旱，降雨仅 314 厘米，7 月至 8 月内 50 天无雨。

11 月下旬，境内 250 名基干民兵参加太浦河二期工程施工。

是年，境内基本消灭血吸虫病。

1979 年

2 月，境内落实下乡知青政策，未婚知青返回城镇。

3 月，根据中央文件精神，境内的地、富、反、坏分子"摘帽"。

4 月，长桥公社组建复查纠错领导班子及工作班子，对全社"文革"期间受"冲击"人员进行复查纠错，境内有 16 人得到平反纠错。

是年，根据《治安管理条例》，境内开始实行社会治安综合治理。

1980 年

8 月 16 日—20 日，连续阴雨，河水骤涨，境内 1500 余亩洼地被淹。

1981 年

3 月，境内开展"五讲"（讲文明、讲礼貌、讲卫生、讲秩序、讲道德）、"四美"（心灵美、语言美、行为美、环境美）、学雷锋、"树新风"活动。

5 月，境内执行吴县人民政府《关于计划生育工作的暂行规定》，大力提倡一对夫妻只生一个孩子，对违反计划生育规定的给予处罚。

1982 年

7 月 1 日，全国第三次人口普查登记，以零时标准统计时间为准。境内有常住人口 2802 人，其中：男性 1391 人，女性 1411 人。

12 月，农村推行联产到劳责任制，分田到组。

1983 年

3 月，境内全面推行家庭联产承包责任制。

6 月 20 日—7 月 18 日，阴雨连绵，农田被淹。

7 月 21 日，红庄村党支部书记毛会土，党员莫新夫、王桂金（女），尹西村党支部书记袁狗大、妇女主任顾雪宝，双桥村党支部副书记徐阿多、妇女主任张木英等 7 人，当选为中共吴县长桥乡第四次代表大会代表，出席了在蠡墅大会堂召开的为期1天的代表会议。

7月31日，晚上19时至次日上午7时，境内降暴雨，降雨量144毫米。

8月，境内村级体制改革结束，设立3个行政村、35个村民小组，撤销生产大队和生产小队。

9月，境内农村贯彻党的十一届三中全会精神，取消统筹、合作医疗，农民看病自理。

10月4日—23日，连续降雨250毫米左右，农田再次受淹。

1984年

1月17日，11时开始降雪，至19日8时止，持续45小时，压断电线杆，房屋被压塌。境内各村组织突击进行抗冻防寒救灾工作。

5月21日，23时39分，南黄海发生6.3级地震，境内有震感。

1985年

9月10日，第一个教师节，境内教师集中到长桥乡政府会议室庆祝首个教师节。

11月，境内开展第一个五年普法教育，简称"一五"普法教育。

是年，长桥公社建治安联防队，境内有2名退伍军人参加联防队。

1986年

4月25日，境内各村紧急行动，防治小麦赤霉病。

12月15日，撤乡建镇，实行镇管村体制，长桥乡改称长桥镇。红庄境域隶属长桥镇。

1987年

6月9日，全国政协副主席费孝通考察境内苏嘉公路周边农村。

10月，开始发放居民身份证，境内16周岁以上常住人员均持有身份证。

1988年

1月26日，红庄大队党支部书记毛会土、党员莫土金，尹西村党员陆介根，双桥村党支部书记徐阿多等4人，当选为中共吴县长桥镇第五次代表大会代表，出席了在蠡墅大会堂召开的为期1天的代表会议。

3月5日—8日，双桥村党支部书记徐阿多当选为中共吴县第七次代表大会代表，出席了在吴县人民大会堂召开的为期4天的代表会议。

6月中旬，持续高温10多天，大旱。

1989年

7月，汛期水位高涨，农田受淹。

秋，境内已婚下乡青年（包括配偶）户口全部返回城镇。

1990年

7月1日，全国开展第四次人口普查登记，以零时标准统计时间为准。境内有常住人口2897人。其中：男性1430人，女性1467人。

8月31日—9月1日，15号台风袭击境内，最大风力达11级，连降暴雨，农田受淹，旧房倒塌。

9月6日，遭17号台风袭击，河水猛涨，洼田被淹。

是年，境内开始实行大病医疗保险制度。

1991年

2月25日，红庄村党支部副书记孙金土、团支部书记许良妹（女）、党员史三男，尹西村党支部副书记顾云元，双桥村党支部书记徐龙根、妇女主任张木英当选为中共吴县长桥镇第六次代表大会代表，出席了在长桥镇政府会议室召开的为期1天的代表会议。

3月10日—14日，双桥村党支部书记徐龙根当选为中共吴县第八次代表大会代表，出席了在吴县人民大会堂召开的为期5天的代表会议。

3月22日，苏州鸿阳鞋业公司奠基。

6月2日—20日，暴雨。7月上旬再逢集中梅雨，洼地受淹。境内各村组织基干民兵全力抗灾。

7月，遭受百年未见的洪涝灾害，有三分之一耕地被淹，近百户农民住房受损，受灾人口近500人。境内坍塌桥梁1座，损坏2座。有1000余人参加抗洪救灾。

10月8日，纵贯全境的十（十一圩）苏（苏州）王（王江泾）改道公路通车。

是年，尹西农户用上了液化气，村民用液化气烧饭做菜。

是年秋，播三麦、油菜垄种，改为直播直种，既省肥又省工。

是年，境内开展第二个五年普法教育，简称"二五"普法教育。

是年，尹西创办了近百亩田的工业园，引进国内外客商办厂，成为长桥地区首个村级工业小区。

1992年

7月26人—8月20日，连降暴雨，水满为患。

7月29日，气温高达39.2℃，列新中国成立以来最高纪录。

1993年

4月1日，全面放开粮食、油料购销价格。

7月16日，吴县人民法院在蠡墅镇召开严打大会，境内村、组二级干部和群众代表参加了大会。

1994年

3月9日，红庄村党支部书记孙金土、妇女主任许阿贵、党员王水火与张根元，尹西村党支部书记莫林男、妇女主任王爱妹，双桥村经济合作社社长吴福根、妇女主任张木英等7人，当选为中共吴县长桥镇第七次代表大会代表，出席了在长桥镇政府四楼会议室召开的为期1天的代表会议。

是年，尹西村路桥改造。沙石村道改建成水泥村道，农用人行桥改建成车行桥，方便了群众。

1995年

6月8日，吴县撤县设市，红庄境域隶属江苏省吴县市。

7月6日，境内普降大雨，24小时平均雨量在50毫米以上，太湖水位超过4.12米，洼地受淹。

9月，境内红庄村率先开展村办集体企业实行转制，将长桥宝石轴承厂出让给私人经营。是境内第一个转制企业。

10月，境内实现村村通自来水，居民均饮自来水。

1996年

1月26日，境内红庄、双桥、尹西行政村划归吴县市经济技术开发区。

是年，境内开展第三个五年普法教育，简称"三五"普法教育。

1997年

2月20日，邓小平逝世噩耗传来，境内干部、群众收看收听了《中共中央告全党全军全国各族人民书》和追悼大会实况。

1998年

10月，境内各生产队进行第二轮土地划分。

12月，位于双桥工业小区的面积为419.54平方米的双桥村办公楼竣工。

是年，红庄村在盛庄里自然村的浜里建红庄农贸市场。从此，红庄村农民结束了自产农副产品露天设摊叫卖的历史。

1999年

6月27日，入梅以来，境内普降大到暴雨，至上午8时，域内平均降雨450毫米，太湖水位超过警戒水位1.09米，各村组织基干民兵抗洪救灾。

7月1日起，连降暴雨，河水猛涨。9日，太湖水位急剧上升至5.08米，比历史最高水位高0.28米。境内组织基干民兵突击队，日夜守护围圩救险。

2000年

10月3日—6日，2000年中国吴县市环太湖世界特技飞行奖大赛在太湖之滨举行，境内村民纷纷前往观看。

11月1日，全国开展第五次人口普查登记，以零时标准统计时间为准。境内有常住人口2890人。其中：男性1431人，女性1459人。

2001年

2月28日，撤销吴县市，设立苏州市吴中区、相城区。红庄境域隶属苏州市吴中区。

6月2日，受2号（飞燕）台风影响，连降暴雨，日降雨量169毫米，警戒水位达3.5米。

2002年

5月，红庄境内自然村落整体拆除迁移工作正式启动。吴中经济技术开发区在盛庄里自然村设立拆迁办公室，实施拆迁工作。

2003年

9月25日，撤销红庄、尹西、双桥行政村，合并组建红庄社区居民委员会，办公地点在东吴南路110号。社区设党总支委员会，书记莫林男，委员汝玉泉、王建方、许建新、吴福根。

10月13日，社区居民顾斌在路上玩手机，3个外来人为抢手机把顾斌杀死。

2004年

5月，红庄新村东西向河道盛庄港被填埋，保留南北向内河道田上港。自此，影响红庄新村内雨水排泄。每逢连续降雨天，低洼处居民住宅屡屡被淹。

6月11日，江苏省地下水禁采监督组检查吴中区地下水禁采工作情况。自此，境内地下水开采须报请苏州市吴中区水利局核准。

2005年

5月，位于境内迎春路76号的尹西工业大厦竣工，占地面积6000平方米，建筑面积6680平方米。尹西工业大厦是境内工业区（东吴工业园）第一幢工业生产用大厦。

7月30日，红庄社区召开选举大会，选举产生了红庄社区第三届居民委员会，刘建根当选为居委会主任。聘毛俊杰为居委会副主任，吴福根、陆水福、王爱妹（女）为居委会委员。

同月，位于境内南港路南侧的东湖小学竣工，9月1日开学使用。

8月1日，位于红庄新村二区110号的红庄社区卫生服务站挂牌营业，中断10多年的农村合作医疗制度重新启用。

8月3日—7日，台风"麦莎"来袭，为1997年11号台风以来威力最大的一次，降雨量112.6毫米。境内涝灾严重。

8月18日，红庄社区办公地从东吴南路110号迁至东吴南路109-1号新办公大楼办公。

8月，社区物业用房92.32平方米竣工。

同月，红庄社区建老年活动中心，用房400多平方米。内设音像室、棋牌室、茶室和健身室。

是年秋，东大门门口传达室竣工。到2010年9月，5个传达室全部竣工，实现了封闭式管理。

2006年

1月，红庄社区荣获吴中区依法治区领导小组授予的"民主法治示范社区"称号。

3月，红庄社区荣获苏州市市委、市政府授予的"苏州市人口与计划生育工作先进集体"称号。

6月18日，红庄社区居委会主任刘建根、居委会副主任毛俊杰、委员陆水福、妇女主任王爱妹当选为中共苏州吴中区城南街道第一次代表大会代表，出席了在城南街道会议室召开的为期1天的代表会议。

9月23日，红庄社区党总支在东湖小学会议室召开全体共产党员会议。会上选举产生了红庄社区第二届党总支委员会，刘建根当选为党总支书记，毛俊杰为副书记，王建方、王爱妹（女）、陆水福、吴福根、钱志林为委员。

2007年

3月，红庄社区荣获吴中区委、区政府授予的"五位一体示范综治办"称号。

4月，境内第一期污水管网进行改造。沟通住宅区污水管网，增建东吴工业园工业废水管网，耗资近1亿元。

5月8日，苏州市吴中区城南街道办公地从枫津北路迁至红庄社区东吴南路81号新大楼。

是月，位于东吴小学南邻的科赛菜场（即红庄新菜场）竣工，建筑面积2462.47平方米。

9月5日，苏州市副市长、市公安局局长张跃进一行前来红庄社区视察工作。

11月27日，苏州市吴中区区委副书记孙卓一行前来红庄社区视察工作。

是年，红庄社区先后荣获吴中区区委授予的"先进基层党组织"称号，吴中区区委、区政府授予的"和谐社区"称号，吴中区社会治安综合治理委员会授予的"户村接警系统建设先进单位"称号。

2008年

是年，红庄社区先后荣获吴中区区委、区政府授予的"新农村建设先进单位"称号，苏州市依法治市领导小组办公室、司法局、民政局授予的"民主法治社区"称号，吴中区城南街道工作委员会授予的"先进基层党组织"称号。

是年，红庄新村安装了247个监控摄像机（2014年重新换装近400个监控探头），实现了新村监控全覆盖，提高了科学防御能力。

2009年

10月，境内由吴中区水利局出资建造的面杖港闸站竣工运用，用于境内防汛排涝。

12月22日，红庄社区居民委员会召开换届选举大会，选举产生了第三届居民委员会，毛俊杰当选为居委会主任。聘任王晓宏为副主任，王爱妹（女）、许良妹（女）、陆水福为委员。

是年，红庄社区先后荣获吴中区社会治安综合治理委员会授予的"五星级'五位一体'综治办"称号，吴中区城南街道工作委员会授予的"先进基层党组织"称号。

2010年

6月21日，江苏省公安厅副厅长秦军一行前来红庄社区视察工作。

7月6日，《人民日报》登载了名为《红庄的漂亮转身》的反映红庄新村治安形势从不稳定到日趋稳定的文章。

8月10日，红庄社区党总支在东湖小学会议室召开换届选举大会，选举产生了红庄社区第三届党总支委员会。刘建根当选为党总支书记，毛俊杰为副书记，王建方、王晓宏、钱志林为委员。

9月27日，经吴中区委批准，撤销红庄社区党总支委员会，建立社区党委会。由刘建根任党委书记，毛俊杰、钱志林任副书记，王建方、王晓宏任委员。

10月8日，位于南湖路88号的红庄社区办公大楼竣工，占地面积2100平方米，建筑面积1610平方米。社区办公地从东吴南路109-1号迁至新大楼办公。

11月7日，公安部副部长黄明一行前来红庄视察社区外来人口管理工作。

11月8日，中央综治办主任、政法委副秘书长陈冀平前来红庄社区视察法制教育工作。

11月1日，全国开展第六次人口普查登记，以零时标准统计时间为准，境内有常住人口3127人，其中：男性1473人，女性1654人。

12月17日，在红庄社区新办公大楼举行社区党委会成立挂牌仪式。城南街道工作委员会书记浦建新等领导参加。

是年，红庄社区先后荣获江苏省委、省政府授予的"社会治安综合治理先进单位"称号，苏州市总工会、精神文明建设指导委员会办公室授予的"五一文明岗"称号，吴中区委、区政府授予的"法制宣传教育先进集体"称号，苏州市平安企业创建活动领导小组授予的"平安企业先进集体"称号，吴中区委、区政府授予的"集体稳定收入超千万元村（社区）"称号，吴中区委、区政府授予的"文明单位"称号，吴中区人民政府授予的"国土资源管理先进单位"称号，吴中开发区工作委员会、管委会授予的"社区管理先进单位"称号，苏州市国土资源局吴中分局授予的"土地管理先进村"称号。

2011年

6月22日—25日，红庄社区党委书记刘建根当选为中共苏州市吴中区第三次代表大会代表，出席了在吴中区人民大会堂召开的为期4天的代表大会。

11月4日，苏州市委政法委书记王翔、吴中区委书记俞杏楠一行前来红庄社区视察工作。

是年，红庄社区先后荣获苏州市委、市政府授予的"苏州市村级经济发展百强村"称号，吴中区委、区政府授予的"农村集体经济发展先进单位"和"集体稳定收入超千万元村"称号，吴中开发区工作委员会授予的"先进党组织"称号，吴中开发区管委会授予的"征兵工作先进集体"称号，吴中区司法局授予的"人民调解先进集体"称号，苏州市国土资源局吴中分局授予的"土地管理先进村"称号。

2012年

7月，红庄社区进行第二期污水管网改造工程建设，将境内污水管网衔接城南污水处理厂，将污水压送污水厂处理。投入资金1亿多元。

是年，红庄社区先后荣获吴中区委、区政府授予的"农村集体（合作）经济发展先进单位"称号，苏州市社会保障局授予的"劳动和社会保障先进社区"称号，吴中开发区工作委员会、管委会授予的2011—2012年度"社会管理先进单位"称号，吴中区委宣传部、组织部授予的2011—2012年度"先进基层分党校"称号，吴中区法制宣传教育领导小组办公室授予的"吴中区法制文化建设示范项目"称号，吴中区人武部授予的"先进民兵营"称号，苏州市国土资源局吴中分局授予的"土地管理先进村"称号，城南街道工作委员会授予的"先进基层党组织"称号，吴中区城南街道残疾人联合会授予的"残疾人工作先进集体"称号。

2013年

5月，四区爱心小屋、协管办102.18平方米用房竣工使用。

8月17日。红庄社区党委在社区办公楼三楼会议室召开换届选举大会，选举产生了第五届社区党委会，刘建根当选为党委书记，毛俊杰、钱志林为党委副书记，王建方、王晓宏、陆康健、张燕（女）为党委委员。

11月9日，红庄社区居委举行换届选举，选举产生了红庄社区第五届居民委员会。毛俊杰当选为居委会主任，王晓宏、张燕（女）为居委会副主任，王建方、陆康健为居委会委员。

是年，红庄社区先后荣获江苏省人力资源和社会保障厅授予的"省级充分就业示范村"称号，苏州市司法局授予的"苏州市规范化村（社区）人民调解委员会"称号，吴中区委、区政府授予的"农村集体（合作）经济发展先进单位"和"集体稳定收入超千万元村（社区）"称号，吴中开发区管委会授予的"先进单位"称号。

2014年

10月，位于枫津路、南湖路交会处东北侧的南都广场落成开业。南都广场由苏州日报报业集团投资建造，主房高28层，是境内目前最具标志性的建筑。

9月2日，位于境内兴吴路中段的南京师范大学附属石湖中学、石湖小学建成开学。石湖中学占地面积3.5万平方米，建筑面积3.8万平方米，设8轨48班。石湖小学占地面积3.9万平方米，建筑面积3.3万平方米，设21个教育班。石湖幼儿园占地面积13048平方米，20个班级。文体中心，占地面积14595平方米。4个项目总占地面积148亩。

2015年

7月，境内开展第二次全国地名普查。这次普查境内地名变化较大。历史形成的村落、河流大部消失，道路、桥梁增多。其中，自然村消亡最多，境内除盛庄里自然村西半部仍存有外，其余的罗布棋、庞庄、马达浜、西库浜、袁达浜、沙里角、油车浜、钢铁桥、蒋家浜、田上和盛庄里东半部等10个半自然村悉数消亡。

是年，红庄社区先后被江苏省依法治理小组评为"民主法治示范社区"，被吴中开发区评为"工作先进单位"。

# 第一章 建置地理

红庄社区商时属勾吴国。周时，先后为吴、越、楚三诸侯国辖地。秦设置郡、县建制后，红庄社区一直属吴县。唐时，先后析吴县东部地、南部地置长洲县和吴江县，红庄东部划归长洲县，西部划归吴江县，为长洲县、吴江县二县分治，经宋、元、明三朝未变。清雍正二年（1724年）分县，析长洲县南部地置元和县，红庄原隶属长洲县的东部地划归元和县。至时，红庄为吴江县、元和县二县分治。民国元年（1912年）元和县并入吴县，红庄为吴县、吴江县二县分治。新中国成立后，原隶属吴江县的红庄西部地划归吴县，至此，红庄社区全境均属吴县。

红庄社区基层组织，明初为里、甲，后改都、图、村（镇）。清袭明制，保留都、图，增建保、甲、牌制。民国初，沿用清末的都、图，继而改为区、乡（镇）、闾、邻制，不久又改闾、邻为保、甲。中华人民共和国成立初，保留区、乡（镇）制，废除保、甲，改设行政村。1958年村改为大队，增设生产队。1983年恢复村建制。2003年撤村并村建社区，由红庄、尹西、双桥三个行政村合并组建红庄社区。

# 第一节 建制沿革

红庄社区位于吴中区城南街道东南部，系城南街道驻地。东临古运河，南连吴江区（吴江县、吴江市）松陵镇湖滨乡，西依东太湖梢（亦称鲇鱼口、东湖，现已填埋建商品房住宅区），北接城南街道宝带桥、新江社区。由吴中开发区原红庄、尹西、双桥3个行政村合并而成。总面积约5平方千米。

## 一、历史沿革

秦始皇二十六年（前221年）设署、郡、县建制，红庄社区隶属吴县。唐武周万岁通天元年（696年），析吴县东部地置长洲县，红庄境域东部（面杖港以东）地划归长洲县。时，红庄分别隶属吴县、长洲县。五代十国时的开平三年（909年），再析吴县南部地置吴江县，红庄境域西部（面杖港以西）地划归吴江县。时，红庄境域为长洲、吴江县分治。经宋、元、明三朝未变。明弘治元年（1488年），县以下设乡，红庄境域分别隶属长洲县尹山乡、吴江县范隅上乡。

清雍正二年（1724年）分县，又析长洲县东南地置元和县，境内东部地改隶元和县尹山乡。

民国元年（1912年）1月，将清代苏州府吴县、长洲县、元和县合并为吴县，红庄境域为吴县、吴江县分治。同年11月，原隶属吴江县的西部地建湖东西乡。时，红庄境域分别隶属吴县尹山乡和吴江县湖东西乡。

民国18年（1929年）8月，根据江苏省政府训令，实行区、乡（镇）制。红庄境域分别隶属吴县第十四（尹山）区和吴江县第一（城厢）区。

民国23年（1934年），吴县第十四（尹山）区并入第八（郭巷）区，改称第八（尹郭）区。时，红庄境域分别隶属吴县第八（尹郭）区和吴江县第一（城厢）区。

民国26年（1937年），日军侵占红庄。

民国30年（1941年）7月并编区，伪吴县第八（尹郭）区并入第十一（车坊）区。时，红庄分别隶属伪吴县第十一（车坊）区和伪吴江县第一（城厢）区。

民国34年（1945年）8月15日抗日战争胜利，各区、乡（镇）名称仍恢复至民国26年（1937年）前的状况。

民国35年（1946年），吴江县第一（城厢）区改称城区，红庄境域西部地隶属吴江县城区湖东乡。

民国36年（1947年）2月，吴县将原第十一（车坊）区和第十（甪直）区部分合并为淞北区。红庄境域分别隶属吴县淞北区和吴江县城区。

民国37年（1948年）2月，吴江县城区的湖东乡、越西乡合并为越溪乡。红庄境域西部地隶属吴江县城区越溪乡。

1949年4月23日，红庄解放。5月1日，重设区、乡（镇）。红庄境域东部地隶属吴县淞北区尹山乡，西部地隶属吴江县城厢区越溪乡。

1950年1月，吴江县析编乡（镇），越溪乡析分为湖东、湖西乡。红庄西部地隶属吴江县城厢区湖东乡。

1950年3月，吴县析编乡（镇），尹山乡析分为长桥乡、宝带乡、尹山乡、青树乡。红庄东部地分别隶属吴县车坊区尹山乡、青树乡。

1950年4月15日，青树乡并入尹山乡，改名尹西乡，划归吴县枫桥区。红庄境域东部地隶属吴县枫桥区尹西乡。

1950年8月8日，吴江县湖东乡的北半部划归吴县。吴县尹西乡的南半部划归吴江县。时，红庄境域悉数隶属吴县枫桥区尹西乡。

1954年4月，尹西乡复归吴县车坊区。

1956年1月，长桥乡、尹西乡合并为长桥乡。红庄境域隶属吴县车坊区长桥乡。

1957年3月，撤区并乡，长桥乡并入郭巷乡。红庄境域隶属吴县郭巷乡。

1958年10月，成立郭巷人民公社。红庄境域隶属吴县郭巷人民公社。

1965年12月，原隶属郭巷人民公社的长桥（现龙桥社区一部）、新华（现宝带桥社区北部）、金星（现宝带桥社区南部）、新建（现新江社区）、红庄（现红庄社区西部）、钢铁（现红庄社区东部）、卫星（现东湖社区）7个大队划归蠡墅人民公社，同时，蠡墅人民公社改称长桥人民公社。红庄境域隶属长桥人民公社。

1983年7月，政社分设，恢复乡建制，长桥人民公社改称长桥乡。红庄境域隶属长桥乡。

1986年12月，撤乡建镇，实行镇管村体制。设长桥镇建制。红庄境域又隶属长桥镇。

1996年1月26日，长桥镇东部的东湖、红庄、尹西、双桥4个行政村划归吴县市经济技术开发区。红庄境域隶属开发区。

2003年9月25日，实行撤村并村建社区。红庄、尹西、双桥3个行政村合并组建红庄社区。至时，形成红庄社区现境域。

2004年12月，红庄社区划归吴中区城南街道。

## 二、行政区划

明弘治元年（1488年），县以下设乡，乡以下设都、图、村。红庄境域置3图（2个连界图）。分别隶属长洲县尹山乡堵城里南三十一都，吴江县范隅上乡一都。

长洲县尹山乡南三十一都二十图，辖11个自然村：江天桥（现称钢铁桥）、家客桥（已废）、姚家汇（已废）、元坛浜（现称袁达浜）、吴家尖（现称油车浜）、蒋家浜、仲家浜（已废）、塘光泾、芦坝、萧家浜（已废）、沙里角。

长洲县尹山乡南三十一都二十一图，辖5个自然村：西库浜（现称西沙浜）、马踏浜（现称马达浜）、庞庄村、王言浜（现称黄泥浜）、袁家浜（已废）。另吴江县。

吴江县范隅上乡一都四图，辖2个自然村：盛庄（亦称盛庄里）、田上（明、清《吴县志》中无此村名）。另城南街道新江社区朱家郎港南。

清雍正二年（1724年）分县，析长洲县东南地置元和县。红庄境域分别隶属元和、吴江县。境内东部的尹山乡南三十一都二十图、二十一图（连界、即原尹西、双桥两个行政村区域）隶属元和县尹山乡（堵城里）；西部的范隅上乡一都四图（连界、原红庄行政村区域）隶属吴江县范隅上乡。

民国元年（1912年）1月，长洲、元和县并入吴县。红庄境域东部的南三十一都二十图、二十一图（连界）隶属吴县尹山乡。西部的一都四图（连界）隶属吴江县湖东西乡。民国18年（1929年）8月，实行区、乡（镇）制。红庄境域东部地建黄裔乡、庞庄乡、青树乡（连界，除芦坝基港南半个自然村外，余皆吴江区），隶属吴县第十四（尹山）区。西部地建盛庄乡（连界、另有朱家上自然村现属吴中区城南街道新江社区），隶属吴江县第一（城厢）区。

民国23年（1934年），黄裔乡并入尹山乡，庞庄乡并入青树乡。盛庄乡与杨湾、罗盛乡合并改称湖东乡。

民国36年（1947年），区、乡并编后，红庄境域东部地改隶吴县淞北区尹山乡。西部地改隶吴江县城区湖东乡。

民国37年（1948年）2月，吴江县湖东乡、越西乡合并改称越溪乡。红庄西部地又隶吴江县城区越溪乡。

1950年4月15日，尹山乡改称尹西乡，划归吴县枫桥区，境内东部地改隶吴县枫桥区尹西乡。

1950年8月8日，境内西部地划归吴县，隶属吴县枫桥区尹西乡。至时红庄全境均隶属吴县枫桥区尹西乡。

1954年4月，红庄境域仍划归吴县车坊区。同年年底，境内建有尹西乡庞北第一、第二、第三，庞中第一、第二、第三、第四和中心、西田等9个初级农业生产合作社。1956年建有金星第二十、第二十二2个高级农业生产合作社。同年撤乡并乡，尹西乡并入长桥乡，红庄境域改隶吴县车坊区长桥乡。

1957年3月撤区并乡，长桥乡并入郭巷乡，红庄境域隶属吴县郭巷乡。同时，境内的金星第二十、第二十二高级农业生产合作社分别改称东风十四、十六高级农业生产合作社。

1958年人民公社化时，红庄境域建有红庄、钢铁2个生产大队，19个生产小队。一度改为5营3、4、8、9、10连，隶属郭巷人民公社。

1965年12月，红庄境域划归吴县蠡墅人民公社，且更名为长桥人民公社。

1981年境内东部的钢铁大队划分为尹西、双桥大队。时，红庄境域置有红庄、尹西、双桥3个生产大队，共35生产队。

1983年恢复乡建制时，境内的红庄、尹西、双桥大队改称红庄、尹西、双桥行政村，设有35个村民小组。隶属吴县长桥乡。

1986年12月撤乡建镇，红庄境域改隶吴县长桥镇。时，境内有3个行政村，35个村民小组。

1995年6月，吴县改称吴县市，境内红庄、尹西、双桥3个行政村隶属吴县市长桥镇。

1996年1月，红庄境域划归吴县市经济技术开发区。时，境内有3个行政村，35个村民小组。

2003年9月25日，撤村并村建社区。红庄、尹西、双桥3个行政村合并组建红庄社区。至时，形成红庄社区现境域。

2004年12月，吴中区建城南街道，红庄社区划归城南街道，并为城南街道驻地。

## 三、区域

红庄社区位于吴江与苏州两城的中部，直南为吴江古城区，相距4千米，直北为苏州古城区，相距 5 千米，是苏州通吴江及浙、粤、闽诸省的要冲，也是历代东南诸省向朝廷运送贡物的要道。

境域形状呈卧 7 字形，东宽西窄。东与吴中区（市、县）郭巷街道（镇、乡、公社）尹山社区（原尹山村、大队）六丰村（大队）接壤，以 227 省道为界线。南与吴江区（市、县）松陵镇花港社区（原花港村、大队）、青树湾村（大队）、扬湾村（大队）接壤，以石灰浜港、尖局港为主界线。西与吴中区长桥街道（镇、乡、公社）蠡墅社区（原蠡墅村、大队）、南厍村（大队）接壤，以鲇鱼口（现大庆河，亦称联圩河）为主界线。北与吴中区（市、县）城南街道新江社区（村、原新建大队）宝带社区的原宝尹村（原金星大队）接壤，以跃进河（东段原称南古塘河，西段原称吴桥港）为主界线。

东部界线：自钢铁桥港与大坟港交汇处起，大坟港直南，约 30 米处折东至苏嘉公路，复折南至菱塘湾东侧，折西 150 米折南，又 150 米折东，至古运河直南，至苏嘉公路与苏嘉铁路交会处南 200 米处止，呈"山"字形，长 3.35 千米。

南部界线：自东线南终点现绕城高速公路南侧 100 米起，往西穿越原苏嘉公路、铁路至青树湾村（现迎春路西 100 米）折北至西柳里浜底，折西至面杖港，折北至尖局港，转西至田上港折北 150 米处，直西至鲇鱼口西岸（现邵昂路与长蠡路联结处）止。呈阶梯形，东高西低，长（直线）4.07 千米。

西部界线：自南部西终点现长蠡路与吴中大道交会处起，直北至扬青港与鲇鱼口交汇处（现为大龙港桥直北至大龙港跃进河交汇处，含扬青港、鲇鱼口境内段水域），长 1.37 千米。

北部界线：自西线北终点起直东至古运河，长 3.55 千米。

红庄境域位于东太湖东岸，为太湖平原地区，阡陌纵横，港河交错，青萍绿水，物产丰富，村落稠密，炊烟萦绕，是典型的江南鱼米之乡。

# 第二节 自然环境

红庄社区地处长江三角洲腹地，是苏州市的南大门。它东依古老的京杭大运河，与郭巷街道尹山相望；南接吴江区（县、市）松陵镇（湖滨公社、乡）青树湾社区（青树湾村、杨湾村）；西倚鲇鱼口（亦称东太湖梢、东湖）；北连吴中区城南街道新江（原新建大队、新江村）、宝带桥社区（原称新华、金星大队，宝南、宝尹村）。境域内，227 省道（214 国道，原苏嘉公路）、迎春路和京杭大运河、面杖港、鲇鱼口纵贯南北；东吴南路和钢铁桥港、跃进河横穿东西，陆路便捷，水路畅通。全社区总面积 5 平方千米，南北长 1.5 千米，东西宽 3.2 千米，其中水域面积 102.21 公顷。地域条件优越，自然环境优美，风景宜人，素有"鱼米之乡"的美誉。

## 一、地质、地貌

红庄社区地质构造属扬子准地台、下扬子—钱塘褶皱带东部，断层错综叠加，地质块间接近很多，受力点不易集中，故境内地质构造不易积累巨大能量，地震多为中小型，属地震基本烈度六度区。全境处地质断裂带东侧，是由寒武系、奥陶系等下古生界地层组成的复式背斜，为第四系冲湖积平原。

境域内地质构造比较简单，基底地层断裂很少，土质情况良好。地耐力一般在20吨/平方米左右（原太湖电动工具厂、现香溢澜桥小区处）。基底地层稳定，对地面建筑无影响，均为良好的建筑基地。

红庄社区地处北亚热带区域，处于滨湖水网平原，境内地势平坦，自西北向东南倾斜，地面由平田向圩田过渡。海拔平均为2米左右（东南部1.7米）。平原水网西疏东密，河道纵横交错，弯曲浅窄，水面占陆地面积的27.8%。地面组成为湖积相物质，先后由东太湖淤泥成陆，部分地面成陆仅数百年，沉积物为湖沼相，由灰黄色黏土夹粉砂组成，土壤肥沃，肥力较高，适宜农作物生长。水资源极为丰富，能充分满足生产、生活的需要。

## 二、气候

红庄社区属北亚热带湿润性季风气候，受太湖水体调节，光照充足，雨水丰沛，无霜期长，四季分明，温暖湿润，有利水稻、三麦生长，是苏南农业的高产地区之一。

四季特征：

【春季】初春，境域上空冷暖气团活动频繁，气温回升缓慢，且冷暖交替，天气多变，时有暴热骤冷天气，春雷、晚霜出现。春季是雨日最多的季节，平均雨日为42天，占全年总雨日的31%，连续阴雨天长的达半月以上，并偶有暴雨或大暴雨。5月中下旬，多连晴少雨和高温低温天气。春季是夏季风交替的季节。

【夏季】初夏，境内为梅雨期，连日阴雨，日照少，常有大雨和暴雨。一般6月7日入梅，7月10日出梅，平均梅期24天。最早入梅是1971年5月24日，最迟入梅是1982年7月9日；最早出梅是1961年6月15日，最迟出梅是1982年8月5日。最长梅期是1956年6月1日—7月19日，达49天，1974年、1980年与1983年梅期都在40天以上；最短梅期是1964年6月24日—28日，仅5天，1958年、1961年与1981年梅期都在10天以内。梅雨期结束即进入盛夏，受副热带高气压控制，除地方性雷雨和台风阵雨外，多连续晴天和酷暑天气，日照强烈，蒸发旺盛，常有伏旱发生。7、8两个月平均气温在25℃以上，个别年份会出现"凉夏"。

【秋季】夏秋之交是台风影响的盛期，台风常带来特大暴雨。进入秋季，冷空气活动趋于活跃，9月中旬常出现寒露风，暖空气势力渐退，降温迅速，常是"一场秋雨一阵寒"。9月份常有一段连续阴雨天气，俗称"秋黄梅"。10月—11月有一次气温明显回升过程，俗称"小阳春"天气。有的年景降雨不多，常有秋旱发生。

【冬季】冬季，境内的天气过程表现为一次又一次的冷空气活动。北方冷空气频频南下，气温迅速下降。低于-5℃的严寒，平均每年2—4天。一年中以小寒、大寒两个节气为最冷，日平均气温为3.2℃—3.5℃。寒潮为冬季最显著的天气表现，平均每年有2—3次寒潮过程。1966年、1969年、1970年有5次之多，而1961年、1964年、1973年、1975年、1977年则仅为一次。1956年至1987年间，降温幅度最大的寒潮出现在1964年4月6日—7日，24小时内降温14.9℃。寒潮出现最早的时间是1978年10月27日，24小时降温11.4℃，29日最低气温为3.3℃；寒潮出现最迟的时间为1969年4月15日，

24小时降温12.8℃,48小时降温15.7℃。冬季是一年中降水最少的季节,且有三分之一的年份出现冬旱,常常连续两个月无透雨。下大雪次数也不多,地面积雪平均每年只有6天。

## 三、气象要素

### (一)气温

红庄社区年平均气温为15.7℃—16℃。温差较小,平均年较差为25.2℃。1月份平均气温为2.9℃—3.3℃,为最冷月;该月中旬又为最冷旬,日平均气温为3.1℃。极端最低气温平均为-6.6℃—5.6℃,年平均为2—4天。1977年曾出现过-12℃的极端气温记录。7月份平均气温为28.1℃—28.4℃,为最热月;7月下旬又为最热旬,日平均气温为28.2℃。极端最高气温平均为36.5℃—36.8℃,年平均为8—13天,最长为25天(1971年),最短为2天(1975年)。极值为41.7℃(2013年)。历年各月平均气温见表1-1。

表1-1 红庄社区历年各月平均气温表

单位:℃

| 月份 | 1 | 2 | 3 | 4 | 5 | 6 |
|---|---|---|---|---|---|---|
| 平均气温 | 3.1 | 4.5 | 8.5 | 14.5 | 19.5 | 23.9 |
| 月份 | 7 | 8 | 9 | 10 | 11 | 12 |
| 平均气温 | 28.2 | 27.9 | 23.3 | 17.6 | 11.9 | 5.8 |

### (二)日照

境内平均日照时数为2005—2179小时,日照率为45%—49%。夏季日照时数最多,为658—726小时,占全年的32.8%—33.7%,日照率为52%—58%。冬季日照时数最少,仅为404—435小时,占全年的19.9%—20.1%,日照率为43%—46%。日照时数最多的为8月,为225—279小时,日照率为62%—68%;日照时数最少的是2月,仅为123小时。日照率最低的是5月,仅37%—41%。历年各月平均日照时数见表1-2。

表1-2 红庄社区历年各月平均日照时数表

| 月份 | 1 | 2 | 3 | 4 | 5 | 6 |
|---|---|---|---|---|---|---|
| 日照时数 | 136.8 | 123.0 | 139.3 | 155.9 | 159.9 | 169.5 |
| 月份 | 7 | 8 | 9 | 10 | 11 | 12 |
| 日照时数 | 225.1 | 243.8 | 169.5 | 175.7 | 154.7 | 143.1 |

### (三)雨量

境内年平均降水量为1025—1081毫米,降水量最大的是1960年,达1467.2毫米,最小的是1978年,仅为604.2毫米。降水一般集中在4—9月,平均每月在100毫米左右。最大日降水量达343毫米(1960年9月)。10月份起降水骤减,10月至次年1月的降水量都在50毫米以下。2月份起降水量逐渐增多,4月份有桃花雨,常见连续阴雨天。一般春季是雨日最多的季节。6月中旬到7月上旬是梅子黄熟季节,俗称梅季,平均梅雨期降水量为200—250毫米。有些年份梅雨量较大,如1954年、1974年,其中1954年的梅雨量最大，是年 5—7 月降水为 768 毫米，雨日达 55 天；也有一些年份是空梅，如 1978 年。秋季，多数年份降水不多，常有秋旱发生；也有三分之一的年份阴雨较多，影响秋种。冬季降水最少，降水量只占全年降水总量的 14%。全年平均降水日数为 133.9 天。降水最多的是 1977 年，为 154 天；降水最少的是 1971 年，为 104 天。最长连续降雨日为 16 天，自 1969 年 7 月 1 日—16 日，雨量达 182 毫米；最长连续无降水期为 44 天，自 1971 年 11 月 10 日—12 月 23 日。历年各月平均降水量见表 1-3。

表 1-3　红庄社区历年各月平均降水量

| 月份 | 1 | 2 | 3 | 4 | 5 | 6 |
|---|---|---|---|---|---|---|
| 降水量 | 42.0 | 62.7 | 82.4 | 107.2 | 112.3 | 165.0 |
| 月份 | 7 | 8 | 9 | 10 | 11 | 12 |
| 降水量 | 120.4 | 121.6 | 136.4 | 51.2 | 46.6 | 40.7 |

**（四）无霜期**

境内无霜期平均为 244 天（3 月 23 日—11 月 3 日）。80% 保证率的无霜期为 230 天（4 月 2 日—11 月 19 日）。最长无霜期为 279 天（1980 年 2 月 9 日—12 月 3 日），最短无霜期为 213 天（1958 年 3 月 30 日—10 月 28 日）。最早初霜日是 1958 年 10 月 27 日，最迟初霜日是 1980 年 12 月 4 日；最早冬霜日是 1977 年 2 月 22 日，最迟冬霜日是 1961 年 4 月 16 日。

**（五）气压**

境内平均气压为 1014.3 毫巴。一年中，冬季最高，夏季最低。1 月、12 月为全年最高，达 1024.1 毫巴；7 月为全年最低，仅为 1001.9 毫巴。

**（六）湿度**

境内年相对湿度为 79%。5—9 月相对湿度大于或等于 80%；6、9 两个月都是 83%，为最高；1 月为 74%，属最低；12 月次之，为 75%。

**（七）云量**

境内年平均总云量为 6.5 成。1956 年、1957 年最多，为 7.2 成；1986 年最少，为 5.7 成。一年中，6 月云量最多，达 8.0 成；其次是 5 月，达 7.8 成；11、12 两个月最少，均为 5.4 成。正常天气条件下，大致是日出前后云量较少，10 时左右增多，15 时左右最多，日落前后渐消。

**（八）风向、风速**

红庄地处东海沿海，季风明显，秋、冬季及初春时节多北风或西北风，晚春及夏季多东南风。最大风速为 24.7 米/秒（1963 年 9 月 12 日）；瞬间最大风速 27.2 米/秒，出现在 1973 年 8 月 2 日。年平均风速为 3.7 米/秒—3.9 米/秒。超过 17 米/秒（八级风）的大风天数，年平均为 11.9 天，最多为 21 天（1972 年），最少为 3 天（1978 年）。影响全境的台风常集中在 7 月中旬至 9 月下旬（90%），强台风带来狂风暴雨，风力最大的可达 9 至 10 级。每年影响全境的台风约有 3 次，多的年份可达 4 次以上（如 1963 年、1977 年、1990 年），也有无台风的年份（如 1967 年、1968 年、1978 年）；受灾严重的有 3 次（分别是 1962 年的 14 号台风、1977 年的 8 号台风和 1990 年的 15 号台风带来的影响）。例如 1962 年的 14 号台风带来暴雨，两天共降雨 414 毫米，使农田和房屋受损。境内属少龙卷风地区，新中国成立以来未受到过龙卷风危害。

### （九）雷暴

境内年均雷暴为41.9天；1963年最多，达68天，1978年最少，为21天。90%的雷暴集中在3—9月，7、8两月发生的雷暴次数占全年的52%。常年3月11日左右始雷鸣，最早是1月29日（1959年），最迟是4月10日（1978年）；终雷日期一般在10月2日左右，最早是9月3日（1971年），后无雷声，最迟是12月7日（1968年）还有雷鸣。雷鸣初、终间隔平均为206.7天，最长的是290天（1969年），最短的是155天（1963年）。

### （十）雪日

境内年均积雪为6天，最多的是1977年1—2月的21天。1964年、1970年、1974年和1975年，冬季至来年春季均无积雪天。平均初雪日是1月17日，最早是12月16日（1965年）；平均终雪日是2月14日，最迟是3月14日（1957年）。

## 四、水文

### （一）湖泊

【鲇鱼口】亦称东湖、东太湖梢，位于红庄社区西首。系东太湖分支。自太湖东岸瓜泾港西口直北，经东湖社区、红庄社区、蠡墅镇、长蠡社区、新江社区、先锋社区、新家社区、龙南社区至澹台湖西口，过五龙桥入西塘河（又名大龙港、鼇塘），穿盘门裕棠桥接苏州城区古运河。长6.8千米，宽300—800米不等，水面面积7.75平方千米。

新中国成立前至新中国成立初期，鲇鱼口盛产水红菱、莼菜和芦苇、蒿草，且鱼虾种类众多，沿岸有许多专门从事种植水红菱、莼菜和捕鱼为生的农户。1977年开展农业学大寨运动时，鲇鱼口被围湖造田。

鲇鱼口是宣泄太湖水的主要湖泊之一，也是太湖东部的主要蓄水区，又是苏州与浙江省西部舟运货物的重要水道。

【菱塘湾】位于红庄社区东南部原苏嘉铁路东侧。原与古运河连通，系古运河西侧的一处天然湖泊。周长6千米，水面面积2.15平方千米，呈椭圆形，南北宽、东西窄。明末清初，大部由移民开垦成粮田。仅存罗布棋自然村东首一小部分水面，用作生产用河道，水面面积不足0.3平方千米。

【东白洋】位于红庄社区东北部，系境内湖泊中最小的一处。通江天桥港，呈椭圆形，南北狭长，面积0.5平方千米。明代，东侧的家客桥村因战乱被焚毁。后人将村落宅基地及东白洋东、南、西周边泽地均开垦成粮田。仅存中部深水区。

### （二）河流

红庄境内共有大小河流35条，总长度36.35千米。骨干河道有南北纵向的京杭大运河、面杖港、田上港、鲇鱼口（又名太湖梢、东湖）4条；有东西横向的跃进河、钢铁桥港（又名江天桥港、江铁桥港）2条；1000米以上的河道有15条，1975年至1976年内，人工新开河道2条。这些河流是千百年来自然演变和人工开挖治理的综合产物，它们纵横交叉，贯穿四乡，起着引调、蓄纳和排灌吞吐的作用，形成了与京杭大运河、太湖相沟通的河网系统，构成了典型的江南水乡特色。

表1-4 20世纪90年代红庄境域河道情况表

| 原行政村名称 | 河道名称与长度 |
|---|---|
| 双桥村 | 罗布棋港：1698米；庞庄港：1126米；横泾港：1056米；马达浜：1022米；大坟港：1556米；袁达浜：626米；西库浜：815米；南段里浜：50米；庞庄东浜：150米；湾里：185米；张家浜：315米。 |
| 尹西村 | 古运河：境内段2250米；白洋湾：115米；黄泥浜：1268米；钢铁桥港：1680米；蒋家浜：625米；横连浜：962米；大坟头南浜：55米；大坟头北浜：85米；新开河：305米；油车浜：105米；胡家浜：95米。 |
| 红庄村 | 面杖港：境内段3250米；鲇鱼口：境内段2400米；跃进河：境内段2430米；大寨河：境内段1380米；盛庄港：1612米；吴桥港：980米；东南河：625米；河田上港：815米；尖局港：1635米；扬青港：625米；居石浜：425米；渚头浜：360米；田上港：境内段1135米。 |

注：1. 红庄境内自然形成的大小河道35条，总长度33816米。

表1-5 2013年末红庄境域河道情况表

| 原行政村名称 | 河道名称与长度 |
|---|---|
| 双桥村 | 罗布棋港：1698米 |
| 尹西村 | 京杭大运河：境内段2430米；钢铁桥港：1680米；黄泥浜港1268米；大坟头港：656米（南段已填埋）。 |
| 红庄村 | 面杖港：境内段3250米；田上港：境内段1135米；跃进河：境内段3630米；大寨河：境内段1380米。 |

注：1. 现红庄社区境内有大小河道9条，总长度17127米。
2. 消失的河道均系城市化建设中被填埋。

### （三）水位

红庄社区水位略低于太湖水位，其水流由西向东，随钢铁桥（又名江天桥、江铁桥）港、跃进河汇入京杭大运河。水位变化受太湖水制约，并与降水季节分配基本一致。红庄河流为平原河，流速、水位变化都较小。水位变幅正常在1米左右，一般河道流速在0.5米/秒以内。全域河流在6至10月为丰水期，12月至来年2月为枯水期，其他月份为平水期。

根据苏州地区水文站（觅渡桥测量点）39年（1919—1937年、1952—1971年）的资料统计，红庄社区的水文情况（均以吴淞标高为准）是：正常水位2.8米，警戒水位3.5米，水位平均最高年3.27米（1954年），最低年2.28米（1934年）。历史上最高洪水位发生在1999年7月9日，为4.60米，超过了1954年的洪水位高度和持续时间。最低枯水位发生在民国25年（1934年）8月27日，为1.89米。高水位都发生在汛期（6—9月）；低水位出现的季节没有固定规律，有的出现在汛期，有的发生在冬、春季节，一般以冬、春季节占多数。

### （四）地下水

域内地下水比较丰富，属弱富水区。有第4系孔隙含水层，以第一承压水组为主。含水层岩性以粉矿为主,顶板埋深130—170米,含水层厚度10—20米,单井涌水量1000—1500吨/日,水质良好。地表水均为2—3米,渗水层一般见于1米左右。

## 五、土壤

红庄社区属滨湖水网平原,地面高层1.7—3米(以黄海零点计算)。1981年编纂的《吴县土壤志》资料显示,境内土壤以黄泥土为主,其他土种有鳝血黄泥土、乌黄土、僵黄土、灰底黄泥土、青泥土、石板土、小粉土、铁屑黄泥土、黄松土、夹沙黄泥土、青泥草渣土等14种。1980年土壤普查挖掘的割丘点显示,境内土壤大体可分为3个区类、4个土属、10个土种。主要土种又分为几个变种。在同样耕作的情况下,轮作方式、施肥数量、灌排条件,甚至投放于农田建设的人力、物力、财力都影响着土壤的熟化程度。红庄社区农业历史悠久,耕作精细,人为影响深刻,使土壤肥力差异较大。熟化度高的土壤,一般耕层出现棕红色的"鳝血斑",这种土壤有机质、氮的含量较高,养分较协调,一般为高产土壤;而熟化度低的僵黄泥土,则土壤有机质、氮的含量很低,养分也不协调,都为低产土壤。

### (一)土壤形成规律

不同类型土壤的形成,存在着一定的规律。地势较高、水旱轮作、冲积物质主要是黄土母质或冲积过程中未形成平原的河道,经沉淀作用,发育成层次分明的黄泥土,如境内红庄社区四号门北(原太湖电动工具厂内)剖面点和地面高层3.0米的平原耕地。层次发育差的形成石板土、铁屑土,如西部沿鲇鱼口的分水墩地块。地势低洼、长期淹水、地下水位比较高的变成青泥土,如烂田性土壤,以及地面高层在2.2米以下的洼地。在50厘米左右深度出现的埋藏层、冲积物质中伴有生物残体,转化为乌泥土。在二次冲积及水生作物水文条件影响下的围垦湖田,形成草渣土、青泥土,如原双桥村(大队)东北部的洼田。酸性较强的,有原红庄村(大队)的16亩头湖田。

土壤的变种也有一定的规律。成土母质和人为耕作、施肥等方面的作用可能使一个土种内发生差异,产生变种。例如黄泥土类型:土质好的乌黄泥土、鳝血黄泥土,离村比较近,耕作、施肥水平比较高,底下水位亦较低;土质较差的僵黄泥土,一般离村远,有机肥偏少,化肥偏多,耕作比较粗糙;在100厘米左右深度出现埋藏层的灰底黄泥土,地势显得略低,如鲇鱼口的围垦田等。

### (二)土壤的养分和肥力

根据1981年土壤普查资料,境内实际普查面积占耕地面积的89.81%,占水面面积的90.26%,占稻田面积的92.37%。通过对102个土壤样本的检测化验得知,土壤养分的趋势是:有机质含量较高,平均值为2.78%;速效磷不丰富,平均值为11.5ppm;速效钾含量68.6ppm,酸碱度呈微酸性,pH为6.77。围垦湖田偏酸,原红庄村(大队)16亩头湖田pH只有4.5,使农作物生长不良,甚至死亡。根据综合指标来评定土壤肥力,境内有90%以上的土壤在二至四级之间,一级土、五级土所占比例较小。

### (三)土壤的种类与特征

经过剖面观察和土壤养分的分析得知,境内主要土壤的形态特征和肥力条件如下:

【鳝血黄泥土】这类土壤物理性状好,土壤养分含量高,耕层有明显的鳝血斑纹。这类土壤熟化程度高,养分较协调,生产性能好,稳产、高产。境内有3%左右的土地为鳝血黄泥土。

【一般黄泥土】这类土壤的耕地，地面高层在3米左右，耕作条件好，地下水位一般在90厘米左右，层次发育明显，铁锰斑点较多。土体结构为小块状，耕层呈黄棕色，底层是灰棕色，渗育层为浅黄色或灰黄色的斑纹层，生产性能较好。境内70%左右的土壤均为一般黄泥土质。

【乌黄泥土】一般分布在地势稍低的地方，离村庄较近，经耕作培肥，发育成肥沃的黄泥土。这类土质的耕田质量好，产量高。这一类型的耕地，地下水位在85厘米左右，土质结构呈小块状，渗育层厚度比一般黄泥土略薄，呈浅灰黄色，胶膜较厚，土壤养分含量较高，土壤物理性状也较好，但水分含量超高，不利旱作物。乌黄泥土是比较理想的土壤，境内仅有极少量的滩田为乌黄泥土。

【灰底黄泥土】这类土壤由于地势偏低，一般在70—100厘米以下出现乌灰色泥炭质埋藏层。土壤养分含量有机质、磷比乌黄泥土高，钾含量略低，生产性能也较好，耕性比乌黄泥土差，质地比乌黄泥土稍黏，有比较好的渗育层，无斑淀层，土体结构为小块状，胶膜厚，铁锰斑点较多，土壤水分含量高，不利旱作物生长。境内有1.5%左右的土壤为灰底黄泥土。

【僵黄泥土】僵黄泥土是指土壤板结、耕性差、黏性大、土质发僵、未经熟化的死泥土，这类土壤有机质、氮含量很低，养分也不协调，属于黄泥土的变种。其地下水位在85厘米左右，层次发育与一般黄泥土相仿，土体结构为棱柱状或大块状，铁锰斑点也比较少。这类土壤应降低地下水位，方宜农作物生长。境内有3%左右的土壤为僵黄泥土。

【青泥土】青泥土所处地势低洼，地下水位在50—60厘米，灌排条件不良，水温条件差，土壤水分多，土质黏重，耕性差，主要是烂田性土壤和圩田土壤。土壤呈缺钾反应，土壤的含水量超过所有土种。境内原红庄村东湖围圩中的16亩头湖田的土壤为青泥土，数量很少。

【乌泥土】乌泥土在45厘米左右深度出现乌泥层，水温条件比较差，层次发育不完善，耕层养分含量较高，有较好的耕作层和较薄的渗育层，有适度发育的犁底层，埋藏层滞水不通气。境内原尹西村大坟港东岸旱地平整后改为农田的土壤为乌黄泥土，数量很少。

【其他次要土种】根据70厘米内的土壤层次，以土种结构划分土种，有阻碍层次的铁屑黄泥土、石板黄泥土。此类土壤养分较低，有机质含量平均值分别为1.41%、2.45%，速效磷含量分别是15ppm和12ppm，速效钾含量分别为40ppm、88ppm。土体结构呈片状、核块状，土壤物理性能较差。草渣土，生产性能差，无层次发育，有机质较低。小粉土，无土体结构，通气性差，占调查面积的1.2%，一般为湖田。养分含量中等、有层次发育的黄粉土和夹沙黄泥土，占普查面积的0.4%。

表1-6 红庄境内土壤养分含量表（据1980年普查）

| 序号 | 原行政村名 | 有机质含量 % | 速效磷（ppm） | 速效钾（ppm） | pH（酸碱度） |
|---|---|---|---|---|---|
| 1 | 钢铁 | 2.75 | 14 | 80.4 | 7.4 |
| 2 | 红庄 | 2.71 | 9.8 | 94 | 6.4 |
|  | 平均数 | 2.73 | 11.9 | 87.2 | 6.9 |

注：普查时双桥、尹西行政村为钢铁大队。

表 1-7　红庄境内土壤养分分级比例表（据 1980 年普查）

单位：亩

| 序号 | 原行政村名 | 肥力等级 | | | |
|---|---|---|---|---|---|
| | | 一级 | 二级 | 三级 | 四级 |
| 1 | 双桥 | / | 466.41 | 1745.5 | 185 |
| 2 | 尹西 | | | | |
| 3 | 红庄 | 60 | 569 | 733 | 710.59 |
| | 合计 | 60 占 1.34% | 1031.41 占 23.1% | 2478.5 占 55.5% | 895.59 占 20.06% |

注：普查时，双桥、尹西行政村为钢铁大队。

表 1-8　红庄境内土壤变种分类面积汇总表（据 1980 年普查）

单位：亩

| 序号 | 原行政村名 | 普查面积 | 黄泥土 | | | | |
|---|---|---|---|---|---|---|---|
| | | | 小计 | 鳝血黄泥土 | 黄泥泥土 | 僵黄泥土 | 灰底黄泥土 |
| 1 | 双桥 | 2922.5 | 2922.5 | / | 2802.5 | 80 | 40 |
| 2 | 尹西 | | | | | | |
| 3 | 红庄 | 1547 | 1547 | 80 | 1467 | / | / |
| | 合计 | 4469.5 | 4469.5 | 80 | 4269.5 | 80 | 40 |

注：普查时，双桥、尹西行政村为钢铁大队。

表 1-9　红庄社区土壤基层分类系统表（据 1980 年普查）

| 土类 | 亚类 | 土属 | 土种 | 变种 | 同土异名 |
|---|---|---|---|---|---|
| 水稻土 | 夹水型 | 黄泥土 | 黄泥土 | 鳝血土 | 鳝血土 |
| | | | 黄泥土 | 乌黄土 | 乌黄土 |
| | | | 黄泥土 | 僵黄土 | 死黄土 |
| | | | 黄泥土 | 灰底土 | 黄泥土 |
| | | | 黄泥土 | 青泥土 | 黄土 |
| | | | 石板黄泥土 | / | 石板土 |
| | | | 夹沙子 | / | 黄沙土 |
| | | | 铁屑土 | / | 铁屑土 |
| | | | 黄粉土 | / | 黄泥土 |
| | 涝水型 | 小粉土 | / | / | 小粉白土 |
| | 中水型 | 青泥土 | / | / | 青紫泥土 |
| | | | / | / | 浮墩土 |
| | | 乌泥土 | / | / | 乌土 |
| | | | 返酸性泥土 | / | 返酸土 |

## 六、资源

红庄社区地处享有"人间天堂"之誉的苏州，有天时、地利之优，而且自然资源雄厚，物产丰富，是真正的"鱼米之乡"。历史上境内除盛产水稻、小麦、油菜籽外，经济作物种植、水产养殖和家禽饲养也较盛。特别是境内种植的茭白、灯芯草、莲藕、慈姑、荸荠等烂田经济作物是20世纪70年代前农户的主要经济来源之一。境内还盛产菱角、薄荷、莼菜，石湖水红菱、莼菜是当地著名特产。

### （一）土地资源

1983年实行家庭联产承包责任制时土地划分资料显示，红庄社区土地总面积为7500亩（原双桥村2466.05亩，原尹西村2438.02亩，原红庄村2595.93亩）。其中粮田4469.5亩（原双桥村1469.6亩，原尹西村1452.9亩，原红庄村1547亩），占土地面积的59.59%；湖田42亩，占土地面积的0.56%；旱地1334亩（原双桥村452亩，原尹西村446亩，原红庄村436亩），占土地面积的17.79%；桑地77亩（原双桥村15亩，原尹西村24亩，原红庄村38亩），占土地面积的1.03%；烂田268亩（原双桥村72亩，原尹西村68亩，原红庄村128亩），占土地面积的3.6%；乡村工业兴起后，尤其是20世纪90年代境内原3个行政村划归吴县市经济技术开发区之后，耕地面积逐年减少。21世纪初，开发区将境域列入经济区建设。至2013年底，红庄社区已无耕地。

### （二）植物资源

红庄社区境域为滨湖水网平原，水域面积大，荒地少，野生植物不多，植物种类有200余种，主要是：籼稻、糯稻、粳稻、大麦、元麦、小麦、玉米、山芋、高粱、油菜、芝麻、花生、向日葵、蓖麻、大豆、黄豆、蚕豆、赤豆、绿豆、豇豆、豌豆、四季豆、青菜、白菜、刀豆、芥菜、菠菜、花菜、苋菜、长豇豆、芹菜、甜菜、荠菜、榨菜、香菜、蕹菜、卷心菜、黄芽菜、大头菜、韭菜、胡葱、洋葱、大蒜、马兰头、紫角叶、枸杞头、马铃薯、胡萝卜、白萝卜、红萝卜、番茄、茄子、芋艿、慈姑、辣椒、茭白、莴苣、蘑菇、香菇、生姜、荸荠、葫芦、扁蒲、莲藕、莼菜、雪里蕻、金花菜、红菱、乌菱、木耳、金针菇、西瓜、南瓜、冬瓜、生瓜、黄瓜、丝瓜、桃子、梅子、橘子、甘蔗、葡萄、金橘、柿子、橙子、枇杷、黄杨、白杨、枫杨、水柳、旱柳、银杏、梧桐、泡桐、冬青、香樟、玉兰、水杉、雪松、五针松、罗汉松、侧柏、刺柏、龙柏、米柏、榆树、桑树、槐树、楝树、桧柏、桃树、梅树、朴树、刺槐、榉树、枣树、柿树、合欢、黄山栾树、乌桕、枫香、棕榈、木槿、紫荆、红叶石楠球、海桐树、茶梅球、无刺构骨球、茶树、圣诞树、无花果树、发财树、牵牛花、曼陀罗花、金苞花、栀子花、蝴蝶花、红水花、时钟花、木棉花、碗公花、迷迭香、叶子花、百合花、太阳花、向日葵、梅花、牡丹、山茶、月季、荷花、兰花、棕竹、杜鹃、桂花、菊花、海棠、迎春、吊兰、米兰、君子兰、文竹、龟背竹、万年青、美人蕉、鸡冠花、凤仙花、仙人球、仙人掌、一串红、芍药、紫薇、常青藤、石榴、木芙蓉、六月雪、蔷薇、玫瑰、茉莉、夹竹桃、蟹爪兰、苏铁、爬山虎、紫穗槐、紫红英、田菁、酢浆草、红花草、稗草、青草、夏枯草、狗舌草、牛舌草、鸡眼草、蛇含草、蛇莓、水花生、水葫芦、鹅儿不食草、车前草、灯芯草、女贞子、半边莲、蒲公英、金银花、野菊花、半枝莲、马齿苋、仙鹤草、艾叶、地丁、金钱草、凤尾草、臭梧桐、狗背草、苍耳、益母草、菖蒲、浮萍、鸭舌草、芦苇、天门冬、荞麦、土茯苓、百部、狗毛草等。

### （三）动物资源

红庄紧靠苏州古城，地理条件造成野生动物偏少，境内原有百余种动物，现一部分野生动物已很难见到，甚至已绝迹。其主要动物有：鸡、鸭、鹅、鸽、水牛、黄牛、山羊、绵羊、猪、兔、狗、猫、蚕、黄鼠狼、刺猬、老鼠、蝙蝠、野兔、野鸡、天鹅、黄雀、燕子、麻雀、乌鸦、喜鹊、画眉、八哥、白头翁、猫头鹰、鹌鹑、蛇、青蛙、蟾蜍、壁虎、蜈蚣、白蚁、黄蜂、地鳖虫、蝴蝶、蜻蜓、知了、蚂蚁、蚯蚓、蚱蜢、蜗牛、金龟子、蚜虫、红铃虫、跳蚤、虱、蝗虫、黏虫、卷叶虫、蜘蛛、苍蝇、蚊子、牛蛙、蝼蛄、纺织娘、螳螂、萤火虫、蟑螂、蚂蟥、稻飞虱、稻叶蝉、稻苞虫、瓢虫、鲫鱼、鲤鱼、鳊鱼、鳗鱼、鲢鱼、青鱼、黑鱼、白鱼、黄鳝、鳜鱼、鲶鱼、鲨鲦鱼、甲鱼、乌龟、虾、蟹、蚌、蚬、螺蛳、泥鳅、鳑鲏鱼、田螺、花鳎鱼、昂刺鱼、黄状鱼、塘鳢鱼、花花星、玉柱鱼等。

## 七、自然灾害

### （一）台风、雨涝

三国吴太平元年（256年）八月一日，江南涌溢，平均水深八尺。

宋仁宗景祐元年（1034年）天降暴雨，田淹年荒。

宋元祐六年（1091年）六月大雨，皆成汪洋，全无庄稼，民饥。

宋宝庆三年（1227年）七月十一日四更，大风起自西南，雨如注，拔百年老树，平地水深数尺，民居毁坏十之八九。

明万历八年（1580年）闰四月十六日至五月中，大雨连绵，昼夜倾倒。六月复大雨，皆成汪洋，遍野行舟。

清嘉庆九年（1804年）五月，大雨。

民国2年（1913年）6月20日，浙江海潮冲太湖，历时3小时，随潮冲来带鱼、黄鱼甚多。

民国20年（1931年）夏，阴雨连绵，至9月雨势不止，河水骤涨，几成泽国，是42年来所未有。

民国26年（1937年）3月11日，夜1时许，大雨滂沱。

民国38年（1949年）7月24日，6号台风袭击，一昼夜降雨132.9毫米，加之入梅以来阴雨连绵，水位骤涨，稻田受淹。

1954年，发生梅雨型特大洪涝灾害，5月至7月共降雨768.3毫米，8月25日又遭强台风袭击，大片农田受淹。

1957年7月上旬，遭受暴雨袭击，稻田受淹。

1962年9月5日至7日，遭14号台风袭击，两昼夜平均降雨量达300毫米以上，农田受淹。

1963年9月12日至13日，遭12号台风袭击。

1977年9月11日下午2时至3时，8号强台风袭击过境，最大风力达11级。

1983年6月20日至7月18日，阴雨连绵，农田受淹。10月4日至23日，又连续降雨250毫米左右，农田再次受淹。

1991年6月2日至20日，普降大暴雨。7月上旬，遭受百年未见之洪涝灾害。

1993年7月26日至8月20日，连降大暴雨，造成洪涝灾害。

1999年7月1日起，连续大暴雨。

（二）干旱、虫害

唐贞观十二年（638年），冬旱，至次年五月无雨。

宋熙宁八年（1075年）夏，大旱，太湖水退数里，湖底现出丘墓、街衢、窨井。

宋嘉定二年（1209年）秋，蝗虫入境，大灾。冬，饿殍遍野，道路多弃小儿。

宋嘉定八年（1215年）夏，大旱，井源皆竭，担水易二百钱，贫民多渴死。

元大德十一年（1307年）蟹灾，多如蝗，田地皆满，稻谷荡尽。

明嘉靖二十三年（1544年）四月至八月，大旱，日色如火，沟洫扬尘，禾苗尽枯，米价腾贵。翌年复大旱，大疫，民多饿死。

明崇祯十四年（1641年），春风沙，夏旱，秋蝗虫，比户疫痢，日收露尸以万计。

清乾隆四十年（1775年），夏、秋无雨，东太湖龟裂。

民国3年（1914年）7月23日，久旱无雨。

民国17年（1928年）7月17日晚6时左右，大批蝗虫飞临境内，自西向东，连续数日不辍。

民国23年（1934年）6月26日，气温高达38.60℃，创60年来6月份最高纪录。夏，滴水不降，水田龟裂，河道搁浅，班轮停航，水井枯竭，太湖显底。

1953年5月中旬，旱象露头，40天无雨，大旱，农作物减产。

1958年9月，大旱。

1959年，80多天无雨，大旱。

1963年，大旱。

1967年，高温大旱，夏、秋连续118天无透雨。

1971年，夏，大旱，百日无雨。

1978年，夏、秋大旱，5月至9月降雨仅314毫米，7、8月间，50天无雨。

1988年6月中旬，持续高温10多天，大旱。

（三）雪灾、冻害

明景泰五年（1454年）正月，大雪，历二旬不止，深丈余，太湖诸港连底冻结。

1970年3月10日，晚，气候突变，打雷下雪，积雪17厘米左右。

1977年1月31日，大雪纷飞，严寒，港、浜大部分被冰封。

1984年1月17日11时至19日8时止，持续降雪45小时。

（四）地震

明弘治十四年（1501年）十月七日，地大震，屋宇动摇，人立者数起数仆。

民国2年（1913年）4月3日晨6时49分，地震，门窗均摇荡，台、凳倾倒，持续约3分钟。

民国16年（1927年）2月3日12时许，突然地动，约3分钟，下午1时复震2分钟。

1974年4月22日8时29分，溧阳上沛东发生5.5级地震，境内有震感。

1979年7月9日18时57分，溧阳上沛发生6级地震，境内有震感。

1984年5月21日23时39分，南黄海发生6.3级地震，境内有震感。

1995年东海发生地震，境内有震感。

# 第三节　自然村

## 一、罗布棋

康熙《吴县志》、乾隆《吴县志》、民国《吴县志》均称芦坝基。以河为名，位于红庄社区东南首。西南为吴江区（县、市）松陵镇（湖滨乡）青树湾村，西北为庞庄村，直北为马达浜村，东首紧靠苏嘉铁路（建于民国24年。民国34年被日军炸毁）。村呈东西狭长状，村民大都居住在河南岸。2000年，全村有36户、164人、35个姓氏，以陆、朱、张、罗、吴、徐等姓为主。2003年10月村庄被悉数拆除，村民移居红庄新村。

清代宣统年间（1909年—1911年）隶属元和县尹山乡（堵城里）南三十一都二十图。民国元年（1912年）隶属吴县尹山乡。民国18年（1929年）8月，实行区、乡（镇）制后，分别隶属吴县第十四（尹山）区青树乡（河南岸）、庞庄乡（河北岸）。民国23年（1934年）庞庄乡并入青树乡，全境隶属吴县第八（尹郭）区青树乡。民国36年（1947年）隶属伪吴县淞北区尹山乡。

新中国成立后，1950年3月分别隶属吴县车坊区尹山乡庞南行政村（河南岸）、庞中行政村（河北岸）。1950年4月15日，尹山乡改称尹西乡，又隶属吴县枫桥区尹西乡庞南、庞中行政村（河北岸）。1954年4月为吴县车坊区尹西乡庞南村第1初级农业生产合作社、庞中村第4初级农业生产合作社。1956年隶属吴县车坊区尹西乡金星第22高级农业生产合作社。同年年底，尹西乡并入长桥乡，又隶属吴县车坊区长桥乡金星第22高级农业生产合作社。1957年3月撤区并乡后，隶属吴县郭巷乡东风第16高级农业生产合作社。1958年10月为吴县郭巷公社钢铁大队第12、第13生产队（一度为5营10连）。1965年12月为吴县长桥公社钢铁大队第12、第13生产队。1981年为吴县长桥公社双桥大队第10、第11、第12生产队。1983年7月为吴县长桥乡双桥村第10、第11、第12村民小组。1986年12月分别对应为吴县长桥镇双桥村村民小组。1996年1月又分别对应为吴县市经济技术开发区双桥村村民小组。2003年9月撤村并村建社区后，隶属吴中区经济技术开发区红庄社区。2003年10月村庄悉数拆除。

在罗布棋自然村先后担任过生产队长和村民小组组长的有：钢铁大队第12生产队罗全根、徐火根、徐福根，第13生产队陆阿金、陆小金根、陆阿夯、吴福根、吴水根，双桥村（大队）第10村民小组（生产队）徐火根，第11村民小组（生产队）钱黑男，第12村民小组（生产队）吴寿根。

主要河道：

【罗布棋港】东西向，东起原苏嘉铁路，西至师姑圩港，长1698米，宽23米，水深3.8米，可通50吨以下货船。2003年8月填埋。

主要桥梁：

【永安桥】跨罗布棋港，南北向，花岗石质、梁式平桥，初建无考，位于罗布棋自然村中部。2003年拆除。

【幸福桥】跨塔溜港，东西向，花岗石质、梁式平桥，初建无考，位于罗布棋自然村中南首。

古墓：

【上元教谕顾琐及妻申氏、妾节妇戴氏墓】亦名摇鼓坟，位于罗布棋自然村东南首，已废。

【隐士徐思祖墓】位于罗布棋自然村东南首，已废。

## 二、庞庄村

俗称庞庄；因村上原有一庞姓望族而得名。位于红庄社区东南首。东倚杨家桥村（清代前系大村，住户较多，清初始衰落，清代中后期村废），东南为罗布棋，西南为吴江区（县、市）松陵镇（湖滨乡）青树湾行政村的师姑圩，东北为马达浜，西北为西沙浜。2000年，全村有居民69户、300人、27个姓氏，以徐、沈、郑、王为主。2003年11月村庄悉数拆除，村民移居红庄小区。

清代宣统年间（1909年—1911年）隶属元和县尹山乡（堵城里）南三十一都二十图。民国元年（1912年）隶属吴县尹山乡。民国18年（1929年）8月，实行区、乡（镇）制后，隶属吴县第十四（尹山）区庞庄乡。民国23年（1934年）庞庄乡并入青树乡，又隶属吴县第八（尹郭）区青树乡。民国27年（1938年）隶属伪吴县淞北区尹山乡。

新中国成立后，1950年3月隶属吴县车坊区尹山乡庞中行政村。1950年4月15日，尹山乡改称尹西乡，又隶属吴县枫桥区尹西乡庞中行政村。1954年4月为吴县车坊区尹西乡庞中行政村第4初级农业生产合作社。1956年隶属吴县车坊区尹西乡金星第22高级农业生产合作社。同年年底，尹西乡并入长桥乡，又隶属吴县车坊区长桥乡金星第22高级农业生产合作社。1957年3月撤区并乡后，隶属吴县郭巷乡东风第16高级农业生产合作社。1958年10月为吴县郭巷公社钢铁大队第11生产队（一度为5营10连）。1965年12月为吴县长桥公社钢铁大队第10、第11生产队。1981年为吴县长桥公社双桥大队第8、9生产队。1983年7月为吴县长桥乡双桥村第8、第9村民小组。1986年12月分别对应为吴县长桥镇双桥村村民小组。1996年1月又分别对应为吴县市经济技术开发区双桥村村民小组。2003年9月撤村并村建社区后，隶属吴中区经济技术开发区红庄社区。2003年11月村庄悉数拆除。

在庞庄自然村先后担任过生产队长和村民小组组长的有：钢铁大队第11生产队沈阿二、唐水大、徐火泉、顾水根，双桥村（大队）第8村民小组（生产队）徐桂根，第9村民小组（生产队）徐根男。

主要河道：

【庞庄港】东西向，东起南簖里河，西至师姑圩港，长1126米，宽20米，水深3.5米，系生产用河道。2003年8月填埋。

【庞庄东浜】东西向，东起庞庄港，西至浜底，呈L形。长150米，宽10米，水深2.5米。2004年8月填埋。

【柳湾里】南北向，南起庞庄港，北至浜底，呈C形。长185米，宽15米，水深3.5米。2004年8月填埋。

主要桥梁：

【杨家桥】跨庞庄港，南北向，花岗石质、梁式古桥。初建无考，位于庞庄自然村东首原杨家桥村。2003年拆除。

【西梢桥】跨庞庄港，南北向，花岗石质、单孔石拱桥。初建无考，位于庞庄自然村西首。2003年拆除。

古庙：

【杨家路观音堂】位于庞庄自然村东首杨家桥北埭，已废。

【关帝庙】位于庞庄自然村东首，杨家路观音堂西侧，已废。

【忘庵先生王武墓】位于庞庄自然村西南首，已废。

【文学顾埕墓】位于庞庄自然村南首，已废。

【明殉节生员琦暨配申硕人墓】位于庞庄自然村西南首，忘庵先生王武墓旁，已废。

## 三、马达浜

乾隆《吴县志》、民国《吴县志》均作马踏浜。以浜为名，位于红庄社区东部。东依227省道（原苏嘉公路），直南为罗布棋，直西为西沙浜，北为袁达浜自然村。村民沿河南北两岸筑房居住，河南东首的柏子坟港东西两岸后亦筑有住房。村呈L形。2000年，全村有69户、303人、35个姓氏，以王、莫、袁、何、沈、高、张、徐、顾姓为主。2003年12月，村庄被悉数拆除，村民移居红庄新村。

清代宣统年间（1909年—1911年）隶属元和县尹山乡（堵城里）南三十一都二十一图。民国元年（1912年）隶属吴县尹山乡。民国18年（1929年）8月，实行区、乡（镇）制后，隶属吴县第十四（尹山）区庞庄乡。民国23年（1934年）庞庄乡并入青树乡后，又隶属吴县第八（尹郭）区青树乡。民国27年（1938年）隶属伪吴县淞北区尹山乡。

新中国成立后，1950年3月隶属吴县车坊区尹山乡庞中行政村。1950年4月15日，尹山乡改称尹西乡，又隶属吴县枫桥区尹西乡庞中行政村。1954年4月为吴县车坊区尹西乡庞中行政村第3初级农业生产合作社。1956年隶属吴县车坊区尹西乡金星第22高级农业生产合作社。同年年底，尹西乡并入长桥乡，又隶属吴县车坊区长桥乡金星第22高级农业生产合作社。1957年撤区并乡后，隶属吴县郭巷乡东风第16高级农业生产合作社。1958年10月为吴县郭巷公社钢铁大队第9（河北岸）、第10（河南岸）生产队（一度为5营9连）。1965年12月为吴县长桥公社钢铁大队第9、第10、第15生产队。1981年为吴县长桥公社双桥大队第4、第5、第6生产队。1983年7月为吴县长桥乡双桥村第4、第5、第6村民小组。1986年12月分别对应为吴县长桥镇双桥村村民小组。1996年1月又分别对应为吴县市经济技术开发区双桥村村民小组。2003年9月撤村并村建社区后，隶属吴中区经济技术开发区红庄社区。2003年12月村庄悉数拆除。

在马达浜自然村先后担任过生产队长和村民小组组长的有：钢铁大队第9生产队莫炳初、徐火全、胡进法，第10生产队袁福元、袁根男、王木根，第15生产队高火根、顾木泉、莫夯男，双桥村（大队）第4村民小组（生产队）莫夯男，第5村民小组（生产队）袁白龙，第6村民小组（生产队）王云福。

主要河道：

【马达浜】东西向，东起柏子坟港（亦称大坟港），西至浜底。长1022米，宽30米，水深3.5米。2003年8月填埋。

【横泾港】亦称菱塘湾。南北向,南起原苏嘉铁路,北至白洋湾口。长1056米,宽25米,水深3.5米。2003年8月填埋。

【南段里浜】亦称南簖里浜。南北向,南起浜底,北至马达浜港。长50米,宽15米,水深3.5米。2003年5月填埋。

【柏子坟港】系大坟港南段。南北向,南起南簖里浜(亦称南段里浜),北至双桥。长215米,宽25米,水深3.5米。2003年8月填埋。

主要桥梁:

【双桥】东桥跨横泾港,南北向;西桥跨大坟港,东西向。两桥呈L形首尾相连。砼质拱桥。1968年建,位于马达浜自然村东首。2003年拆除。

【丰收桥】跨马达浜,南北向,砼质拱桥。1973年建,位于马达浜自然村中部。2003年拆除。

古庙:

【胥甫冥王土地庙】系风水墩(古运河西、瓜泾港北、鲇鱼口东、澹台湖南地区)七土地庙之一,位于马达浜自然村东北首。新中国成立后,曾用作吴县郭巷乡金星第22高级农业生产合作社会堂,钢铁、双桥大队(村)粮饲加工厂。2003年10月拆除,在钢铁桥港西口北岸重建。

## 四、西沙浜

《民国吴县志》作西库浜。以浜为名,位于红庄社区南部,东与马达浜为邻,南系吴江区(县、市)松陵镇(湖滨乡)青树湾行政村的师姑圩自然村,西依面杖港,北邻黄泥浜。村呈东西狭长状,浜两岸均有村民居住,多数住北岸。2000年,全村有30户、117人、25个姓氏,以翁、顾、张、高、查、金、盛为主。2003年10月,村庄被悉数拆除,村民移居红庄新村。

清代宣统年间(1909年—1911年)隶属元和县尹山乡(堵城里)南三十一都二十一图。民国元年(1912年)隶属吴县尹山乡。民国18年(1929年)8月,实行区、乡(镇)制后,隶属吴县第十四(尹山)区庞庄乡。民国23年(1934年)庞庄乡并入青树乡后,又隶属吴县第八(尹郭)区青树乡。民国27年(1938年)隶属伪吴县淞北区尹山乡。

新中国成立后,1950年3月隶属吴县车坊区尹山乡庞中行政村。1950年4月15日,尹山乡改称尹西乡,又隶属吴县枫桥区尹西乡庞中行政村。1954年4月为吴县车坊区尹西乡庞中行政村第1初级农业生产合作社。1956年隶属吴县车坊区尹西乡金星第22高级农业生产合作社。同年年底,尹西乡并入长桥乡,又隶属吴县车坊区长桥乡金星第22高级农业生产合作社。1957年撤区并乡后,隶属吴县郭巷乡东风第16高级农业生产合作社。1958年10月为吴县郭巷公社钢铁大队第8生产队(一度为5营9连)。1965年12月为吴县长桥公社钢铁大队第8生产队。1981年为吴县长桥公社双桥大队第1、第2生产队。1983年7月为吴县长桥乡双桥村第1、第2村民小组。1986年12月分别对应为吴县长桥镇双桥村村民小组。1996年1月又分别对应为吴县市经济技术开发区双桥村村民小组。2003年9月撤村并村建社区后,隶属吴中区经济技术开发区红庄社区。2003年10月村庄悉数拆除。

在西沙浜自然村先后担任过生产队长和村民小组组长的有:钢铁大队第8生产队姚阿

夯、翁全根、盛全林,双桥村(大队)第1村民小组(生产队)翁木根,第2村民小组(生产队)盛全林。

主要河道:

【西沙浜】又名西库浜。东西向,东起浜底,西至面杖港,呈L形。长815米,宽30米,水深3.5米。2003年8月填埋。

主要桥梁:

【青龙桥】跨西沙浜浜梢,花岗石质、梁式古桥,初建无考。位于西库浜自然村东首。2003年拆除。

古庙:

【贤圣堂】位于西库浜自然村中部。已废。

### 五、袁达浜

康熙《吴县志》、乾隆《吴县志》、民国《吴县志》均作元坛浜。以浜为名,位于红庄社区东部。东靠大坟港,南与马达浜为邻,西南为西沙浜,西北为黄泥浜。村呈椭圆形,南北两岸均有村民居住,多数住北岸、新开河东岸。2000年,全村有59户、224人、40个姓氏,以张、顾、陆、唐、王、袁、胡、徐、周姓为主。2003年10月村庄被悉数拆除,村民移居红庄新村。

相传古时,袁达浜是一片荒地,无人居住。明代末年,河南大旱,居民四出逃荒。时,有3户河南逃荒人,见袁达浜偌大一块荒地却无人烟,便择地搭建土坯茅草屋,垦荒种粮。数年后,有2户因老人思念故乡而携家返乡,仅剩一户袁姓河南人滞留下来。因当时整个袁达浜仅此一家,被唤作袁达浜,意为袁姓河南人逃荒到达之地。

亦传袁达浜村址原系一处高墩,呈圆形,远看似一只当地人祭祀天地、山川、城隍的名曰"元坛"的神坛,故称元坛浜。后人误读为袁达浜。

清代宣统年间(1909年—1911年)隶属元和县尹山乡(堵城里)南三十一都二十图。民国元年(1912年)隶属吴县尹山乡。民国18年(1929年)8月,实行区、乡(镇)制后,分别隶属吴县第十四(尹山)区庞庄乡(河南岸)、黄裔乡(河北岸)。民国23年(1934年)庞庄乡并入青树乡,黄裔乡并入尹山乡,又分别隶属吴县第八(尹郭)区青树乡(河南岸)、尹山乡(河北岸)。民国27年(1938年)隶属伪吴县淞北区尹山乡。

新中国成立后,1950年3月隶属吴县车坊区尹山乡庞中行政村(河南岸)、庞北行政村(河北岸)。1950年4月15日,尹山乡改称尹西乡,又分别隶属吴县枫桥区尹西乡庞中、庞北行政村。1954年4月分别为吴县车坊区尹西乡庞中行政村第3初级农业生产合作社(河南岸)、庞北行政村第3初级农业生产合作社(河北岸)。1956年隶属吴县车坊区尹西乡金星第22高级农业生产合作社。同年年底,尹西乡并入长桥乡,又隶属吴县车坊区长桥乡金星第22高级农业生产合作社。1957年撤区并乡后,隶属吴县郭巷乡东风第16高级农业生产合作社。1958年10月为吴县郭巷公社钢铁大队第5(河南岸,一度为5营9连)、第7(河北岸,一度为5营8连)生产队。1965年12月为吴县长桥公社钢铁大队第5、第7生产队。1981年为吴县长桥公社双桥大队第3生产队、尹西大队第9生产队。1983年7月为吴县长桥乡双桥村第3村民小组、尹西村第9村民小组。1986年12月分别对应为吴县长桥镇双桥村、尹西村村民小组。1996年1月又分别对应为吴县市经济技术开发区双桥村、尹西村村民小组。2003年9月撤村并村建社区后,隶属吴中区经济技术开发区红庄社区。2003年10月村庄悉数拆除。

在袁达浜自然村先后担任过生产队长和村民小组组长的有:钢铁大队第5生产队周祥福、陆介根,第7生产队张土金、顾土生、张水根、顾龙根,双桥村(大队)第3村民小组(生产队)顾金官,尹西村(大队)第9村民小组(生产队)陆介根。

主要河道:

【袁达浜】又名元坛浜,东西向,东起大坟港,西至尖浜底。长626米,宽20米,水深3米。位于袁达浜自然村中部。2003年5月填埋。

【大坟港】南北向,南起马达浜白洋湾口,北至钢铁桥港。长1556米,宽35米,水深3.5米。位于袁达浜自然村东侧。

【张家浜】东西向,东接袁达浜西口,西至大坟头,呈L形。长315米,宽15米,水深3.5米。位于袁达浜自然村西南首。2005年7月填埋。

【新开河】南北向,南起袁达浜西段,北至东白洋,1978年人工开挖。长305米,宽20米,水深3米。位于袁达浜自然村西侧。2004年10月填埋。

主要桥梁:

【文后桥】跨袁达浜(亦称袁坛浜、元坛浜),南北向,花岗石质、单孔拱桥,初建无考。位于袁达浜自然村中部。2003年拆毁。

【文汇桥】跨新开河,东西向,砼质拱桥。1978年长桥公社建,2003年拆毁。

【新开河2号桥】跨新开河,东西向,砼质拱桥。1978年长桥公社建,2003年拆毁。

古迹:

【张堂会庵】位于袁达浜自然村西首。新中国成立前后,曾用作袁达浜私塾、小学。已废。

【赠副都使徐文质墓】清《元和志》载:在瓜泾港长洲县境内。现袁达浜自然村东侧大坟港东岸,称大坟头。文质号孝质,为山东巡抚。已废。

## 六、黄泥浜

乾隆《吴县志》、民国《吴县志》均作王言浜,以浜为名。民国18年(1929年)8月为吴县第十四(尹山)区黄裔乡政府驻地。民国23年(1934年)为吴县第八(尹郭)区尹山乡政府驻地。1950年3月为吴县车坊区尹山乡政府驻地。1950年4月15日为吴县枫桥区尹西乡政府驻地。位于红庄社区中部。东与袁达浜自然村为邻,南为西沙浜自然村,西靠面杖港,北为钢铁桥自然村。村呈东西狭长状,浜两岸均筑房。2000年全村有44户、185人、32个姓氏,以顾、陆、庞、张、钱姓为主。2003年12月村庄被悉数拆除,居民移居红庄新村。

清代宣统年间(1909年—1911年)隶属元和县尹山乡(堵城里)南三十一都二十一图。民国元年(1912年)隶属吴县尹山乡。民国18年(1929年)8月,实行区、乡(镇)制后,隶属吴县第十四(尹山)区黄裔乡。民国23年(1934年)黄裔乡并入尹山乡,又隶属吴县第八(尹郭)区尹山乡。民国27年(1938年)隶属伪吴县淞北区尹山乡。

新中国成立后,1950年3月隶属吴县车坊区尹山乡庞北行政村。1950年4月15日,尹山乡改称尹西乡,又隶属吴县枫桥区尹西乡庞北行政村。1954年4月为吴县车坊区尹西乡庞北行政村第 3 初级农业生产合作社。1956 年隶属吴县车坊区尹西乡金星第 22 高级农业生产合作社。同年年底，尹西乡并入长桥乡，又隶属吴县车坊区长桥乡金星第 22 高级农业生产合作社。1957 年撤区并乡后，隶属吴县郭巷乡东风第 16 高级农业生产合作社。1958 年 10 月为吴县郭巷公社钢铁大队第 6 生产队（一度为 5 营 9 连），翌年拆分为第 6（河南岸）、第 14（河北岸）生产队。1965 年 12 月为吴县长桥公社钢铁大队第 6、第 14 生产队。1981 年为吴县长桥公社尹西大队第 10、第 11 生产队。1983 年 7 月为吴县长桥乡尹西村第 10、第 11 村民小组。1986 年 12 月分别对应为吴县长桥镇尹西村村民小组。1996 年 1 月又分别对应为吴县市经济技术开发区尹西村村民小组。2003 年 9 月撤村并村建社区后，隶属吴中区经济技术开发区红庄社区。2003 年 12 月村庄悉数拆除。

在黄泥浜自然村先后担任过生产队长和村民小组组长的有：钢铁大队第 6 生产队庞根福、顾金水根、陆宝根、陆木云，第 14 生产队顾六宝、顾雪根、顾木泉，尹西村（大队）第 10 组（生产队）顾木泉，第 11 组（生产队）张福云、陆木云。

主要河道：

【黄泥浜】又名王言浜、王宜浜。东西向，东起袁达浜中段（现为大坟港），西至面杖港。长 1268 米，宽 20 米，水深 3.5 米。位于黄泥浜自然村中部。

主要桥梁：

【黄泥浜桥】跨黄泥浜（亦称王言浜桥、王宜浜桥），南北向，花岗石质，梁式，初建无考。位于黄泥浜自然村东半部。2003 年拆除。

### 七、沙里角

以地为名。位于红庄社区东北首，钢铁桥自然村江南东首。新中国成立后，与油车浜、钢铁桥合称钢铁桥自然村。

清代宣统年间（1909 年—1911 年）隶属元和县尹山乡（堵城里）南三十一都二十图。民国元年（1912 年）隶属吴县尹山乡。民国 18 年（1929 年）8 月，实行区、乡（镇）制后，隶属吴县第十四（尹山）区黄裔乡。民国 23 年（1934 年）黄裔乡并入尹山乡，又隶属吴县第八（尹郭）区尹山乡。民国 27 年（1938 年）隶属伪吴县淞北区尹山乡。

新中国成立后，1950 年 3 月隶属吴县车坊区尹山乡庞北行政村。1950 年 4 月 15 日，尹山乡改称尹西乡，又隶属吴县枫桥区尹西乡庞北行政村。1954 年 4 月与油车浜、钢铁桥自然村合建为吴县车坊区尹西乡庞北行政村第 2 初级农业生产合作社。至时，与油车浜自然村均被统称为钢铁桥自然村。

### 八、油车浜

以浜为名。位于红庄社区东北部，钢铁桥自然村江南中部偏东。东为沙里角自然村，西为钢铁桥自然村。新中国成立后，与沙里角、钢铁桥合称钢铁桥自然村。

清代宣统年间（1909—1911 年）隶属元和县尹山乡（堵城里）南三十一都二十图。民国元年（1912 年）隶属吴县尹山乡。民国 18 年（1929 年）8 月，实行区、乡（镇）制后，隶属吴县第十四（尹山）区黄裔乡。民国 23 年（1934 年）黄裔乡并入尹山乡，又隶属吴县第八（尹郭）区尹山乡。民国 27 年（1938 年）隶属伪吴县淞北区尹山乡。

新中国成立后，1950 年 3 月隶属吴县车坊区尹山乡庞北行政村。1950 年 4 月 15 日，尹山乡改称尹西乡，又隶属吴县枫桥区尹西乡庞北行政村。1954年4月与沙里角、钢铁桥自然村合建为吴县车坊区尹西乡庞北行政村第2初级农业生产合作社。至时，与沙里角自然村均被统称为钢铁桥自然村。

### 九、钢铁桥

乾隆《吴县志》、民国《吴县志》均作江天桥。以村中部江天古石桥为名。位于红庄社区东北部。东靠227省道（原苏嘉公路），东南为袁达浜，直南为黄泥浜，西傍面杖港，北与吴中区城南街道宝带桥社区泥河田自然村接壤。村呈东西狭长状，河两岸均住有居民。2000年全村有120户、511人、46个姓氏，以胡、陆、张、顾、李姓为主。2003年4月村庄被悉数拆除，居民移居红庄新村。

清代宣统年间（1909年—1911年）隶属元和县尹山乡（堵城里）南三十一都二十图。民国元年（1912年）隶属吴县尹山乡。民国18年（1929年）8月，实行区、乡（镇）制后，隶属吴县第十四（尹山）区黄裔乡。民国23年（1934年）黄裔乡并入尹山乡，又隶属吴县第八（尹郭）区尹山乡。民国27年（1938年）隶属伪吴县淞北区尹山乡。

新中国成立后，1950年3月隶属吴县车坊区尹山乡庞北行政村。1950年4月15日，尹山乡改称尹西乡，又隶属吴县枫桥区尹西乡庞北行政村。1954年4月为吴县车坊区尹西乡庞北行政村第1初级农业生产合作社（河北岸）、第2初级农业生产合作社（河南岸）。1956年隶属吴县车坊区尹西乡金星第22高级农业生产合作社。同年年底，尹西乡并入长桥乡，又隶属吴县车坊区长桥乡金星第22高级农业生产合作社。1957年撤区并乡后，隶属吴县郭巷乡东风第16高级农业生产合作社。1958年10月为吴县郭巷公社钢铁大队第2、第3生产队，（一度为5营8连）。1965年12月为吴县长桥公社钢铁大队第2、第3生产队。1981年为吴县长桥公社尹西大队第3、第4、第5、第6、第7、第8生产队。1983年7月为吴县长桥乡尹西村第3、第4、第5、第6、第7、第8村民小组。1986年12月分别对应为吴县长桥镇尹西村村民小组。1996年1月又分别对应为吴县市经济技术开发区尹西村村民小组。2003年9月撤村并村建社区后，隶属吴中区经济技术开发区红庄社区。2003年4月村庄悉数拆除。

在钢铁桥自然村先后担任过生产队长和村民小组组长的有：钢铁大队第2生产队张水根、付阿木、张林根，第3生产队陆全金、李阿二、金木根，尹西村（大队）第3村民小组（生产队）罗木根，第4村民小组（生产队）梁银苟，第5村民小组（生产队）陆金木根，第6村民小组（生产队）胡二男。

主要河道：

【钢铁桥港】亦称江天桥港、江铁桥港。东西向，东起古运河，西至面杖港。长1680米，宽40米，水深4米。位于钢铁桥自然村中部。

【东白洋】南北向，南起浜底（后与新开河通），北至钢铁桥港。长315米，宽15米，水深4.5米。位于钢铁桥自然村东首原沙里角自然村东侧。2004年10月填埋。

【油车浜】南北向，南起浜底，北至钢铁桥港。长105米，宽15米，水深2.5米—3.5米。位于钢铁桥自然村东南部原油车浜自然村旁。2003年8月填埋。

【胡家浜】南北向，南起浜底，北至钢铁桥港。长95米，宽15米，水深3.5米。位于钢铁桥自然村中部。2003年8月填埋。

主要桥梁：

【钢铁桥】亦称江天桥、江铁桥。跨钢铁桥港，南北向，初建无考，原为花岗石质梁式平桥，新中国成立前夕，桥面毁损，村民资助改为木质桥面，铁栏杆。20世纪90年代初，又改建成砼质拱桥。位于钢铁桥自然村中部。2003年拆除。

【油车浜桥】跨油车浜，东西向，新中国成立初，尹西乡人民政府建，木质人行桥。位于钢铁桥自然村东部油车浜。2003年拆除。

【新开河1号桥】跨新开河，东西向，砼质拱桥。1978年长桥公社建，位于钢铁桥自然村东首沙里角。2003年拆除。

古迹：

【猛将堂】位于钢铁桥自然村中部钢铁桥港南岸。已废。

【本村观音堂】位于钢铁桥自然村西北部。已废。

【明江铁桥节孝坊】位于钢铁桥自然村南部，为王若潜妻陶氏立。已废。

## 十、蒋家浜

蒋家浜村域原为仲家浜、蒋家浜2个自然村，以河为界，东岸为蒋家浜，西岸为仲家浜。后因屡遭兵患和自然灾害，原蒋家浜自然村日渐衰败。至明末清初，全村仅存不足10户人家，后人便将两村合称蒋家浜。2000年全村有48户、196人、29个姓氏，以钱、姚、江、仲姓为主。2003年6月，村庄被悉数拆除，居民移居红庄新村。

清代宣统年间（1909年—1911年）隶属元和县尹山乡（堵城里）南三十一都二十图。民国元年（1912年）隶属吴县尹山乡。民国18年（1929年）8月，实行区、乡（镇）制后，隶属吴县第十四（尹山）区黄裔乡。民国23年（1934年）黄裔乡并入尹山乡，又隶属吴县第八（尹郭）区尹山乡。民国27年（1938年）隶属伪吴县淞北区尹山乡。

新中国成立后，1950年3月隶属吴县车坊区尹山乡庞北行政村。1950年4月15日，尹山乡改称尹西乡，又隶属吴县枫桥区尹西乡庞北行政村。1954年4月为吴县车坊区尹西乡庞北行政村第1初级农业生产合作社。1956年隶属吴县车坊区尹西乡金星第22高级农业生产合作社。同年年底，尹西乡并入长桥乡，又隶属吴县车坊区长桥乡金星第22高级农业生产合作社。1957年撤区并乡后，隶属吴县郭巷乡东风第16高级农业生产合作社。1958年10月为吴县郭巷公社钢铁大队第1生产队（一度为5营8连）。1965年12月为吴县长桥公社钢铁大队第1生产队。1981年为吴县长桥公社尹西大队第1、第2生产队。1983年7月为吴县长桥乡尹西村第1、第2村民小组。1986年12月分别对应为吴县长桥镇尹西村村民小组。1996年1月又分别对应为吴县市经济技术开发区尹西村村民小组。2003年9月撤村并村建社区后，隶属吴中区经济技术开发区红庄社区。2003年6月村庄悉数拆除。

在蒋家浜自然村先后担任过生产队长和村民小组组长的有：钢铁大队第1生产队姚根泉、陈水根、钱纪根，尹西村（大队）第1村民小组（生产队）钱纪根，第2村民小组（生产队）姚水大。

主要河道：

【蒋家浜】南北向，南接钢铁桥港，北至浜底，呈L形。长625米，宽25米，水深3.5米。位于蒋家浜自然村中部。2003年5月填埋。

【横连浜】东西向，东起浜底，西接蒋家浜转折处，呈L字形。长962米，宽10米，水深3米。位于蒋家浜自然村北侧。2003年5月填埋。

主要桥梁：

【蒋家浜桥】跨蒋家浜，东西向，初建无考，原为花岗石质梁式平桥，民国初桥坍塌，村民出资修成石墩木质桥面人行桥（20世纪80年代末，改为水泥板桥面）。位于蒋家浜自然村北首。2003年拆除。

古迹：

【老太甫冥王土地庙】位于蒋家浜自然村东北首。2003年5月拆除，在钢铁桥港西口北岸重建。

【水仙庙】位于蒋家浜自然村南首。2003年5月拆除。

## 十一、盛庄里

亦称盛庄，以河为名。民国18年（1929年），为吴江县第一（城厢）区盛庄乡政府驻地，1951年为吴县枫桥区尹西乡政府驻地。位于红庄社区中部。东靠面杖港，南与吴江区（县、市）松陵镇（湖滨乡）原杨湾（东方红大队）村蒲基郎自然村接壤，西为田上自然村，北为吴中区城南街道新江社区朱家上自然村。居民沿河筑屋，村呈Z形，东西狭长。2000年全村有273户、1106人、72个姓氏，以许、王、刘、张、孙、龚为主。2005年10月东半村被拆除，居民移居原村落南侧红庄新村。

清代宣统年间（1909年—1911年）隶属吴江县范隅上乡一都四图。民国元年（1912年）隶属吴江县湖东西乡。民国18年（1929年）8月，实行区、乡（镇）制后，隶属吴江县第一（城厢）区盛庄乡。民国23年（1934年）盛庄乡与罗盛、杨湾乡合并改称湖东乡，又隶属吴江县第一（城厢）区湖东乡。民国36年（1947年）隶属吴江县城区湖东乡。民国37年（1948年）2月，吴江县湖东乡与越西乡合并改称越溪乡，又隶属吴江县城区越溪乡。

新中国成立后，1950年1月，吴江县越溪乡拆分为湖东、湖西乡后，隶属吴江县城厢区湖东乡中心行政村。其中：西浜（即新8队）、河南角（即新9队）与田上自然村为西田行政村。1950年8月8日，划归吴县枫桥区尹西乡。1954年4月为吴县车坊区尹西乡中心村初级农业生产合作社。1956年隶属吴县车坊区尹西乡金星第20高级农业生产合作社。同年年底，尹西乡并入长桥乡，又隶属吴县车坊区长桥乡金星第20高级农业生产合作社。1957年3月撤区并乡后，隶属吴县郭巷乡东风第14高级农业生产合作社。1958年10月为吴县郭巷公社红庄大队第1、第2、第3、第4、第5（后拆分为第1、第2、第3、第4、第5、第6、第7、第8、第9）生产队（一度为5营3连）。1965年12月为吴县长桥公社红庄大队第1、第2、第3、第4、第5、第6、第7、第8、第9生产队（翌年，第5生产队拆分为5、第12两个生产队）。1983年7月分别对应为吴县长桥乡红庄村村民小组。1986年12月分别对应为吴县长桥镇红庄村村民小组。1996年1月又分别对应为吴县市经济技术开发区红庄村村民小组。2003年9月撤村并村建社区后，隶属吴中区经济技术开发区红庄社区。2002年—2004年东半部先后被拆除。

在盛庄里自然村先后担任过生产队长和村民小组组长的有：红庄大队第1生产队（村民小组）居金土、居水林、周土泉，第2生产队（村民小组）唐根元（老2队，后拆分为第3、第4生产队）、汝老五、汝根男、汝多男、王毛根，第3生产队（村民小组）孙福龙、许四古（老3队，后拆分为第5、第12生产队）、唐根元、史三男、罗加男，第4生产队（村民小组）王多金（老4队，后拆分为6、第7生产队）、张永元、陆进生、汝木泉、陆留根、陆根泉，第5生产队（村民小组）刘水金（老5队，后拆分为第8、第9生产队）、许四古、孙根土、许雪根，第6生产队（村民小组）莫新夫、莫土金（老6队，系田上自然村，后拆分为第10、第11生产队）、王全根、王根兴、许根全、杭银根、许火根，第7生产队（村民小组）王多金、顾会根、王金明、朱会土、严菊林、龚小新，第8生产队（村民小组）刘水金、毛永元、刘金男，第9生产队（村民小组）秦三福、毛阿元、秦三兴，第12生产队（村民小组）张根元、朱金弟、莫土金、孙毛根。

主要河道：

【盛庄港】东西向，东起面杖港，西至田郎（亦称田上）港，呈S形。长1612米，宽20米，水深3米。位于盛庄里自然村中部。东段于2002年5月填埋。

【居石浜】南北向，南起浜底，北至吴桥港（后为跃进河），呈L形。长425米，宽20米，水深3.5米。位于盛庄里自然村西北部西浜。南段于2010年3月填埋。

【渚头浜】南北向，东起浜底，西至田上港，呈L形。长360米，宽10米，水深3.5米。位于盛庄里自然村西首河南角。2010年3月填埋。

主要桥梁：

【东浜桥】跨盛庄港，南北向，初建无考。原为花岗石质梁式平桥，民国期间桥坍塌，村民出资修成石墩木质桥面人行桥。20世纪70年代改为砼质桥面。位于盛庄里自然村东浜。2003年拆除。

【红星桥】跨东南河，南北向，砼拱农用桥，1968年长桥人民公社建。位于盛庄里自然村浜里南首。2003年拆除。

【太平桥】跨盛庄港，南北向，初建无考，原为花岗石质单孔拱桥，民国期间坍塌，村民出资修成石墩木质桥面人行桥。20世纪70年代改为砼质桥面。位于盛庄里自然村浜里。2003年拆除。

古迹：

【华祖师庙】俗称华佗寺，位于盛庄里自然村东首。人民公社化、"文化大革命"中先后被拆除。1992年村民出资重建。

【青莲庵】位于盛庄里自然村东首。人民公社化、"文化大革命"中先后被拆除。1992年村民出资重建。

【小太浦冥王土地庙】位于盛庄里自然村东首。人民公社化、"文化大革命"中先后被拆除。1992年村民出资重建。

现三庙（庵）合一处。

【猛将堂】位于盛庄里自然村江北园南侧。已废。

【观音堂】位于盛庄里自然村太平桥北堍。已废。

【毛家苑】俗称江北园。内有楼、榭、亭、阁、廊、池、泉之景。位于盛庄里自然村中部南侧。已废。

【许家苑】俗称后落横。内有楼、台、亭、阁、池、坊、坊、翠花楼。位于盛庄里自然村中部北侧。已废。

渡口：

【华佗寺渡口】俗称华佗寺摆渡口。位于盛庄里自然村东首华佗寺（即华祖师庙）庙场东侧。1978年，长桥公社在渡口北侧建一座砼质拱桥后，渡口废止。

## 十二、田上

亦称田上村、田郎村。以河为名。位于红庄社区西部。东为盛庄里，南与城南街道东湖社区后村（亦称后六百亩）为邻，西傍鲇鱼口（现已填埋建越湖名邸、招商小石城等住宅区），北与吴中区长桥街道蠡墅社区接壤。村呈南北狭长状，村民均居住在田上港西岸。2000年全村有43户、190人、38个姓氏，以张、王、莫、马、吴姓为主。2004年12月，村庄被悉数拆除，居民均原地重建新宅居住。

清代宣统年间（1909年—1911年）隶属吴江县范隅上乡一都四图。民国元年（1912年）隶属吴江县湖东西乡。民国18年（1929年）8月，实行区、乡（镇）制后，隶属吴江县第一（城厢）区盛庄乡。民国23年（1934年）盛庄乡与罗盛、杨湾乡合并改称湖东乡，又隶属吴江县第一（城厢）区湖东乡。民国36年（1947年）隶属吴江县城区湖东乡。民国37年（1948年）2月，吴江县湖东乡与越西乡合并改称越溪乡，又隶属吴江县城区越溪乡。

新中国成立后，1950年1月，吴江县越溪乡拆分为湖东、湖西乡后，隶属吴江县城厢区湖东乡西田行政村（含盛庄里自然村的西浜、河南角）。1950年8月8日，划归吴县枫桥区尹西乡。1954年4月为吴县车坊区尹西乡西田村初级农业生产合作社（含盛庄里自然村的西浜、河南角）。1956年隶属吴县车坊区尹西乡金星第20高级农业生产合作社。同年年底，尹西乡并入长桥乡，又隶属吴县车坊区长桥乡金星第20高级农业生产合作社。1957年3月撤区并乡后，隶属吴县郭巷乡东风第14高级农业生产合作社。1958年10月为吴县郭巷公社红庄大队第6（后拆分为第10、第11）生产队（一度为5营4连）。1965年12月为吴县长桥公社红庄大队第10、第11生产队。1983年7月分别对应为吴县长桥乡红庄村村民小组。1986年12月分别对应为吴县长桥镇红庄村村民小组。1996年1月又分别对应为吴县市经济技术开发区红庄村村民小组。2003年9月撤村并村建社区后，隶属吴中区经济技术开发区红庄社区。2004年12月村庄悉数拆除。

在田上自然村先后担任过生产队长和村民小组组长的有：红庄大队第10生产队（村民小组）莫土金、莫寿大，第11生产队（村民小组）张根元、张云男、胡留保、张毛根。

主要河道：

【田上港】亦称田郎港。南北向，南起后村港（亦称后六百庙港）东口，北至扬青港（后为跃进河）。长1039米，宽22米，水深3.5米。位于田上自然村东旁。

主要桥梁：

【万福桥】亦称田郎桥。跨田上港，东西向，花岗石质单孔拱桥，初建无考。位于田上自然村北首。2003年拆除。

古迹：

【本村观音堂】位于田上自然村南首。20世纪70年代拆除。

渡口：

【鲇鱼口渡口】俗称东白洋渡口。位于田上自然村西侧鲇鱼口东岸。1979年长桥公社在渡口修建九孔砼质拱桥后，渡口废止。

第二章 人口

约5000年前的新石器时代，境内已有人群在太湖东岸等地生息、劳动和繁衍。红庄地域范围的多次变更，造成红庄存在着户口隐匿及统计口径不一致的现象。民国时期，红庄人口呈稳定缓慢增长之势。新中国成立后，随着经济的发展、人民生活水平的提高和医疗卫生事业的发展，人口增长极为迅速，人均寿命不断延长，人的素质有较大提高。20世纪70年代起，境内加强了计划生育工作，红庄人口发展进入有控制的平稳增长阶段。20世纪90年代始，随着境内工业生产的发展和城市化建设的推进，外来务工人员涌入红庄。2013年末，全社区常住总人口为3283人，外来务工人员30293人。

# 第一节 人口规模

## 一、人口总量

红庄社区人口,据吴县车坊区尹西乡年终人口、劳动力上报资料记载,1950年吴县车坊区尹西乡庞中村(后称双桥村)有125户,578人;其中男性260人,女性318人,劳动力246人。庞北村(后称尹西村)有154户,585人;其中男性273人,女性312人,劳动力355人。吴江县中心村(后称红庄村)有186户,801人;其中男性385人,女性416人。是年境内有465户,1969人;其中男性918,女性1051人。

1959年郭巷人民公社钢铁大队(原庞中、庞北村)有286户,常住人口为1246人,其中:男性582人,女性664人。红庄大队(原盛庄里)有198户,常住人口为836人,其中:男性406人,女性430人。

1981年长桥人民公社双桥大队(原钢铁大队南半部)有217户,常住人口为860人,其中:男性419人,女性441人。尹西大队(原钢铁大队北半部)有204户,常住人口为880人,其中:男性439人,女性441人。红庄大队有315户,常住人口为1088人,男性553人,女性535人。

2013年全社区有782户,常住人口为3283人,其中:男性为1581人,女性为1702人,男女比例,男性为48.2%,女性为51.8%。其中原红庄村283户,常住人口为1294人,男性623人,女性671人。原尹西村有250户,常住人口为1011人,男性486人,女性525人。原双桥村249户,常住人口为978人,男性470人,女性508人。是年,红庄实际居住人口为33576人。其中常住人口为3283人,外来人口30293人。

中华人民共和国成立后,进行了6次人口普查。红庄社区人口分别为:1953年6月30日0时,第一次全国人口普查,境内有416户,总人口为1969人(庞中村125户、578人,庞北村154户、590人,中心村186户、801人),其中男性918人,女性1051人。男女比例:女53.4%,男46.6%。

1964年6月30日0时,第二次全国人口普查,境内有554户,2265人,男性1078人,女性1187人。男女比例:女52.4%,男47.6。其中钢铁大队329户,1333人,男性627人,女性706人;红庄大队225户,932人,男性451人,女性481人。

1982年7月1日0时,第三次全国人口普查,境内有736户,总人口2802人,男性1391人,女性1411人。男女比例:男49.6%,女50.4%。其中双桥大队217户,845人,男性405人,女性440人;尹西大队204户,873人,男性437人,女性436人;红庄大队315户,1084人,男性549人,女性535人。

1990年7月1日0时,第四次全国人口普查,境内有753户,总人口为2897人,男性1430人,女性1467人,男女比例:男49.4%,女50.6%。其中双桥村有215户,863人,男性410人,女性453人;尹西村有216户,910人,男性449人,女性461人;红庄村有322户,1124人,男性571人,女性553人。

2000年11月1日0时,第五次全国人口普查,境内有783户,2890人,男性1431人,女性1459人。男女比例:男49.5%,女50.5%。其中双桥村224户,871人,男性442人,女性429人；尹西村244户，882人，男439人，女443人；红庄村315户，1137人，男550人，女587人。

2010年11月1日0时，第六次全国人口普查，境内有782户，总人口为3127人。其中男性1473人，女性1654人。男女比例为：男47%，女53%。

## 二、人口变动

红庄社区历来人口自然增长比较稳定，但由于区域多变，区域条件制约等造成人口迁移性变化较大，也较频繁。

### （一）自然增长

1949年—1970年，境内人口再生产属于高自然增长率时期。"大跃进"、人民公社化运动期间，由于"左"倾错误、自然灾害等原因，形成了1960年—1963年的3年人口发展的低谷期，出现了人口剧减。1964年全社区有2265人，比1963年的2087人增加178人，增长78‰。1966年"文化大革命"后，生育呈无政府状态，人口增长较快。1970年出生82人，其中红庄大队36人，钢铁大队46人，出生率为31.3‰，自然增长率为2.33%，成为红庄社区两率最高年之一。

1971年始，政府提倡计划生育，人口猛增势头得到了控制，人口出生率显著下降，人口再生产已过渡为低自然增长率时期。1971年人口为2674人，1985年人口为2827人，15年增加153人，平均每年10.3人。年自然增长率为5.4‰。

2004年社区总人口为3042人，2013年底3283人，9年增加214人，平均每年增26.7人，自然增长率达7.5‰。

### （二）人口迁移

红庄社区人口迁徙比较频繁，一般年份主要有学生升学迁出，大中专生毕业回家迁入，青年应征入伍迁出，复员、退伍、转业军人迁入，婚嫁、支边、下乡插队等迁出迁进。

1959年—1960年8月份的2年中，境内外迁支边人员17人。具体为钢铁大队：吴木根、顾进夫、顾水金、陈爱姐、张夫良、张玉妹、姚小龙、罗阿木、唐香林，红庄大队：陆水根、钱招根妹、朱多妹、孙抱大、许福男、杭根大、钱壮妹、许会根。

1968年—1978年11月7日期间，为响应"知识青年上山下乡"的号召，有96名城市、集镇知识青年迁入红庄境内。其中：

红庄大队有：沈华玲、朱素娟、张彩华、沈惠娟、乐红云、薛素萍、莫秋媛、杭士珍、钱美英、徐龙凤、陆晓江、范宇芬、李月琴、潘培勇等14人。

钢铁大队有：孔文华、颜红喜、孙义青、黄林根、范方荣、吴德昌、谢伟、沈桂钢、张雪男、莫龙根、殷志明、陈剑兴、沈三芳、倪健新、汪卫菊、莫水元、史惠英、徐振平、李重元、倪月珍、邹祥坤、杨月芳、沈建忠、张金媛、黄泉男、金建春、徐建元、杨梅林、陈秀玲、杨巧英、张云仙、徐云官、范建明、董关男、吴长洁、施月敏、陆玲梅、沈小毛毛、蔡国强、许华明、陈美芳、莫建珍、翁来元、马菊珍、李志明、金妹妹、马小明、陆建勤、吕洪钰、卢建明、仲文建、马骥、张玉林、刘利平、周伟娟、李习均、杭建华、杨习芬、汪玲君、赵敏、李伟新、莫士玲、吴希华、沈怡群、陆义芳、沈建华、张建和、史学明、居龙法、李惠焕、王建华、陆亿南、叶梅芳、丁小天、章伟秋、莫根元、范方荣、陆菊官、张钰敏、倪龙元、吴德元、殷伟明等82人。

表 2-1　1953 年—2013 年红庄境内选年人口统计表

单位：人

| 年份 | 户数 | 人口 合计 | 其中 男 | 占百分比 | 女 | 占百分比 | 性别比（女=100） | 平均每户人数 | 非农业人口 人口 | 占总人口百分比 |
|---|---|---|---|---|---|---|---|---|---|---|
| 1953 | 416 | 1969 | 918 | 46.6 | 1051 | 53.4 | 87.3 | 4.73 | / | / |
| 1957 | 455 | 2040 | 1003 | 49.2 | 1037 | 50.8 | 96.7 | 4.48 | / | / |
| 1959 | 484 | 2082 | 988 | 47.5 | 1094 | 52.5 | 90.3 | 4.3 | / | / |
| 1960 | 533 | 2023 | 996 | 49.3 | 1027 | 50.7 | 95.13 | 3.79 | / | / |
| 1961 | 533 | 2067 | 977 | 47.3 | 1090 | 52.7 | 85.7 | 3.87 | / | / |
| 1962 | 566 | 2061 | 925 | 44.9 | 1136 | 55.1 | 81.42 | 3.64 | / | / |
| 1963 | 656 | 2087 | 947 | 45.4 | 1140 | 54.6 | 83 | 3.18 | / | / |
| 1964 | 554 | 2265 | 1078 | 47.6 | 1187 | 52.4 | 90.8 | 4.1 | / | / |
| 1970 | 579 | 2613 | 1306 | 50 | 1307 | 50 | 99.9 | 4.5 | / | / |
| 1971 | 594 | 2674 | 1328 | 49.7 | 1346 | 50.3 | 98.7 | 4.5 | / | / |
| 1974 | 607 | 2722 | 1349 | 49.6 | 1373 | 50.4 | 98.2 | 4.48 | / | / |
| 1975 | 620 | 2734 | 1356 | 49.6 | 1378 | 50.4 | 98.2 | 4.4 | / | / |
| 1976 | 620 | 2779 | 1389 | 50 | 1390 | 50 | 99.9 | 4.48 | / | / |
| 1977 | 689 | 2814 | 1407 | 50 | 1407 | 50 | 10 | 4.1 | / | / |
| 1978 | 706 | 2820 | 1408 | 49.9 | 1412 | 50.1 | 99.7 | 4 | / | / |
| 1979 | 752 | 2817 | 1401 | 49.7 | 1416 | 50.3 | 98.9 | 3.75 | / | / |
| 1980 | 734 | 2768 | 1382 | 49.9 | 1386 | 50.1 | 99.7 | 3.77 | / | / |
| 1982 | 736 | 2802 | 1391 | 49.6 | 1411 | 50.4 | 98.6 | 3.8 | / | / |
| 1984 | 739 | 2820 | 1401 | 49.7 | 1419 | 50.3 | 98.7 | 3.8 | / | / |
| 1985 | 724 | 2877 | 1398 | 48.6 | 1479 | 51.4 | 94.5 | 4 | / | / |
| 1988 | 782 | 2872 | 1426 | 49.7 | 1446 | 50.3 | 98.6 | 3.7 | 213 | 7.4 |
| 1990 | 753 | 2897 | 1430 | 49.4 | 1467 | 50.6 | 97.5 | 3.8 | 213 | 7.4 |
| 2000 | 783 | 2890 | 1431 | 49.5 | 1459 | 50.5 | 98 | 3.7 | 226 | 7.8 |
| 2006 | 782 | 3134 | 1555 | 49.6 | 1579 | 50.4 | 98 | 4 | 3134 | 100 |
| 2007 | 782 | 3144 | 1552 | 49.4 | 1592 | 50.6 | 97.5 | 4 | 3144 | 100 |
| 2008 | 782 | 3154 | 1554 | 49.3 | 1600 | 50.7 | 97 | 4 | 3154 | 100 |
| 2009 | 782 | 3173 | 1548 | 48.8 | 1625 | 51.2 | 95 | 4 | 3173 | 100 |
| 2010 | 782 | 3193 | 1530 | 47.9 | 1663 | 52.1 | 92 | 4.1 | 3193 | 100 |
| 2011 | 782 | 3211 | 1536 | 47.8 | 1675 | 52.2 | 91.7 | 4.1 | 3211 | 100 |
| 2012 | 782 | 3265 | 1562 | 47.8 | 1703 | 52.2 | 91.7 | 4.2 | 3265 | 100 |
| 2013 | 782 | 3283 | 1581 | 48.2 | 1702 | 51.8 | 92.9 | 4.2 | 3283 | 100 |

表 2-2 1953 年—2013 年红庄境内选年人口出生死亡统计表

单位：人

| 年份 | 总人口 | 出生 | | 死亡 | | 自然增长率 |
|---|---|---|---|---|---|---|
| | | 人数 | 占百分比 | 人数 | 占百分比 | |
| 1953 | 1969 | 62 | 3.15 | 25 | 1.27 | 1.88 |
| 1954 | 2004 | 63 | 3.14 | 28 | 1.4 | 1.75 |
| 1955 | 1997 | 65 | 3.25 | 29 | 1.45 | 1.8 |
| 1957 | 2040 | 79 | 3.87 | 36 | 1.76 | 2.11 |
| 1959 | 2082 | 63 | 3.03 | 21 | 1.01 | 2.02 |
| 1960 | 2021 | 6 | 0.3 | 67 | 3.32 | −3.02 |
| 1962 | 2061 | 4 | 0.19 | 10 | 0.49 | −0.29 |
| 1963 | 2087 | 12 | 0.57 | 38 | 1.82 | −1.25 |
| 1964 | 2265 | 32 | 1.41 | 12 | 0.53 | 0.88 |
| 1966 | 2067 | 7 | 0.34 | 13 | 0.63 | −0.29 |
| 1970 | 2613 | 82 | 3.14 | 21 | 0.8 | 2.33 |
| 1971 | 2674 | 42 | 1.57 | 12 | 0.45 | 1.12 |
| 1974 | 2722 | 27 | 0.99 | 24 | 0.88 | 0.11 |
| 1975 | 2734 | 40 | 1.46 | 17 | 0.62 | 0.84 |
| 1976 | 2779 | 27 | 0.97 | 12 | 0.43 | 0.54 |
| 1977 | 2814 | 17 | 0.6 | 18 | 0.64 | −0.04 |
| 1978 | 2820 | 28 | 0.99 | 18 | 0.64 | 0.35 |
| 1979 | 2817 | 32 | 1.14 | 13 | 0.46 | 0.67 |
| 1980 | 2768 | 47 | 1.7 | 13 | 0.47 | 1.22 |
| 1984 | 2820 | 7 | 0.25 | 16 | 0.57 | −0.32 |
| 1985 | 2877 | 26 | 0.9 | 15 | 0.52 | 0.38 |
| 1988 | 2872 | 47 | 1.64 | 21 | 0.73 | 0.91 |
| 1990 | 2897 | 18 | 0.62 | 20 | 0.69 | −0.07 |
| 2000 | 2890 | 41 | 1.42 | 14 | 0.48 | 0.93 |
| 2006 | 3134 | 31 | 0.99 | 9 | 0.29 | 0.7 |
| 2007 | 3144 | 33 | 1.05 | 23 | 0.73 | 0.32 |
| 2008 | 3154 | 33 | 1.05 | 19 | 0.6 | 0.44 |
| 2009 | 3173 | 28 | 0.88 | 17 | 0.54 | 0.34 |
| 2010 | 3193 | 42 | 1.32 | 22 | 0.69 | 0.63 |
| 2011 | 3211 | 40 | 1.25 | 23 | 0.72 | 0.53 |
| 2012 | 3265 | 63 | 1.93 | 23 | 0.70 | 1.22 |
| 2013 | 3283 | 37 | 1.13 | 19 | 0.58 | 0.61 |

1979年始，插队知识青年先后携儿带女从农村返回城镇。

1996年1月26日红庄境内（原红庄、双桥、尹西村）划入吴县市经济技术开发区后，由于行政区划多次变化，同时大量土地被国家征用，农村失地劳动力转为征土工后外迁至苏州市区。企业实行转制后，许多征土工失业下岗，户口又迁回原居住地。期间，境内人口移动频率较高。2002年始，红庄新村开发建设，许多外地人员购买房屋后，将户口迁入境内；又有许多原居民因工作或子女就读等原因，在外购买住房后将户口迁出境内，造成了人口数量、人口性质急剧变动。租住在境内的外来人员也逐年递增。

（三）流动人口

随着经济建设的不断发展，自20世纪90年代始，红庄境内陆续出现外来人员。21世纪初，红庄境内列为吴中区城南经济带工业区开发建设后，外来人员逐年递增。至2010年11月1日0时第六次人口普查时，境内常住人员为3127人。暂住3年以上的外来人员为38921人，其中：重庆15人，福建509人，安徽7812人，湖南1507人，河北9361人，湖北156人，山东1710人，陕西315人，甘肃1343人，新疆318人，辽宁32人，云南1516人，四川3208人，贵州1207人，台湾8人，河南2420人，浙江112人，香港5人，广西63人，广东52人，江苏其他县市7252人。

## 三、人口密度

红庄社区地处苏州古城区南郊偏僻地区，历来是人口较稀少的地区。进入21世纪后，随着吴中区城南经济带红庄工业区的开发建设，大量外来人员涌入境内，人口成倍增长，人口稠密。1949年，境内人口密度为393.8人/平方千米，低于县420.2人/平方千米的人口密度。1964年为453人/平方千米，1974年为544.4人/平方千米；1987年为575.4人/平方千米，低于镇874.2人/平方千米、县719.4人/平方千米和市819人/平方千米的人口密度。2010年为6409.4人/平方千米，高于城南街道4124.3人/平方千米的人口密度。2013年，全社区5平方千米的区域内居住着46323人，人口密度为9264.6人/平方千米。

# 第二节　人口构成

## 一、农业人口与非农业人口

红庄社区人口构成多元，成分复杂，变化较大。1996年后，由于吴县（市）新城区和省级经济技术开发区的建设，人口总量、人口性质、人口流向发生前所未有的根本性变化。从清一色农业人口逐步向非农业人口转化。

1996年全社区（红庄、尹西、双桥村）总人口为2890人，其中农业人口2664人，非农业人口226人，占总人口7.8%。

2003年总人口为2934人，均为非农业人口。从此境内农民完成了从农民到居民的演变过程。

至 2013 年总人口为 3283 人。其中男性 1581 人，女性 1702 人；80 岁以上老人 95 人，90 岁以上老人 10 人。

## 二、民族

红庄社区境内绝大部分是汉族，其他民族极少。第一次到第四次人口普查统计时，境内人口全部为汉族。第五次全国人口普查时，有因婚姻迁入境内的壮族 1 人。至 2013 年末，境内少数民族仍为 1 人。

## 三、年龄

6 次人口普查对比结果显示：境内人口年龄构成的变化很大。0—14 岁少年儿童，1964 年 878 人，占总人口的 38.8%，属于年轻型人口。1982 年为 207 人，占总人口的 7.4%；1990 年为 176 人，为总人口的 6.1%；2000 年为 153 人，为总人口的 5.3%；2013 年 180 人，占总人口的 5.8%，比 1964 年减少 33%，属老年型人口。

境内 80 岁以上老人：1964 年至 1999 年间无 80 岁以上老人；2000 年为 3 人，均为女性；2013 年为 105 人，其中男性 30 人，女性 75 人，最高年龄 92 岁，为女性。境内 90 岁以上高龄老人 10 人，其中男性 2 人，女性 8 人。

表 2-3　2013 年红庄社区 90 岁以上老人名录

| 序号 | 姓名 | 性别 | 出生时间 | 住址 |
| --- | --- | --- | --- | --- |
| 1 | 陆水虎 | 女 | 1921.1.3 | 1 区 38 号 |
| 2 | 张阿四 | 女 | 1921.2.12 | 4 区 95 号 |
| 3 | 梁根妹 | 女 | 1921.8.18 | 4 区 11 号 |
| 4 | 胡云妹 | 女 | 1922.2.5 | 2 区 126 号 |
| 5 | 徐林妹 | 女 | 1922.3.15 | 2 号 202 号 |
| 6 | 姚招妹 | 女 | 1922.7.30 | 3 区 344 号 |
| 7 | 梁富男 | 男 | 1922.9.1 | 4 区 61 号 |
| 8 | 张洪加 | 男 | 1923.3.26 | 1 区 62 号 |
| 9 | 张阿香 | 女 | 1923.6.8 | 宝尹花园 |
| 10 | 胡小妹 | 女 | 1923.8.7 | 2 区 127 号 |

表 2-4　2013 年红庄社区 80 岁—90 岁老人名录

| 序号 | 姓名 | 性别 | 出生时间 | 住址 |
| --- | --- | --- | --- | --- |
| 1 | 罗桂宝 | 女 | 1924.2.3 | 红庄浜里 109 号 |
| 2 | 莫炳生 | 男 | 1924.3.18 | 4 区 45 号 |
| 3 | 金大妹 | 女 | 1924.7.9 | 1 区 2 号 |
| 4 | 居彩珠 | 女 | 1924.9.1 | 东浜港北 4 号 |
| 5 | 龚元根 | 男 | 1924.9.17 | 浜里 96 |
| 6 | 李招大 | 女 | 1925.12.25 | 4 区 17 号 |

续表

| 序号 | 姓名 | 性别 | 出生时间 | 住址 |
|---|---|---|---|---|
| 7 | 陆老虎 | 男 | 1925.6.17 | 4区80号 |
| 8 | 王阿妹 | 女 | 1925.11.12 | 4区97号 |
| 9 | 王端妹 | 女 | 1926.5.5 | 1区107号 |
| 10 | 唐香林 | 女 | 1926.5.13 | 1区48号 |
| 11 | 莫桂妹 | 女 | 1926.5.20 | 1区55号 |
| 12 | 陆妹云 | 女 | 1926.8.15 | 弯档里23号 |
| 13 | 谢招妹 | 女 | 1926.9.8 | 弯档里5号 |
| 14 | 吴根妹 | 女 | 1926.9.21 | 4区209号 |
| 15 | 陆玉妹 | 女 | 1926.11.21 | 4区51号 |
| 16 | 顾会保 | 女 | 1926.12.12 | 3区156号 |
| 17 | 何水云 | 女 | 1927.7.7 | 1区64号 |
| 18 | 莫爱宝 | 女 | 1927.7.26 | 4区147号 |
| 19 | 王土妹 | 女 | 1927.9.20 | 4区178号 |
| 20 | 张金妹 | 女 | 1927.11.24 | 4区47号 |
| 21 | 许进发 | 男 | 1928.11.5 | 浜里90号 |
| 22 | 江招妹 | 女 | 1928.11.29 | 3区351号 |
| 23 | 唐金妹 | 女 | 1928.3.3 | 3区6号 |
| 24 | 顾招妹 | 女 | 1928.4.27 | 西浜河南9号 |
| 25 | 沈水根 | 男 | 1928.6.27 | 4区162号 |
| 26 | 沈三妹 | 女 | 1928.7.7 | 4区39号 |
| 27 | 顾才夫 | 男 | 1928.8.12 | 3区156号 |
| 28 | 李阿二 | 女 | 1929.2.1 | 4区26号 |
| 29 | 沈大宝 | 女 | 1929.6.6 | 4区128号 |
| 30 | 翁银妹 | 女 | 1929.8.14 | 1区21号 |
| 31 | 徐会英 | 女 | 1929.8.20 | 4区143号 |
| 32 | 陆阿四 | 女 | 1929.9.4 | 4区115号 |
| 33 | 唐金云 | 女 | 1929.1.1 | 3区32号 |
| 34 | 张水根 | 男 | 1929.2.9 | 3区7号 |
| 35 | 顾桂根 | 男 | 1929.12.16 | 2区103号 |
| 36 | 朱美金 | 女 | 1929.12.29 | 浜里6号 |
| 37 | 孙福龙 | 男 | 1930.3.4 | 弯档里11号 |
| 38 | 付木金 | 女 | 1930.6.6 | 4区71号 |
| 39 | 王全福 | 男 | 1930.6.27 | 4区178号 |
| 40 | 马大妹 | 女 | 1930.7.20 | 5区67号 |

续表

| 序号 | 姓名 | 性别 | 出生时间 | 住址 |
| --- | --- | --- | --- | --- |
| 41 | 王丫同 | 女 | 1930.8.1 | 5区76号 |
| 42 | 钱福珠 | 女 | 1930.8.7 | 浜里18号 |
| 43 | 查会妹 | 女 | 1930.8.16 | 3区326号 |
| 44 | 谢宝根 | 男 | 1930.9.5 | 3区84号 |
| 45 | 陆香妹 | 女 | 1930.9.5 | 5区18号 |
| 46 | 莫根弟 | 女 | 1930.9.15 | 5区60号 |
| 47 | 顾寿妹 | 女 | 1931.10.15 | 2区103号 |
| 48 | 张小毛 | 女 | 1931.2.12 | 3区75号 |
| 49 | 徐全根 | 男 | 1931.6.10 | 4区145号 |
| 50 | 罗大妹 | 女 | 1931.7.24 | 1区75号 |
| 51 | 沈大宝 | 女 | 1931.8.20 | 1区30号 |
| 52 | 查香宝 | 女 | 1931.9.22 | 3区323号 |
| 53 | 谢杏林 | 女 | 1931.9.25 | 3区84号 |
| 54 | 许根木 | 女 | 1931.12.9 | 浜里79号 |
| 55 | 孙抱二 | 女 | 1931.10.17 | 弯档里12号 |
| 56 | 唐水福 | 男 | 1931.12.21 | 4区176号 |
| 57 | 龚水云 | 男 | 1931.12.30 | 东浜江南 |
| 58 | 莫留根 | 男 | 1932.2.7 | 1区37号 |
| 59 | 王木根 | 男 | 1932.2.20 | 2区33号 |
| 60 | 陆招林 | 女 | 1932.3.4 | 弯档里24 |
| 61 | 顾黑妹 | 女 | 1932.4.20 | 2区88号 |
| 62 | 孙龙云 | 男 | 1932.5.15 | 弯档里12 |
| 63 | 庞全福 | 男 | 1932.5.20 | 2区68号 |
| 64 | 居宝素 | 女 | 1932.7.15 | 2区49号 |
| 65 | 刘招妹 | 女 | 1932.1.25 | 西浜河北38 |
| 66 | 莫土金 | 男 | 1932.11.1 | 5区54号 |
| 67 | 陆祥夫 | 男 | 1932.11.11 | 3区15号 |
| 68 | 付木宝 | 女 | 1932.11.17 | 3区35号 |
| 69 | 陆水金 | 男 | 1932.12.1 | 3区294号 |
| 70 | 王腊妹 | 女 | 1932.12.26 | 3区235号 |
| 71 | 袁根妹 | 女 | 1932.12.26 | 3区235号 |
| 72 | 顾进夫 | 男 | 1932.12.30 | 4区37号 |
| 73 | 罗三妹 | 女 | 1933.1.2 | 5区99号 |
| 74 | 张火全 | 男 | 1933.2.13 | 5区90号 |

续表

| 序号 | 姓名 | 性别 | 出生时间 | 住址 |
|---|---|---|---|---|
| 75 | 王云福 | 男 | 1933.2.28 | 4区175号 |
| 76 | 许根妹 | 女 | 1933.2.28 | 浜里34号 |
| 77 | 袁金媛 | 女 | 1933.5.10 | 2区17号 |
| 78 | 张三妹 | 女 | 1933.5.10 | 3区25号 |
| 79 | 秦香林 | 女 | 1933.5.13 | 西浜河南12号 |
| 80 | 莫银官 | 男 | 1933.5.15 | 1区15号 |
| 81 | 张金妹 | 女 | 1933.5.23 | 1区8号 |
| 82 | 张云妹 | 女 | 1933.6.10 | 1区46号 |
| 83 | 罗国光 | 男 | 1933.7.20 | 1区61号 |
| 84 | 陆香保 | 女 | 1933.7.20 | 5区11号 |
| 85 | 许妹金 | 女 | 1933.8.9 | 浜里55号 |
| 86 | 陆夫宝 | 女 | 1933.8.11 | 2区121号 |
| 87 | 姚火宝 | 女 | 1933.8.24 | 3区321号 |
| 88 | 唐阿夯 | 男 | 1933.9.6 | 3区60号 |
| 89 | 郭大妹 | 女 | 1933.9.29 | 4区70号 |
| 90 | 唐阿多 | 女 | 1933.11.13 | 4区176号 |
| 91 | 孙小妹 | 女 | 1933.12.18 | 弯档里16号 |
| 92 | 莫大宝 | 女 | 1933.12.15 | 1区37号 |
| 93 | 莫秀金 | 女 | 1933.12.18 | 1区15号 |
| 94 | 朱招英 | 女 | 1933.12.24 | 4区287号 |
| 95 | 王泡男 | 男 | 1933.12.28 | 1区90号 |

表2-5　2013年红庄社区居民年龄段统计汇总表

单位：人

| 年龄段 | 男 | 女 | 合计 |
|---|---|---|---|
| 0—4 | 96 | 84 | 180 |
| 5—9 | 73 | 80 | 153 |
| 10—14 | 45 | 51 | 96 |
| 15—19 | 54 | 55 | 109 |
| 20—24 | 102 | 93 | 195 |
| 25—29 | 98 | 113 | 211 |
| 30—34 | 101 | 136 | 237 |
| 35—39 | 87 | 90 | 177 |
| 40—44 | 137 | 141 | 278 |
| 45—49 | 194 | 205 | 399 |

续表

| 年龄段 | 男 | 女 | 合计 |
|---|---|---|---|
| 50—54 | 103 | 101 | 204 |
| 55—59 | 148 | 148 | 296 |
| 60—64 | 119 | 130 | 249 |
| 65—69 | 88 | 88 | 176 |
| 70—74 | 54 | 62 | 116 |
| 75—79 | 52 | 50 | 102 |
| 80—84 | 22 | 46 | 68 |
| 85—89 | 6 | 21 | 27 |
| 90—94 | 2 | 8 | 10 |
| 合计 | 1581 | 1702 | 3283 |

### 四、姓氏

境内很早就有人居住。南宋时境内已有盛庄里、石板村、王家村、江天桥、庞庄等十数个较大村落形成。后因地域偏僻，交通不便，大部分村落曾几经衰落重建，外迁移入，大户无几。一般都是外地迁入的散户，姓氏较杂。据2003年各自然村拆迁前，境内常住户籍姓氏统计，全社区共有姓氏124个，50人以上姓氏21个，50人以下姓氏62个，单独姓氏41个。陆、张、王、顾、徐、许、莫、钱、胡、唐为前十位。

罗布棋：总人口251人，其中男性126人，女性125人，姓氏31个。

陆91人、朱24人、张20人、罗20人、吴20人、徐19人、唐9人、王6人、陈4人、钱4人、周4人、邹3人、叶3人、谢3人、顾3人、莫2人、沈1人、赵1人、俞1人、郁1人、翁1人、缪1人、高1人、史1人、尹1人、倪1人、皮1人、宫1人、江1人、曹1人、许1人，陆姓居首位。

庞庄：总人口163人，其中男性80人，女性83人，姓氏27个。

徐83人、沈23人、郑11人、王7人、张6人、陆3人、朱3人、郭2人、顾2人、曹2人、刘2人、孙2人、方2人、庞2人、李1人、邹1人、莫1人、帖1人、陈1人、费1人、查1人、方1人、闵1人、韩1人、倪1人、马1人、陶1人，徐姓居首位。

马达浜：总人口312人，其中男性143人，女性169人，姓氏35个。

王76人、莫59人、袁48人、何24人、沈17人、高13人、张12人、徐6人、顾5人、陆5人、董4人、许4人、蔡3人、查3人、宋3人、唐3人、吴3人、胡3人、翁3人、孙2人、钱2人、郭1人、褚1人、汝1人、庞1人、夏1人、范1人、周1人、江1人、谭1人、焦1人、石1人、熊1人、程1人、盛1人，王姓居首位。

西厍浜：总人口130人，其中男性59人，女性71人，姓氏25个。

翁28人、顾18人、张14人、高14人、查12人、金11人、盛4人、姚3人、杨3人、徐3人、王3人、胡3人、金2人、傅1人、陈1人、莫1人、石1人、邹1人、倪1人、钱1人、章1人、仲1人、吴1人、毛1人、钮1人，翁姓居首位。

袁达浜：总人口248人，其中男性115人，女性133人，姓氏40个。

张58人、顾35人、陆32人、唐30人、王10人、袁8人、吴8人、胡7人、徐6人、周6人、陈3人、李3人、江3人、蔡3人、翁3人、莫3人、俞3人、程2人、钱2人、高2人、郑2人、傅1人、褚1人、黄1人、付1人、祝1人、蒋1人、卜1人、安1人、孙1人、邱1人、董1人、叶1人、乐1人、杨1人、宋1人、曹1人、梁1人、肖1人、代1人，张姓居首位。

黄泥浜：总人口180人，其中男性81人，女性99人，姓氏32个。

顾63人、陆57人、庞13人、张9人、钱4人、周3人、胡2人、朱2人、郭2人、翁2人、江1人、唐1人、崔1人、樊1人、冯1人、叶1人、程1人、蔡1人、徐1人、刘1人、何1人、申1人、高1人、表1人、唐1人、董1人、许1人、吴2人、宋1人、李1人、施1人、邓1人，顾姓居首位。

油车浜：总人口176人，其中男性87人，女性89人，姓氏30个。

李42人、钱31人、王21人、张14人、郭13人、陆9人、傅8人、江5人、董4人、胡4人、沈3人、顾3人、朱2人、吴1人、徐1人、付1人、温1人、田1人、梁1人、翁1人、黄1人、罗1人、毛1人、宋1人、唐1人、袁1人、朱1人、莫1人、褚1人、程1人，李姓居首位。

钢铁桥：总人口326人，其中男性165人，女性161人，姓氏44个。

胡53人、陆43人、张42人、顾38人、李26人、江25人、梁11人、郭7人、傅6人、章6人、王6人、刘6人、徐5人、庞5人、蔡4人、傅4人、朱3人、金3人、沈3人、钱3人、薛2人、范2人、吴2人、邓1人、钟1人、莫1人、唐1人、汝1人、袁1人、戈1人、翁1人、高1人、卢1人、龚1人、宋1人、孙1人、董1人、罗1人、濮1人、韩1人、叶1人、赵1人、诸1人、余1人，胡姓居首位。

蒋家浜：总人口188人，其中男性93人，女性95人，姓氏29个。

钱38人、姚32人、江32人、陈18人、吴10人、韩9人、仲9人、顾5人、张4人、胡4人、陆3人、孙2人、陶2人、王2人、徐2人、叶2人、朱2人、管1人、莫1人、袁1人、周1人、詹1人、高1人、薛1人、金1人、唐1人、沈1人、蔡1人、梅1人，钱姓居首位。

盛庄里：总人口1076人，其中男性533人，女性543人，姓氏72个。

许121人、王84人、刘79人、张66人、孙56人、龚55人、陆48人、毛39人、唐39人、谢34人、汝34人、居33人、朱32人、顾31人、周27人、罗25人、秦19人、陈18人、严18人、胡16人、钱13人、凌13人、徐12人、吴12人、莫12人、邹12人、史12人、沈8人、金7人、马6人、杨6人、杭6人、姚5人、李5人、罗5人、袁4人、宋4人、浦4人、赵4人、黄4人、施4人、曹3人、夏2人、翟2人、汤2人、梁2人、江2人、高2人、李2人、潘2人、庞2人、林2人、俞2人、干1人、章1人、崔1人、彭1人、何1人、梅1人、康1人、汪1人、蔡1人、蒋1人、倪1人、姜1人、孔1人、肖1人、费1人、谈1人、邓1人、褚1人、余1人，许姓居首位。

田上：总人口217人，其中男性105人，女性112人，姓氏37个。

张51人、王28人、莫25人、马16人、吴15人、唐10人、钱9人、罗9人、徐8人、陆5人、顾3人、毛3人、贺3人、孙2人、徐2人、宋2人、周2人、何2人、邹2人、龚2人、杭1人、钟1人、高1人、苏1人、韩1人、缪1人、胡1人、汝1人、俞1人、蒋1人、潘1人、尹1人、姚1人、凌1人、窦1人、陈1人、秦1人，张姓居首位。

表2-6  2013年红庄社区姓氏人数一览表

单位：人

| 编号 | 姓名 | 数量 | 编号 | 姓名 | 数量 | 编号 | 姓名 | 数量 |
| --- | --- | --- | --- | --- | --- | --- | --- | --- |
| 1 | 陆 | 298 | 30 | 郭 | 27 | 59 | 章 | 6 |
| 2 | 张 | 287 | 31 | 何 | 27 | 60 | 赵 | 6 |
| 3 | 王 | 234 | 32 | 庞 | 25 | 61 | 程 | 5 |
| 4 | 顾 | 197 | 33 | 金 | 24 | 62 | 盛 | 5 |
| 5 | 徐 | 137 | 34 | 马 | 22 | 63 | 夏 | 5 |
| 6 | 许 | 118 | 35 | 秦 | 21 | 64 | 倪 | 4 |
| 7 | 莫 | 110 | 36 | 严 | 18 | 65 | 潘 | 4 |
| 8 | 钱 | 109 | 37 | 邹 | 18 | 66 | 浦 | 4 |
| 9 | 胡 | 107 | 38 | 查 | 15 | 67 | 邓 | 3 |
| 10 | 唐 | 100 | 39 | 傅 | 15 | 68 | 范 | 3 |
| 11 | 李 | 82 | 40 | 梁 | 15 | 69 | 方 | 3 |
| 12 | 刘 | 82 | 41 | 史 | 14 | 70 | 谈 | 3 |
| 13 | 吴 | 74 | 42 | 杭 | 13 | 71 | 陶 | 3 |
| 14 | 孙 | 71 | 43 | 凌 | 13 | 72 | 薛 | 3 |
| 15 | 江 | 70 | 44 | 董 | 12 | 73 | 费 | 2 |
| 16 | 朱 | 69 | 45 | 韩 | 12 | 74 | 季 | 2 |
| 17 | 袁 | 67 | 46 | 宋 | 12 | 75 | 林 | 2 |
| 18 | 龚 | 64 | 47 | 郑 | 12 | 76 | 梅 | 2 |
| 19 | 罗 | 61 | 48 | 蔡 | 11 | 77 | 缪 | 2 |
| 20 | 沈 | 54 | 49 | 仲 | 11 | 78 | 石 | 2 |
| 21 | 姚 | 50 | 50 | 黄 | 8 | 79 | 汤 | 2 |
| 22 | 陈 | 49 | 51 | 杨 | 8 | 80 | 肖 | 2 |
| 23 | 周 | 45 | 52 | 傅 | 7 | 81 | 尹 | 2 |
| 24 | 毛 | 42 | 53 | 施 | 7 | 82 | 翟 | 2 |
| 25 | 高 | 39 | 54 | 叶 | 7 | 83 | 钟 | 2 |
| 26 | 翁 | 39 | 55 | 曹 | 6 | 84 | 安 | 1 |
| 27 | 汝 | 37 | 56 | 褚 | 6 | 85 | 卜 | 1 |
| 28 | 谢 | 37 | 57 | 蒋 | 6 | 86 | 崔 | 1 |
| 29 | 居 | 36 | 58 | 俞 | 6 | 87 | 代 | 1 |
| 88 | 窦 | 1 | 101 | 康 | 1 | 114 | 帖 | 1 |
| 89 | 樊 | 1 | 102 | 孔 | 1 | 115 | 汪 | 1 |

续表

| 编号 | 姓名 | 数量 | 编号 | 姓名 | 数量 | 编号 | 姓名 | 数量 |
|---|---|---|---|---|---|---|---|---|
| 90 | 冯 | 1 | 103 | 卢 | 1 | 116 | 魏 | 1 |
| 91 | 府 | 1 | 104 | 钮 | 1 | 117 | 温 | 1 |
| 92 | 干 | 1 | 105 | 彭 | 1 | 118 | 熊 | 1 |
| 93 | 戈 | 1 | 106 | 皮 | 1 | 119 | 游 | 1 |
| 94 | 宫 | 1 | 107 | 濮 | 1 | 120 | 余 | 1 |
| 95 | 管 | 1 | 108 | 邱 | 1 | 121 | 郁 | 1 |
| 96 | 贺 | 1 | 109 | 荣 | 1 | 122 | 詹 | 1 |
| 97 | 霍 | 1 | 110 | 佘 | 1 | 123 | 祝 | 1 |
| 98 | 姜 | 1 | 111 | 申 | 1 | 124 | 庄 | 1 |
| 99 | 焦 | 1 | 112 | 苏 | 1 | 125 | 付 | 1 |
| 100 | 鞠 | 1 | 113 | 田 | 1 | / | 总计 | 3283 |

## 第三节 人口控制

### 一、计生管理

旧时，境内群众中普遍存在"早生儿子早得福""子孙满堂""人丁兴旺"和重男轻女的传统思想，早婚早育、多胎较为普遍。结婚年龄一般是男19岁、女18岁。妇女终生平均生育5—7胎，个别妇女终生生育超过10胎。

新中国成立前，由于14年抗日战争、3年解放战争和国民党政府不关注民生，境内人口下降，个别地方人口稀少。新中国成立后，人民政府一度号召多生多育，采用表扬评选光荣妈妈的生育鼓励政策，全国人口快速增长，形成了人口高出生高增长时期。

1956年起，开始宣传节制生育方法。提倡晚婚晚育，并教授避孕等方法。

1963年，境内贯彻中共中央、国务院关于提倡计划生育、控制人口的指示，重点抓多子女家庭节育工作，实施了四项手术（结扎、放环、人工流产、引产）。郭巷人民公社利用召开全社三级干部大会，强制性地要求子女多的干部实施结扎节育措施，境内有11名大队、生产队干部做了男性结扎手术。但由于当时医疗水平低，个别实施结扎手术的居民出现了毛发脱光、体弱多病及性功能丧失的症状，加上旧习惯势力的影响，计划生育收效甚微。

1971年，贯彻执行国务院国发〔71〕51号文件和江苏省革命委员会〔71〕30号文件精神，发动群众制订"四五期间晚婚节育规划"，重点控制多胎。

1974年起，开始执行晚、稀、少的计划生育政策。晚：男25周岁，女23周岁后结婚；稀：二胎期间应间隔48个月以上；少：每对夫妇生二个孩子为宜。境内当时符合"晚、稀、少"的育龄妇女共23人，其中钢铁大队13人，红庄大队10人。不符合"晚、稀、少"的育龄妇女3人，其中钢铁大队2人，红庄1人。

1975年境内共有育龄妇女450人，其中钢铁大队282人，红庄大队168人，落实节育措施393人，其中钢铁大队252人，红庄大队141人。男扎96人，其中钢铁大队57人，红庄大队39人；女扎230人，其中钢铁大队157人，红庄大队73人。上环45人，其中钢铁大队28人，红庄大队17人。服药15人，其中钢铁大队7人，红庄大队8人。粘堵3人，其中钢铁大队2人，红庄大队1人。用工具4人（钢铁大队）。节育率87.3%。

1978年贯彻中央106号文件精神，执行思想教育为主、避孕措施为主、经常工作为主的方针，由公社计生委员同医院妇产科医生，对育龄妇女每年举办1—2次计划生育培训班，采用电影、幻灯、录像、巡回展览等形式开展计划生育宣传教育，动员一对夫妻只生一个孩子，受教育千余人次。

1979年1月，公社计划生育领导小组、妇联联合制订了《关于计划生育工作的几项规定》，其中对愿意终生只生一胎并落实节育措施的夫妇，发给"独生子女证"，每年发放独生子女费40元/人，发至14周岁为止，并在招工、医疗、产假、口粮、自留地、住房面积等各方面给予优待。间隔48个月以上，生育二胎均为女孩的，可享受25天产假。间隔不满48个月生二胎，双方不落实绝育措施的夫妇，夫妻双方两年内不享受社、队各种奖励，新生儿不得报户口。生产队暂不分配新生儿口粮和农副产品。待夫妻双方落实措施后，每月分配5千克口粮（稻谷）和5%食油。间隔期满后，恢复按计划分配口粮、食油和农副产品。生育三胎的夫妇，夫妻双方5年内不得享受各种福利待遇。在社、队企业工作的，一律回队劳动。新生儿不得报户口，入托、入幼、入学费一律自理。口粮、食油按同年龄人的50%分配，按议价结算，并接受一定经济处罚。

1980年9月25日，中共中央致全体共产党、共青团的公开信发表后，境内全面实施一对夫妻生育一个孩子的政策。当年发放独生子女证39张，独生子女率达45.5%。评出何菊宝、袁根媛等首批执行独生子女政策获奖名单，推动了计划生育工作顺利进行。

1981年5月和1982年，吴县人民政府颁发了《关于计划生育的暂行规定》《计划生育补充规定》，规定凡执行计划生育和施行四项手术的育龄妇女，均按规定享受公假，晚婚夫妇享受晚婚假，晚育妇女增加产假，按法定年龄推迟3年以上结婚为晚婚，妇女24周岁以上生育第一个孩子的为晚育。对不执行计划生育、超计划生育者，给予征收超生子女社会抚养费等处罚。

1981年5月，根据江苏省人民政府制定的生育政策，对确有实际困难的三类一孩夫妇准予生育第二胎。1982年—1984年又两次扩大照顾。1990年10月28日《江苏省计划生育条例》颁布，照顾生育二胎，生育对象扩大到14类。

1988年，境内有已婚育龄妇女698人，其中红庄村282人，尹西村210人，双桥村206人；应采取节育措施的629人，其中红庄村250人，尹西村191人，双桥村188人；采取节育措施的627人，其中红庄村248人，尹西村191人，双桥村188人，节育率达99.69%。晚婚182对。有独生子女355个，其中红庄村145个，尹西村96个，双桥村114个，全部颁发了"独生子女证"。

1996年3月25日《江苏省计划生育条例实施细则》颁布，境内按照上述"条例"和"细则"继续开展计划生育工作。到2013年红庄社区育龄妇女共929人。应采取节育措施的

601人，已采取节育措施601人，落实率达100%。其中男扎0人，女扎41人，上环310人，服药5人，用工具245人，节育率为78.56%。是年，"独生子女证"应领4人，已领证4人，领证率达100%。符合生育二胎的18人。符合法定年龄结婚的31对，实行晚婚23对。晚婚率为74.19%。新出生婴儿37人，出生率从1970年的3.14‰下降到2013年的1.12‰。人口自然增长率从2.33‰下降到0.7‰。计划生育率为97.37%。

## 二、计生服务

【避孕节育】20世纪70年代末至80年代，避孕节育以放置宫内节育器为主，有两孩及两孩以上的夫妇做输卵管或输精管结扎绝育手术，辅以药物及其他避孕方法。1989年，全社区已婚育龄妇女625人，采取避孕节育措施623人，节育率99.68%。其中：红庄村293人，节育291人；尹西村162人，节育162人；双桥村170人，节育170人。2013年，全社区已婚育龄妇女734人，采取避孕节育措施734人，节育率100%。1988年起，为减少人流、引产，保护妇女身体健康，社区（村）计生服务室加强了孕前服务，为有生育能力的妇女落实有效避孕措施，为放置宫内节育器的妇女定期陪同去镇（街道）医院做B超检查、妊娠试验和上门随访。

1993年，根据吴县长桥镇计划生育办公室的要求，境内各村建立了"一、二、四、六"孕情监察制度，即村级服务室人员对落实节育措施的妇女，每月走访、每2个月早孕检查、每4个月做B超、每6个月与外出人员见面。若发现脱环或环下移、早孕，及时采取补救措施，及时更换已到使用年限的宫内节育器，对多次脱环、带环的妇女个别指导，采用有效的节育措施。1994年，境内开展了无计划外出生、无不落实节育措施、无无措施人流、无大月份引产、无未婚先孕的"五无村"争创活动。是年，境内各村增配计生服务室人员，专门从事计生服务人员增至32人，其中：红庄村12人，尹西村10人，双桥村10人。计生服务员采用上门走访服务的方法，了解登记已婚育龄妇女的经期和避孕措施情况，送发避孕套、子宫帽等避孕工具、药物，宣传计划生育政策、优生优育知识。1995年，境内的红庄、尹西、双桥村均达到"五无村"标准。

【优生优育】1995年，政府在提倡晚婚节育的同时，提倡优生优育，保障人口质量，颁布了《中华人民共和国母婴保健法》，首次以法律形式规定医疗保健机构应当为公民提供婚前保健服务，吴县人民政府根据法律规定制定了相应实施措施，实行婚前体检，即凡达到法定结婚年龄的男女青年，须前往所在乡镇医院进行体格检查，俗称婚检，通过婚检的方能领取结婚证书。对有传染或遗传病史的劝其进行医治，痊愈后再去领证，保证婚后正常生育。

1996年，吴县计划生育委员会组织乡镇计生办工作人员、村（居）委妇联主任进行优生优育知识培训，以文件形式规定村（居）委妇女组织应承担对新婚夫妇优生优育知识学习辅导。是年，境内各村妇联组织举办优生优育知识学习班6期，参加学习的新婚夫妇468人次。此后，村（居）妇女组织每年均要组织1至2期新婚夫妇优生优育知识培训学习，在已婚育龄妇女中普及优生优育知识。

1998年始，由村（社区）集体出资，村（社区）妇女主任陪同孕妇前往指定医疗单位进行胎儿定期检查。提倡胎教、幼儿早教，保障婴幼儿身心健康。2006年始，境内居民实行农保转城保的社会保障后，胎检费用由孕妇自负。

表 2-7 红庄社区计划生育情况表

| 年份 | 出生 | | | | 独生子女证 | | | 节育 | | 晚婚 | |
|---|---|---|---|---|---|---|---|---|---|---|---|
| | 人数 | 计划内出生 | 计划外出生 | 计生率（%） | 应领数 | 已领数 | 领证率（%） | 人数 | 节育率（%） | 人数 | 晚婚率（%） |
| 1981 | 76 | 76 | 0 | 100 | 66 | 65 | 98.48 | / | / | / | / |
| 1982 | 25 | 25 | 0 | 100 | 23 | 23 | 100 | / | / | / | / |
| 1983 | 12 | 12 | 0 | 100 | 12 | 12 | 100 | / | / | / | / |
| 1984 | 7 | 7 | 0 | 100 | 4 | 4 | 100 | / | / | / | / |
| 1985 | 40 | 40 | 0 | 100 | 35 | 33 | 94.29 | / | / | / | / |
| 1986 | 41 | 41 | 0 | 100 | 35 | 34 | 97.14 | / | / | / | / |
| 1987 | 39 | 39 | 0 | 100 | 35 | 35 | 100 | / | / | / | / |
| 1988 | 47 | 47 | 0 | 100 | 36 | 35 | 97.22 | 698 | 90 | / | / |
| 1989 | 49 | 49 | 0 | 100 | 38 | 37 | 97.37 | / | / | / | / |
| 1990 | 40 | 40 | 0 | 100 | 28 | 27 | 96.43 | / | / | / | / |
| 1991 | 47 | 47 | 0 | 100 | 41 | 41 | 100 | / | / | / | / |
| 1992 | 19 | 19 | 0 | 100 | 15 | 15 | 100 | / | / | / | / |
| 1993 | 31 | 31 | 0 | 100 | 22 | 21 | 95.45 | 857 | 89 | / | / |
| 1994 | 32 | 32 | 0 | 100 | 30 | 28 | 93.33 | / | / | / | / |
| 1995 | 24 | 24 | 0 | 100 | 23 | 20 | 86.96 | / | / | / | / |
| 1996 | 29 | 29 | 0 | 100 | 26 | 26 | 100 | / | / | / | / |
| 1997 | 15 | 15 | 0 | 100 | 10 | 9 | 90 | / | / | / | / |
| 1998 | 11 | 11 | 0 | 100 | 7 | 4 | 57.14 | / | / | / | / |
| 1999 | 14 | 14 | 0 | 100 | 16 | 14 | 87.50 | / | / | / | / |
| 2000 | 25 | 25 | 0 | 100 | 12 | 12 | 100 | / | / | / | / |
| 2001 | 17 | 17 | 0 | 100 | 10 | 7 | 70 | / | / | / | / |
| 2002 | 22 | 22 | 0 | 100 | 12 | 8 | 66.67 | / | / | / | / |
| 2003 | 22 | 22 | 0 | 100 | 12 | 9 | 75 | / | / | / | / |
| 2004 | 41 | 41 | 0 | 100 | 19 | 16 | 84.21 | / | / | / | / |
| 2005 | 30 | 30 | 0 | 100 | 10 | 7 | 70 | / | / | / | / |
| 2006 | 31 | 31 | 0 | 100 | 4 | 2 | 50 | / | / | / | / |
| 2007 | 33 | 33 | 0 | 100 | 6 | 3 | 50 | / | / | / | / |
| 2008 | 33 | 33 | 0 | 100 | 5 | 4 | 80 | / | / | / | / |
| 2009 | 28 | 28 | 0 | 100 | 4 | 3 | 75 | 721 | 81.97 | 18 | 38.89 |
| 2010 | 42 | 42 | 0 | 100 | 2 | 1 | 50 | 762 | 81.54 | 8 | 87.50 |
| 2011 | 40 | 40 | 0 | 100 | 4 | 4 | 100 | 771 | 77.69 | 24 | 62.50 |
| 2012 | 63 | 63 | 0 | 100 | 6 | 6 | 100 | 786 | 79.64 | 27 | 81.48 |
| 2013 | 38 | 37 | 1 | 97.37 | 4 | 4 | 100 | 765 | 78.56 | 23 | 74.19 |

第二章 土地所有制

新中国成立前，境内大量土地归地主、富农私人所有，贫雇农仅靠租田耕种或做长工、雇工养家糊口，生活极为艰难。新中国成立后，人民政府进行了土地改革，没收地主的土地、征收富农的土地，分给贫雇农。自此，农民有了自己的土地，生活有了保障，生产积极性大大提高。1958年人民公社化后，农村土地为人民公社、生产大队、生产队三级所有，土地集体所有制形成。1978年，党的十一届三中全会后，根据中央《关于加快农业发展若干问题的决定》，农村进行了经济体制改革。1983年，境内实行家庭联产承包责任制，土地所有权与使用权相对分离，土地归集体所有，由农户承包经营。1998年，境内又因地制宜推行适度规模经营，部分集体土地由种粮大户承包经营。

# 第一节 土地面积

历史上，红庄社区的区域面积从未有过统一、正规的测量，均以粮田习惯面积计算。直至 2003 年撤村并村建立红庄社区后，由国家测绘局进行航拍测量制图。根据国家测绘局航拍测绘计算，社区总面积约为 5 平方千米，7500 亩（不含扬青港和鲇鱼口境内段水面）。1950 年土地改革时，境内土地面积（即粮田面积）为 3835 亩，其中：中心村（后称红庄大队、村）1125 亩，庞北村（后称尹西大队、村）1352 亩，庞中村（后称双桥大队、村）1358 亩。其土地面积为习惯面积，是实际（丈量）面积的 89%—91%。

1958 年人民公社化后，境内土地面积为 4542 亩，其中红庄大队（原中心村）为 1547 亩，钢铁大队（原庞北、庞中村）2931 亩，比土地革命时增 412 亩。其增加面积主要来源于初、高级社时垦种的滩头田、荒田、低洼田等。

1981 年，境内的钢铁大队析分为尹西、双桥大队。全社区土地总面积为 4640.5 亩，其中红庄大队 1547 亩，尹西大队 1452.9 亩，双桥大队 1640.6 亩，且有工业用地面积 178 亩（有粮田、边角田）。比 1958 年增 162 亩，其增加面积主要来源于大生产时期的平整土地，挖坟拓地和围湖造田，当时红庄大队域内的扬青港、鲇鱼口和双桥大队域内的菱塘湾低滩处，以及 700 米左右长的苏嘉铁路路基围垦和改造成田。

表 3-1 红庄社区各阶段粮田面积一览表

| 年份 | 面积（亩） | 其中 | | | |
| --- | --- | --- | --- | --- | --- |
| | | 红庄村（大队）（亩） | 钢铁大队（亩） | 尹西村（大队）（亩） | 双桥村（大队）（亩） |
| 1950 年 | 3835 | 1125 | / | 1352 | 1358 |
| 1955 年 | 3835 | 1125 | / | 1352 | 1358 |
| 1960 年 | 4478 | 1547 | 2931 | / | / |
| 1965 年 | 4478 | 1547 | 2931 | / | / |
| 1970 年 | 4478 | 1547 | 2931 | / | / |
| 1975 年 | 4478 | 1547 | 2931 | / | / |
| 1980 年 | 4478 | 1547 | 2931 | / | / |
| 1985 年 | 4462.5 | 1547 | / | 1452.9 | 1469.6 |
| 1990 年 | 4401.5 | 1547 | / | 1412.9 | 1431.6 |
| 1995 年 | 4120.5 | 1336 | / | 1352.9 | 1431.6 |
| 2000 年 | 3756 | 1234.5 | / | 1190.9 | 1330.6 |
| 2001 年 | 2465 | 842.5 | / | 785.9 | 836.6 |
| 2002 年 | 1592.1 | 561.6 | / | 484.9 | 545.6 |
| 2003 年 | 全部征用 | 全部征用 | 全部征用 | 全部征用 | 全部征用 |

2003年红庄社区组建时，全社区面积为7500亩（不含扬青港、鲇鱼口社区段水面）。其中粮田（含被征用的粮田）面积为4462.5亩：原红庄村1547亩，尹西村1452.9亩，双桥村1462.6亩。旱地面积1336亩：原红庄村438亩，尹西村446亩，双桥村452亩。宅基地（即原自然村拆除后的宅基地）面积711.7亩：原红庄村60.6亩，尹西村320.6亩，双桥村330.5亩。水面面积132.5亩：原红庄村35.5亩，尹西村52亩，双桥村45亩。居民区（红庄新村）面积857.3亩，比1981年增加了1717.3亩。增加面积主要是村庄拆除的宅基空地。政府将域内的罗布棋港、庞庄港、横泾港、马达浜、西库浜、袁达浜、蒋家浜、横连浜、河田上港、尖局港、东南河、盛庄港（大部）、大坟港（大部）等13条主要河道，及南段里浜、庞庄东浜、柳湾里、张家浜、大坟头南浜、北浜、新开河、油车浜、吴家浜、居石浜、渚头浜等14条浜、溇、渚菱塘湾、东白洋、扬青港等3处湖泊填埋后，原水面形成旱地。

# 第二节　土地改革

境内的土地改革运动，1950年6月开始，到年底结束。整个运动分思想发动、划分阶级（成分）、没收征收和分配土地、总结检查四个阶段。

## 一、思想发动

新中国成立伊始，境内开展清匪反霸、减租退押运动，建立农村基层政权农民协会（简称农会）和民兵组织，提高了广大贫雇农民的觉悟，为土地改革运动准备了条件。

1950年6月土地改革运动开始时，首先整顿和发展农会、妇女救国会、民兵、青年团等群众组织，参加各种组织的人数近40%。接着发动群众开展反封建斗争，依法审理和逮捕一批地主恶霸分子。鼓励农民放下思想包袱，踊跃投身土地改革运动。

## 二、划分成分

1950年8月底根据国务院《关于划分农村阶级成分的决定》，采用先自报，再经农会小组、村、农民协会三级审议，逐户划定阶级成分。凡定为地主、富农的要报县审定。境内农村阶级成分划分、审定方法如下。地主：有大量或较大数量的土地（自田）、房产、耕具，常年不参加劳动，靠雇工剥削生活的。富农：有较大数量的土地（自田）、房产、耕具，有雇工剥削，但自己参加劳动，即既有雇工剥削亦自食其力的。中农：有一定数量土地（自田）或租田、房产和齐全的耕具，不常年雇工，农忙叫忙工，即季节性雇工的。贫农：有数量较少的自田（自田不满家庭人口人均半亩），大多数为租田，房产很少，耕具不齐全的。雇农：无自田，耕具、房产少，常年在地主、富农家做长工的。后又将中农划分为富裕中农、中农和下中农。富裕中农：有一定数量的土地（自田）、房产、耕具，农忙时曾叫过忙工的。中农：土地数量少，但均为自田，有一定数量房产，耕具较齐全，但从未叫过忙工的。下中农：耕种的土地中，自田少于租田，房产很少，且耕具不齐全的。

为了正确把握中农与下中农划分,各村根据实情,主要以耕具数量予以评定。车、盘、牛、船等大型农具齐全的为中农,缺少的为下中农。

### 三、没收征收、分配土地

1950年10月,尹西乡农会在土改工作组的指导下,深入境内各村,将剥削阶级即地主的土地、财产予以没收归公。将富农的土地和中农超过当地人均土地面积的土地予以征收,并将没收征收的土地按人口平均分配给各农户。其中:中心村(后称红庄村)人均分配面积为3亩1分2厘,地主家庭人均2亩8分8厘,富农家庭人均2亩9分5厘。庞北村(后称尹西村)人均分配面积为2亩8分8厘,地主家庭人均2亩5分,富农家庭2亩6分5厘。庞中村(后称双桥村)人均分配面积为3亩2分2厘,地主家庭人均2亩9分,富农家庭人均3亩零5厘。农民分得的土地、房产由吴县人民政府发给地契和房屋产权证,年底发证结束。

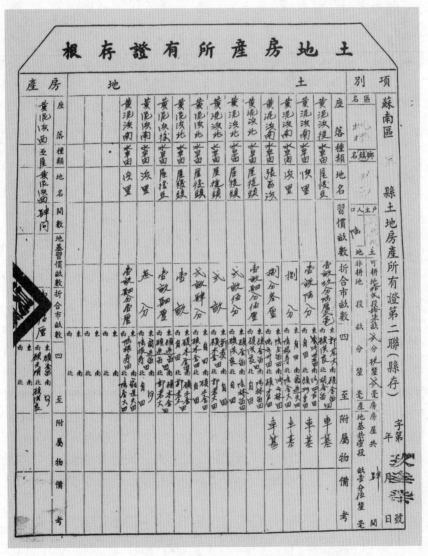

图3-1 土改时庞北村顾进夫家土地房产所有证存根

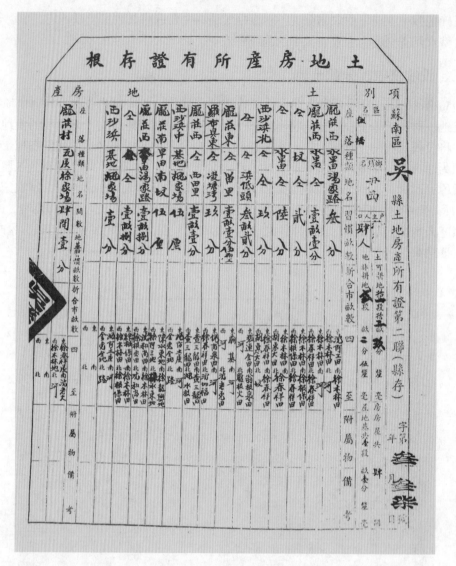

图 3-2 土改时庞中村徐根宝家土地房产所有证存根

### 四、总结检查

经过没收征收、分配土地后，吴县土地改革委员会和枫桥区委、区政府组织人员深入农村进行土改工作总结检查。总结检查的主要内容是：开展成分划分是否按照《土改法》和吴县人民政府农村土地改革成分划分补充规定进行，有无错划、漏划；错划的予以纠正，漏划的（限于地主、富农）重新划分，称漏划地主、富农；对没收的房产是否分配给贫雇农民；土改中是否存有村干部和农会干部多占土地、私分钱财或向地主、富农勒索钱财，以及农民土地分配满意度等；并协助村、农会对土改运动过程进行总结，处理土改运动中犯错误的农村干部。

境内各村在土改运动中坚持执行依靠贫雇农、团结中农、孤立富农、打击地主的阶级路线，逮捕和惩处不法地主和反革命分子，保证土地改革运动的顺利展开，圆满结束。

## 第三节　土地集体所有制

土改后实现耕者有其田。1952年至1956年秋，农村开展互助合作运动，历经伴工组、临时互助组、常年互助组、初级农业生产合作社等几个阶段，农业生产得到较大发展，农民看到集体生产的优越性。1956年9月在贯彻中共中央《关于农业合作社问题决议》的基础上，在县试点取得经验的前提下，全面展开了初级社的并社升级工作。年底，境内先后成立了金星二十社（后称东风十四社，一度称5营3连、4连）、金星二十二社（后称东风十六社，一度称5营8连、9连、10连）高级农业合作社。高级社的规模在200至400户之间，土地均归高级社集体所有，大型农具、耕牛等生产资料折价入社，逐年偿还。社内采取包工到组的办法，实行按劳分配和奖赔制度。

1958年开展人民公社化运动时，境内建红庄、钢铁2个生产大队，19个生产队。人民公社实行政社合一，并由公社党委统一领导。劳动组合实行组织军事化，行动战斗化，生活集体化（即办食堂集中吃饭）。在生产上，劳力统一调度，搞大兵团作战。因在实践中弊多利少，故后来逐渐改进。

人民公社刚开始时实行公社核算，土地归人民公社集体所有。后来改为生产大队为基本核算单位和分配单位，由大队统一核算，统一分配；土地归生产大队集体所有。1959年4月，根据中共中央第二次郑州会议精神和《关于人民公社管理体制的若干规定草案》，中共吴县县委作出相应的十项规定，逐步统一领导、分级管理，实行以生产队为基础，公社、生产大队、生产队三级核算的管理体制。时，土地归生产大队集体所有。

1961年上半年，根据中共中央《关于农村人民公社当前政策问题的紧急指示信》（即十二条）精神，进一步落实"三级核算、队为基础"的经济管理体制，纠正无偿调用生产资料的共产风和干部浮夸风、瞎指挥、强迫命令、特殊化等。于当年取消了供给制，解散了食堂，粮食分配到户，深得人心，极受群众拥护。下半年，贯彻中共中央《关于人民公社工作条例修正草案》（即农村工作六十条），同时贯彻了中共中央《关于留足社员自留地的几项规定》，各生产队划出一定数量的粮田按比例分给农户（性质仍属集体土地）自行耕种，并将杂边地按人头划分给农民种植蔬菜、瓜果等农副产品。时，土地归生产队集体所有。

1962年按照中共中央《关于改变农村人民公社基本核算单位问题的指示》，正式确定三级所有、队为基础，以生产队为基本核算单位。大队将收益分配权、耕畜农具所有权和经济核算权下放给生产队，生产队除上交农业税外，还向大队交纳公积金、公益金、管理费、劳动积累等。在财务管理上，生产队设会计、出纳和仓库保管员；在劳动管理上，划分劳动作业组，实行劳动定额管理；在计划管理上，年初根据公社和大队的统一规划，制订年度和小段生产计划。

1983年7月，实行体制改革，人民公社体制结束，恢复人民政府和村民委员会制度，生产队改称村民小组。时，土地归村民小组集体所有。

1996年，红庄境域划归吴县市经济技术开发区后，境内土地悉数被并调划归开发区。2003年撤村并村建社区后，境内农民户口性质转为居民，土地收归国有。

## 第四节　家庭联产承包责任制

1980年，中央75号文件精神贯彻到农村时，由于境内乡村工业已经兴起，农民家庭经济收入来源拓展，不再依赖于生产队年终分红。直至1982年秋，红庄境内开始推行家庭联产承包责任制。

境内的家庭联产承包责任制，实行"联产到户，单家独户生产"，土地所有权与使用权相对分离。是年9月，各生产队按照公社和大队的统一部署，把土地划分到农户，由农户承包经营。土地承包实行"四田制"，即口粮田、饲料田、自留田和责任田。其中口粮田人均0.5—0.6亩（红庄大队人均0.5亩，尹西大队人均0.6亩，双桥大队0.6亩）；饲料田每头猪0.11亩（红庄、尹西、双桥3个大队均同）；自留田人均0.063亩（红庄大队人均0.07亩，尹西大队0.06亩，双桥大队0.06亩）；责任田人均1.5亩（红庄大队人均1.3亩，尹西大队1.4亩，双桥大队1.6亩）。收益分配实行大包干，即农户完成国家粮油定购任务、税金和集体的两金一费（公积金、公益金、管理费），其余产品收入均归农户所有。

1995年农业生产推行"适度经营规模"，境内出现种粮大户15户（其中：红庄村3户，尹西村6户，双桥村6户），承包粮田927亩，平均每户62亩。当年水稻（单季稻）亩产504千克。种粮大户有外地人，也有本地人，都是些集体生产时期的种田能手，由于年龄偏大，文化偏低，没有进乡、村办厂做工或从事运输、劳务等行业的人员。

种粮大户与村经济合作社（1983年成立）签订承包协议，承包方的主要责任：①保证种植粮食，完成粮食任务。②保证上交各项合理费用。③预交一定的风险抵押金（一般为当年应上交费用的50%）。④接受当地技术指导。⑤自负成本，自负盈亏。发包方主要责任是提供各种服务。

表3-2　1983年双桥村联产到户土地面积汇总表

| 组名 | 人口 | 口粮田（亩） | 劳动力人口 | 责任田（亩） | 猪只数 | 饲料田（亩） | 自留田（亩） | 合计 |
| --- | --- | --- | --- | --- | --- | --- | --- | --- |
| 1组 | 61 | 36.6 | 48 | 58.56 | 26 | 2.86 | 3.66 | 101.68 |
| 2组 | 53 | 31.8 | 36 | 64.08 | 21 | 2.31 | 3.18 | 101.37 |
| 3组 | 104 | 62.4 | 66 | 113.26 | 40 | 4.4 | 6.24 | 186.3 |
| 4组 | 57 | 34.2 | 38 | 76.38 | 19 | 2.09 | 3.42 | 116.09 |
| 5组 | 51 | 30.6 | 40 | 62.08 | 22 | 2.42 | 3.06 | 98.16 |
| 6组 | 66 | 39.6 | 49 | 68.11 | 27 | 2.97 | 3.96 | 114.64 |
| 7组 | 74 | 44.4 | 50 | 70.5 | 28 | 3.08 | 4.44 | 122.42 |
| 8组 | 70 | 42 | 45 | 76.5 | 27 | 2.97 | 4.2 | 125.67 |
| 9组 | 70 | 42 | 48 | 80.66 | 29 | 3.19 | 4.2 | 130.05 |
| 10组 | 54 | 32.4 | 41 | 63.55 | 23 | 2.53 | 3.24 | 101.72 |

续表

| 组名 | 人口 | 口粮田（亩） | 劳动力人口 | 责任田（亩） | 猪只数 | 饲料田（亩） | 自留田（亩） | 合计 |
|---|---|---|---|---|---|---|---|---|
| 11组 | 51 | 30.6 | 38 | 57.57 | 23 | 2.53 | 3.06 | 93.76 |
| 12组 | 101 | 60.6 | 63 | 99.79 | 37 | 4.07 | 6.06 | 170.52 |
| 合计 | 812 | 487.2 | 562 | 891.04 | 322 | 35.42 | 48.72 | 1462.4 |

表 3-3  1983 年尹西村联产到户土地面积汇总表

| 组名 | 人口 | 口粮田（亩） | 劳动力人口 | 责任田（亩） | 猪只数 | 饲料田（亩） | 自留田（亩） | 合计 |
|---|---|---|---|---|---|---|---|---|
| 1组 | 82 | 49.2 | 63 | 66.47 | 36 | 3.96 | 4.92 | 124.55 |
| 2组 | 83 | 49.8 | 61 | 79.91 | 34 | 3.74 | 4.98 | 138.43 |
| 3组 | 73 | 43.8 | 59 | 70.8 | 33 | 3.63 | 4.38 | 122.61 |
| 4组 | 64 | 38.4 | 47 | 76.61 | 28 | 3.08 | 3.84 | 121.93 |
| 5组 | 78 | 46.8 | 55 | 73.32 | 31 | 3.41 | 4.68 | 128.21 |
| 6组 | 69 | 41.4 | 47 | 72.52 | 25 | 2.75 | 4.14 | 120.81 |
| 7组 | 75 | 45 | 54 | 59.13 | 29 | 3.19 | 4.5 | 111.82 |
| 8组 | 75 | 45 | 54 | 67.88 | 32 | 3.52 | 4.5 | 120.9 |
| 9组 | 107 | 64.2 | 82 | 103.81 | 47 | 5.17 | 6.42 | 179.6 |
| 10组 | 100 | 60 | 68 | 74.12 | 39 | 4.29 | 6 | 144.41 |
| 11组 | 84 | 50.4 | 62 | 79.36 | 35 | 3.85 | 5.04 | 138.65 |
| 合计 | 890 | 534 | 652 | 823.93 | 369 | 40.59 | 53.4 | 1451.9 |

表 3-4  1983 年红庄村联产到户土地面积汇总表

| 组名 | 人口 | 口粮田（亩） | 劳动力人口 | 责任田（亩） | 猪只数 | 饲料田（亩） | 自留田（亩） | 合计 |
|---|---|---|---|---|---|---|---|---|
| 1组 | 68 | 34 | 51 | 89.6376 | 30 | 3.3 | 4.76 | 131.7 |
| 2组 | 83 | 41.5 | 62 | 81.096 | 35 | 3.85 | 5.81 | 132.26 |
| 3组 | 75 | 37.5 | 52 | 84.7995 | 32 | 3.52 | 5.25 | 131.07 |
| 4组 | 84 | 42 | 60 | 81.552 | 36 | 3.96 | 5.88 | 133.39 |
| 5组 | 71 | 35.5 | 57 | 84.6199 | 31 | 3.41 | 4.97 | 128.5 |
| 6组 | 115 | 57.5 | 85 | 67.099 | 45 | 4.95 | 8.05 | 137.6 |
| 7组 | 94 | 47 | 67 | 79.19 | 35 | 3.85 | 6.58 | 136.62 |
| 8组 | 91 | 45.5 | 72 | 77.8198 | 41 | 4.51 | 6.37 | 134.2 |
| 9组 | 99 | 49.5 | 76 | 69.1501 | 38 | 4.18 | 6.93 | 129.76 |
| 10组 | 78 | 39 | 57 | 67.8101 | 32 | 3.52 | 5.46 | 115.79 |
| 11组 | 69 | 34.5 | 51 | 66.81 | 30 | 3.3 | 4.83 | 109.44 |
| 12组 | 71 | 35.5 | 55 | 82.7096 | 32 | 3.52 | 4.97 | 126.7 |
| 合计 | 998 | 499 | 745 | 932.294 | 417 | 45.87 | 69.86 | 1547 |

# 第四章 城市化建设

境内的城市化建设始于1992年,至2013年城市化建设初步完成,整个境域融汇入苏州大都市。20多年时间里,红庄人经历了从农业到工业、农村变城市、农民变居民的历史性巨变。境内高楼林立、工厂连片、道路宽敞,办公区、生活区、商贸区、工业区功能明晰,是苏州市南中心城区,又是吴中区城南街道办事处所在地。

# 第一节 城市化历程

　　历史上，红庄是苏州城南的偏僻荒郊，人烟稀少，交通不便。村民均以种田为生，收入微薄，村庄建设滞缓，上千年的历史中并无多大变化。新中国成立后曾先后开展过新农村建设、中心集镇建设，但终因规划不妥，布局零乱，进程不快，变化不大。1992年，红庄全境划入吴县市经济技术开发区后，吴县市人民政府对境内（原红庄、尹西、双桥行政村）整个区域统一进行了城市化建设规划，将其列为吴县市城南经济带工业区，制定了详尽的建设方案，由吴县市经济技术开发区进行重点开发建设。后因进行越溪副中心开发建设，城南经济带工业区的建设被搁置。自1992年至2001年的近10年内，境内城市化建设仍停留在规划图纸上，除了原红庄村西北部建造了一家吴县市自来水厂和一家吴县市太湖电动工具厂外，建设基本停顿。

　　进入21世纪后，随着吴县市越溪副中心的初步建成，吴县市人民政府又着手开发建设城南经济带工业区。2002年，政府规划建造城南经济带工业区的道路，先后在境内构建了迎春南路、枫津南路、南湖路、兴南路等二横二竖4条主干道，并将境内集体土地悉数无偿收归国有，交吴县市经济技术开发区使用。同年9月，开发区着手对境内自然村村庄拆除迁移，至2004年末，境内原尹西、双桥村的10个自然村和红庄村的田上自然村悉数被拆除，原红庄村的盛庄里自然村大部被拆除，境内居民悉数移居到盛庄里、田上自然村拆除腾出的宅基地（部分为粮田）上自行建造的房屋。共有782户，3293人移居。

　　2003年5月始，开发区在实施村庄拆除迁移的同时，又着手填埋境内河道，拓展土地使用面积。至年底，境内的罗布棋港、庞庄港、横径港、马达浜、西厍浜、袁达浜、蒋家浜、横连浜、河田上港、尖局港、东南河、盛庄港（大部）、大坟头港（大部）等13条主河道，及南段里浜、庞庄东浜、柳湾里、张家浜、大坟头南浜、大坟头北浜、新开河、油车浜、居石浜、渚头浜等11条浜、溇、渚和菱荡湾、东白洋、扬青港等3处湖泊悉数被填埋。填埋的水面面积近3000亩，占境内水面面积的83.9%。至时，境内仅保留有黄泥浜港、钢铁桥港、跃进河、面杖港、田上港、大寨河（亦称大龙港）三横三竖6条河道及大坟港北段、盛庄港西段。港河密布、阡陌纵横、炊烟缭绕、鸟语花香的江南水乡气息已成历史。

　　2003年始，城南经济带工业区建设展开。2005年底基本完成南湖路北侧至吴中大道地块的厂房建造；2008年底，完成南湖路南侧至吴江区（市、县）交界处地块的厂房建造。至时，城南经济带工业区建设完成，占地面积4.42平方千米，总建筑面积达180余万平方米，进驻企业630余家，有职工3万余人，年产值近60亿元，年上交国家税收近10亿元。其中：年产值超亿元的企业11个，年上交国家税收超千万元的企业21个。产品远销5大洲38个国家和地区，是吴中区主要工业区之一。

# 第二节　自然村拆除移居

2002年5月，境内始开展自然村落整体拆除迁移。吴县市经济技术开发区先行对境内原红庄的盛庄里东浜（1、2、3组）、浜里（4组及7组和12组一部）南半部进行拆除，被拆迁户居民先行租住在周边农户家中，腾出宅基地进行统一规划建设新的居民住宅区，由政府统一建好宅基，交红庄、尹西、双桥3个行政村被拆除住房的农户按规定标准自行建造住房。整个拆迁过程分为丈量、估价、动迁、重建、移居5个过程。

## 一、丈量

由吴县市经济技术开发区管委会组建拆迁工作办公室进驻红庄村（社区），由拆迁办招收工作人员，对辖区居民住房逐户进行丈量，对室内装饰物及房屋四周空地上的树木、蔬菜、围墙、猪舍、农具和居民户自有的河桥、驳岸、粪缸等登记造册，与户主核对确定无误差后，交由政府指定的审计部门和相关专家根据当时市场价位核定赔偿价格，经户主认可后，政府与户主签订拆房动迁协议。协议签订后5天内，农户便将一应生活用品搬至自行租赁的住房内，或存放到亲戚朋友家，将住房钥匙交出，由拆迁队将房屋进行拆除。在房屋丈量的同时，政府对散落境内的坟墓悉数进行迁移至越溪镇尧峰山清泉公墓。由政府出资向清泉公墓购买墓地，并承担一墓800元的迁移费，由家属自行将亡者骨灰盒或骨殖移居公墓重新安葬。

## 二、赔偿

政府对自然村落拆除迁移实行货币赔偿方式，俗称现金拆迁。根据农户住房结构、质量和建造年代，按当时市场价位，政府制定统一的赔偿价目录，由拆迁办对照价位目录，对农户房屋、财产列出赔偿明细表，以村民小组为单位予以张榜公示。时，房屋拆除赔偿：上房（指政府批准建造的住房）按市场价赔偿，每平方382元，辅房（未经政府批准农户私自建造的住房，亦称违章建筑）按成本价赔偿每平方米80元。室内装饰物及树木等按政府规定价格核定赔偿。以三楼三底上房、二间辅房的农户为标准，政府给予每户被拆住房的农户赔偿现金16万—21万元不等。

## 三、动迁

罗布棋：亦称芦坝基，系原双桥村第10、第11、第12组（生产队）。村域面积0.016平方千米，有村民60户、277人；房屋480间，建筑面积17568平方米。自2002年10月始动迁，至2003年10月完成。

庞庄：系原双桥村第8、第9组（生产队）。村域面积0.0096平方千米，有村民36户、164人，房屋288间，建筑面积10541平方米。自2002年9月始动迁，至2003年10月完成。

马达浜：亦称马踏浜，系原双桥村第5、第6、第7组（生产队）。村域面积0.0184平方千米，有村民69户、303人，房屋552间，建筑面积20203平方米。自2002年9月动迁，至2003年11月完成。

图 4-1 罗布棋原貌图

图 4-2 庞庄原貌图

图 4-3 马达浜原貌图

图 4-4 黄泥浜原貌图

黄泥浜：亦称王言浜、王宜浜，系原尹西村第10、第11组（生产队）。村域面积0.0117平方千米，有村民44户、185人，房屋352间，建筑面积12883平方米。自2002年3月始动迁，至2003年12月完成。

西沙浜：亦称西库浜，系原双桥村第1、第2组（生产队）。村域面积0.0080平方千米，有村民30户、117人，房屋240间，建筑面积8784平方米。自2002年9月始动迁，至2003年9月完成。

袁达浜：亦称元坛浜，系原双桥村3组（生产队）、尹西村9组（生产队）。村域面积0.0158平方千米，有村民59户、244人，房屋272间，建筑面积9077平方米。自2002年7月始动迁，至2003年10月完成。

沙里角：系原尹西村第8组（生产队）。村域面积0.0053平方千米，有村民20户、97人，房屋160间，建筑面积5856平方米。自2002年8月始动迁，至2003年6月完成。

油车浜：系原尹西村第7组（生产队）。村域面积0.0056平方千米，有村民21户、86人，房屋168间，建筑面积6149平方米。自2002年8月始动迁，至2003年6月完成。

钢铁桥：亦称江天桥、江铁桥。系原尹西村第3、4、5、6组（生产队）。村域面积0.0211平方千米，有村民79户、328人，住房632间，建筑面积23131平方米。自2002年2月始动迁，至2003年4月完成。

蒋家浜：系原尹西村第1、第2组（生产队）。村域面积0.0128平方千米，有村民48户、196人，住房384间，建筑面积14054平方米。自2002年7月始动迁，至2003年6月完成。

盛庄：亦称盛庄里。盛庄自然村的东浜、弯档里（北侧）：原红庄村第1、第2、第3、第4组（生产队）；江北园：原红庄村第12组（生产队）一部；浜里：原红庄村第7组（生产队）一部。面积0.0728平方千米，有村民273户、1106人，房屋2184间，建筑面积79934平方米。自2002年9月动迁，至2005年10月完成。

图4-5　油车浜原貌图

图4-6　西厍浜原貌图

图4-7　袁达浜原貌图

图4-8　沙里角原貌图

图4-9　盛庄原貌图

图4-10　钢铁桥原貌图

图 4-11 蒋家浜原貌图

图 4-12 田上原貌图

田上：系原红庄村第 10、第 11 组（生产队）。村域面积 0.0115 平方千米，有村民 43 户，190 人，房屋 344 间，建筑面积 12590 平方米。自 2003 年 12 月始动迁，至 2004 年 12 月完成。

## 四、重建

开发区将原红庄村田上自然村、盛庄自然村的东浜和江北园、浜里一部分居民住房拆除，对腾出的宅地及南侧粮田进行统一规划，绘制好红庄新村规划图。先行筑好内马路，辟好绿化，建好公园，然后做好房屋基础交被拆除房屋的农户按照规划要求自行建造住房，形成错落有致、风格各异的 5 个不同块区。农户新建住房形状各异，面积统一，均为三间三层别墅式四辖枪（亦称屋沙头）楼房。进深为 12 米，宽度为 11 米，建筑面积 396 平方米。新建住房外观各具特色，内部装饰各异，有的是古式双折楼梯，有的为螺旋形楼梯，质地有木材、大理石、钢、铁、不锈钢。屋前均有一院，围有开放式围栏。院前、屋后均有 2 米宽绿化带，由户主自行种植花木。每户相距 2 米，5 户一落。每落住房前后有 5 米宽、两侧有 8 米宽公共通道，均为黑色车行道。新建住宅共有 739 幢（不含原红庄村未拆迁老区）房屋，其中 1 区 128 幢，2 区 136 幢，3 区 157 幢，4 区 209 幢，5 区 109 幢，均实行封闭式管理。

表 4-1 红庄社区自然村人口移居一览表

红庄村 1 组

| 序号 | 户主姓名 | 人口 | 祖居 | 移居区 | 移居门牌号 | 序号 | 户主姓名 | 人口 | 祖居 | 移居区 | 移居门牌号 |
|---|---|---|---|---|---|---|---|---|---|---|---|
| 1 | 陈林弟 | 5 | 盛庄里 | 3 | 104 | 11 | 居水林 | 4 | 盛庄里 | 2 | 93 |
| 2 | 居雪狗 | 5 | 盛庄里 | 3 | 105 | 12 | 陈林男 | 3 | 盛庄里 | 2 | 96 |
| 3 | 毛招大 | 4 | 盛庄里 | 3 | 131 | 13 | 周福男 | 5 | 盛庄里 | 2 | 98 |
| 4 | 居金林 | 4 | 盛庄里 | 3 | 132 | 14 | 唐木泉 | 4 | 盛庄里 | 2 | 111 |
| 5 | 居根明 | 4 | 盛庄里 | 3 | 19 | 15 | 周泉男 | 5 | 盛庄里 | 2 | 118 |
| 6 | 周云泉 | 3 | 盛庄里 | 3 | 31 | 16 | 陈毛毛 | 5 | 盛庄里 | 2 | 101 |
| 7 | 周水男 | 2 | 盛庄里 | 2 | 76 | 17 | 居水男 | 4 | 盛庄里 | 2 | 61 |
| 8 | 汝建明 | 5 | 盛庄里 | 2 | 77 | 18 | 居明弟 | 4 | 盛庄里 | 2 | 49 |
| 9 | 周玉男 | 4 | 盛庄里 | 2 | 78 | 19 | 周土泉 | 5 | 盛庄里 | 2 | 94 |
| 10 | 居雪男 | 3 | 盛庄里 | 2 | 82 | | | | | | |

红庄村2组

| 序号 | 户主姓名 | 人口 | 祖居 | 移居 | | 序号 | 户主姓名 | 人口 | 祖居 | 移居 | |
|---|---|---|---|---|---|---|---|---|---|---|---|
| | | | | 区 | 门牌号 | | | | | 区 | 门牌号 |
| 1 | 龚玉根 | 3 | 盛庄里 | 3 | 59 | 15 | 汝玉泉 | 3 | 盛庄里 | 2 | 112 |
| 2 | 龚建龙 | 3 | 盛庄里 | 2 | 75 | 16 | 史全根 | 6 | 盛庄里 | 2 | 113 |
| 3 | 龚根才 | 5 | 盛庄里 | 2 | 117 | 17 | 居银苟 | 5 | 盛庄里 | 2 | 116 |
| 4 | 陆道生 | 4 | 盛庄里 | 3 | 106 | 18 | 王水云 | 4 | 盛庄里 | 2 | 119 |
| 5 | 汝建林 | 3 | 盛庄里 | 3 | 158 | 19 | 王根木 | 5 | 盛庄里 | 2 | 60 |
| 6 | 龚关林 | 4 | 盛庄里 | 3 | 159 | 20 | 王毛根 | 4 | 盛庄里 | 2 | 63 |
| 7 | 龚志亮 | 3 | 盛庄里 | 3 | 160 | 21 | 龚学文 | 1 | 盛庄里 | 2 | 64 |
| 8 | 汝余男 | 6 | 盛庄里 | 3 | 4 | 22 | 浦寿根 | 4 | 盛庄里 | 2 | 65 |
| 9 | 汝多男 | 6 | 盛庄里 | 2 | 80 | 23 | 王夫根 | 4 | 盛庄里 | 2 | 66 |
| 10 | 龚根泉 | 5 | 盛庄里 | 2 | 81 | 24 | 周芳 | 1 | 盛庄里 | 1 | 44 |
| 11 | 王志强 | 5 | 盛庄里 | 2 | 83 | 25 | 汝康 | 1 | 盛庄里 | 3 | 23 |
| 12 | 龚晓冬 | 1 | 盛庄里 | 2 | 97 | 26 | 居彩珠 | 2 | 盛庄里 | 3 | 24 |
| 13 | 金全悟 | 1 | 盛庄里 | 2 | 99 | 27 | 龚叶文 | 4 | 盛庄里 | 3 | 110 |
| 14 | 汝金泉 | 4 | 盛庄里 | 2 | 100 | | | | | | |

红庄村3组

| 序号 | 户主姓名 | 人口 | 祖居 | 移居 | | 序号 | 户主姓名 | 人口 | 祖居 | 移居 | |
|---|---|---|---|---|---|---|---|---|---|---|---|
| | | | | 区 | 门牌号 | | | | | 区 | 门牌号 |
| 1 | 龚雪林 | 4 | 盛庄里 | 3 | 56 | 12 | 史三男 | 8 | 盛庄里 | 3 | 33 |
| 2 | 唐招泉 | 4 | 盛庄里 | 3 | 57 | 13 | 唐玉明 | 4 | 盛庄里 | 3 | 29 |
| 3 | 唐毛男 | 5 | 盛庄里 | 3 | 81 | 14 | 陆阿明 | 4 | 盛庄里 | 2 | 95 |
| 4 | 龚林男 | 4 | 盛庄里 | 3 | 82 | 15 | 罗道元 | 7 | 盛庄里 | 2 | 114 |
| 5 | 罗雪男 | 3 | 盛庄里 | 3 | 83 | 16 | 陆彩玲 | 4 | 盛庄里 | 2 | 115 |
| 6 | 施云根 | 6 | 盛庄里 | 3 | 133 | 17 | 罗阿夯 | 5 | 盛庄里 | 2 | 58 |
| 7 | 张根男 | 5 | 盛庄里 | 3 | 2 | 18 | 罗根木 | 5 | 盛庄里 | 2 | 59 |
| 8 | 唐建浓 | 5 | 盛庄里 | 3 | 3 | 19 | 龚水男 | 4 | 盛庄里 | 2 | 62 |
| 9 | 唐金男 | 7 | 盛庄里 | 3 | 6 | 20 | 罗俊元 | 4 | 盛庄里 | 4 | 109 |
| 10 | 罗加男 | 4 | 盛庄里 | 3 | 55 | 21 | 唐会根 | 6 | 盛庄里 | 3 | 79 |
| 11 | 唐玉根 | 4 | 盛庄里 | 3 | 32 | | | | | | |

**红庄村 4 组**

| 序号 | 户主姓名 | 人口 | 祖居 | 移居 | | 序号 | 户主姓名 | 人口 | 祖居 | 移居 | |
|---|---|---|---|---|---|---|---|---|---|---|---|
| | | | | 区 | 门牌号 | | | | | 区 | 门牌号 |
| 1 | 姚金媛 | 5 | 盛庄里 | 3 | 212 | 9 | 张玉根 | 1 | 盛庄里 | 3 | 126 |
| 2 | 谢小男 | 5 | 盛庄里 | 3 | 213 | 10 | 汝建明 | 6 | 盛庄里 | 3 | 185 |
| 3 | 陆永泉 | 3 | 盛庄里 | 3 | 239 | 11 | 龚根弟 | 7 | 盛庄里 | 3 | 186 |
| 4 | 陆进军 | 4 | 盛庄里 | 3 | 240 | 12 | 姚根大 | 6 | 盛庄里 | 3 | 187 |
| 5 | 陆建林 | 5 | 盛庄里 | 3 | 260 | 13 | 龚连根 | 4 | 盛庄里 | 3 | 30 |
| 6 | 孙木根 | 5 | 盛庄里 | 3 | 293 | 14 | 汝红星 | 3 | 盛庄里 | 3 | 5 |
| 7 | 陆玉男 | 6 | 盛庄里 | 3 | 294 | 15 | 谢彩珍 | 1 | 盛庄里 | 宝尹 | 239 |
| 8 | 唐玉林 | 7 | 盛庄里 | 3 | 60 | 16 | 孙永男 | 3 | 盛庄里 | 3 | 80 |

**红庄村 7 组**

| 序号 | 户主姓名 | 人口 | 祖居 | 移居 | | 序号 | 户主姓名 | 人口 | 祖居 | 移居 | |
|---|---|---|---|---|---|---|---|---|---|---|---|
| | | | | 区 | 门牌号 | | | | | 区 | 门牌号 |
| 1 | 龚宇新 | 6 | 盛庄里 | 3 | 20 | 2 | 龚小明 | | 盛庄里 | 3 | 22 |

**红庄村 10 组**

| 序号 | 户主姓名 | 人口 | 祖居 | 移居 | | 序号 | 户主姓名 | 人口 | 祖居 | 移居 | |
|---|---|---|---|---|---|---|---|---|---|---|---|
| | | | | 区 | 门牌号 | | | | | 区 | 门牌号 |
| 1 | 莫龙男 | 4 | 田上 | 5 | 47 | 12 | 王玉根 | 5 | 田上 | 5 | 76 |
| 2 | 莫寿大 | 4 | 田上 | 5 | 49 | 13 | 孙苏珍 | 2 | 田上 | 5 | 78 |
| 3 | 莫建新 | 5 | 田上 | 5 | 54 | 14 | 莫木根 | 5 | 田上 | 5 | 88 |
| 4 | 莫水林 | 6 | 田上 | 5 | 55 | 15 | 张火全 | 7 | 田上 | 5 | 90 |
| 5 | 吴根土 | 3 | 田上 | 5 | 58 | 16 | 王多头 | 4 | 田上 | 5 | 91 |
| 6 | 王玉龙 | 4 | 田上 | 5 | 59 | 17 | 莫龙根 | 6 | 田上 | 5 | 100 |
| 7 | 莫根弟 | 6 | 田上 | 5 | 60 | 18 | 吴水元 | 5 | 田上 | 5 | 101 |
| 8 | 王水火 | 5 | 田上 | 5 | 61 | 19 | 吴火土 | 3 | 田上 | 5 | 40 |
| 9 | 吴伟明 | 4 | 田上 | 5 | 64 | 20 | 王水金 | 3 | 田上 | 5 | 41 |
| 10 | 王玉明 | 4 | 田上 | 5 | 70 | 21 | 莫水龙 | 4 | 田上 | 5 | 42 |
| 11 | 王水福 | 5 | 田上 | 5 | 73 | | | | | | |

## 红庄村11组

| 序号 | 户主姓名 | 人口 | 祖居 | 移居区 | 门牌号 | 序号 | 户主姓名 | 人口 | 祖居 | 移居区 | 门牌号 |
|---|---|---|---|---|---|---|---|---|---|---|---|
| 1 | 胡金华 | 5 | 田上 | 5 | 46 | 12 | 罗林根 | 5 | 田上 | 5 | 82 |
| 2 | 马会根 | 5 | 田上 | 5 | 48 | 13 | 张毛根 | 7 | 田上 | 5 | 83 |
| 3 | 唐全根 | 6 | 田上 | 5 | 52 | 14 | 唐伟华 | 4 | 田上 | 5 | 84 |
| 4 | 张炳元 | 5 | 田上 | 5 | 53 | 15 | 徐巧英 | 3 | 田上 | 5 | 85 |
| 5 | 张全男 | 5 | 田上 | 5 | 65 | 16 | 张炳根 | 4 | 田上 | 5 | 94 |
| 6 | 张金男 | 5 | 田上 | 5 | 66 | 17 | 张云男 | 4 | 田上 | 5 | 95 |
| 7 | 马根兴 | 5 | 田上 | 5 | 67 | 18 | 徐妹英 | 2 | 田上 | 5 | 96 |
| 8 | 胡建男 | 5 | 田上 | 5 | 71 | 19 | 罗雪根 | 4 | 田上 | 5 | 99 |
| 9 | 马金根 | 6 | 田上 | 5 | 72 | 20 | 张志明 | 6 | 田上 | 5 | 43 |
| 10 | 张福男 | 5 | 田上 | 5 | 77 | 21 | 马晓春 | 1 | 田上 | 5 | 33 |
| 11 | 唐建华 | 3 | 田上 | 5 | 79 | | | | | | |

## 红庄村12组

| 序号 | 户主姓名 | 人口 | 祖居 | 移居区 | 门牌号 | 序号 | 户主姓名 | 人口 | 祖居 | 移居区 | 门牌号 |
|---|---|---|---|---|---|---|---|---|---|---|---|
| 1 | 孙福根 | 4 | 盛庄里 | 3 | 16 | 3 | 许全林 | 4 | 盛庄里 | 3 | 18 |
| 2 | 王祥红 | 5 | 盛庄里 | 3 | 17 | | | | | | |

## 尹西村1组

| 序号 | 户主姓名 | 人口 | 祖居 | 移居区 | 门牌号 | 序号 | 户主姓名 | 人口 | 祖居 | 移居区 | 门牌号 |
|---|---|---|---|---|---|---|---|---|---|---|---|
| 1 | 陈福男 | 5 | 蒋家浜 | 4 | 92 | 13 | 仲火根 | 6 | 蒋家浜 | 3 | 41 |
| 2 | 江土生 | 5 | 蒋家浜 | 3 | 319 | 14 | 袁全妹 | 2 | 蒋家浜 | 2 | 20 |
| 3 | 江纪男 | 4 | 蒋家浜 | 3 | 320 | 15 | 钱建龙 | 4 | 蒋家浜 | 2 | 22 |
| 4 | 姚素根 | 6 | 蒋家浜 | 3 | 321 | 16 | 钱全生 | 4 | 蒋家浜 | 2 | 23 |
| 5 | 陈根寿 | 5 | 蒋家浜 | 3 | 349 | 17 | 陈根土 | 5 | 蒋家浜 | 2 | 24 |
| 6 | 江阿夯 | 3 | 蒋家浜 | 3 | 350 | 18 | 钱多男 | 3 | 蒋家浜 | 2 | 25 |
| 7 | 江土根 | 2 | 蒋家浜 | 3 | 351 | 19 | 陈毛多 | 2 | 蒋家浜 | 2 | 42 |
| 8 | 钱泉根 | 6 | 蒋家浜 | 3 | 352 | 20 | 陈根大 | 6 | 蒋家浜 | 2 | 3 |
| 9 | 钱纪根 | 5 | 蒋家浜 | 3 | 64 | 21 | 姚田男 | 4 | 蒋家浜 | 2 | 4 |
| 10 | 钱木妹 | 4 | 蒋家浜 | 3 | 87 | 22 | 钱新根 | 3 | 蒋家浜 | 2 | (26)101 |
| 11 | 钱老土 | 5 | 蒋家浜 | 3 | 88 | 23 | 钱菊男 | 3 | 蒋家浜 | 3 | 322 |
| 12 | 仲月明 | 5 | 蒋家浜 | 3 | 40 | 24 | 姚金苟 | 7 | 蒋家浜 | 3 | 354 |

尹西村2组

| 序号 | 户主姓名 | 人口 | 祖居 | 移居区 | 移居门牌号 | 序号 | 户主姓名 | 人口 | 祖居 | 移居区 | 移居门牌号 |
|---|---|---|---|---|---|---|---|---|---|---|---|
| 1 | 姚水大 | 5 | 蒋家浜 | 4 | 50 | 13 | 钱土男 | 4 | 蒋家浜 | 2 | 2 |
| 2 | 姚水男 | 6 | 蒋家浜 | 3 | 344 | 14 | 姚龙根 | 3 | 蒋家浜 | 3 | 374 |
| 3 | 江老三 | 4 | 蒋家浜 | 3 | 345 | 15 | 钱建根 | 3 | 蒋家浜 | 3 | 375 |
| 4 | 姚祥龙 | 3 | 蒋家浜 | 3 | 346 | 16 | 吴雪林 | 3 | 蒋家浜 | 3 | 376 |
| 5 | 韩全男 | 4 | 蒋家浜 | 3 | 347 | 17 | 姚会根 | 3 | 蒋家浜 | 3 | 377 |
| 6 | 江云泉 | 4 | 蒋家浜 | 3 | 348 | 18 | 韩金火 | 4 | 蒋家浜 | 3 | 378 |
| 7 | 江学男 | 3 | 蒋家浜 | 3 | 353 | 19 | 姚纪生 | 5 | 蒋家浜 | 2 | 21 |
| 8 | 钱志强 | 3 | 蒋家浜 | 3 | 369 | 20 | 钱建红 | 3 | 蒋家浜 | 2 | 41 |
| 9 | 江全云 | 7 | 蒋家浜 | 3 | 370 | 21 | 吴坤大 | 4 | 蒋家浜 | 2 | 5 |
| 10 | 姚水根 | 2 | 蒋家浜 | 3 | 371 | 22 | 吴木根 | 2 | 蒋家浜 | 2 | 6 |
| 11 | 江雪云 | 6 | 蒋家浜 | 3 | 372 | 23 | 钱建兵 | 4 | 蒋家浜 | 宝尹 | 141 |
| 12 | 胡建芳 | 3 | 蒋家浜 | 3 | 373 | | | | | | |

尹西村3组

| 序号 | 户主姓名 | 人口 | 祖居 | 移居区 | 移居门牌号 | 序号 | 户主姓名 | 人口 | 祖居 | 移居区 | 移居门牌号 |
|---|---|---|---|---|---|---|---|---|---|---|---|
| 1 | 江多头 | 5 | 江天桥 | 4 | 76 | 13 | 张根弟 | 4 | 江天桥 | 4 | 47 |
| 2 | 金玉兰 | 2 | 江天桥 | 4 | 77 | 14 | 胡老四 | 6 | 江天桥 | 4 | 57 |
| 3 | 江盘根 | 6 | 江天桥 | 4 | 78 | 15 | 庞中华 | 4 | 江天桥 | 4 | 58 |
| 4 | 唐香英 | 5 | 江天桥 | 4 | 90 | 16 | 顾银荀 | 3 | 江天桥 | 4 | 59 |
| 5 | 江 虹 | 2 | 江天桥 | 4 | 21 | 17 | 江根男 | 4 | 江天桥 | 4 | 60 |
| 6 | 章建青 | 5 | 江天桥 | 4 | 20 | 18 | 庞三根 | 5 | 江天桥 | 3 | 86 |
| 7 | 张兴根 | 5 | 江天桥 | 4 | 33 | 19 | 顾云元 | 4 | 江天桥 | 2 | 103 |
| 8 | 张木根 | 5 | 江天桥 | 4 | 34 | 20 | 张云妹 | 2 | 江天桥 | 1 | 46 |
| 9 | 顾永明 | 1 | 江天桥 | 4 | 35 | 21 | 江奋根 | 4 | 江天桥 | 4 | 285 |
| 10 | 张根大 | 5 | 江天桥 | 4 | 36 | 22 | 江永芳 | 4 | 江天桥 | 4 | 289 |
| 11 | 顾金荀 | 5 | 江天桥 | 4 | 37 | 23 | 江玉根 | 4 | 江天桥 | 4 | 290 |
| 12 | 顾雪荀 | 3 | 江天桥 | 4 | 46 | 24 | 顾祥元 | 4 | 江天桥 | 3 | 36 |

尹西村4组

| 序号 | 户主姓名 | 人口 | 祖居 | 移居 | | 序号 | 户主姓名 | 人口 | 祖居 | 移居 | |
|---|---|---|---|---|---|---|---|---|---|---|---|
| | | | | 区 | 门牌号 | | | | | 区 | 门牌号 |
| 1 | 傅龙苟 | 4 | 江天桥 | 4 | 71 | 9 | 顾多根 | 4 | 江天桥 | 4 | 11 |
| 2 | 张云男 | 6 | 江天桥 | 4 | 73 | 10 | 顾土金 | 5 | 江天桥 | 3 | 9 |
| 3 | 张盘根 | 4 | 江天桥 | 4 | 74 | 11 | 梁银苟 | 5 | 江天桥 | 3 | 10 |
| 4 | 顾招林 | 3 | 江天桥 | 4 | 87 | 12 | 顾龙元 | 4 | 江天桥 | 2 | 104 |
| 5 | 顾玉苟 | 5 | 江天桥 | 4 | 25 | 13 | 傅金泉 | 6 | 江天桥 | 2 | 16 |
| 6 | 江宝根 | 5 | 江天桥 | 4 | 30 | 14 | 张林根 | 7 | 江天桥 | 3 | 7 |
| 7 | 徐木龙 | 6 | 江天桥 | 4 | 32 | 15 | 顾泉南 | 4 | 江天桥 | 4 | 12 |
| 8 | 梁木苟 | 5 | 江天桥 | 4 | 61 | | | | | | |

尹西村5组

| 序号 | 户主姓名 | 人口 | 祖居 | 移居 | | 序号 | 户主姓名 | 人口 | 祖居 | 移居 | |
|---|---|---|---|---|---|---|---|---|---|---|---|
| | | | | 区 | 门牌号 | | | | | 区 | 门牌号 |
| 1 | 李海林 | 2 | 江天桥 | 4 | 14 | 13 | 顾炳根 | 5 | 江天桥 | 2 | 29 |
| 2 | 李彬良 | 5 | 江天桥 | 4 | 17 | 14 | 顾阿二 | 4 | 江天桥 | 2 | 30 |
| 3 | 陆为明 | 5 | 江天桥 | 4 | 19 | 15 | 陆建国 | 3 | 江天桥 | 2 | 31 |
| 4 | 陆军明 | 3 | 江天桥 | 4 | 1 | 16 | 陆四男 | 5 | 江天桥 | 2 | 32 |
| 5 | 李华明 | 3 | 江天桥 | 4 | 3 | 17 | 陆金苟 | 5 | 江天桥 | 2 | 12 |
| 6 | 李彩林 | 6 | 江天桥 | 4 | 7 | 18 | 陆永新 | 3 | 江天桥 | 2 | 13 |
| 7 | 陆雪妹 | 4 | 江天桥 | 4 | 8 | 19 | 陆万龙 | 4 | 江天桥 | 2 | 14 |
| 8 | 李彩金 | 5 | 江天桥 | 2 | 107 | 20 | 张炳华 | 4 | 江天桥 | 5 | 1 |
| 9 | 李建华 | 1 | 江天桥 | 2 | 108 | 21 | 张继华 | 4 | 江天桥 | 5 | 2 |
| 10 | 陆三男 | 5 | 江天桥 | 2 | 109 | 22 | 陆伟华 | 6 | 江天桥 | 2 | 28 |
| 11 | 胡玉芳 | 4 | 江天桥 | 2 | 123 | 23 | 陆云华 | 3 | 江天桥 | 4 | 16 |
| 12 | 陆纪南 | 5 | 江天桥 | 2 | 27 | 24 | 陆双生 | 1 | 江天桥 | 3 | 65 |

**尹西村 6 组**

| 序号 | 户主姓名 | 人口 | 祖居 | 移居 | | 序号 | 户主姓名 | 人口 | 祖居 | 移居 | |
|---|---|---|---|---|---|---|---|---|---|---|---|
| | | | | 区 | 门牌号 | | | | | 区 | 门牌号 |
| 1 | 胡二男 | 4 | 江天桥 | 4 | 13 | 11 | 胡木根 | 6 | 江天桥 | 2 | 127 |
| 2 | 郭龙根 | 4 | 江天桥 | 4 | 15 | 12 | 胡 鞘 | 1 | 江天桥 | 2 | （1）101 |
| 3 | 胡月明 | 4 | 江天桥 | 4 | 18 | 13 | 胡多头 | 5 | 江天桥 | 3 | 11 |
| 4 | 胡海根 | 5 | 江天桥 | 4 | 2 | 14 | 郭金苟 | 4 | 江天桥 | 2 | 105 |
| 5 | 胡水根 | 4 | 江天桥 | 4 | 4 | 15 | 胡国峰 | 4 | 江天桥 | 2 | 106 |
| 6 | 胡向东 | 1 | 江天桥 | 4 | 5 | 16 | 胡国华 | 4 | 江天桥 | 2 | 124 |
| 7 | 刘林男 | 5 | 江天桥 | 4 | 6 | 17 | 胡春明 | 4 | 江天桥 | 2 | 125 |
| 8 | 胡泉根 | 5 | 江天桥 | 4 | 9 | 18 | 胡雪男 | 3 | 江天桥 | 2 | 40 |
| 9 | 胡建男 | 4 | 江天桥 | 4 | 10 | 19 | 胡会根 | 5 | 江天桥 | 2 | 11 |
| 10 | 胡玉根 | 6 | 江天桥 | 2 | 126 | | | | | | |

**尹西村 7 组**

| 序号 | 户主姓名 | 人口 | 祖居 | 移居 | | 序号 | 户主姓名 | 人口 | 祖居 | 移居 | |
|---|---|---|---|---|---|---|---|---|---|---|---|
| | | | | 区 | 门牌号 | | | | | 区 | 门牌号 |
| 1 | 李和尚 | 5 | 油车浜 | 4 | 83 | 11 | 钱塘龙 | 5 | 油车浜 | 3 | 12 |
| 2 | 李桂根 | 3 | 油车浜 | 4 | 85 | 12 | 付导大 | 2 | 油车浜 | 3 | 34 |
| 3 | 钱福龙 | 5 | 油车浜 | 4 | 88 | 13 | 付玉苟 | 6 | 油车浜 | 3 | 35 |
| 4 | 李金根 | 3 | 油车浜 | 4 | 98 | 14 | 李导根 | 4 | 油车浜 | 2 | 120 |
| 5 | 张多头 | 2 | 油车浜 | 4 | 99 | 15 | 李盘根 | 7 | 油车浜 | 2 | 121 |
| 6 | 李会林 | 7 | 油车浜 | 4 | 101 | 16 | 付玉林 | 3 | 油车浜 | 2 | 122 |
| 7 | 李福根 | 6 | 油车浜 | 4 | 26 | 17 | 李建明 | 5 | 油车浜 | 2 | 36 |
| 8 | 董根大 | 5 | 油车浜 | 4 | 27 | 18 | 钱小龙 | 2 | 油车浜 | 2 | 37 |
| 9 | 李会云 | 5 | 油车浜 | 4 | 28 | 19 | 王水根 | 5 | 油车浜 | 2 | 15 |
| 10 | 李建新 | 4 | 油车浜 | 4 | 29 | 20 | 钱雪芳 | 4 | 宝尹 | / | 236 |

尹西村 8 组

| 序号 | 户主姓名 | 人口 | 祖居 | 移居区 | 门牌号 | 序号 | 户主姓名 | 人口 | 祖居 | 移居区 | 门牌号 |
|---|---|---|---|---|---|---|---|---|---|---|---|
| 1 | 张剑华 | 3 | 沙里角 | 4 | 63 | 11 | 王建丰 | 6 | 沙里角 | 4 | 89 |
| 2 | 张建刚 | 3 | 沙里角 | 4 | 64 | 12 | 钱根男 | 5 | 沙里角 | 4 | 91 |
| 3 | 张三宝 | 5 | 沙里角 | 4 | 69 | 13 | 张小多头 | 6 | 沙里角 | 4 | 95 |
| 4 | 郭素林 | 6 | 沙里角 | 4 | 70 | 14 | 李会根 | 5 | 沙里角 | 4 | 96 |
| 5 | 钱金南 | 3 | 沙里角 | 4 | 72 | 15 | 王玉根 | 6 | 沙里角 | 4 | 97 |
| 6 | 郭素根 | 4 | 沙里角 | 4 | 75 | 16 | 钱龙根 | 5 | 沙里角 | 4 | 100 |
| 7 | 郭水云 | 6 | 沙里角 | 4 | 81 | 17 | 郭龙生 | 5 | 沙里角 | 4 | 102 |
| 8 | 钱木金 | 5 | 沙里角 | 4 | 82 | 18 | 王纪根 | 6 | 沙里角 | 4 | 62 |
| 9 | 钱雪南 | 6 | 沙里角 | 4 | 86 | 19 | 王建方 | 6 | 沙里角 | 3 | 8 |
| 10 | 钱龙福 | 5 | 沙里角 | 4 | 84 | 20 | 江土根 | 5 | 沙里角 | 2 | 102 |

尹西村 9 组

| 序号 | 户主姓名 | 人口 | 祖居 | 移居区 | 门牌号 | 序号 | 户主姓名 | 人口 | 祖居 | 移居区 | 门牌号 |
|---|---|---|---|---|---|---|---|---|---|---|---|
| 1 | 陆介根 | 6 | 袁达浜 | 4 | 80 | 15 | 陆林根 | 4 | 袁达浜 | 4 | 114 |
| 2 | 袁小芳 | 3 | 袁达浜 | 4 | 93 | 16 | 陆立新 | 5 | 袁达浜 | 4 | 115 |
| 3 | 袁玉文 | 5 | 袁达浜 | 4 | 94 | 17 | 陆玉根 | 7 | 袁达浜 | 4 | 118 |
| 4 | 陆学新 | 4 | 袁达浜 | 4 | 103 | 18 | 胡玉苟 | 3 | 袁达浜 | 4 | 119 |
| 5 | 唐水大 | 6 | 袁达浜 | 4 | 104 | 19 | 唐龙根 | 6 | 袁达浜 | 4 | 120 |
| 6 | 唐伟江 | 4 | 袁达浜 | 4 | 105 | 20 | 唐伟兵 | 5 | 袁达浜 | 4 | 121 |
| 7 | 唐金根 | 5 | 袁达浜 | 4 | 106 | 21 | 唐卫星 | 4 | 袁达浜 | 4 | 122 |
| 8 | 胡龙根 | 5 | 袁达浜 | 4 | 107 | 22 | 周祥福 | 7 | 袁达浜 | 4 | 124 |
| 9 | 顾文金 | 1 | 袁达浜 | 4 | 108 | 23 | 唐伟峰 | 4 | 袁达浜 | 4 | 125 |
| 10 | 胡玉明 | 5 | 袁达浜 | 4 | 109 | 24 | 陆水根 | 5 | 袁达浜 | 2 | 50 |
| 11 | 陆木泉 | 6 | 袁达浜 | 4 | 111 | 25 | 唐根泉 | 5 | 袁达浜 | 2 | 70 |
| 12 | 程凌云 | 2 | 袁达浜 | 4 | 112 | 26 | 唐水土 | 3 | 袁达浜 | 2 | 71 |
| 13 | 胡云根 | 5 | 袁达浜 | 4 | 113 | 27 | 唐盘根 | 3 | 袁达浜 | 2 | 72 |
| 14 | 袁玉平 | 3 | 袁达浜 | 2 | 17 | | | | | | |

**尹西村 10 组**

| 序号 | 户主姓名 | 人口 | 祖居 | 移居 | | 序号 | 户主姓名 | 人口 | 祖居 | 移居 | |
|---|---|---|---|---|---|---|---|---|---|---|---|
| | | | | 区 | 门牌号 | | | | | 区 | 门牌号 |
| 1 | 顾福根 | 3 | 黄泥浜 | 4 | 65 | 13 | 顾泉男 | 3 | 黄泥浜 | 3 | 38 |
| 2 | 顾小宝 | 1 | 黄泥浜 | 4 | 68 | 14 | 顾云男 | 7 | 黄泥浜 | 3 | 39 |
| 3 | 陆木苟 | 5 | 黄泥浜 | 4 | 40 | 15 | 顾小龙 | 3 | 黄泥浜 | 2 | （1）302 |
| 4 | 顾国平 | 4 | 黄泥浜 | 4 | 42 | 16 | 顾木龙 | 4 | 黄泥浜 | 2 | 19 |
| 5 | 陆根木 | 8 | 黄泥浜 | 4 | 51 | 17 | 顾福龙 | 3 | 黄泥浜 | 2 | 18 |
| 6 | 陆玉苟 | 4 | 黄泥浜 | 4 | 52 | 18 | 顾雪根 | 3 | 黄泥浜 | 2 | 38 |
| 7 | 顾建华 | 5 | 黄泥浜 | 4 | 53 | 19 | 顾林根 | 5 | 黄泥浜 | 2 | 39 |
| 8 | 陆林生 | 5 | 黄泥浜 | 4 | 54 | 20 | 顾志明 | 4 | 黄泥浜 | 2 | 52 |
| 9 | 顾建明 | 2 | 黄泥浜 | 4 | 55 | 21 | 顾根男 | 3 | 黄泥浜 | 2 | 56 |
| 10 | 顾月明 | 4 | 黄泥浜 | 4 | 56 | 22 | 顾祥林 | 2 | 黄泥浜 | 2 | 7 |
| 11 | 陆根弟 | 5 | 黄泥浜 | 3 | 13 | 23 | 顾国兴 | 3 | 黄泥浜 | 4 | 38 |
| 12 | 朱金弟 | 5 | 黄泥浜 | 3 | 37 | 24 | 陆玉林 | 4 | 黄泥浜 | 3 | 62 |

**尹西村 11 组**

| 序号 | 户主姓名 | 人口 | 祖居 | 移居 | | 序号 | 户主姓名 | 人口 | 祖居 | 移居 | |
|---|---|---|---|---|---|---|---|---|---|---|---|
| | | | | 区 | 门牌号 | | | | | 区 | 门牌号 |
| 1 | 张志强 | 4 | 黄泥浜 | 2 | 84 | 12 | 庞金根 | 5 | 黄泥浜 | 2 | 68 |
| 2 | 顾金苟 | 6 | 黄泥浜 | 2 | 85 | 13 | 张福云 | 5 | 黄泥浜 | 2 | 69 |
| 3 | 庞永华 | 5 | 黄泥浜 | 2 | 87 | 14 | 顾金水根 | 5 | 黄泥浜 | 2 | 73 |
| 4 | 顾土根 | 3 | 黄泥浜 | 2 | 88 | 15 | 顾福男 | 5 | 黄泥浜 | 3 | 14 |
| 5 | 顾月新 | 4 | 黄泥浜 | 2 | 89 | 16 | 陆素根 | 6 | 黄泥浜 | 3 | 15 |
| 6 | 陆宝根 | 5 | 黄泥浜 | 2 | 90 | 17 | 庞根林 | 1 | 黄泥浜 | 3 | 234 |
| 7 | 陆根兴 | 6 | 黄泥浜 | 2 | 91 | 18 | 庞云福 | 4 | 黄泥浜 | 3 | 63 |
| 8 | 庞永根 | 3 | 黄泥浜 | 2 | 51 | 19 | 陆水龙 | 4 | 黄泥浜 | 4 | 39 |
| 9 | 陆玉根 | 3 | 黄泥浜 | 2 | 54 | 20 | 陆木云 | 5 | 黄泥浜 | 4 | 41 |
| 10 | 陆雪珍 | 3 | 黄泥浜 | 2 | 67 | 21 | 陆建芳 | 4 | 黄泥浜 | 4 | 43 |
| 11 | 陆培根 | 5 | 黄泥浜 | 4 | 44 | 22 | 顾金泉 | 3 | 黄泥浜 | 2 | 86 |

**双桥村1组**

| 序号 | 户主姓名 | 人口 | 祖居 | 移居 | | 序号 | 户主姓名 | 人口 | 祖居 | 移居 | |
|---|---|---|---|---|---|---|---|---|---|---|---|
| | | | | 区 | 门牌号 | | | | | 区 | 门牌号 |
| 1 | 查龙根 | 5 | 西库浜 | 3 | 323 | 10 | 金学民 | 4 | 西库浜 | 1 | 9 |
| 2 | 查根木 | 4 | 西库浜 | 3 | 324 | 11 | 金学新 | 4 | 西库浜 | 1 | 10 |
| 3 | 查金木 | 4 | 西库浜 | 3 | 326 | 12 | 高阿林 | 3 | 西库浜 | 1 | 11 |
| 4 | 金龙先 | 5 | 西库浜 | 1 | 2 | 13 | 翁水男 | 3 | 西库浜 | 1 | 17 |
| 5 | 翁文龙 | 6 | 西库浜 | 1 | 4 | 14 | 翁素根 | 3 | 西库浜 | 1 | 20 |
| 6 | 张雪珍 | 4 | 西库浜 | 1 | 5 | 15 | 翁水龙 | 5 | 西库浜 | 1 | 21 |
| 7 | 翁木根 | 5 | 西库浜 | 1 | 6 | 16 | 姚全云 | 2 | 西库浜 | 1 | 39 |
| 8 | 翁文珍 | 3 | 西库浜 | 2 | 8（101） | 17 | 金雪男 | 1 | 西库浜 | 1 | 41 |
| 9 | 金雪根 | 3 | 西库浜 | 1 | 7 | | | | | | |

**双桥村2组**

| 序号 | 户主姓名 | 人口 | 祖居 | 移居 | | 序号 | 户主姓名 | 人口 | 祖居 | 移居 | |
|---|---|---|---|---|---|---|---|---|---|---|---|
| | | | | 区 | 门牌号 | | | | | 区 | 门牌号 |
| 1 | 顾进才 | 2 | 西库浜 | 3 | 325 | 8 | 高福男 | 6 | 西库浜 | 1 | 23 |
| 2 | 翁三根 | 1 | 西库浜 | 1 | 1 | 9 | 仲海英 | 4 | 西库浜 | 1 | 25 |
| 3 | 盛全林 | 2 | 西库浜 | 1 | 3 | 10 | 高根男 | 5 | 西库浜 | 1 | 26 |
| 4 | 张金苟 | 7 | 西库浜 | 1 | 8 | 11 | 盛林根 | 5 | 西库浜 | 1 | 40 |
| 5 | 翁会根 | 4 | 西库浜 | 1 | 12 | 12 | 姚国君 | 4 | 西库浜 | 2 | （57）202 |
| 6 | 翁玉根 | 5 | 西库浜 | 1 | 13 | 13 | 张多福 | 6 | 西库浜 | 1 | 22 |
| 7 | 翁文男 | 3 | 西库浜 | 1 | 16 | | | | | | |

双桥村 3 组

| 序号 | 户主姓名 | 人口 | 祖居 | 移居 | | 序号 | 户主姓名 | 人口 | 祖居 | 移居 | |
|---|---|---|---|---|---|---|---|---|---|---|---|
| | | | | 区 | 门牌号 | | | | | 区 | 门牌号 |
| 1 | 张金元 | 5 | 袁达浜 | 2 | 44 | 16 | 府美娥 | 2 | 袁达浜 | 3 | 24 |
| 2 | 张玉根 | 5 | 袁达浜 | 2 | 45 | 17 | 张三妹 | 1 | 袁达浜 | 3 | 25 |
| 3 | 张福根 | 5 | 袁达浜 | 2 | 46 | 18 | 张秀英 | 5 | 袁达浜 | 3 | 26 |
| 4 | 莫林英 | 3 | 袁达浜 | 2 | 47 | 19 | 顾贤龙 | 4 | 袁达浜 | 3 | 27 |
| 5 | 张建丰 | 3 | 袁达浜 | 2 | 48 | 20 | 顾金官 | 5 | 袁达浜 | 3 | 50 |
| 6 | 张全男 | 4 | 袁达浜 | 3 | 74 | 21 | 顾贤洪 | 4 | 袁达浜 | 3 | 51 |
| 7 | 张永元 | 4 | 袁达浜 | 3 | 75 | 22 | 张林根 | 5 | 袁达浜 | 3 | 52 |
| 8 | 张根兴 | 5 | 袁达浜 | 3 | 76 | 23 | 顾土生 | 2 | 袁达浜 | 3 | 53 |
| 9 | 顾雪明 | 4 | 袁达浜 | 3 | 77 | 24 | 顾金林 | 3 | 袁达浜 | 3 | 99 |
| 10 | 张玉林 | 5 | 袁达浜 | 3 | 128 | 25 | 褚玉林 | 4 | 袁达浜 | 3 | 100 |
| 11 | 张木英 | 4 | 袁达浜 | 3 | 129 | 26 | 张云媛 | 5 | 袁达浜 | 3 | 101 |
| 12 | 张会华 | 5 | 袁达浜 | 3 | 155 | 27 | 顾学明 | 4 | 袁达浜 | 3 | 102 |
| 13 | 顾才夫 | 2 | 袁达浜 | 3 | 156 | 28 | 张玉芳 | 3 | 袁达浜 | 宝尹 | 143 |
| 14 | 张盘根 | 6 | 袁达浜 | 3 | 182 | 29 | 张玉泉 | 5 | 袁达浜 | 宝尹 | 200 |
| 15 | 顾金根 | 7 | 袁达浜 | 3 | 183 | 30 | 顾四妹 | 2 | 袁达浜 | 南湖路 | 98-205 |

双桥村 4 组

| 序号 | 户主姓名 | 人口 | 祖居 | 移居 | | 序号 | 户主姓名 | 人口 | 祖居 | 移居 | |
|---|---|---|---|---|---|---|---|---|---|---|---|
| | | | | 区 | 门牌号 | | | | | 区 | 门牌号 |
| 1 | 莫五官 | 5 | 马达浜 | 1 | 63 | 10 | 高永新 | 4 | 马达浜 | 1 | 34 |
| 2 | 何寿根 | 6 | 马达浜 | 1 | 64 | 11 | 何银根 | 5 | 马达浜 | 1 | 35 |
| 3 | 袁向东 | 5 | 马达浜 | 1 | 65 | 12 | 莫林男 | 5 | 马达浜 | 1 | 37 |
| 4 | 莫林根 | 3 | 马达浜 | 1 | 68 | 13 | 王水官 | 5 | 马达浜 | 1 | 53 |
| 5 | 王泡男 | 4 | 马达浜 | 1 | 90 | 14 | 莫桂妹 | 2 | 马达浜 | 1 | 55 |
| 6 | 高建新 | 2 | 马达浜 | 1 | 91 | 15 | 何金根 | 5 | 马达浜 | 4 | 259 |
| 7 | 何纪根 | 3 | 马达浜 | 1 | 115 | 16 | 王老土 | 5 | 马达浜 | 4 | 260 |
| 8 | 何三根 | 2 | 马达浜 | 1 | 33 | 17 | 袁白龙 | 3 | 马达浜 | 1 | 36 |
| 9 | 王云男 | 5 | 马达浜 | 1 | 119 | 18 | 何惠根 | 4 | 马达浜 | 4 | 22 |

双桥村 5 组

| 序号 | 户主姓名 | 人口 | 祖居 | 移居 | | 序号 | 户主姓名 | 人口 | 祖居 | 移居 | |
|---|---|---|---|---|---|---|---|---|---|---|---|
| | | | | 区 | 门牌号 | | | | | 区 | 门牌号 |
| 1 | 莫留大 | 2 | 马达浜 | 4 | 126 | 8 | 莫长华 | 3 | 马达浜 | 1 | 50 |
| 2 | 莫叶东 | 4 | 马达浜 | 4 | 45 | 9 | 莫玉龙 | 4 | 马达浜 | 1 | 51 |
| 3 | 袁全男 | 5 | 马达浜 | 1 | 104 | 10 | 吴长发 | 7 | 马达浜 | 1 | 54 |
| 4 | 莫雪林 | 5 | 马达浜 | 1 | 116 | 11 | 高洪根 | 5 | 马达浜 | 4 | 280 |
| 5 | 莫雪男 | 3 | 马达浜 | 1 | 118 | 12 | 高多根 | 2 | 马达浜 | 4 | 281 |
| 6 | 莫会林 | 3 | 马达浜 | 3 | 21 | 13 | 张文妹 | 3 | 马达浜 | 4 | 286 |
| 7 | 莫雪根 | 4 | 马达浜 | 1 | 49 | 14 | 莫长红 | 2 | 马达浜 | 1 | 15 |

双桥村 6 组

| 序号 | 户主姓名 | 人口 | 祖居 | 移居 | | 序号 | 户主姓名 | 人口 | 祖居 | 移居 | |
|---|---|---|---|---|---|---|---|---|---|---|---|
| | | | | 区 | 门牌号 | | | | | 区 | 门牌号 |
| 1 | 钱林根 | 6 | 马达浜 | 4 | 130 | 11 | 莫二官 | 5 | 马达浜 | 4 | 258 |
| 2 | 高寿根 | 6 | 马达浜 | 4 | 131 | 12 | 王阿木 | 6 | 马达浜 | 4 | 272 |
| 3 | 莫寿男 | 4 | 马达浜 | 4 | 137 | 13 | 沈福明 | 5 | 马达浜 | 1 | 66 |
| 4 | 沈纪明 | 5 | 马达浜 | 4 | 139 | 14 | 董老土 | 4 | 马达浜 | 1 | 105 |
| 5 | 莫留根 | 6 | 马达浜 | 4 | 147 | 15 | 王全多 | 4 | 马达浜 | 1 | 107 |
| 6 | 沈月明 | 7 | 马达浜 | 4 | 162 | 16 | 莫宏林 | 5 | 马达浜 | 1 | 114 |
| 7 | 陆会男 | 4 | 马达浜 | 4 | 163 | 17 | 王全林 | 6 | 马达浜 | 1 | 117 |
| 8 | 王金林 | 8 | 马达浜 | 4 | 175 | 18 | 莫宏兵 | 3 | 马达浜 | 3 | 236 |
| 9 | 王小狗 | 6 | 马达浜 | 4 | 178 | 19 | 王春妹 | 1 | 马达浜 | 2 | （57）201 |
| 10 | 徐彩明 | 3 | 马达浜 | 4 | 159 | 20 | 王全根 | 6 | 马达浜 | 1 | 89 |

双桥村 7 组

| 序号 | 户主姓名 | 人口 | 祖居 | 移居 | | 序号 | 户主姓名 | 人口 | 祖居 | 移居 | |
|---|---|---|---|---|---|---|---|---|---|---|---|
| | | | | 区 | 门牌号 | | | | | 区 | 门牌号 |
| 1 | 袁根元 | 3 | 马达浜 | 4 | 132 | 11 | 王炳根 | 6 | 马达浜 | 3 | 237 |
| 2 | 沈金娥 | 4 | 马达浜 | 4 | 144 | 12 | 王银龙 | 6 | 马达浜 | 3 | 235 |
| 3 | 王金官 | 7 | 马达浜 | 4 | 191 | 13 | 袁水根 | 3 | 马达浜 | 3 | 210 |
| 4 | 袁全男 | 5 | 马达浜 | 4 | 192 | 14 | 王金根 | 5 | 马达浜 | 2 | 33 |
| 5 | 莫金文 | 4 | 马达浜 | 4 | 140 | 15 | 袁玉滨 | 5 | 马达浜 | 2 | 34 |
| 6 | 王金龙 | 3 | 马达浜 | 4 | 48 | 16 | 王林根 | 4 | 马达浜 | 2 | 35 |
| 7 | 袁木火 | 6 | 马达浜 | 4 | 207 | 17 | 王全官 | 4 | 马达浜 | 1 | 102 |
| 8 | 蔡云云 | 2 | 马达浜 | 4 | 208 | 18 | 王炳元 | 5 | 马达浜 | 1 | 108 |
| 9 | 袁多根 | 3 | 马达浜 | 3 | 208 | 19 | 王三龙 | 3 | 马达浜 | 1 | 106 |
| 10 | 袁建滨 | 4 | 马达浜 | 3 | 209 | 20 | 袁玉根 | 5 | 马达浜 | 宝尹 | 199 |

双桥村 8 组

| 序号 | 户主姓名 | 人口 | 祖居 | 移居 | | 序号 | 户主姓名 | 人口 | 祖居 | 移居 | |
|---|---|---|---|---|---|---|---|---|---|---|---|
| | | | | 区 | 门牌号 | | | | | 区 | 门牌号 |
| 1 | 徐招根 | 5 | 庞庄 | 4 | 123 | 11 | 徐介林 | 6 | 庞庄 | 1 | 67 |
| 2 | 徐建刚 | 5 | 庞庄 | 4 | 129 | 12 | 徐阿多 | 5 | 庞庄 | 1 | 101 |
| 3 | 徐海根 | 4 | 庞庄 | 4 | 134 | 13 | 徐介根 | 7 | 庞庄 | 1 | 19 |
| 4 | 徐火根 | 5 | 庞庄 | 4 | 135 | 14 | 沈金根 | 6 | 庞庄 | 1 | 30 |
| 5 | 徐三南 | 2 | 庞庄 | 4 | 141 | 15 | 徐建林 | 5 | 庞庄 | 1 | 32 |
| 6 | 徐林根 | 6 | 庞庄 | 4 | 282 | 16 | 徐云林 | 6 | 庞庄 | 1 | 47 |
| 7 | 郑布林 | 5 | 庞庄 | 4 | 283 | 17 | 郑老土 | 3 | 庞庄 | 1 | 8 |
| 8 | 徐冬根 | 6 | 庞庄 | 4 | 67 | 18 | 徐玉根 | 4 | 庞庄 | 3 | 134 |
| 9 | 徐桂根 | 5 | 庞庄 | 5 | 27 | 19 | 徐苟根 | 4 | 庞庄 | 3 | 107 |
| 10 | 徐建新 | 3 | 庞庄 | 5 | 28 | | | | | | |

双桥村 9 组

| 序号 | 户主姓名 | 人口 | 祖居 | 移居 | | 序号 | 户主姓名 | 人口 | 祖居 | 移居 | |
|---|---|---|---|---|---|---|---|---|---|---|---|
| | | | | 区 | 门牌号 | | | | | 区 | 门牌号 |
| 1 | 王云华 | 3 | 庞庄 | 4 | 127 | 10 | 王云峰 | 5 | 庞庄 | 4 | 160 |
| 2 | 沈水福 | 5 | 庞庄 | 4 | 128 | 11 | 沈六宝 | 4 | 庞庄 | 4 | 179 |
| 3 | 郑阿妹 | 6 | 庞庄 | 4 | 133 | 12 | 徐根元 | 6 | 庞庄 | 4 | 117 |
| 4 | 沈水根 | 4 | 庞庄 | 4 | 136 | 13 | 徐最根 | 3 | 庞庄 | 4 | 257 |
| 5 | 徐根男 | 5 | 庞庄 | 4 | 138 | 14 | 徐香根 | 9 | 庞庄 | 4 | 278 |
| 6 | 徐芳珍 | 2 | 庞庄 | 4 | 142 | 15 | 徐雪康 | 5 | 庞庄 | 4 | 31 |
| 7 | 徐建根 | 4 | 庞庄 | 4 | 143 | 16 | 沈龙全 | 6 | 庞庄 | 1 | 31 |
| 8 | 徐香弟 | 4 | 庞庄 | 4 | 145 | 17 | 徐菊芳 | 1 | 庞庄 | 南湖路 | 98-106 |
| 9 | 徐金妹 | 6 | 庞庄 | 4 | 146 | 18 | 徐美英 | 4 | 庞庄 | 4 | 161 |

双桥村 10 组

| 序号 | 户主姓名 | 人口 | 祖居 | 移居 | | 序号 | 户主姓名 | 人口 | 祖居 | 移居 | |
|---|---|---|---|---|---|---|---|---|---|---|---|
| | | | | 区 | 门牌号 | | | | | 区 | 门牌号 |
| 1 | 罗小苟 | 5 | 罗布棋 | 1 | 73 | 8 | 徐福根 | 7 | 罗布棋 | 1 | 93 |
| 2 | 罗全根 | 8 | 罗布棋 | 1 | 74 | 9 | 陆云南 | 7 | 罗布棋 | 1 | 94 |
| 3 | 陆福娥 | 6 | 罗布棋 | 1 | 75 | 10 | 唐金苟 | 5 | 罗布棋 | 1 | 48 |
| 4 | 陆家新 | 3 | 罗布棋 | 1 | 76 | 11 | 罗炳根 | 3 | 罗布棋 | 1 | 61 |
| 5 | 钱文华 | 3 | 罗布棋 | 1 | 77 | 12 | 唐玉苟 | 4 | 罗布棋 | 4 | 176 |
| 6 | 陆菊英 | 2 | 罗布棋 | 1 | 78 | 13 | 罗焕云 | 4 | 罗布棋 | 商贸城 | 7-403 |
| 7 | 徐香林 | 4 | 罗布棋 | 1 | 86 | 14 | 徐文男 | 3 | 罗布棋 | 1 | 88 |

双桥村 11 组

| 序号 | 户主姓名 | 人口 | 祖居 | 移居区 | 移居门牌号 | 序号 | 户主姓名 | 人口 | 祖居 | 移居区 | 移居门牌号 |
|---|---|---|---|---|---|---|---|---|---|---|---|
| 1 | 朱祥男 | 4 | 罗布棋 | 4 | 24 | 9 | 张五官 | 5 | 罗布棋 | 4 | 270 |
| 2 | 张秋英 | 4 | 罗布棋 | 4 | 49 | 10 | 张学林 | 4 | 罗布棋 | 4 | 110 |
| 3 | 朱 健 | 5 | 罗布棋 | 4 | 79 | 11 | 钱水男 | 5 | 罗布棋 | 1 | 79 |
| 4 | 朱家良 | 3 | 罗布棋 | 4 | 274 | 12 | 陆建男 | 4 | 罗布棋 | 1 | 80 |
| 5 | 朱福官 | 6 | 罗布棋 | 4 | 275 | 13 | 钱黑男 | 6 | 罗布棋 | 1 | 81 |
| 6 | 朱家明 | 3 | 罗布棋 | 4 | 276 | 14 | 张银官 | 5 | 罗布棋 | 1 | 87 |
| 7 | 朱云官 | 6 | 罗布棋 | 4 | 277 | 15 | 张建国 | 5 | 罗布棋 | 1 | 62 |
| 8 | 朱家云 | 4 | 罗布棋 | 4 | 287 | 16 | 张学春 | 4 | 罗布棋 | 5 | 35 |

双桥村 12 组

| 序号 | 户主姓名 | 人口 | 祖居 | 移居区 | 移居门牌号 | 序号 | 户主姓名 | 人口 | 祖居 | 移居区 | 移居门牌号 |
|---|---|---|---|---|---|---|---|---|---|---|---|
| 1 | 陆建明 | 4 | 罗布棋 | 1 | 100 | 16 | 陆金根 | 5 | 罗布棋 | 5 | 9 |
| 2 | 陆水福 | 6 | 罗布棋 | 1 | 38 | 17 | 陆林根 | 5 | 罗布棋 | 5 | 10 |
| 3 | 陆三男 | 4 | 罗布棋 | 3 | 43 | 18 | 陆连根 | 5 | 罗布棋 | 5 | 11 |
| 4 | 陆建华 | 4 | 罗布棋 | 3 | 44 | 19 | 徐水英 | 1 | 罗布棋 | 5 | 12 |
| 5 | 陆金泉 | 4 | 罗布棋 | 3 | 45 | 20 | 陆铁金 | 7 | 罗布棋 | 5 | 15 |
| 6 | 陆根男 | 4 | 罗布棋 | 4 | 151 | 21 | 陆三毛 | 4 | 罗布棋 | 5 | 16 |
| 7 | 陆龙全 | 5 | 罗布棋 | 4 | 152 | 22 | 陆福全 | 6 | 罗布棋 | 5 | 17 |
| 8 | 陆二男 | 4 | 罗布棋 | 4 | 153 | 23 | 陆三根 | 7 | 罗布棋 | 5 | 18 |
| 9 | 陆云根 | 3 | 罗布棋 | 4 | 154 | 24 | 陆金福 | 5 | 罗布棋 | 5 | 21 |
| 10 | 陆老土 | 5 | 罗布棋 | 4 | 155 | 25 | 陆咬大 | 6 | 罗布棋 | 5 | 22 |
| 11 | 陆根明 | 4 | 罗布棋 | 4 | 158 | 26 | 吴水根 | 4 | 罗布棋 | 5 | 23 |
| 12 | 吴 霞 | 5 | 罗布棋 | 4 | 209 | 27 | 陆志华 | 5 | 罗布棋 | 5 | 24 |
| 13 | 徐云官 | 3 | 罗布棋 | 4 | 193 | 28 | 陆云全 | 5 | 罗布棋 | 5 | 36 |
| 14 | 吴福根 | 5 | 罗布棋 | 4 | 279 | 29 | 朱美芳 | 3 | 罗布棋 | 5 | 30 |
| 15 | 吴寿根 | 6 | 罗布棋 | 4 | 284 | | | | | | |

# 第三节 公共设施

## 一、红庄社区服务中心

2003年12月成立。中心服务内容有：医疗保险、社会保障、食品药品安全、民政、残联服务、就业、计生服务；帮助居民办理老年证、大病风险医疗、合作医疗交费办证、农保和居民股红发放；以及矛盾纠纷调处、人民来信来访接待、法律咨询、安全健康常识宣传等便民服务。经过多年的探索，至2013年末，红庄社区服务中心已经成为服务、联系社区居民的平台，有力地保障了居民群众安居乐业、和谐共处。

## 二、红庄社区物业管理组

2003年9月成立。随着社区自然村落的整体拆除，居民悉数迁移至红庄新村后，为完善红庄新村的物业、环境卫生管理，社区组建了物业管理组，专门负责新村门卫、道路保洁、垃圾清运、绿化养护、水电管理、下水道疏通和垃圾桶、果壳箱的设置、保洁。有管理人员42人，其中水电工5人，保洁员25人，垃圾清运人员10人，下水道疏通专业人员2人。有三轮电动垃圾清运车8辆，设置各类垃圾桶580只，果壳箱55只。年清运垃圾5500吨，平均每天15吨。

## 三、住宅区门卫

红庄新村占地面积0.5平方千米，以枫津路为界，形成东西两块，东侧为一区，西侧为二—五区。新村实行封闭式管理，社区居委会分别在一区西侧、二区东侧、四区南侧和北侧、五区西侧大门处建门卫室5座，有保安人员20名日夜轮流值勤，负责小区治安防范、登记、疏导出入车辆，接待路人问询以及早晨、傍晚上下班高峰期维护道路秩序等。

## 四、休闲场所

新村一区、二区、三区、四区、五区均建有农民公园，公园四周筑有开放式围栏，园内植有各色树木，高矮差落；一角设有健身器材，一角建有凉亭，中间为广场，四周设石凳，供居民休闲憩息和晨练。

新村周边留有绿带，植有成片桂花、红枫、紫藤、银杏、百合、黄杨、铁树、孝竹，以花木为名，称桂花园、红枫园等。园内均堆砌各色太湖石，形状各异，点缀园景。常年鲜花盛开，鸟语花香。红庄人不分季节，空闲时或入园观景，或席地聊天，或阅书看报，或演奏乐器。

## 五、垃圾中转站

【红庄村垃圾中转站】2005年投入运行。房屋5间，建筑面积150平方米。有垃圾压制、垃圾箱吊装设施1套，封闭式垃圾运输汽车2辆，垃圾清运三轮电动车12辆。以清运红庄新村居民生活垃圾为主,日转运垃圾50吨。

【尹西工业区垃圾中转站】2006年投入运行。房屋3间,建筑面积100平方米。有垃圾压制、垃圾箱吊装设施1套,封闭式垃圾运输汽车2辆,垃圾清运三轮电动车7辆。以清运吴中区城南经济带工业区北区200余家企业生产垃圾为主,日转运垃圾40吨。

【兴南路垃圾中转站】2009年投入运行。主房(二层楼房)8间,库房4间,建筑面积580平方米。有垃圾压制、垃圾箱吊装设施1套,封闭式垃圾运输汽车3辆,垃圾清运三轮电动车10辆。以清运吴中区城南经济带工业区南区350余家企业工业垃圾为主,日转运垃圾近100吨。

### 六、红庄社区警务站

位于红庄社区南港路中段吴中区城南街道东湖小学对面红庄新村三区23号,于2007年5月投入运行,占地面积350平方米,建筑面积410平方米。设有接处警室、联防巡防室、咨询接待室、城市管理室、值勤室等科室;配备社区民警4名、治安辅助力量40名、户口协管员18名、保安门卫24名。红庄社区警务站是一个综合性实战型警务室。

## 第四节 商店市场

1958年人民公社化后,当时的吴县郭巷供销合作社在境内原红庄大队浜里、钢铁大队黄泥浜各设一家代销店,主要代销货票供应的油、盐、酱、醋、烟、酒和肥皂、火柴等农民家庭日用商品。1985年,随着市场商品供应量的增大和商业政策的放松,个别农户在家中开店经商。21世纪初,随着境内城市化、工业化的加速以及外来人员的增多,个体商业不断拓展。至2013年底,境内有农贸市场2家,各类商店928家,形成了以南港路为中心的商贸区。

### 一、集贸市场

【红庄农贸市场】农村实行家庭联产承包责任制后,历史上首次出现了蔬菜种植专业户,其收获的蔬菜大部分销往集镇、城市中的农贸市场,少部分走村入巷叫卖。20世纪90年代中期,集体企业转制后,部分下岗失业工人亦在家前屋后空闲地种植蔬菜,在村口、马路旁临时设摊叫卖。1996年10月,境内原红庄村在盛庄里后落横腾出5亩空地建造了一处钢结构玻璃钢顶棚的简易贸易市场,初步解决了农民自产自销的农副产品露天叫卖、风吹雨淋的问题。2002年5月,红庄村又在原地将简易农贸市场重建成新的农贸市场,建筑面积260平方米,投入资金55.1万元,于2003年3月竣工。可容纳50个固定摊位,30个临时摊位。上市商品(大类)以农副产品为主,交易方式为零售。年成交额近2000万元。

【科赛睦邻农贸市场】位于红庄新村四区南首南湖路北侧。2002年5月基建竣工,2003年8月28日开始营业。占地面积1782平方米,建筑面积3212平方米,为三层钢筋混凝土结构。有室内市场2882平方米,其中小商品市场892平方米,有货台223个,摊位180个（其中固定摊位92个，临时摊位88个），办公用房350平方米，厕所3座。有管理人员15名（其中保安门卫10名）。上市商品（大类）以农副产品为主，交易方式为零售。年成交额近8000万元。

## 二、商场

【百家姓大卖场】位于红庄新村一区大门口南侧。2005年7月基建竣工，同年9月28日开始营业。占地面积2612平方米，建筑面积1828平方米，为单层钢筋混凝土结构。由吴中区长桥街道原长桥村胡姓村民私人经营，室内有各型货架280个。经营的商品有电器、医药、服饰、鞋类、眼镜、农副产品、日用品、烟酒、文具、图书10大类2215个品种。营业员78人（含管理员5人）。2013年，营业额近亿元。

【华联超市】位于红庄新村四区南首科赛睦邻农贸市场前。2002年5月由浙江人私人出资建造，2003年8月开始营业。占地面积1558平方米，建筑面积3846平方米，为三层钢筋混凝土结构。一、二层为超市，室内市场2532平方米，有货台150个，货架200个。主要经营服饰、日用品和农副产品。营业人员82人（含管理人员4人）。2013年营业额达1.2亿元。

## 三、饮食服务业

【饮食业】2003年境内始有外地人经营面食类小吃店和副食品小商店。2005年8月，境内一杨姓居民在红庄新村内南港路中段北侧开设了一爿近水台面店，后又移地开设了一爿绿杨馄饨店，经营场所面积390平方米，主营汤面、馄饨。时，境内始有粗具规模的餐饮店。至2013年末，境内的面饭店、糕团店、小吃店发展到50余家，从业人员232人。其中川之韵饭店、旺角酒楼、绿杨馄饨店等较有特色。

表4-2　2013年红庄境内饮食业一览表

| 名　　称 | 地址 | 从业人员 | 名　　称 | 地址 | 从业人员 |
| --- | --- | --- | --- | --- | --- |
| 福立来面店 | 1区50号 | 15 | 川湘菜馆 | 2区47号 | 2 |
| 东北饭店 | 1区64号 | 4 | 许记饸饹面 | 2区84号 | 2 |
| 牛肉拉面 | 1区77号 | 2 | 陈红兵面馆 | 3区104号 | 2 |
| 皖南家常菜 | 1区7号 | 3 | 好运来饭店 | 3区10号 | 3 |
| 河南饸饹面 | 1区7号 | 2 | 千里香饭店 | 3区131号 | 2 |
| 全齐德烩面 | 2区115号 | 2 | 闽香饭店 | 3区158号 | 2 |
| 红庄1号店 | 2区117号 | 5 | 适新饭店 | 3区158号 | 2 |
| 小小饭店 | 2区119号 | 4 | 绿杨馄饨店 | 3区17号 | 20 |
| 好人家餐馆 | 2区120号 | 13 | 川菜川味饭店 | 3区1号 | 15 |
| 川之韵酒店 | 2区121号 | 20 | 川福记饭店 | 3区20号 | 20 |
| 烧烤炒菜馆 | 2区122号 | 5 | 陈家粗菜馆 | 3区265号 | 3 |
| 好立砂锅面 | 2区31号 | 2 | 王氏饭店 | 3区27号 | 3 |
| 河南饭店 | 2区45号 | 2 | 湘菜馆 | 3区344号 | 2 |

续表

| 名　称 | 地址 | 从业人员 | 名　称 | 地址 | 从业人员 |
|---|---|---|---|---|---|
| 陕西面馆 | 3区37号 | 2 | 沭阳饭店 | 4区18号 | 3 |
| 天方饭店 | 3区54号 | 2 | 长红快餐 | 4区1号 | 4 |
| 佳加饭店 | 3区6号 | 2 | 兰州拉面 | 4区82号 | 3 |
| 高春峰饭店 | 4区102号 | 2 | 陕西餐馆 | 4区83号 | 2 |
| 川味轩饭店 | 4区103号 | 3 | 嘴有鱼饭店 | 4滨里115号 | 2 |
| 豪强饭店 | 4区107号 | 2 | 郑州面馆 | 滨里35号 | 2 |
| 恒锋饭店 | 4区110号 | 2 | 金南饭店 | 滨里57号 | 4 |
| 桥头饭店 | 4区110号 | 2 | 丁记面馆 | 滨里100号 | 2 |
| 东北人家饭店 | 4区122号 | 2 | 朱海饭店 | 滨里120号 | 2 |
| 湘川饭店 | 4区131号 | 2 | 永发饭店 | 滨里2号 | 2 |
| 洋洋饭店 | 4区147号 | 2 | 刘刚生面馆 | 科赛13号 | 2 |
| 千里香饭店 | 4区179号 | 2 | 旺角酒楼 | 南湖路96号 | 22 |

【服务业】2004年末，境内自然村落拆除迁移基本结束，居民集中居住在红庄新村内。一些农民以开设理发店、棋牌室谋业，境内服务业始兴起。继后，一些找不到工作的外来人员亦租房开设理发店、美容院、棋牌室，从事各类服务行业。至2013年末，境内有理发店、洗浴中心、美容院、棋牌室、形象设计室等服务行业91家，从业人员263人。

表4-3　2013年红庄境内服务业一览表

| 名　称 | 地址 | 从业人员 | 名　称 | 地址 | 从业人员 |
|---|---|---|---|---|---|
| 夜来香美妆 | 4区100号 | 3 | 以诺理发店 | 滨里106号 | 2 |
| 头领理发店 | 4区101号 | 2 | 顶尖理发店 | 滨里109号 | 5 |
| 李师傅网吧 | 4区106号 | 2 | 程百鸣理发店 | 滨里111号 | 3 |
| 三园民淋浴房 | 4区147号 | 2 | 红庄宾馆 | 滨里115号 | 5 |
| 红庄浴场 | 4区176号 | 2 | 云子理发店 | 西滨15号 | 2 |
| 蓝天网吧 | 4区217号 | 2 | 大众浴室 | 西滨16号 | 2 |
| 红庄浴场 | 4区257号 | 2 | 神话理发店 | 西滨13号 | 3 |
| 李改男网吧 | 4区272号 | 2 | 东艺发型 | 西滨6号 | 2 |
| 云子美容美妆 | 4区80号 | 2 | 汤池浴场 | 4区303号 | 4 |
| 飞剪理发 | 滨里9号 | 2 | 鑫鑫电子阅览室 | 4区40号 | 2 |
| 魅丽制造 | 滨里45号 | 3 | 洛天浴室 | 4区55号 | 4 |
| 时尚A8日韩造型 | 滨里7号 | 5 | 城南温泉 | 1区26号 | 30 |
| 卡丝理发店 | 滨里142号 | 2 | 开心网吧 | 1区40号 | 2 |
| 阿强理发店 | 滨里104号 | 2 | 阳光住宿 | 1区41号 | 2 |

续表

| 名称 | 地址 | 从业人员 | 名称 | 地址 | 从业人员 |
|---|---|---|---|---|---|
| 腾飞阅览室 | 1区50号 | 2 | 红城浴室 | 浜里31号 | 5 |
| 贺娇荣网吧 | 1区53号 | 2 | 顶尚造型 | 4区81号 | 3 |
| 碧海浴场 | 1区54号 | 3 | 艺人造型 | 4区81号 | 3 |
| 网情课网吧 | 1区62号 | 2 | 爱尚发艺 | 4区87号 | 3 |
| 丹丹阅览室 | 1区68号 | 2 | 星工坊理发店 | 4区88号 | 5 |
| 舒心阅览室 | 1区78号 | 2 | 光惠电子阅览室 | 4区89号 | 3 |
| 燕飞浴室 | 1区82号 | 2 | 御香颜美容美发馆 | 4区90号 | 5 |
| 纤丝理发店 | 1区82号 | 2 | 刘美美发店 | 4区2号 | 3 |
| 红庄宾馆 | 2区115号 | 2 | 时代电子阅览室 | 4区91号 | 4 |
| 王林根理发店 | 2区34号 | 2 | 蓝天阅览室 | 4区94号 | 4 |
| 匠人理发店 | 2区125号 | 4 | 网友电子阅览室 | 4区29号 | 4 |
| 快乐阅览室 | 2区38号 | 2 | 风尚理发店 | 3区104号 | 2 |
| 赵保旭网吧 | 2区43号 | 2 | 美丝理发店 | 3区10号 | 3 |
| 名匠造型理发 | 2区50号 | 2 | 闪靓理发店 | 3区13号 | 3 |
| 新时代电子室 | 2区51号 | 2 | 灵感理发店 | 3区14号 | 3 |
| 家园电子室 | 2区67号 | 2 | 莘梵妮理发店 | 3区19号 | 4 |
| 杨玉华浴室 | 2区68号 | 2 | 名典网吧 | 3区239号 | 2 |
| 回首美发店 | 2区83号 | 2 | 美经原理发店 | 3区266号 | 2 |
| 鹏悦电子阅览室 | 4区56号 | 2 | 姚宗高网吧 | 3区292号 | 2 |
| 好友电子阅览室 | 4区62号 | 2 | 极速网吧 | 3区301号 | 2 |
| 爽心QQ电子阅览室 | 4区68号 | 2 | 晶晶网吧 | 3区324号 | 2 |
| 灵秀理发店 | 4区96号 | 2 | 王肖话网吧 | 3区35号 | 2 |
| 精剪理发店 | 5区48号 | 2 | 杜见伟网吧 | 3区38号 | 2 |
| 石头电子阅览室 | 1区105号 | 2 | 联通话吧 | 3区38号 | 2 |
| 金龙宾馆 | 1区120号 | 5 | 丁尚美理发店 | 3区3号 | 4 |
| 百度1+1阅览室 | 1区22号 | 2 | 好心情理发店 | 3区3号 | 2 |
| 金口碑QQ阅览室 | 浜里67号 | 2 | 向龙网吧 | 3区44号 | 2 |
| 网罗天下阅览室 | 浜里77号 | 2 | 蓝祥阅览室 | 2区91号 | 2 |
| 蓝天电子阅览室 | 浜里68号 | 2 | 刘矗锋阅览室 | 2区97号 | 2 |
| 爱高美容美发 | 浜里114号 | 3 | 开心网吧 | 2区97号 | 2 |
| 赵培培阅览室 | 浜里30号 | 2 | 爱心网吧 | 3区103号 | 2 |
| 意念发型 | 浜里35号 | 4 | | | |

# 第五节　环境保护

## 一、污染防治

### （一）环境质量

20世纪70年代，境内队办工业崛起。发展初期，受近邻苏州市化工工业区的影响，一般均以小化工为主。工业的发展带来环境污染，并以地面水污染为最。1995年，境内有工厂（含镇办厂）46家，其中3家排放废水，日排放总量为2200吨。其位于境域东部的吴县染料助剂厂、吴县双桥淀粉糖厂两家占92.2%，污水比重为78.9%。其污水排放量占当时长桥地区总量的76.2%，是长桥地区污水排放的大户。境内的苏州精细化工厂将含毒废水排放入村河。境域北邻东仙人塘港和古运河上游，苏州市化工企业排放的废水、废气，农业生产中大量使用的农药、化肥，更加重了红庄的地面水和空气的污染程度。1995年吴县环保局在境内取5个采样点的河水进行测试，平均12个测定项目超出国家标准的25.5%；超标最高为吴县染料助剂厂，为33.8%。

1995年，境内有工业炉1座，锅炉3台，年耗煤量22000吨，平均每平方千米降尘量850吨，超标8—10倍。境域东侧的吴县染料助剂厂并有光气等有害尾气泄漏。境内大气污染系数为5.21，为长桥地区最高。

### （二）废水处理

1975年，吴县染料助剂厂随着生产车间的建立，相应设置了废水治污装置，采用生物化二级处理方法，日处理废水800余吨。

1993年，吴县精细化工厂在生产车间投产的同时，采用生物化一级处理方法，日处理废水500余吨。

1989年，吴县双桥淀粉糖厂采用污水蓄聚、沉淀、脱色处理方法，日处理污水500余吨。

2007年8月，随着吴中区域南经济带工业区的形成，吴中区人民政府委托中国市政工程东南设计院对工业区污水处理进行了可行性研究、设计和论证。在境域南邻（东湖社区）远期规划为5万立方米/日、近期规划为2万立方米/日的污水处理工程，于2008年10月开工建设。至2009年8月，一期1万吨/日的污水处理设施投入运行。总投资1.2亿元。

### （三）废渣处理

1995年，境内46家镇、村和三资企业中，有5家工厂年产生废渣1万余吨，均为废煤渣。其中吴县染料助剂厂、吴县双桥淀粉糖厂、苏州精细化工厂等3家企业的废煤渣，船运至长桥砖瓦厂用于制砖，约占废渣总量的95%。2003年10月，吴中区城南经济带工业区基本形成，吴中区人民政府本着绿化、环保的理念，以文件形式规定，城南经济带工业区企业不得使用煤炭加热装置（煤锅炉），采用柴油加热装置或直接使用吴中区热电厂直供气。至时，境内企业不再有废渣产生。

## 二、绿化

红庄为江南水网地区,临河建村,农户住宅前后均植有各种灌木,村庄空闲地一般都植竹。1963年,吴县人民政府号召全民植树造林,规定每家每户年植树不少于10株。"农业学大寨"时,垦荒造田,农村空闲地被开垦为粮田,大批树木被砍伐。党的十一届三中全会后,随着农村生活水平的提高,农民有了改善住房条件的意愿,着手翻建、增建住房,村庄内一些长有竹林、树木的土地被农户建房占用,大批树木竹林被毁。至20世纪80年代后期,境内多数农户屋前屋后树木被砍伐一净。1990年,政府提倡农田林网化,在机耕道、灌溉渠道以及河岸两侧种植行道树2705亩,绿化成活率为72%。此后,随着吴县市经济技术开发区、吴中区城南经济带工业区的开发建设,境内自然村落悉数拆除迁移。原自然村落中的林木亦被砍伐一空。为了加强境内的绿化建设,自21世纪初始,根据吴中区人民政府的规定要求,境内各单位科学规划,加大投入,开展绿化建设。至2013年,境内共建有农民公园5座,居民晨练用绿地10处。种植行道树15000余棵,道路绿化551150平方米,观赏绿带95600平方米,企事业单位内部绿化675000多平方米,累计绿化面积为167.6万平方米,绿化覆盖率为30.6%,人均(不含外来暂住人员)绿化面积达37.2平方米。其中住宅区绿化面积为22.3万平方米,绿化覆盖率为43.8%,工业区绿化面积52.8万平方米,绿化覆盖率为21.5%,道路绿化面积(含征而未用地植草坪)92.5万平方米,绿化覆盖率为63.7%。

## 三、排污管网

21世纪初,随着吴中区城南经济带工业区的开发建设和吴中大道(境内段)、迎春路(境内段)行驶车辆的迅猛增多,企业污水和汽车尾气排放量成倍增长,境内的地面水和大气污染日益严重。同时,在工业区建设过程中,约有70%的河道被填埋建厂房,少数保留下来的河道亦因构建泵站、水闸,河水不再流动,变黑、腐臭,鱼虾绝迹。居民生存环境较差。2003年5月,吴中区人民政府为加强城南经济带工业区污水治理,邀请专家、学者进行实地考察,论证和制订治污整体规划。规划一期工程为住宅区污水管网建设。于2003年9月初开工建设,至2004年12月竣工使用,投入资金5300余万元,构筑地下污水管网1.25万米。二期工程为工业区污水管网建设,于2007年8月开工建设,至2008年3月竣工使用,投入资金6500余万元,构筑地下污水管网4.05万米。其时,由于吴中区城南污水处理厂尚未开工建设,入网污水仍泄入河道,没有发挥污水管网的作用。2009年8月,城南污水处理厂投入使用后,政府再投入近亿元,将生活、工业污水管网与污水处理厂连接沟通。至时,境内累计构筑污水管网7.5万米,污水压送泵站3座,其生活、工业污水始输送入污水处理厂处理,河道水质逐渐改善。至2013年末,境内主要河道河水变清,水质变好,河道内已能见鱼虾游弋。

# 第六节 社会管理

进入 21 世纪后，境内的城市化建设加速，从姑苏城南一个偏僻荒郊，逐渐融入苏州市大都市圈，成为吴中区的重要工业基地，城南街道的政治、经济、文化中心。与此同时，外来暂住人口不断增多，社会管理问题日益凸显。经过探索和改革，社区倾力保障社会政治稳定、居民安居乐业。

## 一、治安管理

2003 年始，吴中区人民政府着手在境内开发建设城南经济带——东吴工业园，许多国（境）内外企业业主纷纷到东吴工业园创办企业。由于当地劳动力资源不足，大批外地农民涌入境内进企业务工，绝大多数外地农民工租住在红庄新村居民家中。2003 年，境内有暂住人口不足千人，到 2007 年增至 5 万人，为区域正常人口的 15 倍。人口的迅速增多，造成了社会治安管理压力增大，治安案件频发，聚众斗殴、结伙偷盗、拦路抢劫时有发生。2003 年 10 月 13 日 17 时，18 岁的红庄籍居民顾斌，刚走出家门不远，被 3 名外籍青年上前抢夺手机遭拒时，当场被用刀捅死。此事一时成了周边居民茶余饭后谈论的话题，红庄也成为人们口中的"黑庄"。

为改善红庄新村的治安现状，当地政府和公安部门先后组建了红庄社区警务室、治安联防队、户口协管组，对红庄新村的社会治安实行综合治理。实现了暂住人口增多，警情下降，发案减少，万人违法犯罪率低于新加坡的成果。2010 年 6 月 30 日《人民日报》17 版刊登了《红庄的漂亮"转身"》的文章，介绍了红庄社区创新机制，借力民众管理"城中村"综合治理社会治安的经验；2010 年 11 月 12 日《新华日报》A5 版亦刊登了《着力打造群众更加满意的平安高地——全省深入推进社会治安重点地区排查整治工作侧记》。2010 年 12 月，红庄社区被公安部认定为全国社区管理创新重点地区示范点。

### （一）红庄社区警务室

组建于 2007 年 5 月，由 4 名民警和 40 名治安辅助人员组成，是一个综合性实战型警务室。

红庄社区总面积约 5 平方千米，2007 年有常住人口 3350 人，暂住人口约 5 万人，有私房出租户 1228 户，私房出租房 16862 间，企业 600 余家，各类商店 900 余家。红庄警务室组建后，推行出租户"三色三级"等级管理，形成"标志上墙、记录入档、网上共享"三位一体管理模式，实行社区封闭式管理，居住区监控探头全覆盖。社会治安秩序得到好转，社会政治日趋稳定，得到了部、省、市领导的肯定。

### （二）社区治安联防队

2007 年 5 月组建，有联防队员 48 名，由苏州市公安局吴中分局城南派出所统一管理，为红庄社区治安巡逻重要力量。其主要职责是：开展治安巡逻、守候伏击；开展防火、防盗、防爆炸、防破坏等安全检查和安全防范教育；协助盘查、堵截有违法犯罪嫌疑的人员和可疑的物品；保护案件和事故现场，并即刻报告；参加抢险救灾，帮助群众排忧解难；

完成公安机关布置的其他任务。

### （三）社区户籍协管组

2007年5月组建，有户口协管员36人，由苏州市公安局吴中分局城南派出所和苏州市吴中区城南街道综治办双重管理。主要负责居住在红庄新村内部外籍人员的登记、发证和信息联网，其主要职责是：对本社区内现有人口和房屋出租户开展日常管理，协助做好法律宣传、计划生育、卫生等方面的工作；办理房屋出租证，非本市户籍人员暂住证，收集计划生育信息，并定期入户进行实有人口调查。

## 二、村容管理

2002年始，境内12个自然村落实行整体拆除迁移，居民悉数移居红庄新村。入住新村的居民受小农经济思想和农村陋习的影响，在住宅区内垦荒种菜、饲养家禽、搭建棚屋。随着外来暂住人口的增多，一些外地人员随意设摊开店、乱设广告、乱停车辆、占道经营、乱堆杂物、乱倒垃圾。不久，一个整齐划一的现代化住宅区呈现出"脏、乱、差"现象。社区居委会采用"禁（禁养家禽、禁止垦荒种菜）、治（治理乱设摊点、治理乱停车辆、治理乱倒垃圾、治理乱堆杂物）、拆（拆除违章搭建、拆除乱设的广告牌）、建（建好内马路两侧人行道、家前屋后绿化带，空闲地建成农民公园，统一门面装饰、户外广告，设置齐全垃圾桶、果壳箱）、清（组建保洁队伍，常年清扫街道路面，打捞河道漂浮物，铺设好污水管网，生活污水集中处理）"的方法进行综合治理。组建城市社区市容执法管理队、物业管理组、环境卫生保洁组，对居民区市容环境进行经常性管理，使新村保持整洁干净、清新靓丽。

### （一）社区城市市容执法管理队

简称社区城管队。组建于2005年7月，有队员12人，由红庄社区居民委员会统一领导，负责红庄新村内部的市容环境管理。其主要职责是：负责监管红庄新村内的"五小车辆"停放有序，不阻碍社区居民出行；维护管理新村内小摊小贩日常经营秩序，包括农贸市场摊贩、商业街沿街店铺、摊贩经营秩序管理；巡查监管新村内违章搭建，一经发现，及时报告上级主管部门依法查处；做好新村内部清障，杜绝出现乱堆乱放、侵占道路现象；配合社区做好环境卫生整治、市容市貌整饰。

### （二）社区物业管理组

简称物管组。组建于2003年12月，有组员35人。主要负责新村内部的环卫设施设置、修缮，下水道疏浚和环境保洁工作。其主要职责是：新村内部环卫设施设置合理，保持完好，适应居民日常生活需要；经常巡查、疏通新村内下水道，保证下水道畅通、完好，雨水、污水分流；垃圾日产日清无积剩，垃圾箱、垃圾桶、果壳箱天天保洁，保持整洁、完好；全天候开展街巷路面保洁，新村内道路、绿带、室外活动场所无散在垃圾；定人定船打捞河道漂浮物，保持河道清洁；做好新村内绿化补缺、修剪和养护，使新村内绿树常绿，鲜花常开，营造鸟语花香的环境。

## 三、社会保障

21世纪初，红庄社区的耕地悉数被征用。失去土地的农民成为自谋职业的"游民"，除部分去企业、商店为业主打工外，相当一部分失业在家，依靠私房出租收入维持生活。

为保障失地农民的正常生活，政府先后实行了农村"失地补偿""养老保险""新型合作医疗""大病医疗保险""农保""农保转城保"制度。对失地农民中的贫困户、无正常收入的弱势群体、丧失劳动能力的残疾人，实行"农村最低生活保障"制度，并开展帮贫扶困、助残助学，提倡农民共享改革开放成果。关注民生、安定民心、稳定社会政治环境。

### （一）失地补偿

2003年10月，吴中区人民政府制定了农村失地补偿制度。是年，境内红庄籍农民由吴中区经济技术开发区人均每月发放120元失地补偿金，俗称生活费。为政府向农民征用土地后，对失地农民的补偿。来年，发放标准增至人均每月160元，后逐年提增，且增幅增大。至2003年7月，农村失地补偿标准提增到人均每月680元。

### （二）农村新型合作医疗

1990年1月，境内实行大额合作医疗制度，农民患病住院就医的，可向镇合作医疗管理委员会（简称合管委）报销20%医疗费用，剩余的与一般患病者一样，再向所在村（社区）报销40%—60%不等的医疗费用。

2007年，吴中区人民政府为方便参保农民就诊结报，在全区把农村新型合作医疗和农村大病医疗保险统一，实行IC卡看病结报实时补助制度，并把报销比例提增到一般患病为60%，大病为80%，医疗费用特大的为90%。

### （三）农保、农保转城保

2003年7月，吴中区人民政府为解决失地农民的养老问题，在城市化进程较快的地区开始实行农村失地农民退休养老制度，简称农保。规定无地的居民（即失地农民）凡男性年满60周岁，女性年满55周岁的，继续享受农村养老金待遇，每人每月发放养老金120元。自2003年8月始，凡男性年满60周岁，女性年满55周岁的，享受农村养老保险（俗称农保）待遇，每人每月享受农村养老金350元，由吴中区财政统一按月发放。时，全社区有555名男女老年人员享受农村养老金待遇，后逐年增加，且增幅较大。至2013年末，境内有378名老年人员享受农村养老金待遇，且养老金增至每人每月810元。

2004年1月，苏州市人民政府为彻底解决失地农民的后顾之忧，实行农村养老保险转为城镇养老保险，即失地农民享受城镇居民同等养老待遇。规定凡当年满16周岁至60周岁以下的男性、16周岁至55周岁以下的女性失地农民为参加城保的对象，纳入县（市）、区劳动和社会保障局管理，一旦年满退休年龄，按城镇养老保险待遇发放退休金。当年年满60周岁的男性、55周岁（退休前连续参保5年的为50周岁）的女性失地农民继续享受城镇养老保险待遇。时，全社区有876名失地农民参加城镇养老保险，其中：男性412人，女性464人。至2013年，境内参加城镇养老保险的人员增至2377人。实行失地农民参加城镇养老保险初，年满退休年龄的办理好退休手续的第一年，由吴中区社保局每人每月发放退休金540元。至2013年末，增至每人每月810元，且逐年递增。

## 附：境内机关单位

### （一）城南街道办事处

位于境内东吴南路81号。2006年3月始建造，2005年5月竣工，占地面积4330平方米，建筑面积8100平方米，是苏州市吴中区城南街道党工委、办事处、人大、政协四套班子的办公所在地。

2007年5月8日,城南街道四套班子办公地从吴中区枫津路38号迁出,迁入东吴南路81号现址,并正式对外办公。设置有党政办、人大办、政协办、群团办、综治办、司法办(所)、组宣科、纪检科、社会事业科、社区管理科、经济管理科、拆迁管理科等办、科及社会保障中心、资产经营公司、城南集团公司等直属单位,是苏州市吴中区城南街道的政治中心。

### (二)城南街道社保中心

城南街道劳动与社会保障服务中心(简称社保中心,下同)成立于2005年5月20日。地址初在东吴南路81号,2012年5月搬迁至红庄社区南湖路96-2号。中心设有就业管理科、社会保障科、劳动监察科。

就业管理科职能:① 劳动手册发放;② 失业金发放;③ 失业登记、培训登记;④ 统计报表;⑤ 本辖区内的劳动力台账建立(已就业和未就业);⑥ 采集岗位信息,提供给失业人员;⑦ 办理困难认定和社保补贴;⑧ 用人单位用工管理、登记备案;⑨ 充分就业社区的管理与指导;⑩ 档案托管手续。

社会保障科职能:① 居民医保参保、居外人员的零星结报;② 居民养老的申报;③ 建立失地农民的基础台账,办理退休审批、死亡丧葬费申报;④ 各类置换人员退休审批;⑤ 企业退休人员的社会化管理、社保扩面工作。

劳动监察科职能:① 上门服务,指导、督促用人单位规范劳动用工行为;② 依法调解处理管辖范围内的劳动争议,群体性的劳资纠纷的调处、稳定;③ 信访接待答复;④ 辖区内用人单位的劳动合同的年检;⑤ 配合区局劳动监察机构、劳动争议仲裁、信访部门开展的工作;⑥ 企业的网格化管理。

### (三)苏州市城南集团

苏州市城南集团位于城南街道红庄社区东吴南路81号,于2011年3月经国家工商局依法登记设立并取得法人资格,经营范围为项目投资、国内贸易、实用农产品的种植销售、物业管理、建筑装饰工程设计施工、太阳能产品的技术开发等,注册资本为10000万元。公司由苏州市吴中区城南街道和下属的宝带桥、红庄、东湖、新江、龙南、南石湖社区股份合作社出资组建。集团公司旗下设有苏州市城南集团有限公司(母公司)和苏州市宝带桥房地产开发有限公司、苏州市城南集团物业管理有限公司、苏州市城南城乡一体化建设有限公司3个子公司。其项目开发坚持由股东表决的原则进行合理化运作。至2013年,城南集团运作配套日臻完善,开发的益源科技和城南大厦项目将成为苏州城南的地标建筑。

# 第五章 农业

红庄社区地处长江下游，濒临太湖，河网交织，气候温和，雨量充沛，历来是苏南地区的农业高产区。农业以水稻、三麦和油菜为主。

新中国成立前，由于受封建生产关系的束缚，境内生产方式落后，农田设施陈旧，抵御自然灾害的能力十分薄弱，生产水平不高。

新中国成立后，实行土地改革，平整土地，兴修水利，改善农业生产条件，改革耕作制度，推广先进技术，农业生产得到了较快发展。

1958年，开展"大跃进"和人民公社化运动，刮起"共产风""浮夸风"，挫伤了农民的生产积极性，农业生产遭受挫折。20世纪60年代初，实行以生产队为基本核算单位，纠正了"大跃进"中的错误，农业生产得到了恢复和发展。20世纪70年代初，境内开始推行种植双季稻，变原来的一年一季水稻为一年两季水稻。

1983年境内实行家庭联产承包责任制后，在稳定粮食生产的前提下，调整农村产业结构，改变单一经营、高产穷乡的局面，农村经济格局发生深刻变化，出现了农、副、工三业协调发展，农、林、牧、副、渔全面兴旺的景象。20世纪90年代，农业实施适度规模经营和集约经营，养殖、种植大户应运而生。1988年，全社区共有种田大户15户。当年，三麦亩产193.5千克，水稻亩产576.6千克，实现农业产值502.70万元。

# 第一节　种植业

## 一、品种布局

### （一）作物品种

新中国成立前，境内作物品种繁杂。新中国成立后，尤其是互助合作化后，农业部门十分重视优良品种的推广，每个时期都形成了作物中的当家品种。

【水稻】前季稻的当家品种有红壳籼、矮脚南稻、矮南1号、二九青、原丰早、团粒矮4号、广六矮6号。

单季稻、后季稻的当家品种有农虎6号、黄壳早日廿、老来青、农垦58、农桂早3-7、昆农籼16、白稻3.14、中粳412、中粳88122、中粳9117、凤凰稻、太湖粳、秀水04、秀水9552、武粳7号、世界稻、苏粳1号、苏粳2号、麻泾糯、复红糯、紫金糯等，以及20世纪90年代引进推广的8优161、申优161、86优8号、优福粳和9707等，良种覆盖率达98.6%。

单季杂交稻的当家品种有籼优3号、籼优4号。

【三麦】新中国成立前和成立初期，境内小麦主要有华东6号和立夏黄等品种，以后逐步改种抢水黄、方六柱、吉利、宁麦、扬麦3号、扬麦4号、扬麦5号、浙114、浙20285、早麦3号、矮三和20世纪90年代引进推广的9356等品种，良种覆盖率达99.5%。

大元麦主要有紫杆麦、有芒大麦，以后改种大麦21-4、元海麦和春农1号等。

【油菜】新中国成立前和成立初期，境内普遍种植土油菜、鸡腊菜。20世纪50年代后期至60年代，开始推广早生朝鲜菜和胜利油菜。70年代以后，除继续种植胜利油菜外，还推广泰兴油菜、8518、菜子黄、鸡蛋黄和汇油等品种。20世纪90年代，境内又引进种植了苏油1号、宁油7号等品种，良种覆盖率为100%。

### （二）作物布局

新中国成立前，境内农业生产实行两熟制。夏种稻、豆轮作，以错开季节。为避免虫害，水稻以种植晚粳、糯稻为主。冬播三麦，以立夏黄和紫杆麦、有芒大麦为主。新中国成立初期仍沿用。

互助合作化运动后，境内农作物种植开始有比例地进行规划，水稻、三麦、油菜种植布局趋向合理。1957年，境内的金星二十、二十二两个高级农业生产合作社，粮田总面积为3800亩，夏种时种植水稻3800亩，冬播时种植三麦2100亩，油菜1100亩，蚕豆300亩，红花草（俗称囡囡花）300亩。其杂边地、旱地均种植蔬菜、瓜类。

人民公社化后，吴县人民政府提倡"土地成方、灌溉联网、合理布局、高产增产和多打粮食多贡献"。境内开展了轰轰烈烈的农业大生产运动，组织农民平整土地，开垦荒地，兴修水利。耕作制度、作物布局趋向合理。1969年，境内有粮田4465亩，根据增产增收的原则，规划种植水稻4465亩，三麦2324.5亩，油菜1362亩，蚕豆270亩，红花草508.5亩。

其中：红庄大队有粮田1547亩，种植水稻1547亩，三麦814.5亩，油菜464亩，蚕豆120亩，红花草148.5亩；钢铁大队有粮田2995亩，种植水稻2995亩，三麦1510亩，油菜898亩，蚕豆150亩，红花草437亩。

20世纪70年代初，政府提倡"多种经营，全面发展"，境内在恢复种植烂田经济作物的同时，试行种植双季稻，推广三熟制，提高粮食生产产量。1970年，境内种植双季稻30%，至1975年达到100%。1980年，境内粮田总面积4465亩，规划种植前季稻4015亩，后季稻4465亩，三麦2232.5亩，油菜1339.5亩，蚕豆250亩，红花草450亩，烂田经济作物（即灯芯草、席草、茭白、慈姑、荸荠、莲藕等水生作物）193亩。其中：红庄大队有粮田1547亩，规划种植前季稻1397亩，后季稻1547亩，三麦773亩，油菜464亩，蚕豆120亩，红花草150亩，烂田经济作物40亩。尹西大队有粮田1452亩，规划种植前季稻1412亩，后季稻1452亩，三麦726亩，油菜436亩，蚕豆110亩，红花草150亩，烂田经济作物30亩。双桥大队有粮田1466亩，规划种植前季稻1334亩，后季稻1466亩，三麦733亩，油菜440亩，蚕豆120亩，红花草145亩，烂田经济作物28亩。

1981年，由于连年种植双季稻耕作层浅、土壤僵硬、成本高、劳动强度大、经济效益低等原因，恢复种植单季稻（即两熟制）。1982年，境内有粮田面积4465亩，规划种植水稻4465亩，三麦2232.5亩，油菜1340亩，蚕豆250亩，红花草440亩，烂田经济作物202.5亩。其中红庄大队有粮田1547亩，种植水稻1547亩，三麦773.5亩，油菜464亩，蚕豆120亩，红花草150亩，烂田经济作物39.5亩。尹西大队有粮田1452亩，种植水稻1452亩，三麦726亩，油菜436亩，蚕豆120亩，红花草140亩，烂田经济作物30亩。双桥大队有粮田1466亩，种植水稻1466亩，三麦733亩，油菜439亩，蚕豆120亩，红花草145亩，烂田经济作物29亩。时，集体杂边地、旱地均种植南瓜、香瓜和蚕豆等作物。

1983年，境内农村实行家庭联产承包责任制，粮田划分到户，单家独户生产，恢复新中国成立前的耕种模式。作物布局由农户自行规划。但作物种植仍为两熟制，仍以种植水稻、三麦、油菜为主。后，境内曾出现过蔬菜种植、瓜类种植专业户。随着工业生产的发展和城市化建设的加速，至20世纪90年代末，境内的集体土地均调入吴县市经济技术开发区，境内农民不再种植农作物，农业生产消亡。

## 二、面积产量

### （一）耕地面积

红庄社区地处太湖平原，地势平坦，地面高层为2.5米左右，大部分土地为农作物高产地，也有少量圩田、低洼田。1950年，全社区有耕地面积4130亩。其中：中心村1125亩，庞北村1500亩，庞中村1505亩。1980年全社区耕地面积为4478亩。其中水稻田4379.9亩（湖田40.68亩），占耕地面积的97.81%，旱地27亩，占耕地面积0.60%，菜田5.5亩，占耕地面积的0.12%，烂田65.6亩，占耕地面积的1.46%。之后，中心集镇、村办企业大量兴办，道路建设、民房建筑日益增多，城市化建设不断拓展，使红庄社区的耕地面积日渐减少。2000年，全社区耕地面积有3756亩，至2002年减至1592.1亩。其中，红庄村561.6亩，尹西村484.9亩，双桥村545.6亩。2003年，吴县市人民政府将红庄社区全境规划为城南经济带工业区，境内耕地被悉数无偿并调入吴县市经济技术开发区。自此，境内不再存有耕地。

【平整土地】新中国成立前,土地为私人所有,单家独户分散耕种,田块零散,高低不平,宽狭不一,不仅不宜农机耕作,而且水系不清,分布不匀,河道浅窄,断头浜多。这种状况,使耕地遇旱不能大引,遇涝不能大排。而境内千百年来流行的土葬之风,又使田间坟墓众多。新中国成立后,为改变这种状况,自20世纪60年代起,境内每年冬季农闲时结合水利建设,因地制宜平整土地,挑平坟墓538处,填埋不利农耕的老河浜(断头浜)12条,填塞平整洼地70余亩,平整土地2000余亩。1978年,境内农田建设基本完成,规划合理,耕地成方,并修筑了机耕路8条(其中3条为连界路),总长度(境内段)9.25千米,方便了农机耕作。

【围湖造田、退耕】1975年,长桥人民公社对东太湖梢(亦称鲇鱼口、东湖)进行围垦,共造田3366.5亩,实际利用面积2078.8亩。由于红庄社区地处长桥公社东南部,为田多人少地区,公社仅安排给境内原红庄大队41.68亩湖田耕种。1976年,红庄大队对扬青港进行围垦,共造田52.65亩。1978年长桥公社对东太湖围圩退耕还渔,境内红庄大队围圩内41.68亩湖田亦悉数退耕还渔。1979年汛期时,扬青港湖田受淹,庄稼颗粒无收,其52.65亩湖田亦随即退耕还渔。

### (二)作物产量

新中国成立前,境内农作物品种多年不变,病虫害得不到控制,耕作农具落后,肥源单一,水利条件差等,产量低而不稳,正常年景水稻产量仅150—200千克。如遇旱、涝、虫、灾,产量更大幅度下降。

新中国成立后,随着生产关系变革,耕作技术改进,农田水利改善,化学药剂及化肥的广泛使用,水稻产量虽有丰歉之分,但总的趋势是持续上升。1958年水稻亩产295千克,1965年前季稻亩产358千克,后季稻亩产316千克(水稻年平均亩产641.5千克),三麦亩产149千克,油菜籽亩产78千克。1998年水稻亩产588千克,三麦亩产198千克,水稻平均亩产最高年是1973年,达到648千克(前、后两季)。前季稻亩产最高年是1966年,为376千克。后季稻亩产最高年是1979年,为346千克,三麦亩产最高年是1979年,为326千克。油菜籽亩产最高年是1999年,为135千克。2000年末,红庄社区共有耕地3783亩(水田3756亩,旱地27亩),均基本形成了标准化设施农田,有高标准粮田600亩。

## 三、栽培技术

### (一)水稻

【育秧】境内种植水稻,一般在立夏前后浸种。种子经筛选,装入蒲包,捆扎后投入河内浸泡,催芽绽口。传统的旧式秧田做法简单,耕作粗糙。一块大田经过耕翻、倒碎、灌水后,用大木板压平做成大秧板,用脚印成沟,然后落谷,再盖上草木灰或砻糠灰即成。20世纪50年代以后,秧田质量逐年提高。为培育壮秧、防止病虫害,开始用泥水浸种。同时,为有利于秧田除草、治虫、施肥和灌溉,秧田做成垄式秧板;落谷后,给秧板施上砻糠灰、拌细泥的营养土4担。做到秧板不光不滑不下种。当时,育秧的口号是"狠抓一粒谷,精细育壮秧"。以后,改水秧田为半旱秧田,即通气秧田。将秧田放样开沟成垄,浅削整平,灌水捣烂,并用木板将垄面推平,然后落谷,覆盖草木灰、营养土。因半旱秧田积水浅,垄面露出,易催生嫩芽,从而减少浸种的时间。半旱秧田成秧率高于水秧田,且省工省力,因而被大面积采用。秧田与大田比例为1∶8—1∶10。种植双季稻期间,境内也曾采用药剂浸种，温水催芽，塑料薄膜育秧；同时，曾一度推广两段育秧，又称条寄育秧。这些育秧方法对抢季节、保早熟均有良好作用。

【移栽】境内水稻移栽一般在农历夏至前后，农谚称："头时勿抢，三时勿让。"早熟品种在5月底6月初移栽，中、晚熟品种在6月下旬移栽结束。行间距习惯于"尽手一度，尽脚一缩"的大株种植，密度较稀，株行距约6×8寸，每亩2.3万—2.6万穴。20世纪50年代后期，国家颁布了《农业八字宪法》（水、肥、土、种、密、保、工、管），耕作逐步走向规范化。根据《农业八字宪法》的精神，境内开始推广"合理密植"，即根据水稻不同品种的分叶率强弱以及移栽时肥料的多寡、土质的好坏决定株行距尺寸。同时，推广竖拉绳插秧，确保密度。一般水稻田为5×5寸，土质好的水稻田为5×6寸。双季稻移栽密度较高，1968年实行竖拉横牵（竖里拉绳，横里由两人牵绳，莳秧者莳好一行秧。拉绳者即将绳向后移动3寸），高密度插秧，插好的秧苗横、竖匀齐，株行距为3×4.5寸，每亩4.4万穴左右。此种移栽方法一直延续到双季稻被淘汰为止。1976年全社区3个村少数面积曾采用抛秧（即将秧苗直接抛撒大田间，省去人工莳秧），后因不利收割，未予推广。1990年以后逐步推行宽行条栽，株距为3.7寸，行距为6寸，每亩为2.6万穴，每穴3—4支苗，每亩基本苗9万—10万支。在移栽秧苗前，施好起身肥，拔好秧，耙好田，施足基肥，筑好陂岸，使之不漏水，做到不种隔夜秧，不种清水秧，不种扯篷秧，不种大水秧和不种烟筒秧。当时还试用过植播的移栽方法。

（二）三麦

新中国成立前，境内对麦类生产不够重视，均为粗耕滥种，小垄宽沟，不施基肥，故亩产很低。新中国成立初期，仍沿旧习，只是用肥有所改进，在冬前浇泼水河泥或人尿粪等腊肥，开春返青时增施人尿粪肥。20世纪50年代末，开始选留良种，采用大田块挑选种子田和穗选两种方法，并以药剂浸种催芽播种。播种前，对麦田实行全面耕翻、碎土、狭沟、深沟、阔幅平垄，做到沟沟相通，雨停水干，减少渍害。播种时，由农技员或有数十年农业生产经验的老农民负责，实行浅播、匀播，保证出苗率。播种后，拍泥盖籽，消灭露籽麦，全面采用药剂防治病虫害。同时改进施肥技术，施足基肥，增施面肥，全面浇上水河泥，施用腊肥和返青肥，使三麦产量逐年提高。70年代始，改进耕作技术，薄片深翻，阔垄深沟，大部分农田采用暗沟：开好三沟（垄沟、腰沟、围沟），治理三水（地面水、浅层水、地下水），三沟配套，逐级加深，使沟沟相通，沟渠相通，泄水畅流，雨停田爽；同时施好基肥、腊肥、返青肥、拔节孕穗肥4次关键性肥料。1979年全社区三麦平均亩产达312千克。1983年全面推行"免耕板田麦"方法，即水稻收割后，不经耕翻或旋耕，施好基肥（化肥和农家肥），喷洒防草剂，直播麦种在板茬，再开沟压泥成垄。这种种植方法，简化了农艺，减少了耕翻环节，节省了劳动力，还提早了播种时间。同时，可充分利用表面熟土层，提高了营养利用率，为麦苗早发、高产打下良好基础。

（三）油菜

新中国成立前和成立初期，菜秧苗播种选择杂边空隙地育苗，不间苗，苗质瘦弱。霜降、立冬后，多用石制圆锤打潭，潭内用人粪拌草木灰点施，然后移栽菜秧（苗），随移栽浇活棵水，活棵后再松土1次。冬季追施猪灰肥或人粪肥、抄沟壅土；开春削垄除草，施上春肥；清明前后打（摘）菜苋，小满前后收获。由于品种不良，耕作粗糙，产量很低。

20世纪60年代起，境内开始重视菜秧培育。选择高爽杂边地和大田做菜秧苗地，开沟做垄，精整苗床，落籽稀匀，并以厩肥作底层肥，磷肥作中层肥，再用人粪肥施面肥。播种后，常浇水，保持土壤湿润，以利全苗。齐苗后，即间苗除草，用药剂防止病虫害，确保秧苗健壮。移栽前6—7天，重施起身肥，移栽时再施药剂1次，防止带病菜秧（苗）入大田。

70年代后，大田改为阔垄狭沟，劈横移栽，合理密植。成活后，施好追肥，查苗补缺，保全苗。冬季施用腊肥，抄沟壅土，防止冻害，以利保肥，增温发根。清明前，施好临花肥，形成冬壮春发，治好病虫害，促其多分蘖，多结荚。常清沟内淤泥，防止渍害。5月底6月初收获。

80年代，试种免耕板田油菜，即在水稻收割后不经耕翻，直接劈横条栽在板田上，提高土地利用率。移栽后，在两棵油菜中间穴施基肥，以防损根。同时，还种植套播菜，追肥、管理、耕翻与垄栽油菜相同。

### 四、病虫害防治

新中国成立前，农民种田是靠天吃饭，农作物遇有病虫害便束手无策。遇天灾，往往颗粒无收。新中国成立后，人民政府十分重视科学种田，提倡植物保护，用人力、药物、栽培技术防治病虫害。1958年，人民公社化后，公社设立了植保站，生产队则设1名植保员，专门负责植保工作。20世纪70年代初，农药得到广泛使用。1972年公社成立了农业科技推广站。每个生产大队配备1名农技员，专门负责农业科技推广和植保工作。

#### （一）水稻病虫害与防治

【纹枯病】发病时间：前季稻在6月下旬至7月下旬，单季稻、后季稻秧田在四叶期后，稻田在7月中旬至7月下旬。发病症状：自水稻幼苗期到穗期都会发生，症状是先在水面出现水渍状，有暗绿色边缘不清的小病斑，以后逐步扩大成云纹状的病斑。此病一般发生在叶梢与叶片上。

发生规律：纹枯病是高温病害，一般气温上升至23℃以上，相对湿度上升至97%以上时开始发病。气温为25℃—31℃，湿度饱和时，病虫害发展迅速。矮秆多叶品种，施肥不当，氮肥过多或后期重施，灌水不当，经常深水灌溉，搁田不好，均容易发生纹枯病。

防治方法：水控药防，包括农业防治和药剂防治。农业防治：消灭病源，打捞浪渣，湿润灌溉，适时搁田，合理施肥。药剂防治：掌握标准与防治时间，一般常在孕穗前每亩用20%的稻脚青可湿性粉剂2两或退菌特2两加水10担泼浇；孕穗后用5万单位井冈霉素0.25千克加水30千克喷雾，控制病情发展。

【稻瘟病】发病时间：6月下旬至7月中旬，8月下旬至9月下旬。发病症状，主要有两种：（1）急性型：叶片上产生暗绿色水渍状椭圆形；急性型病斑出现是大面积稻瘟病发生的预兆，扩散很快。（2）慢性病型：是急性型通过药防或干燥的转化，病斑呈菱形，边缘褐色，中间灰白色。

发生规律：一般当温度在20℃—30℃，相对湿度在92%左右时开始发病。水稻孕穗期、抽穗期如低温（20℃以下）和阴雨时发病较重。肥水管理，施肥过迟，搁田不透，经常灌水，发病较重。品种抗性：各品种抗病能力有差异，生育期一般在秧田四叶期、孕穗期和抽穗期最易感病。

防治方法：农业防治和药剂防治。农业防治：选用高产抗病品种，通过种子消毒，消灭病源，提高栽培技术，增强抗病力。药剂防治：一般用40%稻瘟净3两加水2担喷洒，或用50%多菌灵可湿性粉剂，每亩2两加水2担喷洒，每隔6至7天喷洒1次，连喷2至3次即可防治。

【稻灰虱】发病时间：5月下旬至7月下旬。发病症状：病株心叶呈现断续的黄绿色或黄白色条斑后，常连成宽的褪绿条斑，心叶细长卷曲成纸捻状，弯曲下垂而成"枯叶状"。发生规律：此病属于病毒性病害，发病是由媒介（昆虫、灰飞虱）传播而引起的。病毒随灰飞虱转移而扩散。发病情况随着灰飞虱的发生期、发生量而变化。生育期：一般在幼苗期最易感病。

防治方法：农业防治和药剂防治。农业防治：实行连片种植，选用轻病品种，改进栽培技术，及早拔出病株。药剂防治：应注意防治策略、防治时间与防治次数。主要用3%混灭威，或3%的叶蝉散，或乐安磷乳剂进行喷洒或泼浇。

【螟虫】主要有二化螟、大螟。二化螟年发生2—3代，大螟年发生3—4代。螟虫一生要经过成虫、卵、幼虫、蛹4个虫期。成虫具有趋光性，产卵具有选择性。温度和湿度直接或间接地影响螟虫的生长、发育以及发生量和发生期。1955年前，对螟虫尚无药剂防治方法，主要借助人工捕蛾灭幼，冬季挖稻根灭幼，夏季在田间点灯诱蛾，以抑制繁殖。以后，逐步用药剂防治。常用农药有25%的杀虫脒水剂（对二化螟有特效，对大螟虫无效）和45%的乐胺磷乳油。

【纵卷叶虫】一年发生4—5代，危害最大的是第2代和第3代。发生时间分别在6月下旬至7月中旬，7月中旬至8月中旬。成虫虫体为黄褐色，前翅外缘有黑褐色，宽边有绿褐色，有3条黑褐色条纹。幼虫分五龄，一般虫头为黑褐色，体黄绿色。高温高湿的环境有利于其发生、发育。防治方法主要是使用高效农药，如20%的杀虫脒水剂或45%的乐胺磷乳油兑水喷洒。

【稻蓟马】一年发生9—11代。双季稻：6月下旬始见，严重危害时期在6—7月。单季稻：7月中旬始见，严重危害时期在7—8月。成虫深褐色、狭长、翅狭长，边缘多缨毛；幼虫淡色，卵肾形。稻蓟马耐寒而不耐高温，属低温高湿性虫害，是稻田和大田分叶期的主要害虫。防治方法主要是采用40%的乐果乳剂或45%的乐胺磷乳油兑水喷洒。

【稻飞虱】有褐飞虱、灰飞虱、白背飞虱3种，以褐飞虱为害最甚。稻飞虱因本地气候关系，不能越冬，所以危害水稻的全盛期在8月—10月，一年发生4—5代。成虫有长翅型、短翅型两种，体褐色。盛夏不热，晚秋不凉是大发生的有利条件。单季稻重点是治第3（代）压第4（代），后季稻重点是治第4（代）压第5（代）。防治方法是：每亩用3%的混灭威粉剂1.5千克、叶蝉散粉剂1.5千克或用乐胺磷150克兑水喷洒。扑虱灵是消灭稻飞虱的特效药。

（二）三麦病虫害与防治

【赤霉病】俗称"红头瘴"，此病发生在4月下旬到5月下旬，三麦抽穗后，开花灌浆乳熟期间。其明显症状是麦穗呈枯黄色，病部出现一层粉红色的胶状物。抽穗至扬花阶段，遇到气温较高，雨日较多，赤霉病最易发生流行。感病麦粉质量低劣，人畜食用后中毒。防治方法主要是：消灭越冬菌源，加强栽培管理，选用抗病品种。一般年景在10%—15%麦穗开花时，用50%的多菌灵可湿性粉剂，每亩100克加水75—100千克喷洒。重病年一次用药后，隔5—7天再喷洒1次。

【白粉病】大面积种植感病品种（扬麦）易造成病害流行。一般在3月下旬到5月中旬发生。在适温范围内，温度高则迅速流行。主要危害叶片。病斑表面可见白粉状霉层，后期霉层变淡褐色。防治方法：（1）选用抗病品种。（2）加强栽培管理，降低氮肥施用量，增施磷钾肥。（3）用50%的多菌灵可湿性粉剂，每亩100克兑水喷洒。

【黏虫】卵块在3月下旬到4月中旬孵化，发病高峰在4月中旬至5月上、中旬，能吃麦叶和麦穗。一年发生4—5代，主要是第一代幼虫危害三麦，来势猛，危害凶。防治方法为：每亩用50%的乐胺磷乳油100克或用2.5%的敌百虫粉剂1.5千克，加水75千克，在二龄幼虫阶段喷洒。

【麦芽虫】一年发生多代，繁殖快且世代重叠。冬季以大元麦田受害为重，春季以迟播晚熟麦田受害为重。防治方法为：每亩用40%的乐果乳剂加水喷洒或用乐胺磷药剂150克加水75—100千克喷洒。

（三）油菜病虫害与防治

【菌核病】4月中旬到5月上旬为发病盛期。病菌先侵入老叶和花瓣，再入侵茎。低温（15℃—24℃）高湿（80%以上）的气候均容易发病。油菜生长旺，田间闷气阴湿有利于发病。防治方法为：农业防治，选用抗病品种，轮作，打老叶。药物防治，每亩用50%的多菌灵100克加水100千克喷洒。

【霜霉病】俗称"龙头病"，早油菜发病重，大面积田块常有发生。防治方法为：每亩用乐胺磷100克加水100千克喷洒。

【菜蚜虫】生长在菜叶上，叮吸叶片和嫩枝的浆液，影响油菜生长和结荚。防治方法：每亩用乐胺磷100克加水100千克喷洒。

## 五、杂草防治

农田杂草影响作物生长和产量。人工除草用工量大，且费时、费力。采用化学药剂除草，费用不大，省工高效，农民乐意使用。稻田杂草历来以稗草、牛毛草、节节草等为主。以后，由于新品种的引进，新的杂草品种也相应增加，对水稻危害逐渐加重。20世纪50年代末，稻田全凭人工耘耥除草，80年代后，全境普遍采用化学除草剂（除草醚）。

麦田杂草种类繁多，其中麦娘草危害最重。新中国成立初，麦田一般不除草，后采用精工细作、抄沟盖泥等方法除草。20世纪80年代始，采用绿麦隆、丁草胺、苄黄隆、骠马、盖草能等化学剂除草。

油菜田杂草以麦娘草为主。20世纪70年代前，主要以开沟压泥，冬春松土等办法除草或人工拔草。80年代后，除采用上述措施外，还用盖草能药剂除草，效果较好。

## 六、肥料

（一）自然肥料（有机肥）

境内农业用肥，新中国成立前主要靠猪灰、羊灰、人粪尿。新中国成立后，尤其在"以粮为纲"的20世纪六七十年代，全党抓粮食，其中大部分精力用在积肥造肥上。提倡多花劳力少花钱，一年四季发动群众积肥造肥，既节省了成本，又改良了土壤。同时，对搞好农村环境卫生也十分有利。

【河泥】河泥是农业生产的主要肥源。其中用法有三种：一是干河泥（俗称白塘泥）。

一船三人，两人用泥箩头罱泥，一人撑篙（俗称挟篙），待船罱满泥后，两人用泥桶从船舱中将水河泥拷入下泥塘（俗称拷下塘），另两人用泥桶从下泥塘将水河泥拷入上泥塘（俗称掼上塘）。若干天后，待泥塘中河泥干裂，再将干裂河泥挑入大田中，用铁锸将河泥剖成薄片，晒干后敲碎当水稻基肥。二是盖籽泥，以罱来的水河泥，用粪桶挑入麦田，泼浇在已下好麦种的麦垄上。既作麦田基肥，又利于麦籽保暖，催芽长苗。三是柴搅泥，用水河泥和柴草搅拌混合后，过段时间，把柴搅泥挑到潭里，再用青草和柴搅泥搅拌混合沤制而成。柴搅泥是当地农业生产使用时间最长、肥效最好的主要肥料。

【草皮泥】每年夏天，将路边、河边、田边所有草皮铲下来，堆成堆，用水河泥封面，待发酵。发酵后草皮泥酥松，是夏熟作物的好肥料。

【青草】割下来的青草主要用于沤制草塘泥，肥效最高。

【水生作物】在江河水面养殖水浮莲、水花生等水生作物，既作饲料，又作肥源。

【人粪肥】一般都用作追肥。生产队除了定期收集好每户社员的大粪和上级计划分配的大粪外，还派船到城市、集镇去收集。

【稻田放养绿萍】绿萍繁殖快，肥效好，既能隔绝空气，闷死田间杂草，腐烂后又是水稻的好肥料。20世纪70年代放萍最盛，稻田养萍面积达水稻种植面积的70%以上。

【积厩肥】饲养畜禽获取肥料，是农民一贯的积肥方法，以猪粪为主，鸡鸭兔牛粪为辅。新中国成立初期，境内水稻以河泥和家杂肥为主，并施用少量豆饼和菜籽饼肥。20世纪60年代，施用沤制草塘泥等有机肥料，并少量施用化肥。70年代，有机肥和无机肥配合使用。80年代，氮、磷、钾合理使用。进入90年代后，随着农村劳动力的转移，无机肥用量增加，有机肥用量减少，积造自然肥料基本停止。

（二）化学肥料（无机肥）

新中国成立前，没有化肥。新中国成立后，自20世纪60年代后期始才有少量使用，后逐年增多。双季稻种植期间，除前季稻施有机肥料外，后期稻肥料基本上以化肥为主。在化肥品种中，氮肥有碳酸氢氨、氯化铵、硫酸铵、尿素、氨水，磷肥有过磷酸钙，钾肥有硫酸钾、氯化钾。此外，还有氮、磷、钾复合肥等。磷、钾肥一般作为基肥，在耕翻时施入。氮肥既可作水稻基肥，也可作追肥。

### 七、农谚

麦要抢，稻要养。

寸麦弗怕尺水，尺麦只怕寸水。

人在田埂热得双脚跳，稻在田里哈哈笑。

好种出好苗，秧好半熟稻。

三分种，七分管，才有好收成。

雨沰黄梅头，割麦像贼偷。

只有懒人，没有懒田。

霉里芝麻莳里豆，拔脱黄秧种赤豆。

秋前弗搁稻，秋后要懊恼。

小暑一声雷，十五天倒黄梅。

种田不离田头，开店不离店堂。

## 第五章 农业

夏熟丰收好种田，秋熟丰收好过年。
种田万万年，生意眼门前，做官一蓬烟。
科学种田，越种越甜。
霜降割糯稻，立冬一齐倒。
养猪弗赚钱，回头望望田。
量体裁衣，看苗施肥。
冬施（肥）金来，春施（肥）银，过了清明弗留情。
种田不养猪，秀才不读书。
腊肥一条线，春肥一大片。
庄稼一枝花，全靠肥当家。
季节不饶人，种田赶时分。
上看初二三，下看十五六。
春雾阴，夏雾热，秋雾凉，冬雾雪。
清明断雪，谷雨断霜。
吃了端阳粽，才把棉衣送。
六月弗热，五谷弗结。
两春夹一冬，无被暖烘烘。
西北阵，吓人阵；西南阵，带过落三寸。
东北阵，黄草布衫落不霎。
早西（风）夜东风，日日好天空。
夏至西南（风）没小桥。
东虹日头，西虹雨。
六月初三打个阵，上昼耘稻下昼睏。
雨天知了叫，晴天马上到。
早上薄薄云，中午晒煞人。
开门落雨吃饭晴，吃饭落雨弗肯晴。
早立秋凉飕飕，夜立秋热烘烘。
三朝雾露发西风。
晴到冬至落到年，邋遢冬至干净年。
黄梅寒，井底干；莳里寒，没竹竿。
重阳无雨看十三，十三无雨一冬晴。
早雾晴，晚雾阴。
夜晴不是好晴，明朝弗雨也阴。
长晴必有久雨，久雨必有长晴。
明星照烂地，天亮落弗及。
日晕三更雨，月晕午时风。
浓霜必有晴天。
日出胭脂红，无雨就是风。
虹低日头高，明朝是天好；虹高日头低，明朝落弗及。

# 第二节 养殖业

## 一、养猪

新中国成立前及新中国成立初期,境内农户一般不饲养猪,只有少数富裕农户在下半年养头过年猪,或计划家中要操办结婚、造房等重大喜事,事先养好头猪为办喜事之用。猪种为当地黑种,存活率低、生长慢、抗病能力差。以大麦粉、豆饼、麸皮、米糠等为主饲料。

20世纪60年代中期,为了发展农业生产,政府号召"大力发展养猪业",向猪要肥料,以获得更多的农田厩肥,为农业增产丰收打基础。境内一度掀起养猪热潮,户户搭猪棚,队队建饲养场,公私并养,把养猪业推向高潮。

每个生产队都自建自造规模大小不等的养猪场,一开始生产队的猪棚大多是柴草棚、泥土墙、石栏圈,圈底是泥土。以后逐步将柴草棚改瓦房,泥土墙改砖墙,石栏圈改砖墙圈,泥土底改混凝土底。生产队集体以饲养母猪为主,兼养生猪(肉猪),队队配有专职饲养员专业养猪。一开始的母猪品种是本地的土种黑猪种,黑母猪的交配是与引进的约克公猪(白猪)进行交配。猪的孕育期为4个月,产猪后的哺乳期为1个月,好的母猪一年能怀二胎半,一般母猪一年产2胎,每胎的产仔率数量不等,一般在8—14头之间。所产的苗猪为杂交猪,苗猪有黑、有白、有黑白花夹猪。当时的苗猪出栏一般大都是8—15斤。生产队所饲养的母猪产出的苗猪大多是解决本生产队农户和饲养场的生猪饲养问题。随着养猪业的发展,本地黑母猪被逐渐淘汰,改用约克母猪品种。约克猪种体积大、免疫力强、产仔率亦高。

70年代初,农业生产从一年一稻一麦菜变革为一年两稻(双季稻)一麦菜。由于种植双季稻带来农用肥料紧缺问题,特别是农用化学肥料短缺,为了保证农业丰收,提高单位面积产量,政府实行一亩农田一头猪,鼓励生产队集体和农户家庭多养猪、多造肥、多贡献,并下达给农户生猪交售派购任务。明文规定以农户家庭人口计,两人家庭上交一头生猪,三四人家庭上交两头生猪,五六人家庭上交三头生猪,超过6人的家庭不再增加生猪派购任务。同时,出台了生猪交售奖励办法等政策,每饲养一头派购任务猪由生产队划给农户0.11亩粮田为饲料田由农户家庭种植。收获的粮食作为农户派购生猪饲养用饲料,并按实际交售生猪,奖励布票、食用肉票、养猪饲料(三七糠、麸皮、青糠)和搭建猪棚用材料(毛竹、树棍、铅丝、水泥)。对未完成生猪派购任务的农户,按生产队平均亩产计,在口粮中相应扣除挂钩饲料田收获量。当时,农户养猪产生的猪圈灰由所在生产队集体收购,每担猪灰为0.30元人民币。饲养的生猪去政府设立在蠡墅、龙桥两个集镇上的食品收购站出售,食品站以每头生猪64斤出肉率为标准,每斤肉价为0.76元,一头标准猪价格为48.60元。

养猪饲料,生产队集体养猪的饲料是在完成国家公粮任务、付清社员口粮、留足种子后,剩余稻谷及三麦籽(大麦、元麦、小麦籽,大部分为瘪谷、瘪麦籽)为精饲料;粗饲料为稻柴干粉碎而成的柴糠。农户养猪,则以谷轧糠、麸皮和政府奖励的少量青糠为精饲料。粗饲料有青稻柴、青草干、山芋藤干粉碎而成的柴糠、草糠及山芋藤糠。同时,生产队还去苏州市区各蔬菜市场将腐烂的蔬菜叶运回来打成浆,还有青草、水花生、水葫芦、红花草等作猪饲料。

政府专门成立畜牧兽医站,负责猪的防病治病工作。每个大队派人学习兽医,负责所在大队农户及集体养猪的防病治病工作。苗猪由畜牧兽医站派出的巡视员进行洗割。

随着农业的变革,农村实行家庭联产承包责任制后,生产队集体养猪场解散,但仍有农户私人养猪,以猪的肥料为己用。21世纪初,境内土地均并调入吴中(吴县市)开发区,农民不再种田,养猪业随之在境内绝迹。

## 二、养牛

新中国成立前至新中国成立初期,耕牛是境内农村的主要生产工具,绝大多数农户常年饲养。农业生产合作化运动时,农户家庭饲养的耕牛作价入社,由初、高级社集体饲养。人民公社化后由生产队集体饲养。境内饲养的耕牛有水牛、牦牛和黄牛,一般都为水牛,牦牛和黄牛所占比例很小。农户饲养耕牛一般在家前屋后搭建单间草棚为牛舍(俗称牛棚),白天由小孩将牛牵至野外食草,晚上入舍。大集体生产时,生产队在空地上搭建成片(一般8—10间)草棚为牛舍,由饲养员专人管理。每个生产队饲养3—5头,对有生育能力的雌牛(母牛)有计划地进行配种繁殖。耕牛饲料:春季一般食用青草、蒿草和稻柴,冬季食用青草干、蒿草干、稻柴,农耕季节兼食菜饼、花生饼、豆饼。三年困难时期后,政府明文规定不允许生产队集体宰杀耕牛,对病危或年岁大的丧失耕种能力的耕牛一律出售给国有食品加工企业,由企业宰杀后制成罐头食品凭票供应给城镇居民。

境内农村养牛用于代替人力,主要用于农耕、犁田、耙田、绞岸、灌溉(牛拉车水,俗称打水)、碾米(拉磙)等繁重劳动。20世纪60年代末,发展农业机械化后,耕牛仅用于农耕。据1965年长桥公社各大队年终固定资产报表显示,境内共饲养耕牛128头,其中红庄大队52头(水牛50头,牦牛2头),钢铁大队76头(水牛71头,牦牛5头)。1975年,境内有耕牛117头,红庄大队46头(水牛45头,牦牛1头),钢铁大队71头(水牛68头,牦牛3头),其中有繁殖能力的母牛78头。1980年末境内仅剩耕牛35头,均为水牛。1982年秋,境内农村推行家庭联产承包责任制后,生产队将集体耕牛出卖给浙江人作肉用牛饲养。耕牛在境内绝迹。

## 三、养家禽

新中国成立前,境内农户家庭普遍散养鸡、鸭、鹅,养鸡居多,用于生蛋食用或人来客去宰杀食用。新中国成立后,农户家庭养禽基本稳定。"文化大革命"期间,在"割资本主义尾巴"的思潮影响下,采取禁养与限养的措施,使家禽数量骤减。到了20世纪70年代初期,政府号召"以粮为纲、全面发展",使家禽养殖得到恢复和发展。集体成立副业队,派专人负责群养鸡、鹅,以增加集体经济收入。境内集体副业队将鸡宿搭建在农船上,白天船运至野外放养。在地势较平坦的河塘边四周围上线网或竹帘子即为鹅舍,晚上在围子里露宿,白天则用船顺河赶着鹅群觅食河岸边杂草,或赶入塘田中觅食浮萍、节节草。时,红庄、钢铁2个副业队年养鸡3000余只,鹅2000余只。饲养的鸡、鹅均由供销社统一收购,送往国有食品厂加工成罐头食品，或凭票供应给城镇居民家庭食用。农村实行家庭联产承包责任制后，副业队解散，私人养禽由原来少量饲养发展到成批饲养，并出现了养禽专业户。1985年，境内共养禽10600只。20世纪90年代，随着吴县市经济技术开发区的拓展，红庄社区全境划归开发区，随着工业生产的发展和农村环境卫生的逐步改善，养禽农户逐年减少。1995年创建卫生城市时，境内全面禁养家禽。

### 四、养兔

兔为哺乳类动物，有长毛兔和短毛兔两种。家兔分皮用、肉用、毛用。境内主要饲养土种长毛兔和德国长毛兔。土种长毛兔体重一般在2.5千克左右。一只长毛兔年产兔毛250克左右。土种长毛兔以食草为主，生长迅速，繁殖力强。全身毛洁白无杂色，绒毛多，粗毛少，不容易打结块。具有早熟、耐粗饲料、成活率高、饲养成本低等优点。境内饲养的德国长毛兔为德系兔和中系兔杂交配种的后代。这种长毛兔的体重重于土种长毛兔的50%左右，年产毛率高于土种兔的一倍左右。兔毛由供销社收购。20世纪六七十年代初，境内农户基本上户户都饲养家兔，还自行繁殖兔仔。1973—1979年间，境内先后由红庄2队、钢铁（后为双桥）8队集体办起了百头养兔场。1978年境内养兔达1300只。与此同时，社员家庭养兔发展迅猛。以后随着兔毛价格的下跌，毛兔饲养逐年减少，直至消失。

### 五、河蚌育珠

蚌珠，即珍珠（又名真珠），是蚌的贝壳内产生的圆形状的硬颗粒，乳白色或略带黄色，有光泽。蚌珠的产生是蚌体内发生的病理变化或外界沙粒或微小物侵（进）入贝壳内而自然形成的硬颗粒，即珍珠。人工养殖蚌珠（称养珠），珠的形状有圆形、扁圆形、椭圆形等。主要成分是碳酸钙、有机物和水。珠有白、黄、粉红、青等颜色，并且有光泽。珍珠主要用于制作装饰品、首饰，也可以碾成粉入药。

20世纪60年代后期，境内红庄、钢铁大队副业队开始人工养珠作业，利用港湾、池塘、河边水面开展人工育珠生产。育珠的工艺流程是把褶纹冠蚌破取出蚌周边的鲸带（边）切成3—4毫米微小的方块，用专用工具塞入蚌体内。一般一只三角帆蚌体内可置放微小方块15—20片。塞入安放微小方块的技术要求极高，须将微小方块在蚌体内平坦安放，不打褶，不蜷曲（因安放时形状跟今后采珠的质地有着密切的关系）。安放好物体后，在三角帆蚌的鸡冠上打个孔，孔中穿上尼龙线放回河、池中。河、池中事先打好桩，扎好架，把三角帆蚌用尼龙线系在架子上自然生长。一年后捞起开采珍珠。境内年采珍珠8千克，产值4万余元（当时价）。此后由于盲目发展蚌珠生产，甚至缩短养珠周期，春插秋采珠，使珍珠品质下降，产量下跌，加上市场滞销，价格下滑，养珠业逐年减退，直至停养。

### 六、养鱼

新中国成立前至新中国成立初期，只捕鱼，不养鱼。境内没有专业渔民，只有部分农民作季节性捕鱼。每当水汛、黄梅期内（5—6月）在鲇鱼口、面杖港、白洋湾等湖泊、河道宽阔处（俗称段子里）及小河浜用渔网、推笼、鱼罩、鱼叉和小杠网等小型渔具捕捉鱼类。当时，一般均在农闲季节，或清晨、傍晚农耕休息时间，由青壮年农民自行出门捕捉。一般以捕捉鲫鱼、鲤鱼、鲶鱼、白鲦、鳌鲦、鳊鲅鱼、塘鳢鱼、黑鱼为主。曾有"鲶黄昏（意为黄昏时捕捉鲶鱼最易)、鲤半夜(意为深夜子时捕捉鲤鱼最易)、要吃鲫鱼天亮快(意为黎明时捕捉鲫鱼最易)"之谚。时,境内季节性捕鱼者有300—400人,每人日均捕鱼2—5千克,均为自家食用。

境内共有河浜35条,水域面积占粮田面积的13.9%。可利用养鱼的河浜有8条。20世纪70年代初,在政府"多种经营、全面发展"的号召下,境内的副业队开始尝试在内河和池塘内人工养鱼。1973年,境内养鱼200余亩,其中内河养鱼面积为150余亩,池塘养鱼面积为50余亩;年产量2000余担。1978年,境内内河、池塘养鱼发展到350余亩。年产量近4000担。1983年,农村实行家庭联产承包责任制后,集体副业队解散,境内除原红庄村将东湖(亦称鲇鱼口)十六亩头及扬青港围圩的5只50余亩面积的内塘承包给个人养鱼外,其余内河鱼塘均退鱼还水,仍以生产河道使用。21世纪初,原有长桥公社围垦的东湖土地悉数被征用,开发建设商品房住宅区。境内的养鱼业随之消亡。

# 第三节 水利

红庄社区地处江南水网平原,境内河道纵横,坑塘密布,水域面积占总面积的13.9%。历史上,生产河道都为自然形态,没有标准格局,河网密度大,但布局不匀,蜿蜒弯曲,深浅不一,宽狭不等。农田排灌处于自然状态,常遭旱涝灾害。

新中国成立后,人民政府发动和依靠广大人民群众,贯彻执行中央"水利是农业的命脉"的方针,有计划、有步骤地兴修水利,大搞农田基本建设,发展机电排灌,逐步建成了遇旱能抗,遇涝能排的水利体系。

20世纪80年代,农业水利建设转入完善配套、更新改造、巩固提高、加强管理。境内开展了水利工程达标建设。重点做好防护、修缮、构建网络,更新改造机泵,推广悬挂式横拉门闸。

1975年—2000年间里,境内疏浚河道8条,填埋不利农耕的老河浜12条。同时改善田间水利工程,完善了全社区农田灌排条件,形成了排灌配套、水利完善、洪水挡得住、涝水排得出、旱来灌得上、旱涝保丰收的水利体系。1999年,境内虽遭特大洪涝灾害,但农业生产仍取得了丰收。

## 一、拓浚开挖河道

【跃进河】1976年,在原吴桥港的基础上拓浚开挖而成,东西流向,自西石湖三叉桥,经吴中区长桥街道新南、蠡墅社区和城南街道红庄、新江、宝尹诸社区(村),穿越中心河、改道河、东港河诸河流,与京杭大运河汇合。涝年,承上游来水,经石湖、跃进河,宣泄京杭大运河;旱年,引太湖水,经胥江、石湖、跃进河,向境内灌流。它是集排灌、航运、泄水为一体的综合性河道,也是关系到红庄社区农业旱涝保收、调节水源的主要河流。全长5.1千米(境内段3630米),底宽6米,底高0.5—1米,坡比1:2,完成土方28.56万平方米。上建公路桥8座(境内段5座),机耕桥5座(现为2座,境内段1座)。由各大队出民工，分段分片开挖施工，资金由长桥公社自筹，由时任长桥公社党委书记的陈根兴题"跃进河"名。

【大寨河】又名改道河、西塘河、大龙港。1976年在原鲇鱼口的基础上拓浚开挖而成，南北流向。自东太湖大堤（瓜泾港西口），途经吴江县湖滨公社东方红大队（现吴江区松陵镇瓜泾社区）南部、城南街道东湖、红庄、新江、龙南社区（村），穿越村前嘴港、前六百庙港（2007年填埋）、后六百庙港、跃进河，与新运河汇合。涝年，承上游来水，经跃进河、澹台湖，宣泄京杭大运河来水；旱年，引太湖水，经后六百庙港、跃进河，向境内灌流。全长3.6千米（不含北端原鲇鱼口梢），境内段长2400米，底宽8米，底高0.5米，坡比为1：2，共完成土方26.5万立方米，疏浚土方5.2万立方米。大寨河是浙江通往苏州市的主要航道之一，也是境内排灌、引水、泄洪的主要河道。2008年，大寨河两岸均构筑成块石驳岸。

【新开河】1978年，在原钢铁大队4队、5队的粮田中开挖而成。南北流向，南起袁达浜，北至东白洋，是境内的生产用主要河道。全长305米，底宽6米，底高0.5米，坡比1：2.5，完成土方2.12万平方米。上建机耕桥2座。由钢铁大队各生产队出民工、分段开挖施工。资金由长桥公社负担。因未正式命名，故称新开河。

## 二、泵闸

境内有防洪泵闸4座。其中：泵站一座，防洪闸3座。用于涝年防洪，保证农业生产和居民区免受洪涝灾害。

【面杖港防洪闸】2005年建，位于红庄新村一区东北首，系钢筋混凝土构建。站身长65米，宽10米，高5.5米。有泄洪闸3处，5000瓦电动机泵3组。用于拦洪泄洪。

【跃进河防洪闸】1991年建，位于境内田上自然村北首。原为扬青港机耕桥，1990年境内遭50年未遇特大洪涝灾时，被洪水冲毁。由江苏省政府办公室副秘书长会同长桥镇人民政府，规划在被冲毁的扬青港机耕桥处建造防洪闸。系钢筋混凝土构建，闸身长25米，宽2.5米，置电动闸门2扇。用于拦洪。

【东浜防洪闸】1976年建，位于境内盛庄里自然村东浜桥东侧。系钢筋混凝土构建。闸身长5米，宽2.5米，置人工牵动闸门一扇。用于拦洪。

【盛庄港防洪闸】2003年建，位于境内盛庄港西口。系钢筋混凝土构建。闸身长12米，宽2.5米，置电动闸门2扇。用于拦洪。2013年，城南街道将防洪闸加固，重置5000瓦电动机泵1组。既用于拦洪，又用于内河道污水排除。

## 三、农田灌溉

### （一）灌溉方式

新中国成立前，境内土地归私人所有，单家独户分散耕种，农田水利设施十分简单，且水系不清，河道分布不均，遇旱不能大引、遇涝不能大排。新中国成立后，土地归集体所有，农业实行集体生产，原有的农田水利设施制约了农业的高产、稳产。20世纪60年代起，政府把农田水利基本建设列入农业生产的重要议程，集中人力、财力、物力，组织农民开展了声势浩大的农田水利基本建设。各地利用冬闲时节，以生产大队和生产队为单位，构筑排灌渠道，建造排灌闸。到80年代初，全社区共建造排灌渠道26条，总长12.3千米，防洪闸3座,由此基本形成了沟渠配套、排灌结合的农田水利排灌系统。

### (二)灌溉渠道

20世纪50年代,境内农田沟渠不成系统,灌溉大多数为漫灌。水入茬口后漫流入田,灌溉矛盾经常发生。

1963年,采用干、支两级渠道,均为半挖半填式。当时,干渠多、支渠少,串灌、漫灌严重。1964年推行灌排两用渠(两用沟),把原有的高渠道改为低渠道,获得了快灌快排、节水省电的明显效果。70年代初,推行"三七"灰土暗渠道,具有比明渠道灌水快、渗漏少、省电节水、渠路一体、有利机耕和行人方便等优点。暗渠,一般用土堡盖暗沟,降渍排水。改田头排水明沟为暗沟,与田内排水暗沟相通,降低了地下水位。

随着平整土地、农田成方,以沟渠配套、灌排分开为主要内容的农田基本建设的开展,在机耕道旁开挖了灌排两用沟、田间沟渠以灌排两用沟、隔水沟组成外三沟,田中有竖沟、腰沟和围沟组成内三沟,使田间沟系更趋合理化。配套小毛渠,基本解决了串灌、漫灌、排水等矛盾,使大部分农田灌排分开,快排快灌。

## 四、防汛抗旱

红庄社区地处江南水网平原地区,受太湖汛期影响,常有洪灾发生,亦有旱灾降临。

1954年特大洪涝灾难,田中现浮殍。境内受淹粮田1200亩,其中红庄村368亩,尹西村422亩,双桥村410亩。

1962年9月5日遭14号台风袭击,境内低洼农田受淹,大队组织民兵突击抢险排涝。

1963年9月12日遭12号台风袭击,境内倒伏农作物1000余亩,倒塌房屋7间。

1977年9月11日8号台风袭击,最大风力11级,普降大雨。全社区1300亩稻田受淹,倒塌房屋8间。

1980年8月16日—22日,连续阴雨,雨量中到大,水位达到3.9米左右,受涝面积1860亩。其中受淹面积1420亩,抢排1360亩,投入抢排劳动力1000人次,排涝动力90匹、9台套,抢险总耗时间3260小时,耗油15.6吨(其中还有电动机排涝)。耗用木棍300余根,草包3100余只。

1985年7月31日—8月1日连续暴雨,水位从3米升到3.4米,到中午11点时升到3.5米,雨量为144毫米,部分农田受淹。

1990年8月31日—9月1日15号台风袭击境内,连续暴雨,水位从3米升到3.6米。9月6日,17号台风再次袭击境内,15号、17号两次台风带来暴雨,使河水猛涨到3.8米以上,境内灾情严重。自8月31日—9月7日,全社区出动200—300人次参加救灾,共用去草包1200只,9台电动机以及柴油机日夜不停排涝。由于抢险及时,损失被降到最低程度。

1991年7月1日由于强雨水的不断侵袭,境内河水暴涨。被淹农田1360亩,受淹房屋12间,直接经济损失91500元。

## 五、水利管理

### (一)河道管理

20世纪80年代前,境内河道均为农业生产用河道,不加人工管理。80年代初始,乡村工业崛起,境内东部建造了一批化工工业企业,成为长桥镇的化工工业基地。初期,化工企业将未加处理的污水直接排入河道，致使河水发黑腐臭，造成环境污染。

2003年红庄社区建立后，组建了红庄社区物业管理组，专人用船在河道内打捞漂浮物；保持河道整洁干净。并将境内河道全面构筑好块石驳岸，每年将河道进行一次疏浚，清除河底淤泥。构建好境内污水管网，并逐渐配套齐全，工业废水、生活污水均入网输送入城南污水处理厂进行处理，又将红庄新村住宅区的盛庄港、田上港河水抽干，清除尽河道内废弃物，挖掉河底黑色腐臭的淤泥，河床经曝晒数天后，再放入清水。使河道水质改善，清澈干净。同时，在面杖港中段、北段建造了2座3组5000瓦电动泵站，保证了境域内免受洪涝灾害。至2014年，红庄境内现存的7条内河道，清凌凌的河水中已经可见鱼虾追逐，河草丛生，很难见到工业废水污染河道的痕迹。

（二）站闸管理

红庄境内有四座站闸，面杖港中段、北段和跃进河中段的3座泵闸均为防洪闸，盛庄港西口的泵站既为防洪泵站，又是污水泵压站。初建时，没有专人管理，仅在汛期由吴中区（市、县）水利局派人临时看守。2007年，吴中区水利局在面杖港南泵站建用房8间，组建城南泵站管理站，设站长一名，工程师2名，其他人员5名，专门负责境内泵站的维护、使用和水文测量。2012年，城南街道组建盛庄港泵站管理组，设组长1名，工作人员3名。主要负责泵站维修、看护及定期进行污水压送，保证境内生活污水正常输送入城南污水处理厂进行处理。

（三）灌溉工程管理

灌溉渠道是农业生产的主要基础设施。20世纪60年代，长桥公社组建了长桥机水站，负责全公社各大队的农业机械、电力使用和水利灌溉工程建设管理的规划指导。1972年长桥公社成立了农业科学技术推广站（农科站），负责全社各大队农业科学技术的实验、推广、传播和农业水利工程建设管理的规划指导。境内各大队均设有农业科学技术员（简称农技员）1名，负责本大队农业科学技术的推广和农业水利工程建设管理的指导。大队农技员根据公社农科站的整体规划，利用农闲季节，组织生产队社员，每年对本大队辖区内总渠道（含暗渠）、支渠道、外"三沟"等灌溉工程设施进行拓建和维修，保证灌溉工程的配套完善和完好无损。每年开春时，又组织生产队农技员对各生产队的灌溉工程进行实地踏勘检查，指导社员清理渠道内杂物、淤泥，维修好进水茬口、渠道闸门，保证其正常使用。

## 第四节　农业科技

### 一、农业技术员

20世纪50年代，中央人民政府制订了"土、肥、水、种、密、保、管、耕"的农业八字宪法后，境内开始重视对农业科学技术的运用。1972年，长桥公社成立农业科学技术推广站（简称农科站）时，境内各大队选送一名思想好、作风好、热爱农业、有一定文化水平的青年农民去农科站学习农业科学技术，一年后，回大队担任农技员，成为大队抓好农业生产的主要参谋，参与制订大队农业科技推广计划，开展农业科学技术的推广和运用活动。70年代中期，公社农科站开办"五七农校"，分期分批对生产队选送的年轻农业生产积极分子进行农业科技知识的培训。形成了公社农科站、大队农科队和生产队农科组三级农科网。

大队农科队、生产队农科组在掌握三情（天情、苗情、虫情）的基础上，以板报形式介绍境内农情，指导大面积生产，并不失时机地推广水稻、三麦、油菜、蔬菜、生猪、家禽以及化肥、农药新品种，促进了农业生产的发展。同时，长期以示范、推广为中心，做到试验、示范、推广和培训相结合。在双三熟制时代，境内每个大队都树立样板队，以点带面抓好农业。恢复种植单季稻后，境内各村被列为吴县沿太湖"万亩丰产"示范方。

## 二、农业科技推广

红庄社区历来是种植水稻、三麦、油菜的农业乡村，农业生产丰收与否直接关系到全社区经济的兴衰。为此，社区原各行政村领导十分重视农业科技推广。

### （一）推广良种

【水稻】20世纪50年代以来，红庄社区原各行政村先后引进推广的新品良种有：老来青、桂花黄、二九青、沪选、农桂早3-7、团粒早、凤凰稻、矮南1号、矮南39号、六矮4号、黄壳早日廿、农垦58、314中粳、苏粳1号、苏粳2号、412中粳、原丰早、籼优2号、籼优3号、籼优4号、南早优、农虎6号、联鉴58、科选731、义福6号、宇红3号、昆农选16号、单鉴31号、秀水04、武育粳7号、88122、9117、9522、太湖粳、太湖糯、麻泾糯、复红糯、紫金糯等，以及20世纪90年代末引进推广的8优161、86优8号、优福粳、9707、申优1号、吴广早、干化2号、三四优2号等，良种覆盖率为98.6%。

【三麦】境内先后引进推广的小麦良种有：宁麦4号、方六柱、吉利、214、海麦、早熟3号、浙114、浙20285、矮三早、扬麦2号、扬麦3号、扬麦4号、扬麦5号、紫杆麦、大麦21-4、元海麦、春农1号、选七、早白166、宁麦3号等，以及20世纪90年代末推广的9356等。良种覆盖率为99.5%。

【油菜】境内先后引进推广的新品种油菜良种有：早生朝鲜菜、胜利油菜、泰兴油、8518、菜子黄、汇油50等，以及20世纪90年代末引进推广的苏油1号、宁油7号等。良种覆盖率为100%。

【蔬菜】境内先后引进推广的抗病力强、吃口好、商品性好的优良蔬菜品种有：苏州青、荠菜、秋绿笋、日本早毛豆和牛踏扁蚕豆，并推广长桥农科站研制开发的SNK、9009蔬菜大棚育苗栽培先进技术。

【生猪】1968年始，境内先后引进推广了瘦肉型优良猪种、二元型横泾太湖猪和三元型苏太猪。良种优化率在95%以上。

【家禽】境内先后引进推广的良种家禽有：苏州本地草鸡、三黄鸡、太湖鹅和北京鸭。良种优化率平均在90%以上。

### （二）推广化肥、农药

红庄社区原各行政村先后引进推广的价廉化肥、高效低毒农药和化学除草剂，主要有：

多效唑（作物治矮）、强力增产素（微量元素）、扑虱灵（治稻飞虱）、苄黄隆（水稻除草）、骠马（三麦除草）、盖草能（油菜除草）；先后引进推广的农作物病虫害防治技术主要有：秧田呋喃丹粉剂（即虫螨威）使用技术、粉锈宁防治小麦白粉病使用技术、稻麦病虫害微生物防治技术、化学治螨技术、早稻氮肥适应量应用技术和氮、磷、钾复合颗粒使用技术等，有效地降低了生产成本，提高了作物产量。

### （三）推广栽培技术

自20世纪50年代起，境内进行了农业技术和耕作制度改革，开始试种双季稻，并大力推广深耕细作、合理密植、看苗施肥等先进技术。

60年代，粮食种植从以单季稻为主逐步改为双季稻为主，重点推广水稻专家陈永康的水稻高产栽培经验，并探索双三熟制、绿萍放养技术等。

70年代，全面改革耕作制度，开始科学搭配品种，合理作物布局，实行100%三熟制，提高复种指数。同时，提倡种植水稻学龙桥、种植三麦学塘桥，稻麦亩产"超双纲"。

80年代，开始推广化学除草法，三麦、油菜免耕技术，水稻叶龄模式栽培技术，并进行了"麦菜稻"新三熟中间试验等。1983年，实行家庭联产承包责任制后，境内全面种植单季稻。

90年代，生产方式进一步改革，二田（口粮田、责任田）分离，实行适度规模经营，同时使用高浓度复合肥和高效除草净等新肥新药。农业生产逐步推广轻型农艺，全面推广群体质量栽培，三麦、油菜种植推广板田麦、板田菜、套播麦、套播菜等短共生套插播技术，水稻生产实行宽行条栽、科学管理。

21世纪初，境内开始加速城市化建设，成为无地队。

## 第五节　农机具

### 一、耕作机具

传统农具使用有铁铲、锄头、犁、耙、铧匙等。1956年以后，开始推广使用双轮双铧犁。20世纪70年代起，开始使用手扶拖拉机耕田。80年代后，耕翻田地基本实现了机械化。1982年农村实行家庭联产承包责任制后，耕牛逐步淘汰，农业生产全面实行机械耕种。1990年起推广机械化开挖麦田沟，农田耕翻、麦田挖沟基本实现机械化。进入21世纪后，随着城市化进程的推进，境内成为吴中区中心城区，土地收归国有，农业生产消亡。大队集体农机具均作废品出卖。同时，由于红庄社区境内实行整体拆迁，自然村落农户住宅悉数拆除，迁移至红庄新村居住，农户已将农具留在老宅内，由拆迁公司拆房时作废物处理。

### 二、排灌机具

新中国成立前和新中国成立初期，传统排灌机具主要是水车，具体为人力水车、牛力水车和风力水车3种，以人力水车和牛力水车较多。20世纪60年代后期，随着机电排灌的发展，水车逐渐被淘汰。70年代后境内普遍实行机电打水船流动排灌。红庄社区共有机电打水船11条，固定小水泵8条，排灌形式延续至20世纪末。进入90年代后，由于土地面积逐渐减少，抽水船只相应减少。至21世纪初，境内不再有抽水船只，固定泵站主要功能从灌溉、排涝转移为排涝一项功能。

### 三、植保机具

传统的施用农药工具是用粪桶、料勺为主。20世纪60年代起以人力喷雾机和喷粉机为主，到70年代逐渐改为机动喷雾机和喷粉机。1982年实行家庭联产承包责任制后，农户实行单家独户生产，由于机动喷雾机使用成本高，超越农户单干生产承受能力而逐年减少，逐渐恢复使用人力手摇喷雾机。

### 四、收割脱粒机具

新中国成立前和新中国成立初期，收割脱粒工具主要有镰刀、稻床、人力脚踏轧稻机、手摇风车和筛子、扫帚、山笆、栲栳等。稻、麦收割主要用镰刀，脱粒主要用人力在稻床或门板上甩打。

20世纪60年代后期农村通电后，稻、麦脱粒主要以电动脱粒机为主。1995年红庄社区引进了3台联合收割机。至此，全社区稻麦收割脱粒形成人力和自动化并存的局面（水稻仍为人工收割）。

稻麦脱粒后，清除脱粒下来的稻谷、麦籽中的杂质（俗称扬谷、扬麦），历来利用自然风，并以手摇风车清场。农村通电后，开始用排风机扬谷麦清场。

### 五、加工机具

新中国成立前和新中国成立初期，传统加工机具有：木砻，用于牵砻（谷），使稻谷变成糙米；石臼，用于舂米，使糙米变成白米；石磨，用于粉碎，使米、麦碾成粉；筛子，用于过滤，滤去砻糠、米糠、麸皮。

20世纪50年代后期，各大队都办起了粮饲加工厂，有砻谷机、轧米机、粉碎机、小钢磨、打浆机等粮饲加工设备，帮助农户开砻、碾米、磨粉、粉碎饲料。其中粉碎机和打浆机主要用于饲料加工。

### 六、运输机具

新中国成立前和新中国成立初期，境内的传统运输，短途靠肩挑，长途靠船运。肩挑工具有扁担、粪桶等，20世纪50年代前后的长途运输工具都是木质船，配有橹、篙、桅、篷等。60年代后期出现了水泥船和铁皮船。70年代至80年代初，在农用及运输船只中，开始出现挂浆机船。时，全社区有农用船只180条。其中挂浆机船3条。农村实行家庭联产承包责任制后，许多农村剩余劳动力开始从事运输业，并改传统的手摇运输为挂浆机运输。初期，运输船只吨位为5—10吨，逐渐增大为数十、上百吨。后，随着境内外围道路的改善和田间机耕路的贯通，拖拉机斗车和汽车等作为农副产品和购送肥料的运输工具。

# 第六章 工业

红庄的工业生产始于20世纪70年代末的村办工业。党的十一届三中全会后，乡镇工业异军突起，发展迅猛。境内的村办工业从为苏州市区国有企业配套生产原辅材料、零部件的加工企业，发展到独立研发生产自己的产品，且产品远销国内外市场。到1996年，全社区有村办企业32家，其中：红庄村11家，尹西村10家，双桥村11家；有职工1120人，占全社区总劳动力的54.39%；有固定资产5675万元，工业年产值5843万元，四项效益4814万元。涌现出了一批规模型、科技型、效益型的骨干企业，形成了化工、机械、电子、轻工、纺织、建材、储运、食品加工等10多个行业，成为当时国内所称的"苏州模式"工业发展的试验地之一。21世纪初，政府利用红庄社区优越的地理条件、宜人的自然环境、便捷的水陆交通、丰富的土地资源，在境内开发建设城南经济带工业区。到2013年末，城南经济带工业区开发建设基本完成，吸纳了680余家国内外企业，年产值达251.92亿元，上交国家税收4.03亿元，成为吴中区的重要工业基地。

# 第一节　经济成分

## 一、集体企业

20世纪70年代末，境内兴起了创办乡村工业的热潮。1979年2月，境内红庄大队率先开办了吴县长桥宝石轴承厂，注册资金18万元。有厂房10间，职工72人，专门生产宝石轴承（钻）、玛瑙轴承（钻），产品经销全国各地。当年产值80余万元，获利25余万元，成为当时长桥地区经济效益最好的村办企业之一。翌年年底，红庄大队从吴县长桥宝石轴承厂上交的利润中向社员人均分发50元，成为长桥人热议的佳话。是年，境内的尹西、双桥大队也相继创办了苏州市金刚砂制品厂、吴县长桥双桥耐火材料厂等企业。

1983年，长桥乡政府把创办村办企业、提升企业规模效益、吸纳农村剩余劳动力进厂务工，作为考核行政村干部工作业绩的主要指标，每年均以乡政府1号文件形式下发到村，鼓励其创办和拓展村办工业。至1994年，境内已有村办企业25家，职工1009人，固定资产5159万元，年创利695万元。其中红庄村有：吴县长桥宝石轴承厂、吴县长桥灯丝厂、吴县长桥威达钟表配件厂、吴县冶金钎焊管厂、吴县长桥红庄劳动服务站、吴县长桥金麟服饰厂、吴县长桥阳光灯业材料厂、吴县长桥红庄预制构件厂、吴县长桥红庄光学眼镜厂、吴县长桥银和服饰厂、吴县顺浩加油站等11家企业，共有职工232人，固定资产340万元，年创利139万元；尹西村有：苏州市吴县宝带桥制烛厂、苏州市金刚砂制品厂、苏州市吴县长桥港机配件厂、苏州市吴县长桥尹西蜡线厂、吴县长桥精细化工厂、吴县长桥化纤毛条厂、吴县长桥福恒电子设备厂、吴县长桥精细染料化工厂、吴县长桥尹西包装竹壳厂、苏州鸿明橡塑有限公司等10家企业，有职工170人，固定资产1381万元，年创利95.7万元；双桥村有：苏州市吴县长桥双桥耐火材料厂、苏州市吴县长桥轻工材料厂、吴县淀粉糖厂、吴县双桥化工厂、吴县华丰皮鞋厂、苏州鸿阳鞋业公司、吴县双桥矾土厂、吴县双桥电瓷厂、吴县长桥五金拉丝厂、吴县双桥电器配件厂、吴县长桥镇双桥汽车运输队等11家企业，有职工607人，固定资产3438万元，年创利460万元。时，境内的村办工业已发展到鼎盛时期，工业生产成为当时境内三业生产的主要产业。乡村工业的兴起，不仅使村级集体经济快速壮大，也使农民家庭收入得到快速提高。1994年，境内有65%以上的劳动力从事乡村办工业生产，成为"三班倒"上班族，不再是"面朝黄土背朝天"、"鸡鸣而作、日落而息"的种田人。务工收入成为农民家庭的主要收入来源。20世纪80年代末，境内农村出现的平房改造楼房，农民住房从量变到质变的飞跃，也得益于乡村工业的崛起和壮大。

1995年始，境内村办集体企业全面转制，各行政村先后把集体企业出让或出卖给私人经营，集体企业渐即消亡，集体资产大幅减少，大批企业职工失业在家。发展乡村工业的"苏州模式"凋零，成为历史。

表6-1 1995年境内村办工业一览表

| 村名 | 企业名称 | 职工人数 |
|---|---|---|
| 红庄 | 吴县长桥宝石轴承厂 | 80 |
| | 吴县长桥灯丝厂 | 25 |
| | 吴县长桥威达钟表配件厂 | 10 |
| | 吴县冶金钌焊管厂 | 12 |
| | 吴县长桥金麟服饰厂 | 15 |
| | 吴县长桥红庄预制构件厂 | 15 |
| | 吴县长桥红庄劳务站 | 2 |
| | 吴县长桥阳光灯业材料厂 | 25 |
| | 吴县长桥红庄光学眼镜厂 | 18 |
| | 吴县长桥银和服饰厂 | 20 |
| | 吴县顺浩加油站 | 10 |
| 尹西 | 吴县长桥化纤毛条厂 | 45 |
| | 吴县长桥港机配件厂 | 10 |
| | 苏州市金刚砂制品厂 | 8 |
| | 吴县长桥尹西蜡线厂 | 9 |
| | 吴县长桥精细化工厂 | 80 |
| | 吴县长桥福恒电子设备厂 | 10 |
| | 吴县长桥尹西包装竹壳厂 | 8 |
| | 苏州鸿明橡塑有限公司 | 150 |
| | 苏州精细染料化工厂 | 60 |
| | 吴县宝带桥制烛厂 | 5 |
| 双桥 | 吴县淀粉糖厂 | 80 |
| | 吴县双桥矾土厂 | 15 |
| | 吴县双桥电瓷厂 | 18 |
| | 吴县长桥五金拉丝厂 | 22 |
| | 吴县双桥化工厂 | 10 |
| | 吴县双桥电器配件厂 | 15 |
| | 吴县长桥轻工材料厂 | 22 |
| | 苏州鸿阳鞋业公司 | 400 |
| | 吴县华丰皮鞋厂 | 5 |
| | 苏州耐火材料厂 | 20 |
| | 吴县长桥双桥汽运队 | 5 |

## 二、合(独)资企业

1991年,对外开放力度加大。红庄社区以土地出让(有价出让土地使用权,期限一般在30至50年)、出租(租期一般是30至50年)和集体工业用房出租等形式,招引国外和我国的港、澳、台商前来境内办厂、经商。1995年,集体性质的村办企业实行全面转制后,招商引资成为境内各行政村发展经济的主要形式,实施招商、亲商、扶商的招商引资政策,招引国外和我国港、澳、台地区及国内企业业主前来境内创办企业。至20世纪末,境内有合(独)资企业、私营企业56家,职工近5000人。

2002年,吴中区人民政府将境内整个区域规划为城南经济带工业区开发建设,境内集体土地并调入吴县市经济技术开发区,无偿成为国有土地后,招商引资由开发区负责。境内各行政村经济发展目标转移到多方筹措资金,建造标准厂房,出租给国内外业主创办企业。至2013年末,城南经济带工业区开发建设基本完成,占地面积4.5平方千米,建筑面积800余万平方米,招引各类企业680余家,较有规模的企业150家,其中:国(境)外合资企业31家(开发区领办24家、街道领办5家、社区领办2家);国内私营合(独)资(50名职工以上)企业119家(开发区领办61家、街道领办32家、社区领办26家)。总投资折合人民币22亿元,注册资本19亿元。

表6-2 2013年境内国(境)外主要合(独)资企业一览表

| 序号 | 企业名称 | 法人代表 | 职工人数 | 主要产品 |
| --- | --- | --- | --- | --- |
| 1 | 苏州荣华精密工业有限公司 | 片山嘉彦 | 62 | 汽车关键零件 |
| 2 | 苏州大华冷热工业有限公司 | 片山嘉彦 | 160 | 汽车关键零件 |
| 3 | 苏州高峰淀粉科技有限公司 | 刘明新 | 120 | 变性淀粉 |
| 4 | 苏州维鲸绝缘材料有限公司 | 韦国扬 | 561 | 保护膜 |
| 5 | 苏州锦森国晟五金工业有限公司 | 屈志杰 | 120 | 冷轧不锈钢带材 |
| 6 | 鸿运精密模具(昆山)有限公司 | 温仕华 | 65 | 刀具 |
| 7 | 苏州日旭精密机械发展公司 | 樱井勋 | 97 | 模具 |
| 8 | 柳元机电有限公司 | 柳佑范 | 30 | 汽车零件 |
| 9 | 苏州莱塞尔精密金属有限公司 | 金钟诊 | 160 | 冲压件、暖风 |
| 10 | 苏州欧麦奇化学有限公司 | 廖光明 | 116 | 电子、化学用品 |
| 11 | 苏州维信电子有限公司 | 李准宏 | 13084 | 电子配件、柔性电路板 |
| 12 | 苏州华陀伟业胶粘制品有限公司 | 张茂琳 | 192 | 电子配件 |
| 13 | 苏州德贤自动化设备有限公司 | 李德训 | 24 | 家电配件 |
| 14 | 安容金属涂装(苏州)有限公司 | 赵安奎 | 150 | 金属涂装备 |
| 15 | 先锋导电材料工业(苏州)有限公司 | 陈胜晖 | 750 | 电子元件 |
| 16 | 龙翰电子(苏州)有限公司 | 杨维颜 | 465 | 连接器 |
| 17 | 苏州东瑞医药科技有限公司 | 李其玲 | 95 | 精细化工产品、医药中间体 |
| 18 | 苏州天香服饰有限公司 | 唐坚 | 145 | 服饰 |
| 19 | 晨明光电(苏州)有限公司 | 欧阳立平 | 180 | 燃具、马达、显示器 |
| 20 | 彩富电子(苏州)有限公司 | 陈春生 | 27 | 监控、摄像机 |
| 21 | 苏州创高电子有限公司 | 张建 | 46 | 销售(E1) |
| 22 | 苏州鸿明橡塑有限公司 | 林进将 | 57 | 橡胶、橡胶鞋底 |
| 23 | 苏州诺斯达电子科技有限公司 | 曹惠美 | 612 | 绝模、铝铂 |

### 三、个体企业

1995年，集体企业实行转制，出让或出卖给私人经营，境内始有个体工业企业。

是年5月，境内红庄村为完成长桥镇人民政府下达的集体企业转制任务，率先把集体所有、效益最好、生产宝石质地晶体元件的吴县长桥宝石轴承厂列为转制试点企业，以27万元出卖给本村浦姓居民私人经营，成为境内第一家个体企业。至年底，境内红庄、尹西、双桥3个行政村的32家集体企业，除少数效益差、产品销路不畅的企业外，均出卖出让给私人经营，个体企业增至18家。至1997年末，集体企业转制结束时，境内的个体企业已发展到48家，其中，28家为转制时由行政村集体出卖给个人经营的企业，20家为新办个体企业。

2003年，吴中区人民政府将红庄社区整个区域列为城南经济带工业区开发建设时，放松土地政策，将域内全部集体土地无偿收归吴中经济开发区，由开发区将土地使用权出让或出卖给私人经营，许多国（境）外和国内各地企业家纷纷前来购买，建造厂房，创办企业，个体企业快速发展。至2013年末，城南经济带工业区建成，区内建有集化工、机械、电子、轻工、纺织、石化、建材、储运等680余家企业，门类齐全，颇具规模，为吴中区主要工业园区之一。其中：区内有个体企业532家，注册资金总额19亿元，职工18000人，年销售额达145.1亿元。有30%以上的企业为科技型企业，生产的产品国内领先。苏州少士电子科技责任有限公司等一批企业所生产的银行自动化设备等产品，其科技含量世界领先，被江苏省命名为高新技术企业、民营科技企业。

表6-3 2013年境内个体（私营）20人以上企业一览表

| 序号 | 企业名称 | 法人代表 | 职工人数 | 主要产品 | 企业地址 |
|---|---|---|---|---|---|
| 1 | 苏州荣骏制衣厂 | 刘兴缘 | 60 | 服装 | 迎春路77号 |
| 2 | 苏州昇达纺织服装有限公司 | 金宏伟 | 108 | 服装 | 兴南路33号 |
| 3 | 苏州工友刀具有限公司 | 朱佳胜 | 28 | 五金刀具 | 东吴南路6号 |
| 4 | 苏州赛腾精密有限公司 | 孙丰 | 230 | 研究组装电子仪器 | 东吴南路4号 |
| 5 | 苏州键烁电子科技有限公司 | 何为 | 231 | 加工电子触摸屏 | 兴吴路28号 |
| 6 | 苏州澳华航超净电子有限公司 | 邓美文秀 | 50 | 防清制品 | 兴吴路28号 |
| 7 | 苏州博创自动化设备有限公司 | 范恒刚 | 52 | 自动化设备 | 东吴南路6号 |
| 8 | 苏州荣唐电子有限公司 | 唐敬国 | 55 | 电子元件 | 兴吴路8号 |
| 9 | 苏州巨浩电子有限公司 | 胡雷 | 51 | 电子产品 | 兴吴路28号 |
| 10 | 金鸿达科技（苏州）有限公司 | 李春凤 | 53 | 电子元器件 | 东吴南路61-38号 |
| 11 | 苏州印象镭射科技有限公司 | 桑建新 | 50 | 防伪设计、包装设计 | 兴吴路28号 |
| 12 | 苏州科迪精密机械有限公司 | 覃业鹏 | 60 | 高压开关配件 | 兴南路12号 |
| 13 | 苏州富事达塑胶有限公司 | 吴谷涛 | 53 | 塑料制品 | 双桥5号 |
| 14 | 苏州佳好服装有限公司 | 戚佩敏 | 136 | 服装 | 枫津南路22号 |
| 15 | 苏州佑昌电子科技有限公司 | 陈锡辉 | 55 | 电子产品 | 兴吴路77号 |

续表

| 序号 | 企业名称 | 法人代表 | 职工人数 | 主要产品 | 企业地址 |
|---|---|---|---|---|---|
| 16 | 江苏吴中医药集团有限公司苏州制药厂 | 孙田江 | 810 | 药品 | 东吴南路2号8幢 |
| 17 | 苏州吴中建设工程质量检测中心 | 马晓华 | 66 | 工程质量检测 | 南湖路53号 |
| 18 | 苏州宝连成装饰艺术品有限公司 | 陆蔚玲 | 356 | 镜框 | 南湖路33号 |
| 19 | 苏州宝德成装饰材料有限公司 | 陆蔚玲 | 87 | 镶框镜 | 南湖路33号 |
| 20 | 苏州方顺彩印有限公司 | 万红 | 52 | 印刷机械、包装容器 | 兴南路22号 |
| 21 | 苏州宏基工具有限公司 | 罗肇铭 | 160 | 电动工具焊接设备 | 兴吴路7号 |
| 22 | 苏州吴中供水有限公司 | 郁永康 | 234 | 自来水公司 | 越湖路70号 |
| 23 | 苏州顺浩建设工程有限公司 | 张海良 | 51 | 房屋建筑、绿化园林 | 越湖路4号 |
| 24 | 亚洲塑胶(苏州)有限公司 | 黄月清 | 52 | 塑胶包装、印刷材料 | 迎春南路66号 |
| 25 | 中服时尚服饰(苏州)有限公司 | 马少勤 | 215 | 服装 | 东吴南路69号 |
| 26 | 苏州章怡服装有限公司 | 吴文珍 | 55 | 服装 | 尹西工业小区内 |
| 27 | 苏州方强机电设备有限公司 | 张凯 | 50 | 机电设备、自动化设备 | 东吴南路3号 |
| 28 | 苏州瑞圣电器有限公司 | 徐洪发 | 57 | 金属防护圈 | 东吴南路111号 |
| 29 | 苏州金燕净化设备工程公司 | 沈卫民 | 50 | 室内安装 | 东吴南路59号 |
| 30 | 苏州苏城轨道交通设备公司 | 徐洪发 | 155 | 客车门窗、轨道配件 | 东吴南路111号 |
| 31 | 江苏吴中服装集团有限公司 | 沈斌 | 300 | 服装 | 东吴南路69号 |
| 32 | 苏州天广纺织品有限公司 | 方金明 | 120 | 围巾 | 东吴南路53号 |
| 33 | 苏州镇祥精品家俬有限公司 | 胡宝林 | 50 | 木制家具 | 东吴南路49号 |
| 34 | 苏州毕特富精密机械有限公司 | 王长江 | 59 | 机械配件、模具五金 | 兴南路3号 |
| 35 | 苏州英特工业水处理工程有限公司 | 薛向东 | 20 | 环保工程 | 兴中路28 |
| 36 | 整隆电子(苏州)有限公司 | 李章明 | 485 | 电子 | 东吴工业园双基路 |
| 37 | 苏州乐威精密钣金有限公司 | 何国平 | 54 | 钣金元件、五金销售 | 兴南路22号 |
| 38 | 苏州创轩激光科技有限公司 | 余德山 | 50 | 机械设备 | 兴吴路65号 |
| 39 | 苏州荣业机械有限公司 | 叶文兰 | 50 | 机械设备 | 兴吴路3号 |
| 40 | 苏州艾泰克合金材料有限公司 | 范莉 | 59 | 粉末冶金制品 | 兴吴路8号 |
| 41 | 苏州万德发电子科技有限公司 | 杨贵长 | 50 | 电子产品 | 迎春南路58号 |
| 42 | 苏州嵩瑞泽电子有限公司 | 曾灵娟 | 120 | 扬声器 | 迎春南路77号 |
| 43 | 苏州高中压阀门厂 | 金文男 | 172 | 阀门 | 兴南路38号 |
| 44 | 富裕注塑制模(苏州)有限公司 | 何尔吉 | 607 | 制塑产品 | 兴南路89号 |
| 45 | 苏州市百盛模具塑料制品有限公司 | 孙小飞 | 55 | 电动工具、机械配件 | 兴南路15号 |

续表

| 序号 | 企业名称 | 法人代表 | 职工人数 | 主要产品 | 企业地址 |
| --- | --- | --- | --- | --- | --- |
| 46 | 苏州杰孚电子科技有限公司 | 张先林 | 51 | 电子产品、五金制品 | 兴南路13号 |
| 47 | 苏州华昌太平洋塑料有限公司 | 孙炳哲 | 70 | 汽车塑件 | 兴南路7号 |
| 48 | 苏州昌星模具机械有限公司 | 汤巧泉 | 160 | 模具 | 兴南路5号 |
| 49 | 苏州市吴中区苏城电器厂 | 徐洪发 | 56 | 铜接头、包装软件 | 东吴南路111号 |
| 50 | 苏州富维尔服饰有限公司 | 祁少华 | 50 | 服装 | 阳光水榭33-102室 |
| 51 | 苏州凯瑞纳米科技有限公司 | 钦瑞良 | 54 | 涂装五金电子产品处理 | 兴南路1号 |
| 52 | 苏州兴瑞贵金属材料有限公司 | 钦瑞良 | 52 | 氰化金钾 | 兴南路1号 |
| 53 | 苏州江枫丝绸有限公司 | 张晓寰 | 51 | 销售服装 | 兴南路20号 |
| 54 | 苏州润伟机电修造有限公司 | 周伟华 | 51 | 电机 | 兴南路73号 |
| 55 | 苏州市一骋印务有限公司 | 吴一骋 | 55 | 包装材料、无尘净化设备 | 迎春南路80号 |
| 56 | 苏州市诚强橡胶有限公司 | 顾俊 | 92 | 塑胶零件 | 迎春南路58号 |
| 57 | 苏州华东冷冻设备配件公司 | 周永伟 | 53 | 黑色金属冷冻配件 | 兴南路22号 |
| 58 | 苏州华宏净化技术有限公司 | 阎苏鸿 | 56 | 生物净化设备 | 兴吴路10号 |
| 59 | 苏州事成制衣有限公司 | 毕文忠 | 120 | 服装 | 兴南路22号 |
| 60 | 苏州八木马可尼时装有限公司 | 城谷证 | 270 | 服饰 | 双祺路5号 |
| 61 | 苏州吴灯照明电器有限公司 | 毛建国 | 55 | 灯丝、灯具 | 兴南路18号 |
| 62 | 苏州市吴中求精模具有限公司 | 杨贵生 | 241 | 模具、冲压件 | 东吴南路61号 |
| 63 | 苏州市江南精细化工有限公司 | 钦瑞良 | 55 | 碱性清洁剂 | 兴南路1号 |
| 64 | 苏州市联东化工厂 | 刘明忠 | 50 | 批发化学品 | 双桥村 |
| 65 | 苏州优谷特铸造材料有限公司 | 支勇 | 53 | 铸造机设备 | 兴吴路8号 |
| 66 | 苏州庆一精密模具有限公司 | 余成龙 | 50 | 精密模具 | 兴吴路9号 |
| 67 | 苏州协进针织制衣有限公司 | 杨海根 | 88 | 各种石料、服装饰品 | 兴吴路15号 |
| 68 | 苏州广博电子有限公司 | 邹龙根 | 266 | 电脑连接线 | 兴吴路5号 |
| 69 | 苏州三信机容制造有限公司 | 支勇 | 124 | 机械铸造 | 兴吴路8号 |
| 70 | 苏州贵昌精密压铸有限公司 | 李东仁 | 50 | 金属压制件 | 兴吴路7号 |
| 71 | 苏州电子日用品化学品有限公司 | / | 56 | 香皂类化学产品 | 兴吴路8号 |
| 72 | 苏州安捷伦精密机械有限公司 | 卢茂盛 | 53 | 电路基板 | 兴吴路8号 |
| 73 | 苏州普林特色包装制品有限公司 | 沈洪生 | 50 | 标签 | 兴吴路43号 |
| 74 | 世真铸造（苏州）有限公司 | 赵东云 | 120 | 汽车、摩托配件 | 南湖路60号 |
| 75 | 苏州市斯泰尔机械有限公司 | 张方林 | 55 | 机械配件 | 东吴工业园南端 |
| 76 | 苏州市昊源精密模具有限公司 | 程春苗 | 52 | 模具、五金 | 兴南路8号 |

续表

| 序号 | 企业名称 | 法人代表 | 职工人数 | 主要产品 | 企业地址 |
|---|---|---|---|---|---|
| 77 | 苏州市佳林通用机械有限公司 | 陈桂香 | 51 | 机械配件 | 兴南路6号 |
| 78 | 苏州富立豆业有限公司 | 刘相正 | 50 | 豆制品 | 兴南路22号 |
| 79 | 苏州蒙特曼服饰有限公司 | 王建国 | 180 | 儿童服装 | 兴南路13号 |
| 80 | 整隆电子（苏州）有限公司 | 李章明 | 485 | 电子 | 双祺路 |
| 81 | 苏州化工装备有限公司吴中区分公司 | 邱余忠 | 103 | 搪瓷、不锈钢 | 兴南路8号 |
| 82 | 苏州柳元机电有限公司 | 柳佑范 | 50 | 汽车零件 | 兴吴路6号 |
| 83 | 苏州上研磨具有限公司 | 姜慧锋 | 50 | 研磨材料 | 东吴南路61-2号 |
| 84 | 苏州三威染料化学有限公司 | 詹忆源 | 60 | 碱性染料 | 东吴南路25号 |
| 85 | 苏州金属机电有限公司 | 李镯鹏 | 50 | 金属加工等 | 迎春南路48号 |
| 86 | 苏州信诺美达钣金科技工业公司 | 莫周拔 | 108 | 电子、电脑、汽车配件 | 共荣路11号 |
| 87 | 苏州市好邻居豆业有限公司 | 徐世虎 | 50 | 豆制品 | 兴南路22号 |
| 88 | 苏州通源自动化设备有限公司 | 徐义善 | 50 | 直流变压成套设备 | 兴南路9号 |
| 89 | 苏州伊枫印染有限公司 | 张晓寰 | 52 | 里布印染 | 东吴工业园 |
| 90 | 苏州市启华机电设备有限公司 | 钟月华 | 54 | 配电盘、配电柜 | 兴中路12号 |
| 91 | 苏州鼎立工业胶辊有限公司 | 陆新男 | 50 | 胶辊、橡胶 | 迎春路72号 |
| 92 | 苏州德峰纺织品有限公司 | 周玲 | 58 | 横机 | 兴吴路67号 |
| 93 | 苏州斯芬克斯食品有限公司 | 裴昌林 | 60 | 巧克力制品 | 南湖路70-3号 |
| 94 | 苏州兆丰塑胶有限公司 | 陈静 | 80 | 聚氯乙烯改性粒料 | 南湖路66号 |
| 95 | 苏州日报印刷中心 | 陶然 | 109 | 包装装潢印刷 | 南湖路86号 |
| 96 | 苏州启吴自动设备有限公司 | 吴立权 | 102 | 五金电子元件器 | 南湖路67号 |
| 97 | 苏州弘瀚光电有限公司 | 杨国春 | 58 | 机动车辆车灯等 | 兴南路18号 |
| 98 | 苏州市诗黛箱包有限公司 | 莫丽娟 | 57 | 箱包 | 吴中大道66号 |
| 99 | 苏州君安药业有限公司 | 华庭幽 | 51 | 糖浆、胶囊剂 | 南湖路50号 |
| 100 | 苏州七海雅桐服装有限公司 | 吴文珍 | 55 | 服装、服饰 | 迎春南路76号 |
| 101 | 苏州新涤建筑门窗有限公司 | 邢雪平 | 58 | 铝合金门窗 | 兴吴路78号 |
| 102 | 苏州三健营养保健品有限公司 | 沈军 | 52 | 肌酸及其系列产品 | 兴吴路9号 |
| 103 | 苏州百瑞时装有限公司 | 徐冬明 | 108 | 服装 | 兴吴路7号 |
| 104 | 苏州百事塑胶有限公司 | 陆日华 | 51 | 塑料制品 | 双桥村工业园7号楼 |
| 105 | 苏州伟业石化机械厂 | 张爱男 | 100 | 石化机械配件 | 兴吴路12号 |
| 106 | 轻工塑机（苏州）有限公司 | 范向新 | 54 | 电缆 | 兴吴路67号 |

# 第二节　行业结构

红庄社区地处苏州南郊吴中区中心城区，是吴中区城南经济带东吴创业园的所在地，吴中区的主要工业基地之一。党的十一届三中全会以来，尤其是进入21世纪后，通过不断调整工业产品结构，逐步形成了具有一定规模和技术水平的工业体系，工业门类逐步增多，行业结构渐趋合理，生产出了一批名、优、新、特、高科技产品和日用生产、生活用品。

2013年，境内的东吴创业园区（红庄工业区）完成工业总产值251.92亿元，租赁企业完成工业产值68.32亿元，个体企业完成工业产值135.78亿元，国（境）外合（独）资企业完成工业产值47.82亿元。其中，化工工业完成产值58.25亿元，机械工业完成产值31.66亿元，电子工业完成产值107.82亿元，轻工工业完成产值29.12亿元，建材工业完成产值16.22亿元，纺织工业完成产值14.31亿元，储运和刺绣业完成产值4.72亿元。

## 一、化工工业

境内的化工工业始于1976年在尹山桥堍、苏嘉公路西侧创办的长桥化工厂。该厂1977年正式投产，主要生产染料助剂类化工产品。1978年更名为吴县染料助剂厂。1987年产量突破1200吨，成为全国染料助剂行业中的"四大家族"之一（其他三家在上海、江都、安阳）。吴县染料助剂厂生产的产品主要有扩散剂MF、NNO、ONF、精制甲基苯、净洗剂LS、甲氧基二基苯醚等10多种，经销京、津、沪等10多个省、市。1991年，境内尹西村在村北首钢铁桥北岸（现东吴南路25号）创办长桥精细化工厂，占地面积75200平方米，建筑面积43500平方米，职工近300人，是当时长桥地区规模较大的化工厂之一。1996年转制给私人经营时，更名为苏州三威染料化学有限公司。主要生产染料中间体、木器、皮革的着色和印刷油墨以及纸张染色等。全年生产产量300余吨，经销国内及欧美市场和南美地区。苏州三威染料化学有限公司曾先后获得江苏省"高新科技企业"，苏州市"科技创新示范企业"和"循环经济试点企业""企业技术中心"等称号。

2013年末，境内有化工企业32家，职工2000余人。主要生产皮革染色剂、食品添加剂等30多类化工产品。红庄是吴中区化工行业的主要生产基地之一。

## 二、机械工业

境内的机械工业是在20世纪90年代中期发展起来的。1994年，尹西村农民在东吴南路东段尹山收费站旁开办了一家汽车修理厂，仅有用房2间，职工6人。主要为214省道来往车辆充气、补胎、修理机械小故障。后逐步拓展修理、保养名贵车辆，成较具规模的汽车修理厂。2003年，苏州荣华精密工业有限公司进驻境内，为红庄社区第一家日企机械工业企业，主要生产汽车用零部件，产品远销日本各大汽车制造厂和国内与日资合资开办的汽车制造企业。翌年，业主中山嘉彦（日籍）又建办了生产汽车用冷却设备的大华冷热工业有限公司，其产品直销日本福田等汽车制造厂。

至2013年末，境内有吴县长桥汽车修理厂、苏州荣华精密工业有限公司、苏州大华冷热工业有限公司、鸿运精密模具（昆山）有限公司、苏州日旭精密机械发展公司、苏州莱赛尔精密金属有限公司、苏州科迪精密机械有限公司、苏州苏城轨道交通设备公司等40余家机械工业企业。红庄是吴中区精密机械研发基地。

## 三、电子工业

境内的电子工业始于20世纪70年代末，21世纪初起快速壮大。现已成为境内的支柱工业，其规模、产出、效益和职工人数均占整个工业的50%以上，产品远销亚、欧、非、南美和大洋洲50多个国家和地区。

1979年，红庄大队利用红庄小学迁移后遗留下来的10多间空房，创办了吴县长桥宝石轴承厂，专门生产电表、水表和海上灯表用轴承。初办时，职工仅有70余人，生产技术和产品经销均依赖于苏州晶体元件厂。首年，生产宝石轴承800余万粒，产值百余万元，利润25万元。后，随着职工生产技术的熟练和自找产品经销门路，产量、产值、利润成倍增长，成为当时长桥地区村办企业中的利润大户。

2006年1月，苏州维信电子有限公司进驻社区，先后建办了两家分厂，总占地面积7.2万平方米，建筑面积10.8万平方米，有职工近1.3万人，年经营收入达50多亿元。生产用于电子、医疗、汽车、航空及军事工业用柔性电路板。2011年，有一家分厂搬至四川省，现有一家位于吴中东吴工业园南湖路68号，占地面积36667平方米，建筑面积53760平方米，职工6162人，年营业收入29亿元，上缴税收1亿元，为境内电子工业的龙头企业之一。嗣后，苏州斯诺达电子科技有限公司、苏州广博电子有限公司等电子工业企业陆续进驻社区，境内的电子工业发展到了盛期。

至2013年末，境内有吴县长桥宝石轴承厂、苏城电器有限公司、先锋导电材料工业（苏州）有限公司、苏州少士电子科技有限责任公司、苏州整隆电子有限公司等电子工业企业160余家，职工人数2.5万余人。其龙头企业均为在全球有一定知名度的国(境)外独资企业，主要生产电视机、电脑、计算机、收录机元件产品以及军事、科技研究用电子产品。红庄是苏州地区的重要电子工业基地之一。

## 四、轻工业

境内的轻工业始于1978年5月红庄大队建办的红庄镜片厂。当时，长桥地区的眼镜业生产发展迅猛，成为国内磨制眼镜片的主要生产基地。国内眼镜生产发源地之一的蔡家浜（翻身大队）的男女劳动力人人都熟悉镜片磨制技术，家家都从事眼镜生产。许多生产技术较好的纷纷去全国各地的国有、集体眼镜生产企业担任技工，指导生产技术。受蔡家浜人的影响，红庄大队聘请蔡家浜技工为顾问，办起了集体性质的红庄镜片厂。从初期生产低级的玩具镜片、太阳镜片，发展到水晶、近视、老光、显微镜和电焊镜镜片。1979年，境内的钢铁大队亦创办了钢铁镜片厂。镜片生产成为境内村办工业的重要产业。

20世纪80年代初，境内兴起了创办村办集体企业的热潮。先后创办了吴县长桥灯丝厂、吴县长桥威达钟表配件厂、吴县长桥金麟服饰厂、吴县长桥阳光灯业材料厂、吴县长桥红庄光学眼镜厂、吴县长桥尹西蜡线厂等一批轻工工业企业。

80年代中期到90年代初，境内又先后建办了一批从事玩具、制鞋、制革、灯丝、灯具等轻工企业，成为当时长桥镇的重要轻工工业基地。进入21世纪后，随着私营企业的快速发展，一些规模型、科技型、效益型的轻工企业进驻境内，形成体系。至2013年末，境内有苏州百瑞时装、苏州佳好服装、苏州中服时尚服饰有限公司、苏州章悟服装有限公司、江苏吴中集团服装有限公司、苏州富唯尔服饰有限公司、苏州荣骏制衣厂、苏州马可尼服装有限公司、苏州蒙特曼服饰有限公司、苏州天香服饰有限公司等轻工企业30余家，职工4200余人，年销售收入近30亿元，成为吴中区轻工企业集聚区，也是东吴工业园区的重要部分。

### 五、建材工业

境内的建材工业始于20世纪70年代中期。时，政府号召农村广泛开展社会主义新农村建设，为顺应新农村建设需要，先后创办了砖窑、灰窑和预制构件厂，生产建筑材料。

1977年春，境内钢铁大队第2、第3、第4生产队联合在大坟港东岸的大坟头建土砖窑一座，有职工32人，年烧制土（青）砖40余万块、土（青）瓦30余万张，以燃料（稻草、砻糠）置换和照顾分配给住房困难户的形式，提供给当地农民建房、修房之用。同年年底，红庄大队第5生产队在盛庄里自然村后落横、第8、第9生产队在西浜沈家角上建土砖窑各一座、钢铁大队第14、第8生产队在黄泥浜西口南岸建石灰窑一座。时，境内建材工业初有雏形。

20世纪80年代中期，政府号召开展中心小集镇建设，农村小型自然村落逐步向大型自然村迁并。同时，随着农村经济的发展，农民生活水平的提高，伴随中心小集镇建设，农村出现了平房翻建楼房，改善农民住房的趋势。境内红庄村适时创办了红庄预制构件厂，浇制多孔水泥楼板、门窗过桥和轮廓板等构件，提供于当地农户建造楼房之用。90年代中期，政府提倡环境保护，并着手治理工业生产对环境带来的污染，对土砖窑、灰窑和小型预制构件厂实行关、停、并、转，境内的建材工业一度陷入低谷。

进入21世纪后，随着吴中区中心城区的拓展和东吴工业园区的开发建设，一批生产塑钢、防盗门窗、铝合金门窗和木制门窗、地板、塑管、扣板等建材企业先后进驻境内。创办于2005年的苏州普勤新材料公司，占地面积5100平方米，建筑面积6500平方米，有职工近百人。主要生产钢质、铝合金、绝缘门窗等建筑材料，产品销往国内各大城市。至2013年末，境内有苏州普勤新材料公司、苏州镇祥精品家俬有限公司等10多家建材工业企业。

### 六、纺织工业

境内的纺织工业始于20世纪80年代。受苏州市苏纶纱厂等纺织企业的启发，1984年，境内尹西村在大坟港东岸大坟头创办了吴县长桥并线厂，初有职工55人，专门为生产棉布的国有大企业加工生产织布用毛料，年生产纱桶10万余绽。当年产值92万元，利润8.8万元。为拓展生产规模，1987年该厂更名为吴县长桥化纤毛条厂，同时加工生产棉线、化纤毛料，年生产纱（含化纤）桶50余绽。同年，尹西村在吴县长桥化纤毛条厂旁建办了长桥尹西蜡线厂，定点为苏州蜡线厂生产棉线上蜡，制成蜡线后返回苏州蜡线厂，由苏州蜡线厂经销全国各地。

21世纪初，吴中区人民政府在境内开发建设城南经济带东吴工业园后，苏州古城区一批纺织企业纷纷迁入境内，一些中、外企业家亦前往东吴工业园创办纺织企业。2003年，苏州协进针织制衣有限公司竣工开业，占地面积近3000平方米，建筑面积2580平方米，有职工 200 余人，年机械生产各型针织内衣 3000 万件，销售收入 2.6 亿元，是境内首家较具规模的纺织企业。至 2013 年末，境内有苏州德丰纺织有限公司、苏州江枫上纳有限公司、苏州天广纺织品有限公司等 68 家纺织工业企业，成为吴中地区纺织企业的集聚区。

### 七、储运业

境内的储运业始于 1990 年吴县人民政府在尹西村北首东吴南路南侧建办的吴县液化气储运站。其主要功能为储运、灌装和供应吴县范围内的企业、家庭用燃气。年储运量 50 余万吨，提供瓶装石油液化气 450 余万瓶，是当时吴县首家、也是唯一的石油液化气储运站。1995 年，双桥村农民在十苏王公路（后改称 214 国道、227 省道）尹山收费站处开办了一家私营储运公司，并在吴县城区等地设有储运站点，帮助工业企业储运原辅材料和设备零部件，年货物储运量 800 余吨，是当时苏州城南最大的一家私人经营的货物储运公司。后，境内又先后建办了吴县双桥汽车运输队，红庄柴油机斗车运输队等从事货物运输的专门组织。苏州市食品公司在红庄村域内建办了储运仓库、冷冻车间。境内的储运业迅速拓展。

进入 21 世纪后，境内又先后建办了苏州东升物流公司，苏州旭升汽车运输公司、苏州东驰物流有限公司、江苏吴中物流有限公司等储运企业。至 2013 年末，境内储运企业已发展到 22 家，年货物储运量 8000 余万吨，形成了网格化、规模化、便捷化的储运链，成为吴中区主要储运基地之一。

### 八、刺绣业

刺绣是红庄地区主要的传统手工业之一，至今已有 2000 多年的悠久历史。

早在吴越春秋时，境内妇女就应用短针绣制一些家用装饰品。宋代，境内刺绣技艺有了很大的发展，绣女们已经能够熟练地应用套针、花针等针技了。明朝年间，由于江南广植桑树，加上书画家的悉心钻研、教习，刺绣业发展迅速，在针法上，已集前期之大成，计有直针、缠针、接针、切针、扎针、滚针、打籽、花针、套针、刻麟针、施针、虚针、实针、网绣针等 14 种针法。时，境内的刺绣业进入艺术成熟阶段，绣品除有御用品和官用品外，大量成为商品，行销市场。

清代，境内刺绣业中落，仅用于制作服饰等，纹样均出自图案行，针法限于套针、抢针之类，艺术品极少。

新中国成立后，境内刺绣业有了很大发展。1958 年，境内的红庄、钢铁大队先后开办刺绣加工坊，有绣女 239 人（红庄刺绣加工场 106 人，钢铁刺绣加工场 131 人），为蠡墅刺绣发放站（后改称长桥刺绣发放站）加工生产打籽靠垫、戏衣、浴衣、帐沿、袖口、花衣、被面、鞋头花等绣制品。当年共计生产绣品 6800 件，其中：打籽靠垫 2000 对，戏衣 210 件，浴衣 200 件，帐沿 300 条，袖口 500 副，花衣 100 件，被面 500 条，鞋头花 2990 对。加工收入达 3.5 万余元。1962 年末，刺绣加工场停办，绣女们回生产队参加集体生产劳动后，利用农闲期间，向蠡墅刺绣发放站领取坯料，在家加工绣制各类艺术绣品，返回刺绣发放站，赚取加工费。时，刺绣成为境内农户的主要家庭副业和收入来源，农户家庭中小到 9—10 岁女孩，大到 60—70 岁老妇均要利用农闲休息时间在家绣制绣品。女孩出嫁时，嫁妆中不可缺少的就是一副刺绣用具（俗称绷凳、绷架）。"文化大革命"期间，家庭刺绣作为资本主义尾巴一度被取缔。

1983年，农村实行家庭联产承包责任制后，境内出现了一批常年从事刺绣生产的妇女，其绣制的绣品大部运销日本、新加坡等国家和我国台湾地区。20世纪90年代中期始，机械绣花业兴起，取代了手工刺绣品的国内市场，手工绣制的绣品均为外销产品。

至2013年末，境内先后建办了苏州金绣工艺品有限公司、苏州市新世纪电脑绣品厂等10多家机械绣花（绣制品）企业，年经营额近1.3亿元。

## 第三节　经营管理

### 一、职工培训

1987年始，境内村办企业面对国有、集体工业企业激烈的竞争，为拓展企业生存空间，不断采用举办培训班、技术讲座和选送入学等方法，加强职工培训，提高职工素质。培训总量年均占全社区青壮年人口的5%以上，应届初、高中毕业生平均培训率达99%以上。村干部和企业技术人员年均培训率达98%以上。通过不同层次、不同形式的培训，全社区劳动力素质普遍提高，为满足村办工业企业各类人才需要打实了基础。自1987年至1994年，境内村干部、技术人员、村办企业职工参加县、镇和企业内部组织开展的各类培训班324期，参训人员3526人次。培训内容从扫盲到业余初高中，大中专文化学习培训，从岗位培训、实用技术培训到特殊工种培训，各不相同。期间，村干部和技术人员年均培训率达100%，企业职工年均培训率达46.5%。1994年末，每百名村办工业企业职工中大专生比例为15.2%，中专、职高生比例为32.5%。其中，相当一部分大专生为企业从城镇高薪聘请来从事技术工作或管理工作的居民。持有各类专业技术证书的科技人员占职工总数的5.2%。1997年村办集体企业转制结束后，吴县市（区）、镇（街道）虽保留一定数量的培训机构，但转型为经营组织有偿服务。同时，境内的合（独）资、私营企业业主为获取企业最大效益，大量招收外地廉价劳动力进厂做工，由于外来职工流动性大，企业不再对职工进行岗前或技术培训。管理、技术人员参加学习、培训费用也需自负。

### 二、经营机构

境内在经营管理模式上，1987年前（含1987年）实行厂长负责制。厂长原则上与职工同工同酬。1988年到1992年实行集体承包、厂长负责制，厂长的报酬以企业效益的百分比计算（结合两个文明的考核）。1993年始，实行租赁承包制，集体将企业租赁给以厂长为首的领导班子，实行固定上交，多效（益）多得。同时还有"集体承包厂长负责制""一脚踢""包干上交"等其他多种形式。1995年始，境内村办企业开展了大张旗鼓的改制工作，将集体企业出卖、出让给私人经营。至1997年末，境内32家村办集体企业改制了28家，其余4家除尹西精细化工厂仅将集体设备卖给詹忆源，而土地厂房仍归集体所有，由业主每年上交50万土地厂房租赁费外，其余的自行关闭，厂里的机器设备当废品卖。至时，村办集体企业在境内绝迹，所有企业均为业主个人经营。

表6-4　1985年—1994年境内工业产值、职工人数一览表

单位：万元

| 年份 | 1985 | 1986 | 1987 | 1988 | 1989 | 1990 | 1991 | 1992 | 1993 | 1994 |
|---|---|---|---|---|---|---|---|---|---|---|
| 工业产值 | 180 | 988 | 1796 | 2604 | 3412 | 4043 | 4851 | 5659 | 6460 | 7340 |
| 职工人数 | 45 | 246 | 447 | 648 | 849 | 1009 | 1210 | 1215 | 1220 | 1229 |

### 三、分配制度

境内村办企业在完成全年生产指标和接近完成生产指标的前提下，根据各企业的不同效益，每年分两期（上半年和年终）制定分配方案，经村党支部、村委会集体审核，报镇（乡）经营管理办公室审批后，进行利润分配。其原则和方法是：首先保证缴纳国家税金，其次考虑向村集体上缴利润。在保证留足生产发展基金的情况下，进行职工工资分配。个别亏损企业为处理好国家、集体、个人三者关系，经村两委集体讨论核定，报镇（乡）经营管理办公室批准，酌情动用上年积累资金进行当年分配。村集体将企业上交的利润用于文教、卫生、交通、福利等事业性开支。

村办企业职工报酬分配，1982年前（含1982年）由企业将职工分得工资汇到其所在生产队，由生产队进行分配。从1983年起，改为由企业直接结算分配。1994年始，村办企业实行租赁承包后，企业职工工资由厂长确定，按月支付。

表6-5　1984年—1997年境内村内工业企业职工年人均分配情况表

单位：元

| 年份 | 1984 | 1985 | 1986 | 1987 | 1988 | 1989 | 1990 | 1991 | 1992 | 1993 | 1994 | 1995 | 1996 | 1997 |
|---|---|---|---|---|---|---|---|---|---|---|---|---|---|---|
| 职工全年工资 | 597 | 678 | 1078 | 1433 | 1975 | 1576 | 1725 | 1715 | 2014 | 3246 | 4590 | 4918 | 5032 | 6662 |

### 四、企业转制

1995年5月，境内村办（集体）企业始实行转制，出让或出卖给私人经营。企业性质从村集体所有转变为私人所有。1997年底，境内集体企业完成转制，集体工业消亡。

红庄社区的村办（集体）企业始于20世纪80年代初期，盛于90年代初期。1994年底，已有村办企业32家，职工1229人，年产值7340万元，年利润1050万元，占当时境内农、副、工三业生产总收入的78%。其产品远销亚、欧等10多个国家、地区和全国各地，企业管理人员均是土生土长的当地农民，职工都是村（大队）集体安排的农村剩余劳动力，相当一部分为照顾进厂做工的困难家庭人员。20世纪80—90年代，境内农民得益于乡、村工业发展，农民家庭收入的主要来源为务工收入，农村人均收入水平每年以25%—30%的速度提增，是农民实际生活水平提高最快、家庭变化最大、幸福指数最高的时期。其经济发展形式，被全国各地称为"苏州模式"（当时中国农村经济发展有苏州、温州两大模式，苏州模式为发展集体经济，坚持共同富裕；温州模式为发展个体经济，让少数人先富），

得到全国绝大多数地区的认可，纷纷前来学习取经。

1995年3月，苏州市委、政府以红头文件形式，对各地乡（镇）、村集体企业实行限期转制，并把企业转制列为乡（镇）、村干部的政绩考核。同年5月，境内各村按照长桥镇人民政府的统一部署，对村办企业着手进行转制。由村党支部、居民委员会根据每个企业的房屋、设备和效益情况，核定出卖价格，以先企业厂长，后管理人员、职工，先本村、后外村的原则，将企业逐个出卖。在出卖过程中，买主对核定价可以还价，由买主与村多次协商确定成交价。时，由于土地政策尚未放松，集体企业出卖均为面上建筑物、设备、原辅材料，不含土地使用权。各村为完成上级政府确定的企业转制任务，集体企业出卖价均低于实际价格。1994年末，境内红庄村有集体资产1440万元，年集体收入256万元；尹西村有集体资产2462万元，年集体收入218万元；双桥村有集体资产3438万元，年集体收入497万元。至1997年底集体企业转制结束时，红庄村有集体资产126万元，当年集体收入（不含出卖、出让土地及集体企业收入，下同）不足30万元，分别下降91.3%和88%；尹西村有集体资产265万元，当年集体收入不足50万元，分别下降90.24%和77.07%；双桥村有集体资产198万元，当年集体收入不足70万元，分别下降94.24%和95.9%。

集体收入的锐减，增加了农村基层管理工作的难度。为保证农村基层管理工作的正常运作，巩固农村基层政权，政府放松了土地政策，允许农村集体土地出让或出卖给农民个人、境内外企业业主、商家私人建商业、工业用房，或建造私人住宅。自1995年至2003年间，境内各村的集体收入来源主要来自土地出让（卖）费，或用土地出让（卖）费建造的集体用房的出租金。2003年末，政府对境内的集体土地实行并调，悉数无偿并调入吴县市经济技术开发区，成为国有土地后，境内各村（社区）的集体收入来源主要为集体用房出租、集体在住宅区空地建小产权房（未经土地部门批准，无土地证、房产证的住宅房）出卖。

企业转制后，私营业主为获取最大经济效益，进行了大量裁员。将企业管理层和技术部门交亲属掌管，把原由村集体安排进厂做工的职工大部分辞退。个别业主索性将原有职工悉数辞退，重新招收临时工进厂做工。据当时的长桥镇工业公司统计，1994年末，长桥镇镇、村两级企业有职工8276人，到企业完成转制的1997年底，有职工3897人，锐减52.9%，其中由原长桥镇政府、基层村委会集体安排进厂做工的职工减少92.8%。至1997年底，境内不再有集体性质的工业企业。村办集体工业作为境内集体经济发展曾经的支柱产业、农民依赖的致富靠山，如昙花一现，成为历史。

## 第四节　企业简介

### 一、苏州维信电子有限公司

2002年创办，位于吴中东吴工业园南湖路68号。占地面积36667平方米，建筑面积53760平方米。职工6162人。注册资本7380万美元，年营业收入29亿元，上缴税收1亿元。

是目前全美最大的柔性线路板生产制造商之一的美国 M-FLEX 在红庄境内投资创办的独资企业，是一家集设计、制造、组装柔性线路板的专业企业，其产品广泛用于电子、医疗、汽车、航空及军事工业领域。在中国成都和苏州市吴中区郭巷街道、临湖镇均设有分厂。2004 年，其产品通过 ISO 4001、2008 通过 ISO 9001 质量认证。产品远销亚、欧、美等 30 多个国家。

### 二、苏州少士电子科技责任有限公司

1995 年 5 月创办，位于吴中东吴工业园枫津路 8 号。占地面积 10866 平方米，建筑面积 37000 平方米。注册资本 2000 万元人民币，有职工 256 人，其中科技人员 82 人。是一家专门从事银行自动化设备（硬币和纸币清点类设备）的研发、生产和维修服务的专业企业，2002 年 8 月通过 ISO 9001 质量管理体系认证。开发生产硬币、纸币类银行专用设备近 20 多种产品。其产品经德国本土 TVV 公司"CE"和"CS"安全认证和中国电器兼容中心的"CCC"认证，达到国际先进机具的同等水平。2002 年首批研发美元鉴别仪 PRC-51、多币种鉴别仪 PRC-52、多币种面值混计数机 PRC-960、柜面纸币分拣机 PRC-955 等新产品。产品远销欧、美和全国各地。公司曾先后荣获江苏省高新技术企业、江苏省民营科技企业称号。

### 三、苏州三威染料化学有限公司

1992 年创办，位于苏州吴中区东吴南路 25 号。占地面积 75200 平方米，建筑面积 43500 平方米。注册资本 2000 万元人民币，有职工 283 人。是一家研发、生产金属综合溶剂、碱性染料及纳米级染料色浆的专业企业。2002 年通过 ISO 9001 质量认证。

公司研发、生产的产品有用于制造复写纸、圆珠笔油墨及印刷油墨的碱性染料，用于塑料着色、涤纶母粒着色、汽油着色的油溶染料，用于木器、皮革及金属、印刷、塑料、油墨着色的金属综合染料三大系列。产品远销欧美及东南亚地区。

### 四、苏城电器厂

始建于 1985 年初，位于吴中区东吴南路 111 号。自 1988 年起，先后与美国合资创办了中美合资苏州瑞圣电器有限公司，与沈阳飞机制造有限公司合作创办了苏州沈飞车窗制造有限公司。厂区占地面积 40000 平方米，建筑面积 15000 平方米，总投资 8000 万元人民币，是苏州市吴中开发区有名的花园式工厂。已于 2001 年通过 ISO 9002 国际质量体系认证，并被苏州市政府命名为先进科技企业。

苏城电器厂专业制造铁路客车及地铁车辆的配套产品。主要产品有：铁路客车和地铁车辆的车门、车窗、低噪音空调通风机、列车便器、NP 型内绝缘金属穿线软管及铜制裸压接线端头等。

### 五、苏州三信机器制造有限公司

是由成立于 1964 年的苏州第三铸造机械厂改制而来，位于苏州吴中区兴吴路 8 号，占地面积 12000 平方米，建筑面积 83000 平方米，有职工 13084 人，注册资本 3000 万元。是以铸造装备的设计制造及工业机器人技术开发应用为核心的生产研发型企业。

公司设计制造的制芯、造型、砂处理及有色合金铸造设备，包括：原砂输送、芯砂混

制及配送、冷芯盒射芯机、热芯盒射芯机、壳芯机、气体发生器、铸造模具及制芯辅助设备、造型机、造型生产线及砂箱小车、树脂砂生产线、铝合金除气装置、金属型重力浇铸机。公司同时致力于工业机器人技术在铸造行业的开发和运用，主要应用有砂芯搬运、浸涂，组芯和下芯，铸件的浇铸、取件、预处理、清理等。兼营造型线和制芯设备的改造升级服务，承接铸造设备电气自动化控制系统的设计、制造和安装调试工程。于2005年5月通过ISO 9001质量管理体系认证。

### 六、江苏吴中医药集团有限公司苏州制药厂

1971年创办，位于吴中区东吴南路2-1号。占地面积58760平方米，建筑面积41867平方米，有职工810人，注册资本5000万元。是一家国家中型医药制药企业。也是国家火炬计划高新技术企业、国家火炬计划吴中医药产业基地骨干企业。

初建时，该厂为国有吴县制药厂。1987年，企业从计划经济转向市场经济，从以产定销转为以销定产。至20世纪80年代末，产值已超1亿元。1989年，更名为苏州第六制药厂。1998年，加盟江苏吴中集团，改称江苏吴中实业股份有限公司苏州第六制药厂，并顺利通过GMP认证。2007年初，组建江苏吴中医药集团有限公司时，更名为江苏吴中医药集团有限公司苏州第六制药厂。2011年，异地重建，由木渎西街64号迁至东吴南路2-1号。2012年7月，又更名为江苏吴中医药集团有限公司苏州制药厂。

公司主要生产硬胶囊剂、颗粒剂、片剂（含抗肿瘤药）、口服溶液剂、滴丸剂、乳剂、原料药（含抗肿瘤药）、大输液、粉针剂、冻干粉针剂和小容量注射剂等。其生产的注射用卡络磺钠、芙琦星被国家科技部列入"国家火炬计划项目"；注射用奥美拉唑钠、莱沃幸、芙璐星和匹多莫德被省科技厅列入"江苏省火炬计划项目"；硫酸阿米卡星系列产品被评为"江苏省名牌产品"；注射用卡络磺钠、盐酸林可霉素系列产品，奥美拉唑钠、克林霉素磷酸酯和硫酸奈替米星被评为"苏州市名牌产品"；企业的"灵岩"牌商标被评为"江苏省著名商标"。

### 七、苏州吴中供水有限公司

苏州吴中供水有限公司是区政府参股、吴中集团控股的公用事业型企业。拥有15万立方米/日和总规模40万立方米/日、一期20万立方米/日的两座水厂，以及一座10万立方米/日的增压站，为吴中城区、吴中经济开发区以及甪直、临湖和东山区域内300多平方千米、近70万人口提供工业、生活用水。其出厂水、管网水、末梢水的水质100%达到国家106项水质检测标准。并实行"一户一表、水表出户、抄表计量到户"。2008年完成城区道路供水管道的新建和改造等市、区政府重点工程，提高供水安全性和老百姓的生活质量。

公司先后被市委、市政府授予"劳动关系和谐企业""文明单位""非公经济党建工作示范点""平安企业"荣誉称号，连续6年被评为江苏吴中集团金奖企业。

### 八、先锋导电材料工业（苏州）有限公司

2006年1月创办，位于吴中区南湖路43号。占地面积32545平方米，建筑面积20412平方米。资产总额20233.9万元，有职工750人，是生产光电产品的中型企业。主

要产品具有防震、导热、吸音等用途的 RUBBER、GASKER、PC、ABS。其产品先后通过 ISO 9001、ISO 4001 质量认证,远销美国、日本、西欧、东南亚和中东地区。

## 九、苏州诺斯达电子科技有限公司

2006 年创办,位于吴中区东吴南路 61-5 号。占地面积约 8000 平方米,建筑面积 6800 平方米。资产总额 7093.9 万元,有职工 300 人。是生产导电材料的中型企业。主要产品有导电用泡棉、铝铂等,其产品经销全国各地。

## 十、苏州广博电子有限公司

2005 年 9 月创办,位于吴中区兴吴路 5 号。占地面积约 2000 平方米,建筑面积 1800 平方米。资产总额 25846 万元,有职工 266 人。是开发生产电子配件的科技型企业。主要产品有电子线、电子管、电脑零部件等,其产品经销全国各地。

# 第七章 副业

红庄地处苏州城南郊，属人口稠密地区之一，历史上，境内农民就有从事家庭刺绣、畜禽饲养、烂田作物和园地种植等家庭副业之习，副业经济历来是当地农民经济收入的主要来源之一。"文化大革命"期间，农业以粮为纲，把副业生产作为资本主义尾巴割掉。境内除园地种植外，其他副业生产被取缔。20世纪70年代初，在政府"多种经营、全面发展"的号召下，境内恢复了家庭刺绣、畜禽饲养和烂田作物种植，且兴起了集体运输业。十一届三中全会后，实行联产到劳、分田到户，出现了个体运输生产，农村剩余劳动力开始从事板车、柴油机斗车和汽车运输。2000年，境内有个体运输船126只、7150吨，板车278辆，三轮车（含电动）152辆，柴油机斗车118辆，汽车（含客车）99辆，其中，企业自备接送职工用客车32辆，个体客运车21辆，货运车46辆。2003年，随着城市化进程的推进，土地收归国有，境内成无地队。传统的烂田作物和园地种植、禽畜饲养在境内绝迹。至2013年，个体运输船、板车、三轮车运输均被汽车运输替代，单家独户汽车运输被私营运输公司替代。

# 第一节 运输业

运输业为20世纪60年代中期兴起的一门新兴产业。始为手摇木船短途货运，船皮一般均在5吨以下。后渐发展为水泥、铁壳挂浆机船中、长途货运，船皮渐增至30—100吨不等。至1990年底，境内有货运船只139只、8260吨。陆路交通发展后，水上运输渐衰，陆上运输兴起，境内先后兴起了板车、三轮车（含电动）、柴油机斗车和汽车短途和中、长途货（客）运输，替代了水上船只运输。至2000年，境内的人力板车、三轮车运输逐渐消亡。进入21世纪后，柴油机斗车运输渐被淘汰，由汽车运输替代。至2013年，境内有货、客运汽车165辆，其中：货车90辆、518吨，客车72辆、3250只座位。

## 一、集体船只运输

境内的集体运输业始于1965年。是年5月，境内的生产小队将集体木质农用船改装成手摇运输船，参加长桥公社运输站货运，由运输站统一经营、统一管理。一般每个生产队都安排1—2只运输船，每只运输船安排2名运输人员，均为生产队男性壮劳力。运输人员参加运输的时间不一，有的生产队一月一轮换（即安排的运输人员从事运输业满一个月后，再安排其他社员上船运输），有的为两个月一轮换，时间最长的为一年一轮换。运输人员的报酬一般实行与生产队务农壮劳力同工同酬，生产队集体给予每天0.20元补贴。运输业务由公社运输站统一承接安排，主要从事金山浜、石马头、茅山浜码头的块石、红光和华盛造柴厂的原料（稻草）及农副产品和部分工业原料的短途转运。运输收入亦由公社运输站统一结算，收取一定比例的管理费后，将每只运输船的运费收入于每年年底一次性划入所在生产队的集体账户，列为生产队集体收入，用于生产队年终分配。运输船只多的、运输收入年份高的生产队，集体运输收入占年终分配资金总额的比例较高，最高的占整个分配资金的60%以上。

随着国家经济的发展，运输业的拓展，参加运输的人员性质也发生了变化。有的为长期工，有的为短期工，有的为夫妻档，有的为兄弟档。运送的货物种类也逐渐扩展，从最初的基建材料、造纸原料和农副产品，拓展到工业原料、百货、建材、企业设备等，管理方式也有改变，从原来的公社运输管理站统一管理改为生产队自行管理，公社运输站统一调度改为生产队自行招揽运输业务。时，有的生产队将运输船只承包给苏州市国有、集体和当地乡、村办集体企业使用。个人收入也有所提高，从原来由生产队集体支付给运输人员每人每天0.20元补贴，提高到每人每天0.5元—1元不等，有的生产队还把运输人员的报酬从原来与务农人员同工同酬提高到当时乡、村办企业务工人员的1.2倍—1.5倍。

集体运输业的兴起和发展，对增加集体收入，发展集体经济，提高社员分配水平起到了重要作用。1964年，境内社员人均分配水平为61.8元，至1982年，境内社员人均分配水平达1049.1元，增长了16.97倍。1983年，境内实行联产到劳、分田到户后，集体运输业随之消亡。

## 二、个体船只运输

农村实行家庭联产承包责任制后,农村剩余劳动力开始走上自谋职业之路,逐渐向苏州市城区转移。有的曾长期从事过船只运输的人员将生产队分到组的运输船只租赁下来,开始了单家独户运输。一般为夫妻两人上船从事短途货运,家中没有老人的带上小孩一起上船。个体船只运输一般均由人介绍进企事业单位、建材码头从事专一货物的短途、中途运输。始为手摇,不久改为挂浆机运输。船皮从5吨左右逐渐发展成30—100吨不等,船皮大的一般装有2—3台挂浆机。运输收入也逐年提高。调查显示,1995年,境内原红庄村有个体运输船23只,船皮435吨,运输人员46人,年总收入322万元,船均14万元,人均7万元。年收入为当时务工人员的9倍,务农人员的15倍。

1995年始,乡、村办企业实行转制,出让或出卖给私人经营后,业主为节省生产成本,把原来用汽车运输原、副材料或运送产品改为船只运输,邀请本村或本地熟悉的船户固定在厂,负责运输。境内有许多个体运输户都固定在约定的企业从事短途或中途货运,收入稳定,且逐年增长。进入21世纪后,吴中区(市)人民政府开发建设城南经济带工业区,许多河道被填埋,大部分自然村落没有停歇船只的河道,境内船只运输业渐衰,不久便消亡。

## 三、板车运输

境内的板车运输业始于20世纪80年代中期。农村实行家庭联产承包责任制后,一些年龄偏大、文化偏低的剩余劳动力难于向其他行业转移,农闲时,去国有、集体企事业单位从事一些肩扛手提的搬运工作,均为短期工,一般2—3天就完工,再另找单位。1986年,境内原双桥村一陆姓农民主动担负寻找搬运业务,并组建了一个由18人参加的板车运输队,专门去苏州城内的工厂、基建工地,从事板车运送基建材料和工业原、副材料。嗣后,境内的红庄、尹西村也相继组建了板车运输队。1989年,长桥镇人民政府提出了"靠山吃山、靠城吃城、进城谋业"的号召,农村剩余劳动力纷纷向城市转移,板车运输队不断拓展壮大,至1995年,境内板车运输队发展到9个,有板车276辆,人员(含业务接洽、管理)303名,年收入近800万元。人均年收入2.5万元—2.7万元,是当时务农人员年收入的2—3倍。1996年,苏州市和吴县(市)相继开展创建全国(后称国家)卫生城市活动,苏州市、吴县(市)城区禁止板车运输后,板车运输业逐渐消亡。

## 四、柴油机斗车运输

1983年,境内实行家庭联产承包责任制后,恢复单家独户生产,各村将用于农业生产耕作的手扶拖拉机承包给原机耕人员,农忙时从事农耕,农闲时改装成柴油机斗车,从事短途货运。继后,一些无业农民亦购置柴油机斗车从事短途货运。柴油机斗车运输业在境内兴起。时,由于柴油机斗车体积小、运价低,且能负责装卸和不分昼夜作业,苏州市城区及周边地区的商品房开发公司、企事业单位基建工地的基建材料运送业务大部分由柴油机斗车承接。柴油机斗车运输一般都为单干,自行承接业务。业务量大的由承接人另邀其他车主共同完成。运输人员一般每天作业时间在12小时以上,其收入亦高于农村从事其他行业的人员。调查显示,2000年,境内红庄村有柴油机斗车89辆,运输人员178人,每辆为2名作业人员(一般为夫妻较多),年运输货物量近1000万吨,平均每辆10万余吨;收入1500余万元,平均每辆16.9万元。人均年收入8.4万元—8.6万元,是当时务农人员年收入的8—10倍。

进入21世纪后，苏州市城市化建设加速，原苏州城南的长桥镇（街道）全境融入苏州市城区。由于城市管理需要，政府禁止柴油机斗车运输，柴油机斗车运输业衰落。至2005年末，货运柴油机斗车在境内绝迹。

**五、汽车运输**

1987年，境内原双桥村板车队负责人陆小金根，创办了吴县长桥镇双桥汽车运输队，有货车6辆、38吨，专门从事苏州古城区渣土和工业企业的原、副材料运输，境内始有汽车运输业。

20世纪90年代中期，境内的道路建设快速发展，东吴南路、越湖路相继通车，自然村之间亦修通了柏油马路，陆路交通便捷，货车运输业也随之迅猛发展。境内部分农户开始购买5—15吨不等的货运汽车，为建筑工地和国有集体工厂专营建材和工业原、副材料运输。始为车主自行承接业务，后与企业单位签订长期运输协议，固定在1个单位经营货物运输业务。经营形式有包年、包月和包量3种。一般单位仅支付运费，运输所需的燃料、车辆修理和其他所需费用均由车主自负。运价由单位和车主协商确定。一般以吨位计算，年运价为2万元左右，即每辆5吨位的货车年营业收入毛利在10万元左右。至2010年，境内汽车货运业务进入盛期，共有汽车58辆、455吨，年运输货物近20万吨，收入近1千万元，平均每辆17.9万元，每吨位2.2万元。

2002年始，境内始有农户购买客车，在尚未开通公交线路的区域（主要为农村）经营短、中途个体客运业务。运费收取一般为公交公司核定价格的85%—90%之间，因收费便宜，乘客较多，收入也较高。时，境内有客运汽车23辆、925座，以52座客车计，一辆客运汽车年收入达45万元—48万元。不久，公交公司在个体客运线上开通公交线路，政府亦行文禁止个体客运车辆在开通公交线路的同线路运行，并不准在公交线路站头上接送客人，个体客运业渐衰。后，苏州市将原国有、集体的公交公司承包给私人运行，境内的客运车辆业主将车出租给苏州市区的客运公司或旅游公司，按年计，每个座位收取3000元—3500元不等的租费。

2013年末，境内共有货、客运汽车176辆，其中客车114辆（含企业用于接送职工的自备车）、3265座，年载客量近百万人次；货车62辆（含吊装车）、568吨，年货运量20余万吨。

## 第二节　刺绣业

刺绣是红庄社区的主要传统副业之一，已有2000多年的历史。

境内的绣女心灵手巧，绣出的各类作品惟妙惟肖，不仅富有立体感，而且光彩夺目，在国内享有盛誉。

相传，吴越春秋时，境内已有专门为皇室绣制各式宫装的绣女，称之艺绣。一般绣女则应用短针绣制一些家用装饰品。宋代，境内刺绣技艺有了很大的发展，绣女们已经能够熟练应用套针、花针等针技了。明朝年间，由于江南广植桑树，加上书法家的悉心专研、教习，刺绣业发展迅速，在针法上，已集前朝大成，计有直针、缠针、接针、切针、扎针、滚针、打籽、花针、套针、刻鳞针、施针、虚针、实针、网绣针等14种针法。时，境内的刺绣业进入艺术成熟阶段，绣品除有御用品和官用品外，大量成为商品，行销市场。据境内盛庄里廓上许姓后人提供的家谱，其首页绪中有"第五代孙许陌在澹台廓设花楼，绣女上百，由文人教习绣制宫装"一段记述。据许氏后人口述：第五代祖先生于明代中期，为当时盛庄里首富，以开设绣庄、当铺为业。其绣庄主要绣制御用品和官用品。故第六至第九代上祖在朝为官者众多。现盛庄里人还流传澹台廓绣花楼绣女因思春自缢，变成吊死鬼，夜间出来寻找年轻男子之说。20世纪80年代前，村上老人都要告诫儿孙夜间不准去澹台廓，也从没有村人夜间敢去澹台廓的。

  清朝，境内刺绣业衰落，仅用于制作服装等，纹样均属图案形，古针法限于套针、抢针及反抢针之类。新中国成立后，境内的刺绣业有了很大的发展。初期，仍是农户的家庭副业，由妇女直接去苏州工艺师处购买面料（即印制图案的单色绸、棉布料），在家用花针绣制成绣品（一般均为服饰、帐沿和被面），去市场出卖。少数绣技精湛的妇女绣制戏衣等绣品，由戏院老板和艺术家上门收购。收入也较为微薄，仅为补贴家庭日常生活之用。1958年，人民公社成立后，实行集体生产，当时的红庄大队在浜里西岸土改时没收的地主家住宅内开办了刺绣加工场，将各生产队的青年妇女集中参加刺绣生产。是年，红庄大队刺绣加工场有绣女115人，生产绣品1400件（套）。其中浴衣150套，帐沿1000件，被面200条，戏衣50套，产值达98115元，第二年，境内的钢铁大队在袁达浜自然村的观音堂里开办了刺绣加工场，有176名生产队年轻女劳力参加集体刺绣生产。1961年，境内已有绣工412人，主要承接蠡墅刺绣社下发的绣品加工业务，由刺绣社指派1名技术员定点在境内红庄、钢铁2个刺绣加工场进行绣艺指导和绣制品验收，将绣制品送交刺绣社后，由刺绣社统一销售。当年，境内2个刺绣加工场其生产绣品4150套（件），其中浴衣200件，戏衣500件，被面5000条，帐沿1000件，枕头2050对。刺绣加工收入近30万元，成为境内农、副业生产的主要经济收入来源。

  1962年，开展农业学大寨运动，实行"以粮为纲"，政府号召农村"大搞粮食"。红庄、钢铁大队的集体刺绣加工场先后解散，绣工均回生产队参加农业生产劳动，仅在农闲空余时间，在家中绣制蠡墅刺绣社（1975年改称蠡墅刺绣发放站）发放的刺绣加工业务。期间，家庭刺绣业有着较大发展，绣艺不断提高。境内农村家庭刺绣加工收入一般稳定在150万元—200万元内。境内的家庭刺绣以绣杂品为主，仅有少数绣技较好的妇女绣制打籽和盘金加工业务。其盘金和打籽绣品，在当时的吴县最为有名。时，一般农户家庭10岁以上的女孩都在放学和劳动空闲间从事家庭刺绣业。农村居民嫁女时，都有一副绣凳、绣架随嫁。

  到2000年，刺绣业仍是境内各家各户的家庭副业，年刺绣总量在2万件（套）以上。2003年，红庄全境被列为吴中区城南经济带工业区，自然村落被整体拆除，村民悉数迁居红庄新村后，因新建住房形态变异，体积缩小，农户住宅厅堂内无法摆放刺绣用的绣凳、绣架，家庭刺绣业渐衰退。至2013年末，境内除为数不多的绣技精湛的老年妇女在家从事一些外销艺术品的家庭刺绣业外，一般妇女不再从事家庭刺绣业。

## 第三节 烂田经济作物

新中国成立前，境内烂田经济作物占农业总收入的30%左右。20世纪50年代，境内有8%—10%的耕地种植灯席草、茭白、慈姑、荸荠、莲藕等经济作物。此后，随着时代形势的变化和种植结构的调整，经济作物的种植面积逐年减少。到20世纪60年代中后期，政府提倡"以粮为纲"，号召大搞粮食生产，烂田改种粮食。

20世纪70年代初，在政府"以粮为纲、全面发展、广开门路，多种经营"的号召下，各大队成立副业队，种植各类经济作物。从以前的单一传统作物，发展为新型种植结构，不光恢复种植烂田经济作物，还利用旱地、杂边地及河滩地种植旱地经济作物来增加农业收益。1983年，境内农村实行家庭联产承包责任制后，仅有少数农户在低洼边角田或沟渠、河边水潭种植少量茭白、慈姑以替代蔬菜自食，不再种植灯席草、荸荠、莲藕等烂田经济作物。至21世纪初，随着城市化建设进程的推进，境内结束农业生产历史，烂田经济作物种植也随之终止。

### 一、茭白

茭白，为多年生水生植物，根埋水下泥土中。壮根呈黄色，幼根呈白色。茎直立，呈槽形。叶子相互包裹，微泛黄色。茎上节为叶，叶子呈带状，深绿色。其嫩茎经黑粉菌寄生后基部膨大，形成茭白；果实叫菰米，可食用。《本草纲目》载，菰本叫苽，可食，故谓苽。其米须霜凋时采取，故谓凋苽或讹称雕胡。

境内种植茭白的历史悠久。早在唐、宋时，已有农户专门种植茭白，并将菰米（茭白）"置街边成市"。明、清时，种植茭白的农户，以收获的茭白去集市换取粮食、绸帛，并合伙将茭白舟运至上海、嘉兴等地换取银两。新中国成立后，茭白种植逐年拓展；人民公社化后，成为境内各生产队的主要副业收入来源之一。农村实行家庭联产承包责任制后，茭白种植逐年萎缩。至20世纪末，茭白种植在境内绝迹。

茭白品种繁多，有五月茭、夏茭、白露（秋）茭等。根据种植方法不同，分为白田茭、杂间茭两种。白田茭：田间单一种植茭白叫白田茭。杂间茭：部分植茭白，间植灯草或慈姑等作物的称杂间茭。五月茭在农历五月底前收获，夏茭在农历六月底前收获，均在立秋前收获结束。白露茭在白露前收获，至寒露结束。《本草纲目》载：雕胡九月抽茎，开花如苇芹，结实长寸许，霜后采之，大如茅针，皮黑褐色，此为晚茭白。境内主要种植白露（秋）茭。白露茭的栽植最佳时节在谷雨前后。在栽茭前，先把烂田耕耘好，捣烂成活土，除净杂草，施上基肥（人尿粪或猪窝粪），每亩15—20担。茭白的栽植：先把茭白苗（头）在烂田中叉起来，把底用刀切平，把未出苗的老败茭头切掉，把有苗的4—5株苗切成一棵，一般一个茭白苗头可分3—4棵不等栽植。行距一般在0.8—1米之间，株距一般在0.4—0.5米之间。把茭白苗头栽插在活土烂泥中一直保持水层，使其自然生根分蘖。在小暑时节施追肥，亦作分蘖肥。在8月底9月初，除净田间杂草和折茭叶。折茭叶是把茭白的老（败）叶、黄叶、烂叶子撕掉。折茭叶的目的是使茭白田间通气、通风好，病虫少，有利于茭白生长，产茭白率高。

白露（秋）茭在白露时节前开始产茭白（叫白露见三早），即一般情况在白露前7—10天开始逐步收获茭白。每产一次茭白后再隔2—3天再产一次，旺朝时隔1—2天产一次，直到逐步把茭白产完为止。茭白一般亩产750—1000千克上下，在20世纪七八十年代的价值每亩在250—350元（当时价）。

留种：在采(打)茭白时对当年茭白少的茭头做好标记，作为废头处理，铲去叠在田岸边，待冰酥后可散发在小麦上作为压表肥用。把当年果实大、产量多的茭头作为种子头留用。在当年11月份铲茭株（头）。把茭头整齐排列或按条排列在一起，来年开春后，移栽大田。茭白历来是红庄域内的主要经济作物之一。

茭白的食用方法：可煮可炒，亦可与畜、禽、肉、蛋同煮、同炒食用。其味鲜嫩爽口。茭白还可制成干（茭白干）。制作时，将茭白切成丝，用肉丝、鸡丁、鱼片等辅料炒烧，其味鲜而不腻。用清水煮沸，捞起后，在太阳下曝晒成干，叫茭白干，在过年（春节）时食用。茭白干放在阴凉干燥处可保持10个月不变质，可随时取出来食用。可与肉禽类同炖煮，其味香中带甜，别有一番风味。古时，茭白被誉为江南三大名菜（即莼菜、茭白、鲈鱼）之一。

茭白含有大量的矿物质、维生素、蛋白质和纤维素，营养价值极高，有止渴养颜、解热、调肠胃等功能。

## 二、灯草、席草

灯草、席草异名甚多，有蔺、营、开宝草、龙须草、灯芯草、丝草等，为多年生草本植物。其根埋土中，呈奶白色，地上茎丛生，直立，圆柱状，深绿色，中有绒，绒呈泡沫状，通气。茎粗壮、皮硬，梢上有花蕊的为灯草。茎细软、矮小，梢上没有花蕊的为席草。

灯草、席草原为野生植物，后经劳动人民长期培育，成为多年生宿根沼泽草本植物。灯草、席草没有种子繁殖，而靠老株根系为分株分蘖进行无性繁殖。其生长发育要求气候温和、水位较浅、土壤肥沃，以含有腐殖质的水田为宜。境内低洼田（烂田）颇多，最宜栽种灯草、席草。

灯草、席草在每年寒露前后种植，来年小暑前后收获。草农在寒露前后4—5天开始移植，在移植前7—10天，把种苗的上半部割掉，剩苗25厘米左右。分棵后按0.3×0.3米的要求植于大田中。移栽前，先把田间捣烂成活泥，施足基肥（人尿粪20—30担或猪窝粪30—40担每亩），除净杂草后种植。在谷雨前后一周内施追肥，一般每亩泼浇黄粪20—30担。如后田间肥力差，草苗长势差，在5月上旬再补施追肥。灯草、席草喜水，种植应保持长期不脱水，特别是冬天要保持一定的水层，以防冻坏苗芽。冬天，清明前后和谷雨后各除草一次，小暑时节收割，亩产500—600千克，价值150元（当时价）左右。

灯草、席草的秧苗田要选择能脱水的田块。施猪灰30担或人粪尿30担做基肥，立夏前3—4天移植培养(方言称塌草秧)，每20—30天除杂草1次，直至移栽大田。据资料记载，1961年至1980年间，境内每个生产队都种栽灯草、席草，灯草年产量在2000—2500担，席草在1500—2000担之间。农村实行家庭联产承包责任制后，境内灯草、席草的种植绝迹。

灯草、席草的用途甚广，经济价值极高。据《姑苏志》载："席草冬月种，（来年）小暑后割……""明春编织为席，色绿为佳。"席草主要用于编制席，历史上吴地盛产脐席、隐梢席、双草席、油朴席、纱筋席等名席。新中国成立后随着科研的发展提升，席草亦用于编制各种图案的工艺品，如鞋、垫、箱、包、帽、扇、篮等，远销日本等国家和地区，有较高的经济价值。此外，太湖流域产的席草具有拉力强、纤维长的特点，亦可制造高级打字纸、胶印纸、电容器纸等。在医药方面可提炼利尿剂。灯草主要用于编制草鞋、草垫或将灯草茎中绒心抽出以茎壳（称草壳）制成雨衣（俗称蓑衣），作雨具用。古时，未发明雨伞和塑料雨衣前，蓑衣是乡间百姓的主要避雨用具。绒芯（俗称草肉）用于制烛心，亦可作为枕头里的枕芯用。

### 三、慈姑

慈姑为多年生水生植物。其根埋水中，呈白色，外裹黄纤衣，末端球茎为果。茎直立，中间呈泡沫状，通气。顶部为叶，呈三角状。慈姑的果实呈椭圆形，基部连根，端部生芊，取其芊可为种苗，养于水中，待发芽生须后栽插田间。

境内的低洼田、糊水田都可种植慈姑。慈姑的生长期较长，每年小满前后栽种，来年立春后收获。慈姑种植在荸荠或灯芯草田间，行距为0.8—1米，株距在0.4米左右。植前将田间泥土捣烂（活），除净田间杂草，施足基肥，亩施人粪尿40担或猪灰30担。生长期间田间应保持一定水层。发现慈姑苗落黄无力、叶薄不壮、不挺拔，补上追肥。一般追肥为黄粪（人屎尿）每亩10—15担，亦可在行距间踏入活稻草，以使田间泥土松散肥沃，促使慈姑根基在地下串通，发育快，果实大与多，提高产量。其次要注意病虫害的防治。发现有蚜虫、芒虫、青虫，及时农药喷治，一般用药二二三或氯胺磷等兑水稀释喷雾除虫。慈姑一般亩产可达1000—1250千克，收益在（当时价）200—300元。

慈姑的留种：用挖（俗称捉）起的慈姑，把芊切下来，芊上带点慈姑肉。长时间放在存有水的缸中，任其自然发芽、发育，幼芽长成叶片后，待到小满前后移栽。农村实行家庭联产承包责任制后，慈姑种植在境内绝迹。

慈姑含有大量的淀粉、蛋白质和脂肪，营养极为丰富。慈姑有着它的药用价值，有通气、止咳、明目、解毒之功能，并可治疗咳嗽等呼吸道疾病。民间有用冰糖炖慈姑治疗久咳哮喘的秘方。

慈姑的食用方法：可煮可炒，用清水白煮，食以代粮，亦可以同畜、禽、肉类合煮炒烧，其味甘甜香脆，为菜中上品。

### 四、荸荠

荸荠为多年生草本植物，长于沼泽中或栽培在水田里。其地上茎丛生，直立管状，通气，深绿色，地下根带上生球茎谓荸荠，可食用。

境内低洼田、糊水田、烂田均能栽培荸荠。每年清明前后催芽，小满前后种植，来年立春后收获。荸荠种植在灯芯草田间，行距在0.8米—0.6米之间。植前，先将田间泥土捣烂捣活，施上基肥（人粪尿或猪窝灰粪尿），亩施20—30担为面、基肥，并除净田间杂草。植后，待灯芯草收割完，再除草1次，施入猪灰或人粪尿肥。种植后，只需保持田间水层，不必经常管理。翌年1—3月份收获，亩产一般在1500—1750千克，价值在300—350元（当时价）。

荸荠的留种工序繁杂，须在旱地上挖个潭，深度在 0.6 米左右，宽阔度按荸荠种子的多少来定。一般荸荠分叠上下两层放入潭中，浇上河泥或烂田泥作为封面（封面的烂泥一般在两三寸）。再把存放荸荠的潭覆盖好，覆盖物一般以稻柴和茭白叶子为宜。潭内经常洒水，确保荸荠湿润，以利发芽发育。荸荠种子管理一直保持到移植大田。一般情况下，每亩须大田留种 40 千克左右。

荸荠是境内的主要经济作物之一，历史上境内红庄大队（村）和钢铁大队北部地广为种植。1973 年农业"以粮为纲"后，种植面积渐少。至 20 世纪 80 年代初，荸荠的种植在境内绝迹。

荸荠含有大量的淀粉、蛋白质、蔗糖、脂肪和多种矿物质，营养较为丰富。民谚称"山东一只大水梨，弗及苏州一个小荸荠"。荸荠亦有药用价值，有止渴、祛寒、解毒、养颜等功能，且可治疗风湿症、肾阴虚等疾病。

荸荠的食用：既可生食，亦可熟食。既可清水煮食用，亦可与其畜、禽、肉类同煮同炒食用，为酒宴之佳品。其味鲜嫩、甘甜可口，别有一番风味。荸荠亦可制成糖葫芦，以代糖果。

## 五、莲藕

莲藕，又称荷藕、芙蕖、芙蓉，为多年生水生植物。其根生于水下泥中，细小部称鞭，膨大部称蘴，总称藕；茎直立，呈管状，为深绿色，中有孔，外有棕色小刺，茎顶端一为叶，一为花；叶呈椭圆形，深绿色；其花称莲花，有粉红、纯白两色，花瓣凋谢后结成莲蓬，内裹枣核大果实，称莲子。藕与莲子均可食用。《本草纲目》载：蘴是嫩蘴，如竹子的行鞭；节生二茎，一为叶，一为花，根部生藕。藕折断时还有许多丝连着不断，故称"藕断丝连"。唐人孟郊《去妇》诗云："妾心藕中丝，虽断犹连牵。"莲藕出淤泥而不染，濯清涟而不妖，各种美德兼有，是一般植物难以配比的。历代文人都有诗歌予以赞美。

莲藕是烂田、低洼田、糊水田的主要经济作物之一，境内种植历史悠久。相传，春秋时期，吴王行宫荷花池中的莲藕都是从姑苏城南郊移植过去的。莲藕在立夏前种植，一般与慈姑、荸荠续植。也有种白田藕的。种植的行距为 2.5 米 × 2.5 米左右。植前，捣活烂田，除净杂草。植后，15 天左右，亩施红花草 1500—2000 千克，踏入田中，或施猪灰 20—25 担，或施人尿粪 30—40 担作基肥。20—30 天后清除杂草 1 次。白露前收获，亩产可达 1250—1500 千克，价值 250—300 元（当时价）。莲藕种植简单，不用起挖，翌年待老藕叉发出新芽后，起挖藕叉横卧于大田中即可。莲藕的管理简单，田间保持水层，施好基肥，补好追肥即可。清除杂草，虫害少，一般不宜到田中去践踏。

莲藕也是境内的主要经济作物，种植面积较广，20 世纪 80 年代初起，种植面积逐年减少，90 年代初，莲藕种植在境内绝迹。

莲藕有很高的经济价值和食用价值。藕与莲子都含有大量的淀粉、蛋白质、脂肪、蔗糖和多种维生素，具有较高的营养价值。藕亦有药用价值，有补益虚损、补中养神、解渴消炎之功能，且可以治疗咳逆不止、白浊遗精、心虚赤浊、反胃吐食和心悸、怔忡、眩晕等疾病。《本草纲目》载：莲子、石榴子性均温，能补中养神，益力气，除百病，久服轻身耐劳，不觉饥饿，延年益寿。

食用莲藕可煮可炒。藕加少许食用碱清水煮，味肥甜。亦可在藕孔中加入糯米或糯米夹肉末，加少许食用碱煮熟，为江南绝佳美食，食以代粮。切成丝或片，与猪肉丝、鸡丁、鱼丁等辅助材料炒烧，为菜中佳味。生食解渴，以代水果。食用莲子，可加糯米煮成莲子粥。莲子清煮加些糖，煮成莲子汤。莲子磨成粉煮糊吞食，其味香甜可口。藕含淀粉多，可加工成藕粉，藕粉是病人的最佳食品。莲藕的叶晒干后俗称荷叶，可用于包装食品，有防馊、防异味、防汤水外渗之效用。

## 第四节　园地种植

### 一、蔬菜

历史上，境内农户习惯在宅基前后、埠头等小块土地上种植蔬菜供自家食用，少数农户将多余蔬菜上市出售。品种有：上菜（即大青菜）、青菜、菠菜、苋菜、荠菜、芹菜、花菜、白菜、卷心菜（俗称西瓜菜）、芥菜、雪里蕻、蓊菜、韭菜、紫角叶、金花菜、蓬蒿菜、豆苗、莴苣、大蒜、葱等绿叶菜，豆类有扁豆、四季豆、豇豆、青蚕豆、毛豆、刀豆、荷兰豆等，茄类有茄子、灯笼辣椒、尖头辣椒、番茄等；块茎类有马铃薯（俗称洋芋艿）、毛辣姜、白萝卜、胡萝卜、山芋（俗称地瓜）、芋头（俗称芋艿）等，瓜类有南瓜、香瓜、丝瓜、生瓜、蒲瓜（俗称扁婆）、西瓜、甜瓜等，此外还有竹笋、茭白、慈姑、荸荠等。1959年成立人民公社后，境内生产队均将集体的杂边地、埠头地按人口划分给各农户使用，种植蔬菜、瓜果供自家食用。三年困难时期，口粮低标准，政府鼓励农户广种、种足杂边、空隙地，以瓜菜代粮度过困难。20世纪80年代，随着乡、村工业的迅猛发展，农村大部分劳动力向工业、运输业转移，境内园地种植渐衰。21世纪初，境内土地实行并调，划归吴县市经济技术开发区成为国有土地后，园地种植绝迹，境内农民所食用的蔬菜、瓜类均在红庄、科赛两家集贸市场购买。

### 二、瓜类

境内农户种植的瓜类品种有香瓜、西瓜等。新中国成立前，部分农户在大田种植出售。人民公社建立后，大队成立副业队，在杂边地、埠头地，以及不宜种植粮食的高碱地、低洼地种植瓜类等，由公社副业科确定销售计划，运送到上海、嘉兴、苏州市区等地市场出售。20世纪70年代期间，生产队划出少量土地种植南瓜、香瓜等，按工分值和人口计斤两分给社员，一般均不上市。20世纪80年代初，开始出现瓜类种植专业户，专门种植西瓜、香瓜上市出售。

【西瓜】20世纪70年代，境内部分生产队在大麦、元麦田套种西瓜；瓜田内夹种香瓜、生瓜，为副业生产的一个门类。品种有六谷茎、开口笑、华东6号、马铃瓜等。后改种华东26号、苏蜜1号，这几种瓜皮薄子小，其味甘美。农村实行家庭联产承包责任制后，调整产业结构，政府鼓励培养种植专业户，境内部分农户开始从事西瓜种植。至1988年，境内有专业户 32 家，西瓜种植面积 472 亩，年产量 878.5 吨。以红庄村种瓜户最多。后因市场上客瓜大量涌入，价格低廉，种植面积锐减。至 1991 年境内不再有专门从事西瓜种植的专业户。

【香瓜】旧时，境内香瓜均在杂边地、埠头地种植，量小，充作水果之用。三年自然灾害时期，生产队划出少量土地种植香瓜，按人口分配给社员，以瓜充粮。20 世纪 80 年代始，专业户在西瓜田里夹种，有些农户种植于零星埠头地。所种香瓜种类很多，有白小娘、黄埭瓜、青皮绿肉、十条茎、苹果瓜、锡梨瓜等。1985 年产香瓜 32.5 吨，1986 年产 62 吨，1988 年产 56.5 吨。一般供自家食用，少量上市出售。

【南瓜】历史上境内农户种植于家前屋后的菜园、场地上，供自家食用。人民公社化后，生产队在埠头地和高碱地种植南瓜分配给社员，为粮食替代品。20 世纪 80 年代期间，农业丰收，农民口粮富裕，南瓜种植渐衰。到 20 世纪 90 年代，除少数农户少量种植，把南瓜留作春节品尝外，一般农户不再种植。南瓜种类较多，有合盘瓜、枕头瓜、早熟黄、菜瓜等。

## 第五节 其他种植

### 一、菱角

菱是一种一年生草本植物，生长在浅水中。根植泥中；叶浮水面，叶子呈三角形，边缘略有锯齿形；茎边生须，有节；果实叫菱。清明前，河底菱种开始发芽，清明后，叶盘渐渐浮出水面。其播种方法有两种，一种是在水位线以下，水面不大的地方，将发短芽的种菱均匀地种植下去。对水面较大的可采用条播法。为防止撒播不匀，可划成几个纵行，行距在 8 尺左右。初种的菱塘播种量为每亩 20—25 千克。另一种是深水位播种，可采用育苗移栽法。操作时，在水位较浅、土质较好、排灌方便的地方建苗池（播种量为每亩 75 千克），每亩菱苗可移栽 5—6 亩水面。待菱苗透出水面，长到 10—13 叶之间时，将菱角拔起，再用事先准备好的细草绳把菱苗根部捆成一束，一般一束菱苗 7—10 根左右，另一头则用种菱用的长柄叉插入水下泥中，使菱苗固定，让其自由生长，待捆束的草绳在水下烂掉（断），菱苗已在泥中生根。为了防止风浪冲击和其他漂浮物侵入菱塘，影响菱苗正常生长，在菱塘周围打桩揽绳索，在绳索上扎上水花生或其他水生植物，随其生长，形成菱岸。

在池沼内种菱，有条件的地方，可以在菱塘中围网养鱼，利用菱塘中丰富的养鱼饲料，降低养鱼成本，同时以鱼类排出的粪便作为菱角生长的有机肥料，降低种菱的成本。

菱角管理：在开花期间，喷洒 20% 的过磷酸钙 2—3 次，以助菱角生长。菱角常有金花虫虫害，可用乐果、敌百虫等农药兑水喷灭或用西力生药粉喷灭。菱角的瘟病、铁锈病可用柏油刷在菱叶盘上，既能治病，亦能防病。

菱角一般在白露期间采收，每隔 7—10 天采集一次，采集 6—7 次，至霜降基本结束。

一般一亩水面的菱角收入在200—300元（当时价）。采菱全靠人工采收，一人一只菱桶，菱桶呈肾形，人蹲坐在菱桶里，漂浮在菱塘的水面上逐盘采收。选用菱种，可把菱放入水中，除去漂浮在水面上的嫩菱，选入沉在水底下的果大、老熟的老菱作为种子留用。每亩用种在20—25千克。种子放入水中贮藏，每隔20—30天翻动一次，直至来年播种。

菱角营养丰富，含有多种维生素和矿物质，含淀粉24%、蛋白质3.6%、脂肪0.5%。菱肉既可生食，亦可熟吃。一般嫩菱的肉以生食为主，其汁多亦甜，可解渴代以水果。老熟的菱肉以熟食为主，可食以代粮，亦可做上桌菜肴，与其他肉类同煮同炒食用。老菱淀粉较多，可加工制成菱粉。菱粉是做糕点、酿酒、制糖的重要原料，也是酒家烹饪的重要调料，还可做纺织品的浆料。菱还可入药，有解渴、醒酒、利尿、通乳之效。菱盘可作青饲料或作农业绿肥之用。

菱角种类繁多，有水红菱、小白菱、老鸦菱、沙角菱、圆角菱等，以水红菱为最。历史上水红菱仅产于境西侧石湖，明清时移植境内。与其他品种相比，水红菱具有色泽鲜红、肉质肥嫩之特点。每年农历八月十八前后水红菱上市时，境内植菱农户成群结队，或舟行或肩挑，前往上方山叫卖红菱，为上山求签拜佛香客作水果之用。

境内种植菱角的历史悠久。晚唐诗人杜荀鹤在《送人游吴》一诗中写道："夜市买菱藕，春船载绮罗。"南宋著名田园诗人范成大在《归石湖》一诗中也写道："行人半出稻花上，宿鹭孤鸣菱叶中。"苏州评书《水红菱》中有这样一段记载：当年，乾隆帝南游吴郡，夜泊石湖赏景，晚膳后要尝吴地水果。苏州知府派人入湖选摘一盘水红菱，呈于乾隆帝前。皇帝始视为玩物，不敢食，侍官教其食，食后龙颜大悦，称之为"果中上味"。从此，水红菱名声遍传吴地。新中国成立后，20世纪70年代期间，"以粮为纲"、大办粮食，境内河塘围垦种粮，菱角种植在境内绝迹。

## 二、芝麻

芝麻为一年生草本植物，茎直立，下部为圆形，上部一般为四棱形。叶子上有毛，花白色；蒴果有棱，种子小而扁平。芝麻有白、黑、褐等多种颜色。境内以种植黑芝麻为主。

芝麻系旱地作物，一般种植在旱地、埠头地、坟地上。在6月底、7月初播种，匀稀撒播。播种后，浇上清水粪作盖籽肥。一般在3—5天出苗。待苗长到3—5叶后补施苗肥，促使芝麻正常生长。平时管理比较简单，几乎无虫害，见芝麻落黄时补施追肥即可，顺其自然生长，10月中旬收获。

芝麻的食用价值较高，可以制作芝麻酱、芝麻糊。国内各地上市的南方芝麻糊，其原料均为苏南农村种植的芝麻。芝麻又是重要的油料作物，用芝麻榨出的油有独特的香味，称麻油，亦称香油，是饭店食铺必备的调味品。

芝麻一般亩产100—150千克，价值在300—350元（当时价）之间。20世纪70年代末，随着各大队副业队解散，境内不再种植芝麻。

## 三、薄荷

薄荷是多年生草本植物，茎有四棱，叶子对生，花淡紫色，茎和叶子具有清凉的香味，均可入药，提炼出来的芳香化合物可以加在糖果及饮料之中。

薄荷是旱生植物，适宜于旱地生长。每年开春后翻好土、晒好土、施上肥，用人尿粪或猪窝灰30担为基肥。泥土削细、削平后,撒横进行条播,条播间距在30—40厘米,播种后浇上盖籽肥,在出苗前如无雨,须浇水促使出苗早、出全苗。出苗后,亩施10—15担人尿粪为苗肥。待薄荷长到一定高度时,把横间的泥土削平,以护薄荷生长。生长期管理较为简单,仅为看苗施肥、拔除杂草即可。薄荷的株高一般在60—70厘米。9月底、10月初收获。收获后在灶头上兑水沸煮,成浆液状装入木桶中,按浓度销售给本地产购站。境内薄荷种植面积不多,盛期仅为数十亩,每亩收入在300—350元(当时价)。20世纪70年代末,随着各大队副业队解散,境内不再种植薄荷。

# 第八章 基层政权

新中国成立前，红庄境内没有中国共产党组织和社团组织。1950年2月25日，境内原庞北村村民陆寿先加入中国共产党组织，是境内首名中共党员。1956年10月，成立中共吴县车坊区尹西乡东风第八支部，这是境内首个中国共产党基层组织。1958年12月，境内建2个基层党支部，有党员21名。1981年3月，境内建有3个基层党支部，有党员51名，其中尹西16名，双桥12名，红庄23名。2003年9月25日，建中共吴中区城南街道红庄社区党总支（2010年9月升格为党委），下设3个支部。至2013年末，建有3个基层党组织，有党员121名。中共红庄社区委员会为发展党的事业、纯洁党的队伍，开展了经常性的党员教育管理和党员纪律检查工作，做好党内外群众来信来访的接待工作；同时，注重发展民主政治，号召人民群众参政、议政，对党实行民主监督，使每个中共党员都成为党的路线、方针、政策的忠实执行者，农村现代化事业的忠诚实践者。

红庄社区历史上实行都、图制。民国时期实行保、甲制，一度建有3个乡级政权。1950年始建行政村，1958年人民公社化时改称大队。1983年7月复称行政村，2003年9月撤村、并村建红庄社区。

1949年，吴县车坊区尹西乡人民政府组织境内农民创办了农民协会，引导农民开展土地改革、社会主义革命和建设事业。嗣后，妇女代表委员会、青年团支部和少年先锋队等社团组织相继建立。人民公社化后，又建立了贫下中农协会。党的十一届三中全会后，建立了社区工会。无论在社会主义革命和建设时期，还是在改革开放、社会主义现代化建设时期，社团组织在团结和协助广大劳动人民开展社会大生产、建设新农村中都起到了不可估量的作用。

# 第一节 中国共产党组织

新中国成立前,红庄境内没有中国共产党组织。

1956年10月,中共吴县车坊区尹西乡东风第八党支部成立,这是境内第一个党组织。时,有许金根、顾夫才、陆寿先、金根土、韩小弟、罗国光、朱阿土、张根宝、张水根、袁狗大、许根山、刘水金、莫新夫、王桂金、秦子明、凌多头、唐根元、居金土(又名才云)等18名党员。许金根为书记,顾夫才、陆寿先为副书记。陆寿先兼任财粮委员。

1958年12月人民公社化时,撤销东风第八党支部,组建红庄、钢铁大队党支部。红庄大队党支部由顾夫才任书记,居金土任副书记,许进夫、唐根元、张根元为委员,有党员11名。钢铁大队党支部由许木金任书记,袁狗大任副书记,张根宝为支部委员,有党员10名。时,境内有红庄、钢铁大队2个党组织。

1981年10月,钢铁大队拆分为尹西、双桥大队时,撤销钢铁大队党支部,组建尹西、双桥大队党支部。尹西大队党支部由袁狗大任书记;双桥大队党支部由徐阿多任副书记(以副代正)。时,境内有红庄、尹西、双桥大队3个党组织。1983年7月,恢复乡建制时,大队改称行政村,境内红庄、尹西、双桥大队党支部改称红庄、尹西、双桥村党支部。2003年9月25日,实行撤村并村建社区,红庄、尹西、双桥村合并组建红庄社区时,建中共吴县市经济技术开发区红庄社区总支委员会,下设3个基层党支部。2004年12月改称中共吴中区城南街道红庄社区总支委员会。2010年9月27日,撤销红庄社区党总支,建中共吴中区城南街道红庄社区委员会,下设3个基层党支部。

## 一、中共红庄大队(村)支部委员会

1954年7月31日,原中心村村民许根山加入中国共产党组织,是红庄大队(村)党支部首名加入中共党组织的党员。

1958年12月,建中共红庄大队支部委员会,隶属中共吴县郭巷人民公社委员会,有党员11名。书记顾夫才,副书记居金土,支部委员唐根元、许根山、王桂金。

1963年,红庄大队党支部进行首次换届选举,顾夫才当选为书记,居金土当选为副书记,支部委员唐根元、张根元、王桂金。

1966年,"文化大革命"开始后,大队党组织陷入瘫痪状态,一度由民兵营主持大队全面工作。

1969年2月,建立红庄大队革命委员会。主任王根木,副主任许官福,委员顾夫才、居金土、许阿贵、毛永元、顾会根。由革命委员会负责大队党政工作。

1972年1月恢复党支部工作。由副书记许官福(以副代正)主持支部工作。委员有:顾夫才、居金土、王根泉、许水男。同年5月支部成员重新调整,许官福为副书记(以副代正),王根木、许水男、顾夫才、许阿贵为支部委员。

1975年12月,许官福任支部书记,毛会土任支部副书记,许进夫、莫木根、许阿贵任支部委员。

1979年12月,毛会土任支部副书记(以副代正),许进夫、莫木根、毛永元、许阿贵任支部委员。

1983年8月,红庄大队改称红庄村,红庄大队党支部改称红庄村党支部。毛会土任支部书记,龚玉根、莫木根、毛永元、许阿贵任支部委员。

1988年2月,孙金土任支部副书记,负责支部全面工作;许官福、莫木根、毛永元、许良妹任支部委员。

1991年10月,孙金土任支部书记,龚玉根、毛永元、罗阿夯、许良妹任支部委员。

1994年8月,孙金土任支部书记。龚玉根、许建新、罗阿夯、许良妹任支部委员。

1998年3月,龚玉根任支部书记。汝玉泉、许建新、罗阿夯、许良妹任支部委员。

2002年11月,莫林男兼任红庄村党支部书记,汝玉泉、许建新、罗阿夯、许良妹任支部委员。

2003年9月25日撤村并村组建红庄社区党总支委员会,莫林男任书记,汝玉泉任副书记,王建方、吴福根为委员。

表8-1 中共红庄大队(村)党支部书记、副书记更迭表

| 职务 | 姓名 | 任期 | 备注 |
| --- | --- | --- | --- |
| 书　记 | 顾夫才 | 1958.12—1966.12 | / |
| 副书记 | 居金土 | 1958.12—1966.12 | / |
| 副书记 | 许官福 | 1972.1—1975.12 | 以副代正 |
| 书　记 | 许官福 | 1975.12—1979.12 | / |
| 副书记 | 毛会土 | 1975.12—1979.12 | / |
| 副书记 | 毛会土 | 1979.12—1983.8 | 以副代正 |
| 书　记 | 毛会土 | 1983.8—1988.2 | / |
| 副书记 | 孙金土 | 1988.2—1991.10 | 以副代正 |
| 书　记 | 孙金土 | 1991.10—1998.3 | / |
| 书　记 | 龚玉根 | 1998.4—2002.11 | / |
| 书　记 | 莫林男 | 2002.11—2003.9 | / |

## 二、中共钢铁大队(村)党支部

1950年2月25日,境内原庞北村村民陆寿先(钢铁桥自然村人)加入中国共产党组织,是钢铁大队(村)党支部首名加入中共党组织的党员。

1958年12月,建钢铁大队党支部,隶属中共吴县郭巷人民公社委员会,有党员10人。书记许木金(原长桥大队人),副书记金亚东(原卫星后改称东湖大队人)、陆寿先,委员袁狗大、张根宝。

1962年4月,袁狗大任支部书记,委员张根宝、罗国光。

1965年底,"文化大革命"开始后,大队党组织陷于瘫痪状态。一度由大队民兵营主持大队全面工作。

1969年2月,建立钢铁大队革命委员会。主任徐云林,副主任袁狗大,委员徐阿多、

顾水根、顾雪宝、李根福、郭水云、张根宝、顾土生。由革命委员会负责大队党政工作。

1972年1月，恢复党支部工作，袁狗大任支部书记，主持支部工作，委员张根宝。

1975年12月，徐云林任副书记（以副代正），主持支部日常工作，委员顾水根、董根大、郭水云、顾雪宝、张根宝。

1977年1月，陈林根（长桥公社蠡墅大队人，非党，后突击入党）主持支部工作，徐阿多为副书记。委员顾水根、董根大、顾雪宝、张根宝。

1978年1月，由长桥公社党委委员卫寿土（长桥公社先锋大队人）兼任支部书记，主持支部工作。委员顾水根、董根大、顾雪宝、张根宝、徐龙根。

1980年7月，袁狗大复任支部书记，徐阿多任副书记，委员顾水根、罗全根、董根大、顾雪宝、徐龙根。

1981年3月，钢铁大队拆分为尹西、双桥大队。撤销中共吴县长桥公社钢铁大队支部委员会，组建中共吴县长桥公社尹西、双桥大队支部委员会。

表 8-2 中共钢铁大队（村）党支部书记、副书记更迭表

| 职务 | 姓名 | 任期 | 备注 |
| --- | --- | --- | --- |
| 书　记 | 许木金 | 1958.12—1962.4 | / |
| 副书记 | 金亚东 | 1958.12—1992.4 | / |
| 副书记 | 陆寿先 | 1958.12—1992.4 | / |
| 书　记 | 袁狗大 | 1962.4—1966.12 | / |
| 书　记 | 袁狗大 | 1972.1—1975.12 | / |
| 副书记 | 徐云林 | 1975.12—1977.1 | 以副代正 |
| 代书记 | 陈林根 | 1977.1—1977.12 | 负责全面工作 |
| 书　记 | 卫寿土 | 1978.1—1980.5 | / |
| 书　记 | 袁狗大 | 1980.7—1981.3 | / |
| 副书记 | 徐阿多 | 1981.3—1991.10 | / |

## 三、中共双桥大队（村）党支部

1981年3月，建双桥大队党支部，徐阿多任副书记（以副代正），委员徐龙根、罗全根。

1983年7月，双桥大队改称双桥村，双桥大队党支部改称双桥村党支部。徐阿多任支部副书记（以副代正），委员徐龙根、罗全根。

1985年5月，双桥村党支部换届改组；徐阿多任支部书记，委员吴福根、徐福根、张木英。

1991年10月，徐龙根任支部书记。委员吴福根、莫林男、张木英。

1994年8月，支部换届，徐龙根续任支部书记。翁木云任副书记，委员吴福根、王晓宏、张木英。

1998年3月，徐龙根续任支部书记，委员吴福根、陆纪男、王晓宏、张木英。

2001年9月，支部换届，陆纪男任支部书记，委员吴福根、王晓宏、陆水福、张木英。

2003年9月25日，实行撤村并村建社区，撤销双桥村，与尹西、红庄村合并组建红

庄社区，同时组建红庄社区党总支委员会。

表8-3 中共双桥大队（村）党支部书记、副书记更迭表

| 职务 | 姓名 | 任期 | 备注 |
| --- | --- | --- | --- |
| 副书记 | 徐阿多 | 1981.3—1985.5 | 以副代正 |
| 书　记 | 徐阿多 | 1985.5—1991.10 | / |
| 书　记 | 徐龙根 | 1991.10—2001.9 | / |
| 副书记 | 翁木云 | 1994.8—1997.10 | / |
| 书　记 | 陆纪男 | 2001.9—2003.9 | / |

### 四、中共尹西大队（村）党支部

1981年3月，建尹西大队党支部。书记袁狗大，委员顾水根、董根大、顾雪宝。

1983年7月，尹西大队改称尹西村，尹西大队党支部同时改称尹西村党支部。书记袁狗大，委员顾水根、董根大、顾雪宝。

1985年5月，尹西村党支部换届改组。陆金木根任支部副书记（以副代正），主持村全面工作。委员郭水云、顾雪宝。

1987年5月，顾云元任支部副书记（以副代正），主持全面工作，委员顾水根、顾雪宝。

1991年10月，顾云元任支部书记，委员顾水根。

1992年5月，莫林男任支部书记，委员顾水根。

2003年9月25日，实行撤村并村建社区，撤销尹西村，与双桥、红庄村合并组建红庄社区，同时组建红庄社区党总支委员会。

表8-4 中共尹西大队（村）党支部书记、副书记更迭表

| 职务 | 姓名 | 任期 | 备注 |
| --- | --- | --- | --- |
| 书　记 | 袁狗大 | 1981.3—1985.5 | / |
| 副书记 | 陆金木根 | 1985.5—1987.5 | 以副代正 |
| 副书记 | 顾云元 | 1987.5—1991.10 | 以副代正 |
| 书　记 | 顾云元 | 1991.10—1992.5 | / |
| 书　记 | 莫林男 | 1992.5—2003.9 | / |

### 五、中共红庄社区总支委员会

2003年9月25日组建，下设双桥（原双桥村）、尹西（原尹西村）、新庄（原红庄村）3个党支部。莫林男任党总支书记，汝玉泉（2005年10月）任党总支副书记（2006年2月调往城南街道工作），王建方、许建新、吴福根为党总支委员。王建方兼任尹西支部书记，许建新兼任新庄支部书记，吴福根兼任双桥支部书记。时有党员112名。其中：新庄支部49名，尹西支部33名，双桥支部30名。

2006年9月25日，社区总支委员会换届。刘建根当选为党总支书记，毛俊杰为副书记，王建方、吴福根、王爱妹、陆水福为总支委员。毛俊杰兼任新庄支部书记，王建方兼任尹

西支部书记,吴福根兼任双桥支部书记。同时组建社区非公经济党支部,由钱志林兼任支部书记。时有党员108名,其中:新庄支部47名,尹西支部32名,双桥支部29名。

2007年11月8日,城南街道党委任命钱志林为红庄社区党总支副书记。

2010年9月27日,红庄社区党总支升格为红庄社区党委。

表8-5 红庄社区总支委员会组成人员更迭表

| 职务 | 姓名 | 任期 |
| --- | --- | --- |
| 书　记 | 莫林男 | 2003.9.25—2006.9.25 |
| 书　记 | 刘建根 | 2006.9.25—2010.9.27 |
| 副书记 | 汝玉泉 | 2005.10—2006.2 |
| 副书记 | 毛俊杰 | 2006.9—2010.9 |
| 副书记 | 钱志林 | 2007.11—2010.9 |
| 委　员 | 王建方 | 2003.9—2010.9 |
| 委　员 | 许建新 | 2003.9—2006.9 |
| 委　员 | 吴福根 | 2003.9—2010.9 |
| 委　员 | 王爱妹 | 2006.9—2010.9 |
| 委　员 | 陆水福 | 2006.9—2010.9 |

## 六、中共红庄社区委员会

2010年9月27日,撤销中共吴中区城南街道红庄社区总支委员会,组建红庄社区党委。刘建根任书记,毛俊杰、钱志林任副书记,王建方、王晓宏为委员。下设新庄、尹西、双桥3个党支部,由毛俊杰兼任新庄支部书记,钱志林兼任尹西支部书记,王晓宏兼任双桥支部书记。原红庄社区党总支下属的非公经济党支部由城南街道党工委直管。

2013年8月19日红庄社区党委换届,刘建根当选为党委书记,毛俊杰、钱志林为副书记,王建方、王晓宏、张燕、陆康健为委员。下设新庄、尹西、双桥3个党支部,由毛俊杰兼任新庄支部书记、钱志林兼任尹西支部书记、王晓宏兼任双桥支部书记。时有党员124名,其中新庄支部56名,尹西支部37名,双桥支部31名。

表8-6 中共红庄社区委员会组成人员更迭表

| 职务 | 姓名 | 任期 |
| --- | --- | --- |
| 书　记 | 刘建根 | 2010.9— |
| 副书记 | 毛俊杰 | 2010.9— |
| 副书记 | 钱志林 | 2010.9— |
| 委　员 | 王建方 | 2010.9— |
| 委　员 | 王晓宏 | 2010.9— |
| 委　员 | 张　燕 | 2013.9— |
| 委　员 | 陆康健 | 2013.9— |

# 第二节 街道（镇、乡、公社）及以上党代会代表

1963年1月9日，中共吴县委员会召开第三次党员代表大会，顾夫才同志当选为党员代表出席会议。

1983年7月21日，中共吴县长桥公社委员会召开第四次党员代表大会，毛会土、莫新夫、王桂金、袁狗大、顾雪宝、徐阿多、张木英同志当选为党员代表出席会议。

1988年1月26日，中共吴县长桥镇委员会召开第五次党员代表大会，境内党组织选举出7名党代表参加会议。

1991年2月25日，中共吴县长桥镇委员会召开第六次党员代表大会，孙金土、许良妹、史三男、顾云元、徐龙根、张木英同志当选为党员代表出席会议。

1994年3月9日至10日，中共吴县长桥镇委员会召开第七次党员代表大会，孙金土、王水火、许阿贵、张根元、莫林男、王爱妹、张木英、吴福根同志当选为党员代表出席会议。

1997年3月17日至18日，中共吴县长桥镇委员会召开第八次党员代表大会，境内党组织选举出8名党员代表参加会议。

2003年9月，中共苏州市吴中区城南街道工作委员会召开第一次党员代表大会，刘建根、毛俊杰、王爱妹、陆水福同志当选为党员代表参加会议。

2011年6月23日，中共苏州市吴中区委员会召开第三次党员代表大会，莫林男、刘建根同志当选为党员代表出席会议。

# 第三节 村（社区）行政组织

## 一、新中国成立前行政组织

民国元年（1912年）1月，境内东部（原尹西、双桥地）设有2图（第20、21图），隶属吴县尹山乡（堵城里）南31都。西部（原红庄村地）设有1图（第4图），隶属吴江县范隅上乡1都。

民国18年（1929年）8月，实行区、乡（镇）制，乡以下设保、甲。境内东部地建黄斋、庞庄2个乡，隶属吴县第14（尹山）区。黄斋乡乡政府驻在袁达浜村，乡长顾维新，下辖3保9甲。庞庄乡乡政府驻在庞庄村，乡长王子云。下辖4保10甲，西部地建盛庄乡，隶属吴江县第1（城厢）区。乡政府驻在盛庄里村，乡长许其源。下辖2保9甲。民国23年（1934年），境内东部的黄斋乡并入尹山乡，隶属吴县第8（尹郭）区，乡长顾开基（境内黄泥浜人）。下辖7保21甲，其中境内3保9甲。庞庄乡并入青树乡，隶属吴县第8（尹郭）区，乡长王子云（境内庞庄人）。下辖8保19甲，其中境内4保10甲。西部的盛庄乡与罗盛、杨湾乡合并建湖东乡，隶属吴江县第1（城厢）区，乡长徐仁芳、刘长兴（境

内盛庄里人)。下辖8保35甲,其中境内2保9甲。

民国37年(1948年),并编区、乡(镇)。青树乡并入尹山乡,境内东部地隶属伪吴县淞北区尹山乡,乡长胡留金(境内钢铁桥人)。境内地设有7保19甲。湖东乡与湖西乡合并建越溪乡,境内西部地隶属伪吴江县城区越溪乡,乡长刘长兴(境内盛庄里人),境内地设有2保9甲。

## 二、新中国成立后行政组织

新中国成立初期沿用旧制。1950年3月,区、乡调整,取消保、甲,设行政村。境内东部地建庞中、庞北2个行政村,隶属吴县车坊区尹山乡。庞中村辖罗布棋(以河为界,南半村于1950年8月划入)、庞庄、西沙浜、马达浜、袁达浜南村(以河为界)4个半自然村;庞北村辖袁达浜北村(以河为界)、黄泥浜、油车浜、沙里角、钢铁桥、蒋家浜5个半自然村。西部地建中心行政村,隶属吴江县城厢区湖东乡。中心村辖盛庄里、田上2个自然村。1950年4月15日,尹山乡改称尹西乡,划归吴县枫桥区。境内东部的庞中、庞北行政村改隶吴县枫桥区尹西乡。

1950年8月8日,境内西部地划归吴县。至时,红庄全境隶属吴县枫桥区尹西乡。1954年4月,红庄全境改隶吴县车坊区尹西乡。同年年底,境内建有庞中第一、第二、第三、第四,庞北第一、第二、第三、第四和中心、西田10个初级农业生产合作社(简称初级社)。1956年,境内建有金星二十(后改称东风十四)、金星二十二(后改称东风十六)2个高级农业生产合作社(简称高级社)。1958年人民公社化时,公社下设生产大队、生产小队。东风十四社改称红庄大队(一度改称5营3、4连),辖6个(后为12个)生产小队;东风十六社改称钢铁大队(一度改称5营8、9、10连),辖13个(后为23个)生产小队。隶属吴县郭巷人民公社。1965年12月,红庄全境划归吴县长桥人民公社。

1966年"文化大革命"开始后,成立大队革命生产领导小组,境内建有红庄、钢铁大队2个革命生产领导小组。

1968年12月,撤销大队革命生产领导小组,成立大队革命委员会。境内先后建有红庄、钢铁大队2个革命委员会。1972年撤销大队革命委员会,恢复生产大队建制。1981年3月,钢铁大队拆分为尹西、双桥2个大队。尹西大队辖11个生产小队,双桥大队辖12个生产小队。

1983年7月恢复乡建制,大队改称行政村,小队改称村民小组。境内设有红庄、尹西、双桥3个村民委员会,共辖有35个村民小组。其中,红庄行政村12个,尹西行政村11个,双桥行政村12个。2003年9月25日,实行撤村并村建社区。红庄、尹西、双桥行政村合并建苏州市吴中区城南街道红庄社区居民委员会。

表8-7 1950年3月—1954年9月境内各行政村正、副村长更迭表

| 村名 | 职务名称 | 姓名 | 任期 |
| --- | --- | --- | --- |
| 中心村 | 村长 | 王木金 | 1950.4—1952.3 |
| | 村长 | 许根山 | 1952.4—1954.9 |
| 庞中村 | 村长 | 王炳全 | 1950.4—1954.9 |
| | 副村长 | 徐龙兴 | 1950.4—1954.9 |

续表

| 村名 | 职务名称 | 姓名 | 任期 |
|---|---|---|---|
| 庞北村 | 村长 | 陆寿先 | 1950.4—1954.9 |
| | 副村长 | 王阿寿 | 1950.4—1954.9 |

表8-8　1954年10月—1956年8月境内各初级社历任社长更迭表

| 村名 | 社名 | 职务 | 姓名 | 任期 |
|---|---|---|---|---|
| 中心村 | 中心社 | 社长 | 王木金 | 1954.10—1955.8 |
| | | 社长 | 汝老五 | 1955.9—1956.8 |
| | 西田社 | 社长 | 莫福保 | 1954.10—1956.8 |
| 庞北村 | 庞北一社 | 社长 | 韩小弟 | 1954.10—1956.8 |
| | 庞北二社 | 社长 | 顾桂根 | 1954.10—1956.8 |
| | 庞北三社 | 社长 | 陆寿先 | 1954.10—1956.8 |
| | 庞北四社 | 社长 | 庞泉水 | 1954.10—1956.8 |
| 庞中村 | 庞中一社 | 社长 | 金根土 | 1954.10—1956.8 |
| | 庞中二社 | 社长 | 王炳全 | 1954.10—1956.8 |
| | 庞中三社 | 社长 | 徐龙兴 | 1954.10—1956.8 |
| | 庞中四社 | 社长 | 陆小阿金 | 1954.10—1956.8 |

表8-9　1956年9月—1958年11月境内各高级社历任干部更迭表

| 社名 | 职务 | 姓名 | 任期 |
|---|---|---|---|
| 金星二十社 | 社长 | 顾夫才 | 1956.9—1958.8 |
| | 副社长 | 许根山 | 1956.9—1958.8 |
| | 副社长 | 居金土 | 1956.9—1958.8 |
| | 会计 | 袁水根 | 1956.9—1958.8 |
| 金星二十二社 | 社长 | 陆寿先 | 1956.9—1957.8 |
| | 社长 | 金根土 | 1957.9—1958.8 |
| | 副社长 | 金根土 | 1956.9—1957.8 |
| | 副社长 | 韩小弟 | 1957.9—1958.8 |
| | 会计 | 张全根 | 1957.9—1958.8 |

注：1957年9月金星二十社改称东风十四社、金星二十二社改称东风十六社。

表8-10　1958年9月—1959年6月境内各营、连干部更迭表

| 名称 | 职务 | 姓名 | 任期 |
|---|---|---|---|
| 郭巷公社第5营 | 营长 | 许金根 | 1958.9—1959.6 |
| | 副营长 | 顾夫才 | 1958.9—1959.6 |
| | 会计 | 张全根 | 1958.9—1959.6 |
| | 会计 | 袁水根 | 1958.9—1959.6 |

续表

| 名称 | 职务 | 姓名 | 任期 |
|---|---|---|---|
| 5营3连 | 连长 | 唐根元 | 1958.9—1959.6 |
| 5营4连 | 连长 | 许进夫 | 1958.9—1959.6 |
| 5营8连 | 连长 | 陆全金 | 1958.9—1959.6 |
| 5营9连 | 连长 | 顾进才 | 1958.9—1959.6 |
| 5营10连 | 连长 | 朱招英（女） | 1958.9—1959.6 |

注：5营3、4连为红庄大队，8、9、10连为钢铁大队。

表8-11　1959年7月—1983年6月境内各大队历任干部更迭表

| 名称 | 职务 | 姓名 | 任期 |
|---|---|---|---|
| 红庄大队 | 大队长 | 许进夫 | 1958.7—1966.10 |
| | 大队长 | 王根木 | 1972.1—1976.3 |
| | 大队长 | 毛会土 | 1976.4—1977.4 |
| | 大队长 | 许进夫 | 1977.5—1980.12 |
| | 大队长 | 龚玉根 | 1980.11—1983.6 |
| | 副大队长 | 许根山 | 1958.7—1963.12 |
| | 副大队长 | 唐根元 | 1958.7—1963.12 |
| | 副大队长 | 张根元 | 1958.7—1963.12 |
| | 副大队长 | 王桂金 | 1958.7—1965.12 |
| | 副大队长 | 王根木 | 1977.4—1979.6 |
| | 副大队长 | 许进夫 | 1980.10—1982.10 |
| | 大队会计 | 秦子明 | 1959.7—1977.9 |
| | 大队会计 | 许炳男 | 1977.10—1983.6 |
| 钢铁大队 | 大队长 | 袁狗大 | 1959.7—1961.4 |
| | 大队长 | 张根保 | 1961.5—1981.3 |
| | 大队会计 | 张全根 | 1959.7—1960.2 |
| | 大队会计 | 陆水根 | 1960.3—1963.2 |
| | 大队会计 | 袁水根 | 1963.3—1968.7 |
| | 大队会计 | 郭水云 | 1968.8—1976.2 |
| | 大队会计 | 袁水根 | 1976.3—1978.2 |
| | 大队会计 | 徐龙根 | 1978.3—1981.3 |
| 尹西大队 | 大队长 | 董根大（以副代正） | 1981.4—1983.6 |
| | 会计 | 郭水云 | 1981.4—1983.6 |
| 双桥大队 | 大队长 | 罗全根 | 1981.4—1983.6 |
| | 会计 | 徐龙根 | 1981.4—1983.2 |

注：1981年3月钢铁大队拆分为尹西、双桥2个大队。

表 8-12　1983 年 7 月—2003 年 9 月境内各行政村历任干部更迭表

| 村名 | 职务 | 姓名 | 任期 | 备注 |
|---|---|---|---|---|
| 红庄村 | 村主任 | 龚玉根 | 1983.7—1987.11 | / |
| | | 许官福 | 1988.2—1988.11 | / |
| | | 龚玉根 | 1989.3—1998.3 | / |
| | | 汝玉泉 | 1998.4—2003.9 | / |
| | 村会计 | 许炳男 | 1983.7—1990.3 | / |
| | | 许建新 | 1990.4—2003.9 | / |
| 尹西村 | 村主任 | 顾云元 | 1983.7—1986.3 | / |
| | | 陆纪根 | 1986.4—1991.2 | 以副代正 |
| | | 刘林男 | 1991.3—1992.5 | / |
| | | 顾志超 | 1992.6—1993.8 | / |
| | | 王纪根 | 1993.9—1996.9 | 以副代正 |
| | | 胡玉明 | 1996.10—2003.9 | / |
| | 副主任 | 王纪根 | 1992.6—2003.9 | / |
| | 村会计 | 郭水云 | 1983.7—1988.2 | / |
| | | 刘林男 | 1988.3—1991.2 | / |
| | | 王建方 | 1991.3—2003.9 | / |
| 双桥村 | 村主任 | 吴福根 | 1983.7—2003.9 | / |
| | 村会计 | 徐龙根 | 1983.7—1983.10 | / |
| | | 莫林男 | 1983.11—1992.5 | / |
| | | 陆纪男 | 1992.6—2001.8 | / |
| | | 陆水福 | 2001.9—2003.9 | / |

表 8-13　红庄社区居民委员会组成人员更迭表

| 职务 | 姓名 | 任期 | 备注 |
|---|---|---|---|
| 主任 | 汝玉泉 | 2003.9—2005.7 | 负责新庄块 |
| | 吴福根 | 2003.9—2005.7 | 负责双桥块 |
| | 胡玉明 | 2003.9—2005.7 | 负责尹西块 |
| | 刘建根 | 2005.8—2006.9 | 红庄社区第三届主任 |
| | 毛俊杰 | 2006.9—2009.12 | 代理红庄社区第三届主任 |
| | 毛俊杰 | 2009.12 至今 | 红庄社区第四、五届主任 |
| 副主任 | 刘建根 | 2004.8—2005.9 | / |
| | 毛俊杰 | 2005.9—2006.9 | / |
| | 王晓宏 | 2009.12 至今 | / |
| | 张燕（女） | 2013.11 至今 | / |

续表

| 职务 | 姓名 | 任期 | 备注 |
|---|---|---|---|
| 委员 | 许良妹（女） | 2003.9—2005.7 | / |
| | 许良妹（女） | 2009.12—2013.3 | / |
| | 毛俊杰 | 2003.9—2005.7 | / |
| | 罗阿夯 | 2003.9—2005.7 | / |
| | 王晓宏 | 2003.9—2005.7 | / |
| | 陆水福 | 2003.9—2012.8 | / |
| | 张木英（女） | 2003.9—2005.7 | / |
| | 顾水根 | 2003.9—2005.7 | / |
| | 王爱妹（女） | 2003.9—2012.5 | / |
| | 吴福根 | 2005.7—2009.6 | / |
| | 张燕（女） | 2013.11 至今 | / |
| | 陆康健 | 2013.11 至今 | / |
| 会计 | 王建方 | 2003 至今 | / |

## 第四节 经济组织

### 一、村经济合作社

1983年7月恢复乡建制时，大队改称行政村，设立村民委员会。同时，各行政村建立经济合作社。境内建有吴县长桥乡（镇）红庄村、尹西村、双桥村3个经济合作社，社长由村委会主任兼任，即实行一套班子两块牌子。同年冬天，实行联产到劳，集体土地划分给农户家庭经营，原生产队的公积金、公益金和留作生产用的集体资金由行政村收归村经济合作社，由合作社统一管理、统一进行再生产投入，发展壮大集体经济。

1996年1月，红庄全境划归吴县市经济技术开发区后，改称吴县市经济技术开发区红庄村、尹西村、双桥村经济合作社。2009年9月16日，组建苏州市吴中区城南街道红庄、尹西、双桥村经济合作社，同时撤销吴县市经济技术开发区红庄、尹西、双桥村经济合作社。

表8-14 1983年7月—2009年9月境内各村经济合作社社长更迭表

| 村名 | 职务 | 姓名 | 任期 |
|---|---|---|---|
| 红庄村 | 社长 | 龚玉根 | 1983.7—1987.11 |
| | | 许官福 | 1988.2—1988.11 |

续表

| 村名 | 职务 | 姓名 | 任期 |
|---|---|---|---|
| 红庄村 | 社长 | 龚玉根 | 1989.3—1998.3 |
| | | 汝玉泉 | 1998.4—2003.9 |
| 尹西村 | 社长 | 陆金木根 | 1983.7—1984.3 |
| | | 陆纪根（以副代正） | 1984.4—1991.2 |
| | | 刘林男 | 1991.3—1992.5 |
| | | 顾志超 | 1992.6—1993.8 |
| | | 王纪根（以副代正） | 1993.9—1996.9 |
| | | 胡玉明 | 1996.10—2003.9 |
| | 副社长 | 王纪根 | 1992.6—2003.9 |
| 双桥村 | 社长 | 吴福根 | 1983.7—2003.9 |

## 二、村经济发展总公司

1992年，随着改革开放的不断深入，为加快农村经济的发展步伐，在扩大招商的同时，注重提高招商引资的效果，做好外资企业的依法管理和服务，完善投资环境，提供优惠政策，增强外商投资信心，使外企在境内形成群聚气候。当时的长桥镇人民政府要求各行政村组建经济发展总公司。时，境内先后成立了吴县长桥镇红庄村、尹西村、双桥村3个经济发展总公司，公司总经理均由村党支部书记兼任。

2003年，实行撤村并村建社区，红庄、尹西、双桥3个行政村合并组建成红庄社区居民委员会，同时建立吴中区经济开发区红庄经济发展总公司，从事社区的集体经济发展和集体资产管理。为避免行政村合并时集体资产数量的不同，防止富村村民对撤村并村建社区出现不稳定情绪，仍保留原吴县市经济技术开发区红庄、尹西、双桥经济发展总公司，实行原各行政村集体资产单独建账，居民享受不同福利待遇。2004年5月，吴县市经济技术开发区红庄、尹西、双桥村经济发展总公司悉数被撤销，原村经济发展总公司的集体资产并调入吴中区经济开发区红庄经济发展总公司统一管理、使用。2005年10月，撤销吴中区经济技术开发区红庄经济发展总公司，公司的集体资产调入吴中区城南街道集体资产管理公司。

表8-15  1992年—2004年境内各村经济发展公司经理更迭表

| 村名 | 职务 | 姓名 | 任期 |
|---|---|---|---|
| 红庄村 | 总经理 | 孙金土 | 1992.3—1998.3 |
| | | 龚玉根 | 1998.4—2002.11 |
| | | 莫林男 | 2002.12—2004.5 |
| 双桥村 | 总经理 | 徐龙根 | 1992.3—2001.9 |
| | | 陆纪男 | 2001.10—2004.5 |
| 尹西村 | 总经理 | 顾云元 | 1992.3—1992.5 |
| | | 莫林男 | 1992.6—2004.5 |

表8-16　2001年—2005年红庄社区经济发展总公司经理更迭表

| 职务 | 姓名 | 任期 |
| --- | --- | --- |
| 总经理 | 莫林男 | 2004.6—2005.10 |

# 第五节　群众组织

## 一、农民协会

1950年4月枫桥区尹西乡成立农民协会（简称农会），农会主任龚火生，副主任陆寿先。吸收贫雇农民加入农民协会。区政府委派民兵中队长吴根火驻境内农会，维护境内农会开展正常工作。农会的主体工作是：维护社会秩序，进行土地改革，划分土地，打击土豪，镇压反革命以及划分成分，成分分为雇农、贫农、中农（分上、中、下三级）、富农、地主。1955年农业合作化后，农会活动相对减少。此后农会组织自行消失。农会在新中国成立初的四五年时间内，在土地改革、镇反肃反、维护地方社会秩序中做了大量的工作，为后期农业合作化打下了坚实的基础，为社会做出了巨大的贡献。

## 二、贫下中农协会

贫下中农协会（简称贫协）是在1964年的面上社会主义教育运动中，为树立贫下中农在地方上的绝对优势，境内各大队建立的群众组织。其主要职能是监督大队党政组织的日常工作效率和干部的权力运用，参与大队党政组织的民主生活活动，定期审查大队集体财务收支状况，防止发生干部贪污腐化现象。一旦发现苗头性问题，及时报告上级组织进行查处。

时，境内建有红庄、钢铁大队2个贫协组织。钢铁大队贫协由陆云金为主任，顾土生为副主任，顾阿多、莫二宝、罗全根为会员；红庄大队贫协由毛火金为主任，许根金为副主任，许阿贵、朱金水、刘全龙为会员。"文化大革命"开始后，贫协组织被"造反派"组织替代，一度曾中止工作。

1974年6月，长桥公社召开第二次贫下中农代表大会，选举产生了新的长桥公社贫下中农协会组成人员。会上，要求各大队恢复贫协组织活动。境内红庄、钢铁大队先后召开贫下中农代表大会，重新选举产生了新的大队贫协。钢铁大队贫协由顾土生为主任，罗全根为副主任，顾水根、王水官、钱老土为会员；红庄大队贫协由许进夫为主任（翌年由毛会土接任，1977年由王多金接任），许阿贵为副主任，刘水金、居金土、许根金为会员。

1978年后，随着社会形势变化，境内贫协组织停止活动，不久便自行消失。当时的贫协组织为纯洁大队党政组织和党员队伍，监督权力运用，防止贪污腐败，带领群众积极投身于社会主义大生产运动，起到了无可替代的作用，得到了群众的公认。

### 三、工会

根据吴中区总工会要求,于2005年9月组建了吴中区城南街道红庄社区联合工会,由刘建根任工会主席(2006年10月由毛俊杰接任),境内30余家主要企业共同参加。联合工会以全国总工会第十五次代表大会精神为指导,坚持"组织起来、切实维权"的工作方针,充分发挥"团结职工群众、协调劳动关系、维护职工合法权益"的作用。

社区设有工会办公室,配有专职工作人员,建有"职工之家",经常性地协调劳资关系,调解劳资纠纷,开展好各类维权活动。同时,协助企业职工自行组建企业工会,指导企业工会开展工作。至2013年末,境内已有19个企业工会,其中12个为企业联合工会。

### 四、青年组织

1956年金星二十、金星二十二高级农业生产合作社成立时,境内有中国新民主主义青年团团员8名,属吴县郭巷乡新民主主义青年团总支委员会领导。1957年,中国新民主主义青年团改称中国共产主义青年团,郭巷乡团总支升格为团委,境内团员均属郭巷乡团委直接领导。

1958年12月,境内各大队成立中国共产主义青年团支部委员会(简称大队团支部),共有团员34名,其中:钢铁大队团支部由王水根任书记,团员19名;红庄大队团支部由刘老土任书记,王多金任副书记,团员15名。团支部成立后,注重团结青年农民,引导青年农民中的积极分子加入团组织,为中国共产党注入新鲜血液。1964年,红庄大队团支部被江苏省团委命名为"四好"(政治工作好、科学实验好、文化扫盲好、公共卫生好)团支部,团支部书记许根男去南京市参加了省团委召开的表彰大会。

1965年12月,红庄社区境域划归吴县蠡墅(后改称长桥)人民公社,境内各团支部改隶长桥人民公社团委领导。1966年"文化大革命"开始后,境内团组织一度陷入瘫痪,至1971年末恢复团组织活动。1981年3月,钢铁大队拆分为尹西、双桥大队,钢铁大队团支部随之撤销,建尹西、双桥大队团支部。时,境内有3个青年团组织,有团员287名,其中:红庄大队团支部106名,尹西大队团支部85名,双桥大队团支部96名。

1996年1月,红庄社区境域划归吴县市经济技术开发区,境内团组织隶属开发区团委领导。2003年9月,实行撤村并村建社区,成立红庄社区居民委员会,同时,撤销红庄、尹西、双桥大队团支部,组建红庄社区团支部。2004年12月,建吴中区城南街道,红庄社区团支部又隶属城南街道团委。

在社会主义革命和建设时期,境内团组织引导和带领青年团员发挥了青年突击队作用,成为建设家乡、保卫祖国的骨干力量,尤其是在学雷锋、农业学大寨活动中,青年团员队伍中出现了许多助人为乐,争当无名英雄,努力生产,争当劳动模范的先进事迹。党的十一届三中全会后,农村实行家庭联产承包责任制,单家独户生产,境内团组织活动渐少。进入21世纪后,境内团组织的团员发展工作几乎处于停顿状态。

**附:境内各团支部历任书记名单**

钢铁大队历任团支部书记:王水根、朱云岳、郭水云、陈红梅。

红庄大队(村)历任团支部书记:刘老土、许根男、毛会土、凌木泉、许长根、刘建

根、刘建男、许良妹、毛俊杰。

双桥大队（村）历任团支部书记：朱祥男、王晓宏、张玉芳。

尹西大队（村）历任团支部书记：陈红梅、钱志强、王志刚、顾月新、郭桂芳。

红庄社区历任团支部书记：毛俊杰、钱志林、张燕。

### 五、妇女组织

1950年初，境内各村组建妇女救国会（简称妇救会），后改称妇女联合会（简称妇联），组织妇女群众开展反封建斗争，主张反对买办婚姻，提倡婚姻自由。并动员和组织妇女群众积极参加土地改革、镇反剿匪、生产互助合作运动。1956年高级农业生产合作社成立时，境内各社建立妇女代表分会（简称妇代会），各社务委员会都配有妇女委员。

1958年人民公社化时，境内钢铁、红庄大队建立妇代会。生产队建立妇女代表小组，代表小组的小组长均由妇女队长兼任。时，钢铁大队妇代会主任朱招英，委员顾雪宝、顾杏宝、陆小妹、顾毛妹、陆阿四、顾水宝、顾全妹、翁招大、莫二宝、袁小妹、沈大宝、吴福妹、陆招大。红庄大队妇代会主任王桂金，副主任凌多头，委员居彩珠、唐金妹、孙根英、许阿九、莫腊妹。

1966年"文化大革命"开始后，境内妇女组织一度停止活动。1972年，境内妇女组织重组后恢复活动。是年，钢铁大队妇代会主任为顾雪宝，红庄大队妇代会主任为许阿贵。1983年，农村实行家庭联产承包责任制后，撤销生产队妇女代表小组。

境内各妇联（妇代会）成立以来，围绕中国共产党在各个历史时期的中心任务，结合妇女自身特点，配合大队（村）展开工作和组织活动。在20世纪五六十年代的社会主义革命和建设时期，积极发动和引导广大妇女投身于土地改革、农业生产合作化、拥军优属和社会主义大生产运动。她们宣传贯彻《婚姻法》，鼓励支持广大妇女冲破封建枷锁的束缚，争取婚姻自由，为妇女争取社会地位，实现男女平等。十一届三中全会后，境内各妇女组织积极维护妇女、儿童的合法权益，带领妇女投身于发展村级经济和农村的各项社会事业，发挥了"半边天"作用。通过举办各类培训班、耕读小学、民校、夜校，组织妇女学文化、学科技，提高妇女的科学文化水平，为妇女在各项社会活动中争取应有的地位。同时，还组织妇女开展"文明家庭""五好家庭""好婆媳""巾帼示范岗"等争创活动，在妇女群众中培植奋发向上的社会氛围。积极开展好计划生育、优生优育和妇女保健工作。

**附：境内历任妇联（妇代会）主任名单**

钢铁大队：朱招英、顾雪宝。

尹西村（大队）：顾雪宝、王爱妹。

双桥村（大队）：张木英。

红庄村（大队）：王桂金、许阿贵、许良妹。

红庄社区：王爱妹、许良妹、张燕。

# 第六节 民兵组织

## 一、沿革

1951年土地改革时期，枫桥区尹西乡组建民兵中队，隶属吴县人民武装部，由吴根火任中队长，是境内第一个民兵组织。时民兵中队的中心工作是：打击土豪恶霸，镇压反革命分子，巩固新生政权，确保农会顺利进行土地改革。

1956年高级农业生产合作社时，中队民兵分普通民兵和基干民兵两种，以贫下中农中的积极分子为主。年龄为18—35周岁，其中基干民兵为18—25周岁，普通民兵为26—35周岁。是年，境内民兵中队有基干民兵58人，普通民兵93人。

1958年，实行全民皆兵营连制，境内属5营：营长许金根，副营长顾夫才。境内的钢铁大队为5营8连（蒋家浜、江天桥），连长陆泉金，9连（黄泥浜、西沙浜、袁达浜）连长顾进才，10连（马达浜、庞庄、罗布棋）连长朱招英。红庄大队为5营3连（盛庄里东浜、弯档里和浜里港南）连长唐根元，4连（盛庄里浜里港北、西浜、田上）连长许进夫。各大队还以基干民兵为主，成立农业生产突击队。

1962年，境内民兵组织实行整组，恢复18—25周岁为基干民兵，26—35周岁为普通民兵制度，大队设立民兵营。时，境内钢铁大队民兵营有民兵390人，其中普通民兵158人（女74人），基干民兵232人（女91人）。红庄大队民兵营有民兵210人，其中普通民兵84人（女40人），基干民兵126人（女50人）。

1964年，为防范国民党反攻大陆，根据中央指示精神，大队增设武装基干民兵连，均分两个班，每班15人左右。

1966年"文化大革命"开始后，大队党支部瘫痪。1967年有民兵营支持大队全面工作。

1972年5月组建吴县武装基干民兵独立团第10（长桥）连，在境内红庄大队挑选19名政治、思想、身体素质好的基干民兵，参加光福4号工地国防施工3年3个月，并荣立集体三等功一次，受到了中国人民解放军空军政治部的表彰。

1978年，开展民兵工作三落实（组织落实、政治落实、军事落实）活动。武装基干民兵配发部分武器，开展政治学习和军事训练。

1981年，武装基干民兵制撤销，恢复普通民兵和基干民兵体制。同时，基干民兵年龄调整为18—28周岁，普通民兵年龄调整为29—45周岁。

1985年，根据中共中央〔1985〕22号文件和军委扩大会议精神，落实民兵工作"减少数量，提高质量，抓好重点，打好基础"的方针，对境内民兵营民兵组织编制进行了调整，将基干民兵连、排、班改为排、班，减少了民兵的数量。至2013年红庄社区基干民兵仅为12人。

2003年9月，实行撤村并村建社区后，原行政村民兵营一并撤销，组建红庄社区民兵营。红庄社区民兵营于2011年被吴中经济开发区管理委员会评为征兵工作先进单位。2012年被吴中区人民武装部评为先进民兵营。

## 二、军事训练

1957年始,由郭巷乡人武部组织各村民兵干部每年开展一次军事训练。自1960年始,民兵军训逐步正规化,每年民兵营长带两名民兵骨干一起参加县、公社(乡镇)人民武装部组织的集中军事训练,实行劳武结合。训练内容有:政治教育、军事知识和军事技术(射击、投弹、爆破、刺杀、列队、战术)训练等。1970年起由大队民兵营组织各生产队民兵排长进行集中军事知识和技能训练。

20世纪80年代后期始,基干民兵的军训内容主要以通信技术专业为主,1996年后增加了突发事件应急训练内容。并由县(市、区)人民武装部有选择地组织少量基干民兵集中在人武部建造的民兵训练基地开展军训。

## 三、执勤

新中国成立以来,境内民兵维护社会治安,巩固地方政权,执行急、难、险重大任务,在社会主义革命、大生产运动和现代化建设中都发挥了积极作用。

1958年以来,境内民兵参加了太浦河、娄江河、白茅河的人工开挖工程,太湖控制线围筑工程。参加4号工地(光福机场)国防施工,以及境内和长桥地区历次抗洪救灾工作,并参加巡逻、守夜、堵口伏击,协助公安部门侦破案件,为维护地方治安、保障社会稳定、建设家乡、繁荣祖国做出了巨大贡献。

附:境内历任民兵营长名单

钢铁大队民兵营:罗国光、顾水根

双桥村(大队)民兵营:金老虎、徐福根、王晓宏

尹西村(大队)民兵营:顾水根

红庄村(大队)民兵营:唐根元、张根元、王根泉、许水男、秦仙英、毛永元、莫木根、罗阿夯

红庄社区民兵营:毛俊杰、钱志林

# 第九章 教育文化

旧时，红庄的教育以私塾形式出现。辛亥革命后新学兴起，创办学堂。到中华人民共和国成立时，境内已有1所小学。1950年起，在党和政府的关心下，各村先后创办起小学。到1956年，境内已有3所初级小学和完全小学。1968年钢铁小学附设2个教育点。1975年红庄小学附设初中班。1978年钢铁小学附设初中班，改称钢铁中学。2004年3月建东湖小学。到2013年末，全社区共有1所小学、2所幼儿园，教师112人，员工41人，学生1878人。同时南京师范大学附属石湖中学、石湖小学及石湖中、小学附属幼儿园已建成，可设99个教育班。

新中国成立前，红庄社区没有什么文化设施，最普遍的文化活动就是看春台戏（草台戏），或去茶馆一边喝茶一边听书。新中国成立后，党和政府十分重视发展文化事业，境内各村相应成立了农村俱乐部，配合行政中心工作，利用光荣榜、"插红旗"、黑板报及组织读报形式宣传时事政治、鼓励劳动竞赛、传播科学知识。1965年秋，境内各大队建文艺宣传队，演"样板戏"，配合中心工作宣传先进典型、好人好事。1983年境内实行家庭联产承包责任制后，正常的文化活动几乎处于停顿状态。21世纪初，群众自发组织有各类文艺表现队、广场舞演练队，形式多样地宣传社区变化、居民现实生活。

# 第一节 教育

## 一、私塾

私塾是红庄境内出现较早的教育形式，属初等教育。旧时，较大的自然村均有私塾。一般由塾师自行设馆，招几个学生在宗祠内或塾师家中授课。入学年龄不限，一般为五六岁至十二三岁；人数多寡不一，少则四五人，多则十数人。私塾仅供少数有钱人家的子女就读，有的还不准女童入学。塾师一般为秀才或未中秀才的老童生、旧知识分子、阴阳先生担任，也有以读完私塾的人充任，因此水平高低不一。后指定塾师进修，以资改进。

民国29年（1940年），黄泥浜的顾维新在自己家中办私塾，收学生10余人。民国34年（1945年）蠡墅镇人张浩堃先后在盛庄里、田上村办私塾，收学生10余人。民国35年（1946年），尹山人程馥苏在袁达浜张大会庵里办私塾，收学生10余人，后迁至庞庄关帝庙中。新中国成立前夕，复迁袁达浜张大会庵中。民国36年（1947年），苏州人王幼佰在庞庄关帝庙办私塾，收学生7人。民国38年（1949年）初，苏州人吴同德在盛庄里地主胡三福家办私塾，收学生20余人，后迁同村富农朱进福家。新中国成立后，政府对私塾实行"团结、改造"政策，有计划地将其中一部分并入附近公办或民办小学，塾师相应转为公办或民办教师。

### （一）教育方法

私塾是一种私人创办的初级学校，规模一般很小，学生的年龄和文化程度也不等。办学时，学生就读一室，由塾师分别授课或由程度高的学生教程度低的学生。一般为单独一人一桌或两人一桌，个别学生到教师讲台前个别就教。私塾设有严格的修学年限，每年春节后开学，夏天休学，农历七月后再开学，年复一年，始终不变。私塾教育方法一般都为死记硬背，如国文课文，要求从头背到尾，算术（珠算）要求把加减乘除所有口诀全都背熟，学生达不到要求时就用打手心、立壁角、关饭学、关夜学等手段进行惩罚。考核方法以熟读、背诵为主，有的也当堂习字或作文。教育时间上午从8时许至12时许，下午从1时许至4时许，无星期天，只有农历春节、端午节、中秋节，以及红庄地区特有的立夏日、农历七月十二"抬猛将"、八月十七、八月十八等节日才有休息日。

### （二）教育内容

私塾的教育内容从认读识字开始，以读和习字为主。学生入塾后，首先学会最简单的单字（方块字），然后选授《三字经》《百家姓》《千字文》《神童书》等启蒙读本，再授读四书五经等。学生习字从练习握笔开始，先"描红"，后"临帖"。新中国成立前夕和新中国成立初，有些私塾受正规学校的影响，进行了一些改良，课堂上增设尺牍写作，酌授简易算术（珠算），并引进了新式教科书等。

## 二、幼儿教育

直至新中国成立初，境内幼儿教育还是空白。1958年人民公社化后，在农忙时由小学临时开办季节性幼儿班。1962年起，境内各大队根据情况，办起半年级班，以便让那些年龄尚不够读一年级的小孩有所管教。这种形式一直延续到20世纪70年代中期。此后，各大队相继办起了幼儿园（班），各生产队办起了托儿所。原则上0—4岁幼儿入托，5—7岁幼儿入园，其幼儿入园（班）、入托均为免费。境内的红庄、钢铁大队办幼儿园各一所，幼儿总数382人；托儿所27所，入托幼儿427人。农村实行家庭联产承包责任制后，恢复单家独户生产，大队（村）、生产队集体办幼儿园（班）、托儿所停办。由所在大队（村）公立小学增设幼儿园（班），实行收费入园（班）。至2000年底，随着境内小学完成撤并，幼儿教育一度中断。2003年境内红庄新村建东湖小学后，成立东湖小学附属幼儿园，主要收本地户籍的幼儿就读。又有安徽籍人在红庄新村三区开办了私立新星幼儿园，专门收外地打工人员子女。随着就读人数的增多，幼儿园又根据年龄开设了大、中、小班。幼儿教师根据教学大纲的规定，按照"寓教于玩、保教结合"的原则上课。2013年，全社区共有幼儿园（班）5所（个），入园（班）幼儿1028人。

（一）学制与课程

自1958年各大队办起农忙季节临时幼儿班后，幼儿班开设时断时续，到1975年才恢复正常。幼儿园一般招收4—6周岁的幼儿入园，上午7时半到园，中午除有条件的幼儿园外，大部分幼儿园让孩子回家就餐，餐后到园午睡，下午4时后离园。进入21世纪后，均在园内就餐，并设看守班，一些双职工家长因下班较晚，下午放学后孩子留在园内由教师看护至晚上7—8时才离园。

"文化大革命"前，幼儿园一般开设语认（语言和认识环境）、计算、音乐、体操、图画和手工等课程，每周大班13节课，中班12节课，小班6节课。"文化大革命"后，幼儿园课程统一为6门，即语言、常识、计算、音乐、体育、美术，大班增设汉语拼音课。幼儿活动有体育、游戏、观察、劳动等多种类型，每周大班12—13节课，中、小班略少。幼儿每天有2小时的时间到户外活动。

（二）教育管理

20世纪50年代，境内幼儿园执行《幼儿教育工作指南》的规定，按照幼儿年龄特点，制定了每日生活常规，并积极开展创造性游戏活动。"文化大革命"期间，正常的教育秩序被破坏，德、智、体、美诸育受到冲击。1981年，根据教育部《幼儿教育纲要》的有关规定，各幼儿园开始以"教养并重、教养结合"为原则，把因材施教、充分运用直观教具、增加幼儿学习兴趣作为幼儿教育的目标。时，语言教学注重培养幼儿口头表达能力；算术教学注重加强计算能力训练；常识教育注重让幼儿自己动手做一些简单的小实验，使他们通过观察，了解简单的科学知识。1983年以来，幼儿教学进行了诸多改革，主要内容有：开展综合教育研究，融德、智、体、美诸育为一体，围绕一个中心，运用多种手段，以达到最佳教学效果；除课堂教学外，教师带学生走向社会，走向大自然，开阔眼界，增长知识；举办"家长学校"，进行"开放日"活动，以加强幼儿家庭教育；体育活动以"集中和分散相结合"为主要形式，扩大范围，增加项目；借助教育手段，在教师指导下，让幼儿自己选择内容，自由结合，开展游戏活动。各项改革都要求幼儿多看、多听、多想、多说、多做，创造性地发展多思的头脑，培养动手能力，从而改变了过去一些由教师导演的教学形式。

三、小学教育

民国时期，盛庄里、田上、黄泥浜、袁达浜、罗布棋都办有私塾。1950年起，境内先后办起了盛庄小学、庞庄小学。其中盛庄小学为完小，庞庄小学为初级小学。20世纪60年代初，因遇自然灾害，农村辍学现象严重，入学人数大量减少。1964年，为普及小学教学，境内开始举办简易小学。1965年，简易小学更名为耕读小学，由公社设耕读辅导员。境内共有7所耕读小学，其中红庄大队3所，钢铁大队4所。"文化大革命"开始后，学校一律停课"闹革命"，实行贫下中农管理学校，教育质量下降。1975年，为方便农村农民子女上学，境内红庄小学附设初中（初一）班，俗称戴帽子小学。初中一年级学生在本地小学校就读，至初中二年级时转入长桥中学就读。1977年，境内钢铁小学亦附设初中（初一）班，翌年，钢铁小学附设初中（初一）班并入红庄小学。1983年，红庄小学附设初中班撤销。至时，境内小学不再有附设初中班。

党的十一届三中全会后，知识普遍受到重视，境内教育事业有了新的发展，农村读书气氛日涨，小学办学条件逐步改善。1985年底，境内有红庄、袁达浜2所小学，共有10个班级、360名在校学生，有教师14人，其中民办教师9人。以后，随着计划生育政策的落实，学生人数的逐年减少，为使教学布局更合理，当时的吴县市经济技术开发区管理委员会根据设点需要，对农村小学进行了撤并，境内的红庄、袁达浜小学先后并入碧波中心小学。时，境内一度中断小学教育。2003年，吴县市城南街道管委会为保证境内吴中区"苏州城南经济带工业区"企业业主及管理层干部子女便利就读，在境内红庄新村建办东湖小学。

（一）学制与课程

【学制】1953年9月22日，教育部颁发了《试行小学四二制教学计划（草案）》，此后至"文化大革命"前，境内小学一直沿用"四二"制，即初小四年、高小二年的六年制学制。"文化大革命"期间，实行五年制学制，同时缩短暑寒假时间，延长农忙假时间。党的十一届三中全会后，学制逐步恢复。1983年9月始，五年制学制逐步向六年制学制过渡，境内五年制和六年制并存。1985年重新恢复六年制学制。

【课程】新中国成立初，一、二年级设国语、算术、唱歌、劳动4门课，三至六年级增设常识课，并将爱国主义教育贯穿于各科教学中。1955年开设生产劳动课。1960年，从三年级起开设政治课。"文化大革命"开始后，境内小学一度停开文化课，改变课程设置，减少课时，每周一、二年级减少4课时，三年级减少8课时，四年级减少9课时，五年级减少11课时。教学以政治课和学农课为主。

1978年起，各校开始统一使用江苏省教育委员会规定的五年一贯制教材。1979年7月，根据吴县文教局课程设置的统一安排，境内小学课程设置统一为：一、二、三年级设语文、数学、体育、音乐、美术5门课；四、五年级设政治、语文、数学、自然、体育、音乐、美术7门课。至此，各年级课程设置逐步完善、稳定。2000年，教育部统一规定重新设置了课程：一、二年级设思想品德、语文、数学、自然、体育、音乐、美术7门课；三年级设思想品德、语文、数学、自然、体育、音乐、美术、劳动8门课；四、五、六年级设思想品德、语文、数学、社会、自然、体育、音乐、美术、劳动9门课。同时，各年级还开设班队活动、科技文体活动、周活动和体育锻炼等课程。周课时总量为一年级30节，二年级31节，三年级32节，四、五、六年级33节。

（二）教育方法与研究

【教学方法】新中国成立初期，红庄境内的教育处在既不愿意沿袭旧的传统教育形式，又没有新的教育模式可参照的两手空时期。1953年起，各校普遍采用苏联的教育模式，以凯洛夫教育思想指导教学工作,以提高教育质量为重点,积极提倡启发式、直观式、吃透"两头"(教材一头和学生一头)、联系实际、深入浅出的教学方式,反对注入式、填鸭式的教育方法。学校经常探讨新课题,及时、系统地学习和推广新的教学经验,同时鼓励教师自制教具,注重直观教育的应用。"文化大革命"期间,一度废除了以课堂教学为中心和以教师为指导的教育原则,对行之有效的"双基"(基础知识和基本技能)也彻底加以否定。当时,采取大课堂(社会)和小课堂(学校)相结合,走出去,请进来,背语录,讲三史(家史、村史、社史)等形式进行教育,违反了系统知识的教学和系统学习的教育规律,导致教学质量下降。"文化大革命"后,以改进教学方法、提高教学质量为学校教学的宗旨,强调以课堂教育为主、以教师为主导、以学生为主体的教育原则,在培养学生能力的同时,注重发展学生的智力,注重了"双基"的教学和训练。20世纪90年代,各校开始以"三面向"(面向现代化、面向世界、面向未来)为教学的指导思想,语文学科注重加强说话能力的训练和作文训练,对新教材中3种不同类型的课文(讲读、半独立阅读、独立阅读)采用不同的授课方式;数学学科则注重加强应用题思路的训练和口算能力的培养。与此同时,采用现代化的教育设备和教学手段,开展电化教育,教学质量稳步上升。

【教学研究】教研活动主要是调查、了解学校的管理制度,帮助教师提高业务水平,改进教学方法。20世纪五六十年代,教育工作的重点是小学语文、算术和复式教学教育(当时境内2所小学均为复式教学),改进教育的方法是探讨改进教学的新课题,有步骤、有计划地组织教师上公开课、实验课,举行教学观摩活动,举办专题讲座,召开经验交流会,并组织教师去外地参观、学习、听课。教学工作提倡"五认真",即认真备课、认真上课、认真批改作业、认真辅导、认真进行成绩考查和评定。七八十年代,教学研究围绕加强"双基"、发展智能的要求,注重探索新路子。各校经常组织教师学习教育方针、教学大纲,学习心理学和教育学,并请有经验的教师上示范课,举办教材教法讲座和辅导班,开展新老教师传、帮、带活动,境内学校还参与校、片、中心校三级教研网,着眼于向40分钟要质量。90年代,现代化教学在学校教育中占据了越来越主要的地位,各校注重青年教师的培养,常通过集体备课、说课、听课、评课、论文竞赛、教学案例评说等活动,激发青年教师提高业务水平的积极性;同时注重提高学生素质,以德育为首,以教育为中心,鼓励学生参加各种兴趣小组,开阔眼界,丰富知识。

## 四、小学、幼儿园简介

【东湖小学】2004年3月始建,2005年9月投入使用。由吴中经济技术开发区出资建造。占地面积17341.6平方米,建有3幢教学楼、1幢办公楼、1幢实验楼。学校附设幼儿园。校址位于红庄社区中部南港路南侧。

2005年,学校设有13个班(含3个幼儿班),有教师31人(含幼师5人),员工10人,学生540人。其中:小学生430人(一至六年级),幼儿110人(大、中、小班),近90%的学生、幼儿为外来民工子女。2012年9月,东湖小学附设幼儿园搬迁至城南街道东湖社区后村新园址。至2013年末,东湖小学(不含附设幼儿园)有29个班,教师79人(含代课教师12人),员工22人,学生1270人。

表 9-1　东湖小学历任正、副校长更迭表

| 职务 | 姓名 | 任期 |
| --- | --- | --- |
| 校长 | 陆建英 | 2005.9—2006.3 |
| | 王　辛 | 2006.4 至今 |
| 副校长 | 徐华方 | 2005.9 至今 |
| | 郭伟东 | 2006.4 至今 |

【红庄小学】1949年建成，原名盛庄私塾，由苏州人吴同德授课。1953年，校址迁至盛庄村浜里后发展为2个班，有2名教师。1960年，改名为"吴县红庄完全小学"，有6个班，7名教师。1962年—1966年，有3个班4名教师，1972年，校舍重建，学校从原盛庄村地主胡三福老宅移至原观音堂北侧，有平房12间。1975年，学校附设初中（初一）班，有7个班10名教师。1983年，初中班撤销，改名为"红庄完小"，1988年，校舍再重建，学校移至现吴中大道红庄段南侧（红庄四区北大门西面），有平房10间，辅房3间（食堂）。1992年改称"吴县经济技术开发区红庄小学"（简称红庄小学）。

【袁达浜小学】创办于1950年，开设3个班级（1—6年级），有4名教师，80多名学生，是一所公立小学，校址在袁达浜村。1968年改称"钢铁小学"，有教师8人，学生140余人，附设2个教育点（庞庄、黄泥浜）。1978年发展为"钢铁中学"（俗称戴帽子小学），连同小学共有8个班、13名教师、200多名学生。1980年，初中班并入红庄小学，成为一所1—6年级的完全小学。1983年，有学生178人。1987年初改称"袁达浜小学"，有校舍16间，教师6名，学生134名。1992年改称"吴县经济技术开发区袁达浜小学"（简称袁达浜小学）。

【新星幼儿园】创办于2004年，位于红庄新村三区85号。幼儿园以"一切为了孩子，为了孩子一切"为宗旨，遵循"热爱幼儿，面向全体，保教并重，健康成长"的原则，努力把幼儿园办成让幼儿快乐、家长放心、社会认可的幼儿园，成为孩子们游戏学习的乐园，快乐成长的摇篮。

幼儿园根据幼儿不同年龄，开设大、中、小、托4个教学班，采用国内最新启蒙教育教学方法，根据幼儿身心发展，制订了适合幼儿全方面素质培养的计划，充分发掘孩子的潜能。2011年参加"苏州市徐思众珠心算才艺大赛"获"稚慧谷"团体一等奖，个人获金奖18名，银奖32名，铜奖20名。2012年参加苏州"新绿舟杯"徐思众珠心算获团体二等奖，幼儿特等奖1名，个人获金奖22名，银奖30名，铜奖25名。2011年参加苏州市"童画之星"幼儿书画手工创作大赛获团体一等奖，幼儿个人书画类获金奖18名，银奖22名，铜奖32名，亲子手工类获金奖15名，银奖32名，铜奖10名。被评为优秀小画家的幼儿有15名。

2013年末，新星幼儿园入园幼儿300人，幼儿教师12名。

【南京师范大学附属石湖中学】2012年9月始建，2014年5月竣工，由吴中开发区出资建造。占地面积35000平方米，建筑面积38000平方米。建有2幢教学楼，1幢办公室、实验楼，1幢图书馆。设10轨30个班。于2014年9月投入使用。

【南京师范大学附属石湖小学】2012年9月始建，2014年5月竣工，由吴中开发区出资建造。占地面积39333平方米，建筑面积33000万平方米。建有3幢教学楼，1幢办

公室、实验楼。设8轨48个班。2014年9月投入使用。

【南京师范大学附属石湖中、小学附设幼儿园】2012年9月始建，2014年5月竣工，由吴中开发区出资建造。占地面积9782平方米，建筑面积13048平方米。建有教学楼1幢，办公、食堂用房（平房）12间。设21个教育班。2014年9月投入使用。

【东湖幼儿园】2005年9月建，园址在红庄新村中部南港路南侧的东湖小学内，为东湖小学附设幼儿园。2010年7月，为改善园舍条件，由吴中区城南街道办事处出资在东湖社区后村（亦称后六百亩村）南侧重新建造一座新园，占地面积4521平方米，建筑面积3265平方米。建有1幢教学楼，12间辅房，于2012年9月使用。

2013年，东湖幼儿园设有9个班，教师21人，合同员工19人，入园幼儿308人，其中：小班102人，中班98人，大班108人。

## 四、扫盲

新中国成立后，党和政府十分重视提高人民群众的文化水平，广泛开展群众性的扫盲识字文化运动。1950年到1963年间，境内扫盲工作搞得蓬蓬勃勃。当时政府号召人人学文化，个个学识字，冬季班、夜校、识字班应运而生。1954年，尹西乡扫盲委员会成立，随后订计划、编资料、出周刊，掀起了扫盲高潮。境内各村还组织农民开展了"识千字"竞赛活动，要求中青年农民人人都要参与竞赛活动。当时有许多老年农民也主动上夜校、学识字，在农村形成了农民主动要求学文化、学识字的浓厚氛围。

1964年，根据上级指示精神，公社成立了业余文教办公室，配备业余文教辅导员，具体抓好全公社的扫盲工作和文化工作。境内的扫盲活动形式多样，因家庭条件不允许而无法上学读书或中途辍学在家的未成年人，以2—3个生产队为原则，开设1所简易小学（1965年改称耕读小学）。青年文盲进文化夜校学习，教师一般由全日制教师兼任，也有请文化较高的知识青年施教的。壮年文盲落实到人，包教包学，有小学生教父母的，识字的教不识字的，识字多的教识字少的。当时，红庄大队创办了田头识字班，每个生产队指定一名有文化的社员为辅导员，每天下田时背上一块小黑板，待劳动间歇（俗称坐烟）休息时，教社员认字识字，群众学文化的热情十分高涨。经过一段时间，约有40%的人达到了识1500个常用字的要求。

"文化大革命"期间，由于"极左"思想的影响，扫盲工作被"政治学习"所替代，文盲率有所回升。

1971年下半年，扫盲工作重新受到重视。境内各大队根据长桥人民公社的规定要求，相继成立了扫盲领导小组，由团支部书记、妇女主任具体抓扫盲工作，主要任务是订计划、订制度、包学额、包脱盲。扫盲教育因地制宜，形式多样，主要以扫盲班、补习班为主。每个大队至少办2—3个扫盲班，1所补习学校。时，大队民兵营、团支部还创办科学知识学习班，组织青年民兵学文化、学科学，提高文化水平和科学种田知识。1981年春季，境内各大队通过吴县相关部门组织的脱盲考核验收，达到了国家规定的非文盲率85%以上的要求，均成为长桥人民公社非文盲率达标大队。

1990年，全国第四次人口普查时，境内有文盲132人。为此，各村根据长桥镇人民政府的规定要求，对在村办企业务工的文盲职工，统一送长桥镇成人教育中心参加学校举办的文化补习班；在家务农的文盲农民，由村开办补习学校，聘请专门辅导员，组织文盲农民，利用晚上参加村办学校的学习。到 1992 年 12 月，经过 3 年的扫盲扫尾工作，境内共扫除文盲 129 人，使境内 40 周岁以下人的非文盲率达到 99.22%。至此，村村达到了国务院扫除文盲的标准要求。

## 第二节　民间曲艺

历史上，境内就有专门从事办理婚事丧事仪式、节日庙会庆典的宣卷、长理、堂名、草戏班子等民间艺人。明清时期，境内的宣卷业在苏州地区颇有名气，吴县、长洲、元和、吴江县等地村民举办婚丧喜事或做寿、置棺，均邀请境内盛庄里村的宣卷先生前去办理。至清代末年，吴县尹山乡石灰浜村亦有人从事宣卷业，境内宣卷业不再一枝独秀。时，浙江余杭县草台戏班子越渗入吴江、吴县地区卖艺演出，境内的草台戏班子渐衰。到民国时期，仅有少数艺人与外地人搭班演出。

### 一、宣卷

从事宣卷业的艺人俗称宣卷先生，一般为父授子承，不传外人，故均为家属班子。明清时期，境内的陆家班有艺人 30 余人，可分班外出演唱献艺。初期，宣卷仅为周边居民家盖房子、做寿、小孩满月剃头等喜庆活动演唱助兴，后发展成专门办理婚丧喜事仪式、节日庙会庆典等。至清末民初，由于民间艺人增多，为避忌，宣卷不再办理婚事仪式，仅为亡灵超度（俗称送丧）、做"五七"（俗称做道场），以及庙会、节庆、做寿、置棺的演唱助兴。婚事仪式有专门的长理先生办理。"文化大革命"开始后，破除"四旧"（旧思想、旧文化、旧风俗、旧习惯），宣卷班子解散，从事宣卷的艺人回生产队参加农业生产劳动。宣卷有文明宣卷、丝弦宣卷两种。文明宣卷一般为 3—5 人，1 人自敲木鱼引声宣唱经卷，多人诵唱"南无阿弥陀佛"。丝弦宣卷开场不用木鱼，而用二胡、三弦、笛子演奏《梅花三六》《快黄》等乐曲，参加演唱者一般为 6—8 人。

### 二、长理

清代中期，境内盛庄里陆家班艺人为避忌组建了专门从事婚庆的艺人班子。从事婚庆的艺人被称作"喜先生"，主持婚礼仪式的艺人方为长理，俗称长理先生。长理是婚庆班子的班主，随从的乐师及喜先生一般为 6—8 人。农户举办婚事前 1—2 个月即与长理或媒婆（俗称喜娘）联系，约定婚庆日期，到时，由长理带领人员前去举办婚庆仪式。婚庆仪式一般为开喜门、接亲、迎亲、拜堂、移花烛、入洞房 6 个仪式，以移花烛为高潮。每个仪式所用乐器稍有不同，开喜门用长短笛和二胡吹奏《快六》《黄调短板》等乐曲；接亲、迎亲用笛子、唢呐和锣鼓，边敲锣鼓边吹奏《喜曲》《迎宾曲》等乐曲；拜堂用长笛和二胡吹奏《喜曲》《快六》等乐曲；入洞房用长笛、箫和二胡吹奏《高山流水》《八仙献寿》等乐曲。"文化大革命"时期破除旧风俗、树立新风俗，农户举办婚事由大队指派文艺宣传队敲锣打鼓迎亲送亲，其余仪式一概不用。改革开放后，村（大队）文艺宣传队解散，部分队员自行组建婚庆队，从事婚庆业。婚庆仪式改为迎亲、拜堂、入洞房，乐曲也改为二胡、笛子二种，乐曲仅用《快六》和流行歌曲。

### 三、草台戏班

清代中期，境内盛庄里陆家班部分能唱会道的艺人去浙江余杭拜师学春台戏（俗称草台戏）艺术，满师后，即组建盛庄里春台戏班子，常去吴县、吴江、昆山县、无锡县等地演出。剧种包括评弹、越剧、锡剧、京剧、滩簧、小热昏、滑稽、杂技等折子戏或段戏。春季，为祝愿全年风调雨顺、五谷丰登，各地盛行春台戏。秋季庆丰年，各地村上的富户亦筹资请春台戏班子艺人演唱十天半月的戏曲。后，居民家有盖房子、做寿、小孩满月剃头等喜庆活动，及有钱人家子女婚嫁前三天或后四天，亦请春台戏班子艺人以唱堂名、滩簧的形式演唱助兴。

21世纪初，为了满足人们精神文化生活的需求，政府大力提倡开展形式多样的群众业余文体活动。社区将原文艺宣传队人员组建成老年歌咏队。节庆期间，由社区提供场所，开展歌咏表演和比赛，亦有当地居民在儿女婚嫁时邀请去帮助主持结婚仪式，弹奏演唱，营造喜庆氛围，既文明又热闹。把一些原在"初一月半"去村庙烧香拜佛、诵经念佛的老年妇女组建成老年文艺队，傍晚，在文体广场、农民公园跳健身舞、广场舞，表演木兰扇、木兰剑、太极拳，并把境内庙会期间的诵经念佛改为跳舞、赛歌，使庙会既新型时尚，又文明健康。

## 第三节　文艺宣传队

### 一、文艺队员

1965年秋，境内红庄、钢铁大队相继成立文艺宣传队。由大队团支部挑选一批家庭成分好，思想进步，且有一定文化水平的青年农民加入文艺宣传队伍。每个文艺宣传队成员人数有20—30人不等，均不脱产，白天在生产队参加劳动，晚上集中在大队部或小学校参加排练。初期由文化水平较高的队员进行节目编排和辅导，后公社文化站指派一名辅导员（不脱产）进行指导。文艺宣传队乐师除个别原会二胡、笛子拉吹者外，大部均为队员入队后自学而成的。文艺宣传队使用的乐器也很简单，除锣鼓等器具外，一般仅有二胡、竹笛、长箫、唢呐、扬琴、手风琴等。队员参加排练、演出均为义务，不取任何报酬。乐器由乐师自置。参加演出时所用的服饰，均由队员自备。时，大队文艺宣传队队员不仅是农村文艺活动的实践者，也是农业生产中的骨干力量。

### 二、文娱表演

大队文艺宣传队成立初期，主要移植剧本，由公社文化站辅导员或聘请艺校老师进行舞台再创作。宣传队配合大队各阶段的中心工作，以说唱、小品、舞蹈、快板等形式进行文娱演出。节目短小精悍，易被农民喜欢。红庄大队文艺宣传队演出的《六样机》在公社文化站组织的会演中，曾获优秀表演奖。钢铁大队文艺宣传队演出的《贫下中农最听毛主席的话》获创作二等奖。

20世纪70年代，盛行"样板戏"。红庄大队文艺宣传队演出的《红灯记》、钢铁大队文艺宣传队演出的《沙家浜》等样板戏，先后到长桥公社各大队及斜塘、车坊、枫桥、苏州市区、市郊等地巡回演出。同时，配合中心工作，把农业生产中涌现出来的先进事迹、先进典型、好人好事用说唱、快板词、三句半等表现形式自编自演。时，大队与大队之间、户与户之间、家庭、田头赛诗成为热潮。80年代，广播、电视逐步普及，港台通俗歌曲流行，文艺宣传队相继解散。

## 第四节　古迹

### 一、古桥

【尹山桥】位于域内原尹西村东首，跨运河，东堍属郭巷街道。原为梁式石桥，后废。明天顺六年（1462年）秋七月，重建为单孔石拱桥，共用金山石4550块。桥长72米，高14米，宽4.7米。道光年间又重修。1981年建公路桥后被拆除。

【万福桥】亦称田郎桥，跨田郎港。花岗石质、单孔拱桥，位于原红庄村西田郎自然村北首。2003年建红庄新村时被拆除。

【青龙桥】跨西厍浜。花岗石质、单孔梁桥，位于原双桥村西厍浜自然村东首。2003年建东吴工业园时被拆除。

【西梢桥】跨庞庄港。花岗石质、单孔拱桥，位于原双桥村庞庄自然村西首。2003年建东吴工业园时被拆除。

【杨家桥】跨庞庄港。花岗石质、单孔梁桥，位于原双桥村庞庄自然村东首。2003年建东吴工业园时被拆除。

【永安桥】跨罗布棋港。花岗石质、单孔梁桥，位于原双桥村罗布棋自然村北首。2003年建东吴工业园时被拆除。

【王宜浜桥】跨王宜浜。花岗石质、单孔梁桥，位于原尹西村王宜浜自然村东首。2003年建东吴工业园时被拆除。

【文汇桥】亦称元坛浜桥，跨元坛浜。花岗石质、单孔梁桥，位于原尹西村元坛浜自然村中部。2003年建东吴工业园时被拆除。

### 二、古宅

【徐都宪源别业】在瓜泾（现城南街道红庄社区原双桥村东南）。有池、馆、林、泉之胜，与夹浦桥相望，名夹浦书屋。已废。

【毛家园】俗称江北园，在城南街道红庄社区原红庄村南部。有楼、榭、亭、阁、廊、池、泉之景，系毛姓京官所居。已废。

【许家园】在城南街道红庄社区原红庄村北部。有楼、榭、亭、阁、廊、池、坊之景。系许姓京官所居。已废。

## 三、古庙

【华祖师庙】俗称华佗寺。在城南街道红庄社区盛庄里自然村东首。《吴门表隐》：在澹台湖西南。（一在北园老君堂，一在悬桥巷回真观。）祀神医元化先生华佗以仙方济世。庙坐北面南，东傍面杖港，南靠盛庄港，原为乡间土庙，初建无考。宋代时，由苏州府出资重建，称华祖师庙。后遭兵焚，已废。清康熙年间乡人捐资重建。有东、西二院各三进，千余间房宇，塑有五百余尊佛像。东、西门楼廊墙刻有十余万字经书。太平天国时，西院遭焚毁。人民公社化时，东院大部被拆，用于建郭巷公社办公楼、大会堂。"文化大革命"时，余房被拆后建红庄大队各生产队仓库，庙废。1992年村民出资重建。

【青莲庵】在城南街道红庄社区盛庄里东首，华祖师庙西侧。太平天国时遭焚毁。1992年村民出资重建。

【小太甫莫王土地庙】在城南街道红庄社区盛庄里自然村东首，华祖师庙东南侧。新江社区朱家郎盛庄里合祀。原庙已废，1992年村民出资重建。现华佗寺、青莲庵、小太甫土地庙合一处。

【猛将堂】在城南街道红庄社区盛庄里自然村南首，已废。

【观音堂】在城南街道红庄社区盛庄里自然村浜里，已废。

【本村观音堂】在城南街道红庄社区田郎自然村南首，东湖社区后村、田郎合祀，已废。

【老太甫冥王土地庙】在城南街道红庄社区蒋家浜自然村东首，宝带桥社区港南浜、红庄社区江天桥、蒋家浜合祀。2003年建东吴工业园区拆除，翌年，村民出资在钢铁桥（亦名江天桥、江铁桥）港西口北岸重建。

【水仙庙】在城南街道红庄社区蒋家浜自然村南首，已废。

【猛将堂】在城南街道红庄社区钢铁桥（亦名江天桥、江铁桥）自然村南岸，已废。

【本村观音堂】在城南街道红庄社区钢铁桥（亦名江天桥、江铁桥）自然村西北首，已废。

【贤圣堂】在城南街道红庄社区西沙浜（又名西库浜）自然村西部，已废。

【张堂会庵】在城南街道红庄社区袁达浜（又名元坛浜）自然村西首，已废。

【胥甫冥王土地庙】在城南街道红庄社区马达浜（又名马踏浜）自然村东首，罗布棋、庞庄、西沙浜、马达浜、袁达浜、黄泥浜及吴江区松陵镇花岗社区青树湾村合祀。2003年建东吴工业园区拆毁，翌年，村民出资在钢铁桥（亦名江天桥、江铁桥）港西口北岸重建。

【关帝庙】在城南街道红庄社区庞庄村东首，已废。

【杨家路观音堂】在城南街道红庄社区庞庄村杨家桥北堍，已废。

## 四、古墓

【赠副都使徐文质墓】清《元和县志》载：在瓜泾港长洲县境内（现城南街道红庄社区原双桥村），土人称大坟头。文质号孝质，为山东巡抚。已废。

【上元教谕顾顼及妻申氏、妾节妇戴氏墓】亦名摇鼓坟。康熙《吴县志》载：在瓜泾港长洲县境内陈王墓浜（现城南街道红庄社区原双桥村东）。已废。

【隐士徐思祖墓】清《元和县志》载：在尹山南瓜泾长洲县境内徐家浜（现城南街道红庄社区原双桥村南）。已废。

【忘庵先生王武墓】清《元和县志》载：在尹山长洲县境内师姑圩（现城南街道红庄社区原双桥村西南）。已废。

【文学顾埴墓】清《元和县志》载：在尹山长洲县境内师姑圩（现城南街道红庄社区原双桥村西南）。已废。

【明殉节生员瑢暨配申硕人墓】《吴门表隐》载：在尹山，隶元邑三十一都十七图师姑圩（现城南街道红庄社区原双桥村南）。已废。

## 五、坊

【明江铁桥节孝坊】在城南街道红庄社区钢铁桥（亦名江天桥、江铁桥）自然村，为王若濬妻陶氏立。已废。

## 六、古树

【华佗寺银杏】植于红庄社区盛庄自然村东首，面杖港西岸（现为红庄新村一区东首）。1952年遭雷击枯死。枯死时，树高8.10米，直径1.55米，树龄为600年左右（据曾阅过华佗寺碑文的老年人所述朝代推算），系雄性银杏。

# 第十章 交通卫生

红庄地处苏南水网地区，河港交叉，阡陌纵横，水路、陆路相互贯通。民国22年（1933年）苏（州）嘉（兴）公路通车。民国24年（1935年）苏（州）嘉（兴）铁路通车。时，红庄为苏南铁路、公路交通的重要枢纽。新中国成立后，开拓航道，修筑公路，交通运输发展迅速。1995年，全社区村村通公路。2002年始，城市化建设进程推进，网格式修筑公路。至2013年末，境内有省、市、区级公路9条，村（社区）道32条，总里程47.02千米；有15条公交线路，日有256班次公交车经过。

新中国成立前，农民患病后无钱求医服药，常常因延误诊治而死亡。由于医疗条件差，许多农民常见病缠身，苦不堪言。新中国成立后，人民政府十分重视医疗卫生工作，增设医疗机构，组织农民开展血吸虫病、传染病、寄生虫病、流行病防治和爱国卫生运动。1966年，各大队相继建立了卫生室，2003年建红庄社区门诊室。至2013年末，境内已有门诊室4家，形成了防治结合的医疗保健网络，居民医疗得到保障，健康水平普遍提高。

# 第一节 陆路交通

红庄地处苏南水网地区,港河繁多,阡陌纵横。新中国成立后,不断拓展公路,增建桥梁,交通运输业迅速发展。至2013年,境内有各型公路41条,其中省、市、区级公路9条,总长度27.02千米。有桥梁43座,其中古桥8座,公路桥16座,村桥(含农桥)19座。是吴中区桥梁总量较多的社区之一。

## 一、铁路

民国24年(1935年)2月22日,位于红庄东部古运河西岸(北段为东岸,至古尹山桥南跨古运河至西岸境内东部)的苏(州)、嘉(兴)铁路正式动工兴建,次年7月15日建成通车,红庄始有铁路。民国26年(1937年),红庄沦陷后,铁路被日本军队侵占。民国34年(1945年)3月,被日本军队的飞机炸毁。

## 二、公路

民国22年(1933年),位于红庄东部古运河西岸的苏(州)嘉(兴)公路建成通车,红庄始有公路。新中国成立后,随着工农业生产的发展,公路不断拓展,自20世纪90年代初始,先后修建了204省道、枫津路、迎春路等3条主要交通干线。1995年红庄实现村(自然村)村通公路。至2013年底,境内有省、市、区级公路9条,村(社区)道(含村级公路)32条,总里程47.02千米,其中支线23.59千米。

### (一)省市级公路

【苏嘉公路】系省道,1933年建成。红庄段自现尹山桥至原双桥村。南北向,长3580米,宽25米。原为沙石路面,1976年改铺沥青。苏嘉公路原为苏南地区南北交通的要道。1989年运河改道后,1991年宝带桥西侧公路桥拆毁后,公路改道走十苏王公路。

【204省道】亦称十苏王公路(苏州至浙江王家泾、2012年改称227省道),1989年建。红庄段(原自尹山收费站往南称苏嘉公路,往西称越湖东路,红庄社区西折北称东吴南路)。长3289米,宽45米,8车道,是苏州市联结东南诸省的主要交通要道。

### (二)区内公路

【吴中大道】境内段原称越湖路,1989年建成。红庄段自新尹山桥西堍至大龙港桥,呈L形。东西向(西端折南为南北向),长4500米,宽40米,8车道,有快、慢车道和人行道,沥青路面。

【南湖路】2002年5月建成。东西向,东起大坟港,西至大龙港桥。长3230米,宽40米,4车道,沥青路面。

【兴南路】2002年10月建成。东西向,东起204省道,西至田上港。长3325米,宽35米,4车道,沥青路面。

【兴吴路】2009年12月建成。东西向,东起204省道,西至田上港。长3325米,宽35米,4车道,沥青路面。

【迎春南路】2002年10月建成。南北向，南起环城高架路高架桥(接吴江区中山北路)，北至吴中大道。长3150米，宽45米，6车道，沥青路面。

【枫津路】2002年10月建成。南北向，南起兴吴路，北至吴中大道。长2232米，宽40米，6车道，沥青路面。

【田上港路】2001年10月建成，南北向，南起村前嘴，北至南湖路。红庄段长386米，宽40米，沥青路面。

### （三）村（社区）道路

【南港路】2002年5月建成。东西向，东起枫津路，西至四区街，长386米，宽25米，沥青路面。

【四区街】2002年5月建成。南北向，南起南湖路，北至原红庄村9组港南浜底。长335米，宽25米，沥青路面。

【盛庄街】2009年建成。东西向，东起枫津路，西至南港路，呈双褶型，系原盛庄港填埋后修建。长395米，宽20米，沥青路面。

【田上街】2003年12月建成。南北向，南起田上桥折北至五区北大门。长235米，宽25米，沥青路面。

【百盛路】2003年5月建成。南北向，南起兴南路，北至南湖路。长212米，宽35米，沥青路面。

【共荣路】2002年5月建成。南北向，南起钢铁桥港，北至吴中大道。长180米，宽12米，沥青路面。

【双桥路】1985年建成。南北向，南起兴南路，北折东至原苏嘉公路，呈L形。长1100米，宽10米，砼质路面。

【钢铁桥路】1992年建成。南北向，南起钢铁桥港，北至吴中大道。长120米，宽10米，砼质路面。

【双林路】2003年建成。南北向，南起兴南路，北至南湖路。长400米，宽20米，沥青路面。

## 三、桥梁

### （一）古桥

【尹山桥】位于红庄社区东侧，跨运河，东堍属郭巷街道（公社、镇）。原为梁式石桥，后废。明天顺六年（1462年）秋七月，重建为单孔石拱桥。桥长72米，高14米，宽4.7米。道光年间又重建。1981年建公路桥后被拆毁。

【万福桥】亦称田郎桥，跨田郎港。单孔，石拱桥，位于红庄社区原红庄村田郎自然村北首。2003年被拆毁。

【青龙桥】跨西沙浜（亦称西库浜）。花岗石质、单孔梁桥，位于红庄社区原双桥村西沙浜自然村东首。2003年被拆毁。

【西梢桥】跨庞庄港。花岗石质、单孔拱桥，位于红庄社区原双桥村庞庄自然村西首。2003年被拆毁。

【杨家桥】跨庞庄港。花岗石质、单孔梁桥，位于红庄社区原双桥村庞庄自然村东首。2003年被拆毁。

【永安桥】跨罗布棋（亦称芦坝基）港。花岗石质、单孔梁桥，位于红庄社区原双桥村罗布棋自然村中部。2003年被拆毁。

【王宜浜桥】跨王宜浜（亦称王言浜、黄泥浜）。花岗石质、单孔梁桥，红庄社区原尹西村王宜浜自然村中部。2003年被拆毁。

【文汇桥】跨袁坛浜（亦称元坛浜、袁达浜）。花岗石质、单孔拱桥，位于红庄社区原尹西村袁坛浜自然村中部。2003年被拆毁。

（二）公路桥

【尹山大桥】跨古运河，1997年吴县市人民政府建。东西向，东堍属郭巷街道（镇、公社），砼质钢丝吊桥，长100米，宽40米。坐落于原尹山古桥北侧。

【变电站桥】跨金星河，1997年吴县市人民政府建。东西向，砼质平桥，长20米，宽40米。坐落于尹山大桥西堍。

【化工厂桥】跨金星河，1997年吴县市人民政府建。东西向，砼质平桥，长20米，宽40米。坐落于变电站桥西侧。

【尹山桥】跨古运河，1983年吴县人民政府建。东西向，砼质拱桥，长120米，宽8米。坐落于原尹山古桥南侧。1998年建尹山大桥后拆毁。

【迎春路2号桥】跨黄泥浜（亦称王宜浜、王言浜），1992年吴县人民政府建。南北向，砼质平桥，长30米，宽40米，坐落于黄泥浜自然村中段。

【尹山桥】跨钢铁桥港（亦称江天桥、江铁桥港），1933年吴县政府建。南北向，木质平桥，新中国成立后改建成砼质，长25米，宽15米。坐落于原尹山古桥西堍北侧。

【十苏王公路桥】跨钢铁桥港（亦称江天桥、江铁桥港），1989年吴县人民政府建。南北向，砼质平桥，长30米，宽40米。坐落于原尹山收费站南侧。

【迎春路1号桥】跨钢铁桥港（亦称江天桥、江铁桥港），1992年吴县人民政府建。南北向，砼质平桥。长15米，宽40米。坐落于维信公司东侧。

【跃进河1号桥】跨跃进河，1993年吴县人民政府建。南北向，砼质平桥，长15米，宽40米。坐落于景盟厂西侧。

【枫津路2号桥】跨跃进河，1992年吴县人民政府建。南北向，砼质平桥，长22米，宽30米。坐落于十苏王公路与东吴南路交汇处。

【十苏王3号桥】跨面杖港（亦称古塘河）。1992年吴县人民政府建。东西向，砼质平桥，长35米，宽40米。坐落于红庄社区一区东北首。

【南湖路桥】跨面杖港，2001年吴县市人民政府建。东西向，砼质平桥，长35米，宽30米。坐落于苏州日报社新楼东南侧。

【兴南路桥】跨面杖港，2002年吴中区人民政府建，东西向，砼质平桥，长35米，宽30米。坐落于原尖局港东口北侧。

【兴吴路桥】跨面杖港，2003年吴中区人民政府建。东西向，砼质平桥，长35米，宽30米。坐落于原南白洋南首。

【田郎桥】跨田郎港（亦称田上港），1992年吴县人民政府建。东西向，砼质平桥，长25米，宽40米，坐落于城南变电站西北侧。

【舜展桥】跨田郎港，2003年吴中区人民政府建。东西向，砼质平桥，长25米，宽30米，坐落于红庄社区四区公园东南侧。

### (三) 农桥（村桥）

表 10-1 吴中区城南街道红庄社区境内农桥、村桥一览表

| 序号 | 桥名 | 桥址 | 地点 | 类别 | 结构 | 长度米 | 宽度米 | 跨径米 | 建造年份 | 建造单位 | 备注 |
|---|---|---|---|---|---|---|---|---|---|---|---|
| 1 | 东浜桥 | 跨盛庄港 | 盛庄里村东部 | 人行桥 | 石梁式 | 8 | 1.8 | 3.5 | 1922重建 | 盛庄村民 | 2003年拆除 |
| 2 | 太平桥 | 跨盛庄港 | 盛庄里村中部 | 人行桥 | 石拱桥 | 6 | 1.8 | 2.5 | 初建无考 | 盛庄村民 | 2003年拆除 |
| 3 | 红星桥 | 跨东南河 | 盛庄里村中部 | 农用桥 | 砼拱 | 8 | 2 | 6 | 1968 | 长桥人民公社 | 2003年拆除 |
| 4 | 田郎桥（亦称万福桥） | 跨田郎港 | 田郎村北侧 | 人行桥 | 石拱桥 | 12 | 1.8 | 4 | 初建无考 | 田上村民 | 2003年拆除 |
| 5 | 建设桥 | 跨面杖港 | 盛庄里村东首 | 农用桥 | 砼拱桥 | 18 | 3 | 15 | 1978 | 长桥人民公社 | 1994年拆除 |
| 6 | 湖田上桥 | 跨尖局港 | 原红庄村东南首 | 人行桥 | 砼梁式 | 10 | 2.5 | 5 | 1962 | 红庄大队 | 2003年拆除 |
| 7 | 元坛浜桥 | 跨元坛浜 | 元坛浜村东首 | 人行桥 | 石拱桥 | 10 | 2.5 | 5 | 初建无考 | 元坛浜村民 | 2003年拆除 |
| 8 | 文汇桥 | 跨元坛浜 | 元坛浜村中部 | 农用桥 | 砼拱桥 | 15 | 2.5 | 7 | 1978 | 原钢铁大队 | 2003年拆除 |
| 9 | 1号桥 | 跨新开河 | 元坛浜村北首 | 农用桥 | 砼拱桥 | 15 | 2.5 | 7 | 1978 | 原钢铁大队 | 2003年拆除 |
| 10 | 2号桥 | 跨新开河 | 元坛浜村北首 | 农用桥 | 砼拱桥 | 15 | 2.5 | 7 | 1978 | 原钢铁大队 | 2003年拆除 |
| 11 | 王宜浜桥 | 跨王宜浜 | 王宜浜村中部 | 车行桥 | 砼拱桥 | 15 | 5 | 5 | 初建无考 | 王宜浜村民 | 2003年拆除 |
| 12 | 钢铁桥 | 跨钢铁桥港 | 钢铁桥村中部 | 车行桥 | 石拱桥 | 25 | 7 | 8 | 初建无考 | 钢铁桥村民 | 2003年拆除 |
| 13 | 蒋家浜桥 | 跨横连浜 | 蒋家浜北侧 | 人行桥 | 石梁式 | 6 | 2 | 3.5 | 初建无考 | 蒋家浜村民 | 2003年拆除 |
| 14 | 杨家桥 | 跨庞庄港 | 庞庄村东首 | 人行桥 | 石拱桥 | 15 | 2 | 10 | 初建无考 | 庞庄村民 | 2003年拆除 |
| 15 | 太平桥（亦称西梢桥） | 跨柳弯里港 | 庞庄村西侧 | 人行桥 | 石梁桥 | 10 | 1.5 | 5 | 初建无考 | 庞庄村民 | 2003年拆除 |
| 16 | 永安桥 | 跨罗布棋港 | 罗布棋村中部 | 人行桥 | 石梁桥 | 15 | 2 | 10 | 初建无考 | 罗布棋村民 | 2003年拆除 |
| 17 | 双桥 | 跨白洋湾、塔柳港 | 马踏浜东首 | 农用桥 | 砼拱桥 | 80（两桥总长） | 4 | 30（两桥跨径） | 1968 | 原钢铁大队 | 2003年拆除 |
| 18 | 幸福桥 | 跨塔柳港 | 马踏浜东南 | 农用桥 | 砼拱桥 | 15 | 2.5 | 10 | 1965 | 原钢铁大队 | 2003年拆除 |
| 19 | 田上桥 | 跨田上港 | 田上村北首 | 车行桥 | 砼梁式 | 8 | 5 | 5 | 1993 | 吴县人民政府 | / |

## (四) 车辆

**【自行车】** 20世纪50年代中期,吴县人民政府为便利与乡镇之间的联系,曾分配一批自行车给乡镇。境内尹西乡分得一辆沈阳产飞鸽牌自行车,供乡干部和通讯员参加会议、通信联络使用。60年代,自行车虽有经销,但仍为紧俏商品,由政府控制,凭票供应,大部分由集体购买,供农村基层干部集体使用。70年代中期,自行车逐步流向居民家庭。80年代中期,随着社队工业的崛起,农村大量劳动力转移到社队企业做工,居民家中自行车购买量急剧增加,境内居民家中务工人员都用自行车代步。至1990年,境内已有自行车3086辆,人均拥有1.06辆,户均占有3.85辆。进入90年代后,逐步以轿车、摩托车、助动车为代步工具,自行车渐渐减少。至2013年,境内自行车拥有量不足百辆,自行车不再是境内居民主要的代步工具。

**【摩托车】** 1987年,原双桥村市政工程专业户陆小金根为方便承接市政工程业务,买了一辆日产雅马哈摩托车为代步工具,境内始有摩托车。以后,一些原以自行车代步的市政工程、吊装运输、建筑工程专业人员和社(乡、镇)、队(村)办企业的领导、供销人员纷纷购买摩托车为代步工具,境内摩托车数量激增。20世纪90年代初,部分效益好的镇、村办企业专门为企业中层以上干部、供销人员配备了摩托车;部分企业职工、机关干部和个体工商户家庭也置有摩托车,且讲究品牌。至20世纪末,全社区有各种品牌的摩托车136辆,平均每百户占有23.6辆,人均占有0.03辆。进入21世纪后,随着助动车、汽车不断进入居民家庭,且摩托车为代步工具安全系数差,境内摩托车数量逐年减少。至2013年,境内摩托车拥有量不足10辆,且一般都为闲置物品。

**【助动车】** 助动车是摩托车后境内居民个人使用的另一类机动代步工具,有机动、电动两种,始于20世纪90年代初。时,因机动助动车比摩托车车身小,自重轻,车速慢,适宜于中老年人和妇女使用,因而数量激增。2000年,全社区有机动助动车216辆,比1992年的5辆增长了43倍。后因机动助动车尾气排放量大,不符合国家规定的环保标准,国家开始限制厂商生产、销售,境内机动助动车数量骤减。1997年,市场上开始出现电动助动车,由于使用方便,且无污染,很快就走向居民家庭。至2013年,全社区共有助动车(含机动、电动)2326辆,平均每百户占有297辆,人均占有0.71辆。

**【柴油机斗车】** 1983年,农村实行家庭联产承包责任制后,原红庄村集体拖拉机辅导员陆盘根将集体分得的一辆手扶拖拉机改装成柴油机斗车(俗称拖车),专门从事乡、村办企业货物短途运输,境内始有柴油机斗车,陆路运输渐即兴起。年底,境内共有12家柴油机斗车运输专业户,有柴油机斗车15辆、18吨。至1990年,境内有柴油机斗车专业运输户76家,有柴油机斗车72辆、79吨。其中:原红庄村有柴油机斗车46辆、52吨,年收入近千万元,为当时长桥地区柴油机斗车运输业最为发达地区。除柴油机斗车运输外,境内还出现了电瓶车、黄鱼车等货运工具。至2000年,全社区有柴油机斗车92辆,电瓶车25辆、黄鱼车72辆,专门从事各类货运业务。进入21世纪后,随着境内城市化建设的加速,大量增建、拓建公路,汽车运输业兴起,柴油机斗车、电瓶车、黄鱼车等货运工具渐被汽车货运替代。至2013年,境内有5—25吨货车35辆。

**【客车】** 1989年,红庄村委会购买了一辆国产金杯牌面包车,境内始有汽车。此后,集体开始购买轿车、面包车为代步工具。1995年境内有轿车6辆、面包车5辆。20世纪90年代后期,轿车、面包车开始进入居民家庭,且渐有专门从事载客运输的专业户。后以汽车、机械（电动）三轮车、人力三轮车为客运工具较为普遍。进入21世纪后，随着私家汽车的激增，道路交通常有堵塞，交通事故频发。政府为维护交通秩序，先后取缔了人力三轮车、客运机械（电动）三轮车运输，之后境内客运汽车逐年增加，部分农户还专门从事客运业务，在未开通公交线的公路上自行开设客运线路运送客人。2005年后，政府整顿客运市场，取缔私人开设的客运线路。客运专业户被取缔后，境内拥有大客车的农户将车辆出租给客运、旅游公司，或出租给工业企业接送工人上下班，车辆较小的出租给学校接送学生。至2013年，社区有大客车29辆（含企业接送上下班工人的客车）、轿车1893辆（含租住在社区的外籍人员使用的轿车），户均2.4辆。

**（五）公交线路**

1975年，苏州市公交公司设10路（后改称13路）公交车，起点站为苏州古城区接驾桥，终点站为尹山桥（公路桥）。境内东部始通车。

1998年，原红庄村西北首越湖路（现称吴中大道）设电动工具厂（后改称红庄北）站，通513路、59路、94路公交车。西首设红庄站，通522路、68路、62路、551路、55路公交车。2003年在原红庄村东北首设枫津路东吴南路站，通513路、59路、94路公交车。同年，在原尹西村中部设南湖路维信站，通57路、91路公交车。2005年，在红庄新村东南首设南港路站、百盛路站、红庄站，通504路、514路公交车。至2013年，境内共通15条公交线路，日有256班次公交车经过。

## 第二节　水路交通

红庄地处苏南滨湖地区，港河交错，是苏州联结浙、粤、闽诸省的水上交通要塞。历史上，东南诸省向朝廷纳贡的物资都路经红庄主要航道运送进京。

### 一、航道

【京杭大运河航道】是贯通江苏、浙江的主要航道。社区段长3580米，宽80米，水深5.5米，枯水期3.5米，经苏州觅渡桥折南至宝带桥南入红庄境内，直南至吴江区。1981年跨运河的尹山桥拆除后，境内段航道全部构筑块石驳岸。

【鲇鱼口航道】是苏州和吴县舟运浙西的主要航道。境内段长1815米，宽300米，水深5.5米，枯水期3.5米，可通百吨货船，年货运通过量500余万吨。从后六百亩港西口处入红庄境内，至扬青港西口入长桥街道蠡墅社区境，直北至苏州盘门古运河。1977年开展"农业学大寨"运动时，鲇鱼口航道被围湖造田，时即断航。2005年始，围垦的境内段鲇鱼口航道建成有近百幢住宅楼的越湖名邸等住宅区。

【面杖港航道】系境内重要航道。境内段长3250米，宽25米，水深3.5米，枯水期2米。可通80吨以下货船，年货物通过量100余万吨。从吴江区瓜泾港中段向北，经浏河浜村、长浜村入境内，向北经城南街道新江社区入澹台湖。与古运河、鲇鱼口并行。是南北舟楫避风或改道行驶的近道。

【跃进河航道】1976年人工开挖，系蠡墅港替代航道。境内段长3630米，宽10米，水深3米，枯水期1.6米，可通50吨以下货船。年货物通过量300余万吨。东起古运河，西至鲇鱼口，向西至石湖。1977年鲇鱼口断航后，渐渐成为浒关至横塘大运河转道入浙西、吴江区的重要航道。1989年新运河开通后，货物通过量渐少。1998年石湖断航，跃进河航道沦为一般生产河道。

## 二、湖泊

【鲇鱼口】亦称东湖、东太湖梢，位于红庄社区西首。系东太湖分支。自太湖东岸瓜泾港西口直北，经东湖社区、红庄社区、蠡墅镇、长蠡社区、新江社区、先锋社区、新家社区、龙南社区至澹台湖西口，过五龙桥入西塘河（又名大龙港、鳌塘），穿盘门裕棠桥接苏州城区古运河。长6.8千米，宽300—800米不等，水域面积7.75平方千米。

新中国成立前至新中国成立初期，鲇鱼口盛产水红菱、莼菜和芦苇、蒿草，且鱼虾种类众多，沿岸有许多专门从事种植水红菱、莼菜和以捕鱼为生的农户。1977年开展农业学大寨运动时，鲇鱼口被围湖造田。

鲇鱼口是宣泄太湖水的主要湖泊之一，也是太湖东部的主要蓄水区，又是苏州与浙江省西部舟运货物的重要水道。

【菱塘湾】位于红庄社区东南部原苏嘉铁路东侧。原与古运河连通，系古运河西侧的一处天然湖泊。周长12方里，水域面积2.15平方千米，呈椭圆形，南北宽、东西窄。明末清初，大部由移民开垦成粮田。仅存罗布棋自然村东首一小部分水面，用作生产用河道，水域面积不足0.3平方千米。

【东白洋】位于红庄社区东北部，系境内湖泊中最小的一处。通钢铁桥港，呈椭圆形，南北狭长，面积0.5平方千米。明代，东侧的家客桥村因战乱被焚毁。后人将村落宅基地及东白洋东、南、西周边泽地均开垦成粮田。仅存中部深水区。

## 三、河、浜

【古运河】见前"航道"。

【面杖港】见前"航道"。

【跃进河】见前"航道"。

【大寨河】亦称改造河、大龙港，南起瓜泾港西口，北至澹台湖，境内段长1380米。南段属城南街道东湖社区，北段属新江、龙南社区。

【田上港】南北向，南起后村港东口，北至扬青港（后为跃进河）。长1039米，宽22米，水深3.5米。

【盛庄港】东西向，东起面杖港，西至田上港。呈S形。长1612米，宽20米，水深3米。东段于2002年5月填埋建造居民住宅区。

【吴桥港】东西向，东起面杖港，西至扬青港（后为大寨河）。长986米，宽1.5米，水深3米。1976年河道拓浚后改称跃进河。

【东南河】东起面杖港，西至盛庄港。长625米，宽15米，水深3米。2003年6月被填埋建造居民住宅区。

【罗布棋港】东西向，东起原苏嘉铁路，西至面杖港。呈工字形。长1698米，宽23米，水深3.8米，可通50吨以下货船。2003年8月被填埋。

【庞庄港】东西向，东起南段里河，西至师姑圩港，长1126米，宽20米，水深3.5米。2003年8月被填埋建道路。

【横泾港】南北向，南起原苏嘉铁路，北至白洋湾口。长1056米，宽25米，水深3.5米。于2003年8月被填埋。

【马达浜】东西向，东起柏子坟港，西至浜底。长1022米，宽30米，水深3.5米。2003年8月被填埋。

【大坟港】南北向，南起马达浜白洋湾口，北至钢铁桥港。长1556米，宽35米，水深3.5米，南段于2003年8月被填埋。

【袁达浜】又名元坛浜。东西向，东起大坟港，西至尖浜底。长626米，宽20米，水深3米。于2003年5月被填埋。

【黄泥浜】又名王言浜、王宜浜。东西向，东起袁达浜中段（现为大坟港），西至面杖港。长1268米，宽20米，水深3.5米。

【钢铁桥港】又名江天桥港、江铁桥港。东西向，东起古运河，西至面杖港。长1680米，宽40米，水深4米。

【蒋家浜】南北向，南接钢铁桥港，北至浜底。全长625米，宽25米，水深3.5米，于2003年5月被填埋。

【横连浜】东西向，东起浜底，西接蒋家浜河。长962米，宽10米，水深3米，呈L形。于2003年5月被填埋。

【西沙浜】又名西库浜。东西向，东起浜底，西至面杖港。长815米，宽30米，水深3.5米，呈L形。于2003年8月被填埋。

【河田上港】南北向，南起沙田浜港东口，北至尖局港。长815米，宽25米，水深3.5米。2005年10月被填埋。

【尖局港】东西向，东起面杖港，西至田上港，呈S形。长1635米，宽120—40米，水深3.5—8.5米。2003年5月被填埋。

【扬青港】东西向，东起田上港，西至鲇鱼口。长625米，宽250米，水深8.5米。1978年被围湖造田。

【居石浜】南北向，南起浜底，北至吴桥港，呈L形。长425米，宽20米，水深3.5米。南段于2010年3月被填埋。

【渚头浜】东西向，东起浜底，西至田上港，呈L形。长360米，宽10米，水深3.5米。2010年3月被填埋。

【南段里浜】南北向，南起浜底，北至马达浜。长50米，宽15米，水深3.5米。2003年5月被填埋。

【庞庄东浜】东西向，东起庞庄港，西至浜底，呈L形。长150米，宽10米，水深2.5米。2004年8月被填埋。

【柳湾里】南北向，南起庞庄港，北至浜底，呈C形。长185米，宽15米，水深3.5米。2004年8月被填埋。

【张家浜】东西向，东起袁达浜西口，西至大坟头，呈L形。长315米，宽15米，水深3.5米。2005年7月被填埋。

【大坟头南浜】东西向，东起浜底，西至大坟头港。长 55 米，宽 15 米，水深 3.5 米。2005 年 7 月被填埋。

【大坟头北浜】东西向，东起浜底，西至大坟头港。长 85 米，宽 15 米，水深 3.5 米。2005 年 7 月被填埋。

【新开河】南北向，南起袁达浜西段，北至东白洋。长 305 米，宽 20 米，水深 3 米。2004 年 10 月被填埋。

【东白洋】南北向，南起浜底（后与新开河通），北至钢铁桥港。长 315 米，宽 50 米，水深 4.5 米。2004 年 10 月被填埋。

【油车浜】南北向，南起浜底，北至钢铁桥港。长 105 米，宽 15 米，水深 2.5—3.5 米。2003 年 8 月被填埋。

【胡家浜】南北向，南起浜底，北至钢铁桥港。长 95 米，宽 15 米，水深 3.5 米。2003 年 8 月被填埋。

### 四、渡口

【华佗寺渡口】俗称华佗寺摆渡口。在红庄社区盛庄里自然村东首华佗寺（即华祖师庙）庙场东侧。东西两岸各有条石河桥一座，渡送面杖港过河客人。渡船为 1 吨载重长方形平底木船。历史上由姚姓村民载送过河客人。1959 年人民公社化后，渡口归公，由原来的红庄大队集体安排人员专门从事渡客。"文化大革命"期间一度由红庄大队第 1、2 生产队社员以户轮流渡客。1978 年，长桥人民公社在渡口北侧建一座砼质拱桥后，渡口废止。

【鲇鱼口渡口】亦称东白洋渡口。位于红庄社区田上自然村西侧扬青港南面。是鲇鱼口两岸居民生产、赶集、作客过往的唯一渡口。渡船为 3 吨蠡墅式木船。历史上由村上大户指定佃户轮流载送过湖客人。新中国成立后，先后由村农委、高级社、大队集体安排人员专门从事渡客。因鲇鱼口湖面宽，遇大风暴雨天气常停渡。1979 年长桥人民公社在渡口处建九孔砼质拱桥后，渡口废止。

## 第三节　卫生

### 一、医疗

#### （一）医疗条件

【医疗队伍】新中国成立前，红庄社区没有医疗机构。农民患病，轻则用草药自行医治，重则摇船送病人去苏州城区私立医院或诊所医治。1956 年，现郭巷街道境内的尹山成立联合诊所后，境内农民去尹山诊所治病，或由尹山诊所下乡行医的医生治病。

1964 年，为防国民党反攻大陆，苏州市实施机关单位防空疏散时，苏州市第二人民医院疏散地在境内原红庄大队，有 19 名医生护士长期吃住在农户家中。平时除了为红庄大队农民诊病医病外,还去周边的钢铁、卫星大队巡诊。1965年上半年返回原单位后,郭巷公社卫生院在红庄大队设医疗点,下派周炳全(内科、妇产科)、徐龙大(外科)、邵鉴远(内科)、尹志明(内科)、薛念椿(内科)进驻医疗点,负责红庄、卫星、钢铁3个大队诊病医病,尹志明、薛念椿为长桥公社卫生院下派。是年,政府着力发展农村医疗卫生事业,培养农村医务人员,境内各大队均选派1—2名青年农民去郭巷公社卫生院参加医疗技术培训,结业后,回大队边种田边行医,行医误工由大队补贴,称半农半医医生。

1966年,苏州地区农村推行合作医疗制度,各大队相继成立合作医疗室,原半农半医医生改称赤脚医生,入驻合作医疗室行医。时,境内红庄大队合作医疗室由公社卫生院下派医生2人,赤脚医生2人;钢铁大队有赤脚医生3人。1978年,各大队选派1名女青年农民,去公社卫生院及苏州市第二人民医院参加接产技术培训,结业后,负责所在大队妇女分娩时的助产工作,称助产员。1981年,钢铁大队拆分为尹西、双桥大队,均设有合作医疗室。时,红庄大队合作医疗室有赤脚医生3人,助产员1人;尹西大队合作医疗室有赤脚医生3人,助产员1人;双桥大队合作医疗室有赤脚医生2人,助产员1人,兽医1人。

2003年红庄社区成立后,建社区合作医疗室,有医务人员12人,其中医生6人,护士4人,行政人员2人。

【医疗业务】1964年苏州市第二人民医院的医生护士防空疏散到红庄大队后,在红庄大队浜里桥北塊东侧设医疗点,负责红庄、卫星和钢铁3个大队农民的医病。以门诊为主,重危病人上门服务称出诊。由于当时境内交通不便,医生一般步行或由患者家属摇船至门诊点接送。后,门诊点除提供门诊、出诊业务外,还组织医生下乡巡回医疗,称巡诊。1964年7月至1965年10月,门诊2316人次、出诊328人次、巡诊1362人次。

1966年始,境内各大队建合作医疗室后,由公社卫生院下派医生和赤脚医生(享受大队同等劳动力分配待遇)主持门诊、出诊和巡诊的医疗业务,同时负责助产和防疫接种业务。1990年,农村推行大病合作医疗制度,农村合作医疗室改称卫生室,赤脚医生改称乡村医生。是年,境内3个农村卫生室均被苏州市卫生局认定为合格卫生室。1997年境内各村卫生室均被评为"甲级卫生室"。时,有乡村医生8人,保健员5人。2001年建红庄合作医疗室后,仍以门诊为主,重度病人应邀出诊。增加常见病普查、妇科病检查、老年人体检等业务工作。

表10-2 2001年—2013年红庄农村合作医疗室业务一览表

| 年份 | 门诊(人次) | 出诊(人次) | 儿童预防接种(人次) | 常见病普查(人次) | 妇科病检查(人次) | 老年人体检(人次) | 高血压检查(人次) | 高血糖检查(人次) |
|---|---|---|---|---|---|---|---|---|
| 2001 | 6000 | 100 | 119 | 3000 | 326 | 158 | 324 | 61 |
| 2002 | 8500 | 120 | 320 | 4000 | 305 | 181 | 346 | 67 |
| 2003 | 9001 | 105 | 492 | 4000 | 372 | 207 | 350 | 76 |
| 2004 | 8970 | 96 | 1443 | 5000 | 351 | 222 | 450 | 87 |
| 2005 | 8301 | 120 | 3203 | 7000 | 392 | 250 | 492 | 119 |
| 2006 | 8430 | 130 | 3712 | 6000 | 402 | 285 | 510 | 130 |
| 2007 | 9501 | 110 | 4245 | 7000 | 415 | 307 | 537 | 128 |

续表

| 年份 | 门诊（人次） | 出诊（人次） | 儿童预防接种（人次） | 常见病普查（人次） | 妇科病检查（人次） | 老年人体检（人次） | 高血压检查（人次） | 高血糖检查（人次） |
|---|---|---|---|---|---|---|---|---|
| 2008 | 8760 | 136 | 6178 | 8000 | 396 | 323 | 547 | 139 |
| 2009 | 8870 | 126 | 7138 | 7000 | 419 | 360 | 651 | 145 |
| 2010 | 8970 | 136 | 6966 | 5900 | 436 | 393 | 692 | 150 |
| 2011 | 9001 | 135 | 7701 | 5709 | 388 | 418 | 762 | 156 |
| 2012 | 8001 | 124 | 8832 | 6010 | 421 | 466 | 816 | 171 |
| 2013 | 7200 | 130 | 7841 | 6170 | 379 | 499 | 987 | 191 |
| 合计 | 109505 | 1568 | 58190 | 74789 | 5002 | 4069 | 7464 | 1620 |

### （二）医疗制度

【合作医疗】1966年9月始，各大队相继建立卫生室，配备1—2名卫生员（后改称赤脚医生），实行合作医疗制度，为队（村）办、社（公社）管的形式，公社建医管委，医疗基金以集体和个人相结合的办法共同分担，医疗基金一般每人每年3元（集体1.5元，个人1.5元）。医疗费报销根据就医渠道分级报销和部分报销；在大队卫生室（合作医疗室）就医的全报销，去外地医院就医的报销40%，在公社卫生院就医的报销80%。1972年1月，合作医疗基金提高为每人每年5元（集体2.5元，个人2.5元），并实行医疗费全额报销（公社合管委负担60%，大队负担40%），农民看病不要钱成为现实。1983年1月至1989年12月，取消医疗费分级金额报销，实行部分报销，在大队（村）合作医疗室就医的，独生子女报销70%，其余报销50%；在外地医院就医的，独生子女报销50%，其余报销30%。

实行农村合作医疗制度的24年内，农民患病，赤脚医生随叫随到上门服务，自费医疗费用额度小，深受农民欢迎。

【新型合作医疗】1990年1月，实行大额合作医疗制度，农村合作医疗室改称农村卫生室，赤脚医生改称乡村医生。时，农民患重病住院就医的，可向镇合作医疗管理委员会报销20%的医疗费用，剩余的与一般患病就医者一样，再向所在村集体报销40%—60%不等的医疗费用。

2007年，吴中区人民政府为方便参保农民就诊结报，在全区把农村合作医疗和农村大病医疗保险统一，实行IC卡看病结报实时补助制度，并组建了以社区（村）为单位的社会保障协管员，负责所在社区（村）居民的医疗、养老、退管等工作。

【农村大病医疗保险】1994年，吴县人民政府为解决农村农民因病致贫，采用政府引导、个人参保、集体扶持、乡镇财政资助相结合的形式，推行农村大病医疗保险制度，建立了大病医疗保险章程，确立了村、镇、县三级医疗保障制度。2004年大病统筹从乡镇过渡到县（区）级，统筹基金从1994年的人均5元提增到人均100元。大病报销比例从1994年的20%提增到60%。至2013年，统筹基金又提增到人均500元，大病报销比例提增到80%。2007年，吴中区农村大病医疗实行IC卡看病实时结报。享受辖区内医疗机构提供的免费或优惠健康体检、咨询和健康教育、预防保健服务，享受规定范围内的医疗费用补偿；并对农村大病医疗保险享有知情权、建议权、选择权和监管权。

## 二、保健

### （一）妇女保健

【接产】新中国成立前，红庄境内妇女生育一般由村上的老娘（接生婆）接生。自家人包扎或产妇自己包扎，不懂讲卫生、不注意消毒和产后清洁卫生，往往造成产妇难产死亡或产褥感染等不良后果。婴儿剪除脐带，剪刀不消毒或消毒不彻底，婴儿往往引起脐带风、破伤风、螳螂子等病症，死亡率较高。新中国成立后，人民政府十分关心妇婴身体健康。1952年冬，吴县人民政府举办了新法接生培训班。改造旧接产（接产婆、老娘）老办法，推行新法接生。1958年吴县人民政府号召各公社都要成立公社医院，派各科医生到苏州大医院去学习实习。医务队伍不断扩大，开设了妇产科接产业务，逐渐淘汰农村接生婆（老娘）。一般产妇送医院安全分娩，对难产做剖腹手术，妇婴安全得以保障，旧社会遗传下来的"产妇穿件血布衫，一脚跨进鬼门关"，"养小人，吓煞人"等现象基本上一去不复返了。

最近5年资料反映，2009年境内有产妇28个，2010年42个，2011年40个，2012年63个，2013年38个。5年共有211个产妇住院分娩，其住院分娩率达100%，新法接生率达100%，产妇死亡率为零。

【保健】新中国成立前，妇女地位低，健康状况不被重视，患病者甚多。且患妇女病的妇女，有了病认为难为情不去看，久病成疾，甚至死亡。1952年起，吴县各级政府机关开展了妇女卫生保健知识宣传，用图片、模型巡回展览。

1956年，提倡经期、孕期、产期、哺乳期卫生保健。

1958年，农村生产队曾实行月经挂牌，由生产队妇女队长安排适合经期妇女的工作。农村产妇享受40—60天的产假，可领取补助金。

1961年对妇女子宫脱垂病人设点办起"疗养院"，采用中药外用内服、煎剂熏洗及针灸综合治疗。

【查治妇女病】1971年起全面开展妇女病普查。1972年，境内已婚妇女共348人参加检查，有225人患有妇女病。有的一人患多种疾病。其中患滴虫性阴道炎19人，霉菌性阴道炎的45人，老年性阴道炎46人；宫颈息肉7人；宫颈炎162人，其中Ⅰ°75人，Ⅱ°72人，Ⅲ°15人；卵巢囊肿3人；子宫肌瘤5人；盆腔炎4人；子宫脱垂66人（Ⅰ°37人，Ⅱ°15人，Ⅲ°14人）。政府对病妇全部进行免费治疗。对子宫脱垂Ⅱ°、Ⅲ°的病妇，送大医院专科医生治疗，到病妇痊愈为止。

1977年开始以普查宫颈炎为重点的妇女病普查。境内有365名妇女受检，患病率26%。是年起，建立了妇女病定期普查制度。

1987年普查妇女病者396例，患病率35.52%，比1971年下降14.68%。

1988年始，政府实行妇女病普查常态化、制度化。农村每两年开展一次妇女病普查。查出的常见妇女病实行免费医治。妇女病防治工作成为政府一项经常性工作。

2012年，境内有376名妇女参加妇女病普查，查出患有各类妇女病者54人，患病率14.36%。其中：患有宫颈炎21人，乳房肿块1人，囊肿9人，子宫肌瘤23人。

2013年，境内有375名妇女参加妇女病普查，查出患有各类妇女病者53人，患病率13.33%。其中：患有宫颈炎31人，细菌性阴道炎3人，卵巢囊肿4人，子宫肌瘤15人。

2014年，境内有421名妇女参加妇女病普查，查出患有各类妇女病者119人，患病率 28.27%。其中：患有宫颈炎 12 人，细菌性阴道炎 17 人，霉菌 5 人，乳房肿块 1 人，卵巢囊肿 8 人，子宫肌瘤 44 人，其他 32 人。

（二）儿保

【婴幼儿保健】新中国成立后，政府机关非常关心婴幼儿健康。1950 年起，为防止出天花，政府派人上门对每个婴幼儿种牛痘，后让 12 岁以下的儿童服驱虫净。20 世纪 70 年代中期始对婴儿、儿童用卡介苗、牛痘苗、灰苗、百日咳疫苗等预防接种，防止各种疾病发生。

1980 年秋始，长桥卫生院要求孕妇孕期满 3 月就要建卡。产前检查 5 次，产后访视 3 次。产后满 42 天后到医院领取保健卡。卫生院开设儿保门诊，实行儿童系统管理。1 到 2 岁每隔 2—3 个月体检 1 次；3 到 4 岁每隔半年检查 1 次；4 到 7 岁每年检查 1 次。至今仍沿用。

1982 年到 1985 年开展对儿童健、优、美比赛活动，关心下一代健康成长。

【学生保健】1984 年起，对境内幼儿园入院儿童、小学一年级、初中一年级学生建立体格检查表、健康卡，每年检查 1 次，直至高中毕业。同时医务人员深入学校为学生接种各种疫苗，对师生进行卫生知识讲座，每年 1—2 次。

表 10-3　1972 年境内育龄妇女妇女病查治情况表

单位：人

| 滴虫性阴道炎 | 霉菌性阴道炎 | 老年性阴道炎 | 宫颈息肉 | 宫颈炎 | | | 卵巢囊肿 | 子宫肌瘤 | 盆腔炎 | 尿瘘病 | 子宫脱垂 | | |
|---|---|---|---|---|---|---|---|---|---|---|---|---|---|
| | | | | Ⅰ° | Ⅱ° | Ⅲ° | | | | | Ⅰ° | Ⅱ° | Ⅲ° |
| 19 | 45 | 46 | 7 | 75 | 72 | 15 | 3 | 5 | 4 | 0 | 37 | 15 | 14 |

表 10-4　2009 年—2013 年境内婴幼儿预防接种情况一览表

单位：人次

| 年份 | 卡介苗 | 脊灰疫苗 | 百白破 | 麻疹疫苗 | 乙肝疫苗 | 乙脑疫苗 | 麻风腮疫苗 | 流脑疫苗 |
|---|---|---|---|---|---|---|---|---|
| 2009 | 28 | 99 | 130 | 60 | 55 | 95 | 33 | 89 |
| 2010 | 42 | 117 | 148 | 67 | 81 | 93 | 33 | 90 |
| 2011 | 40 | 156 | 188 | 82 | 80 | 86 | 28 | 90 |
| 2012 | 63 | 186 | 222 | 88 | 120 | 126 | 46 | 115 |
| 2013 | 37 | 144 | 186 | 80 | 76 | 148 | 49 | 119 |

表 10-5　2004 年—2013 年红庄社区内一周岁儿童"四苗"覆盖情况

| 年份 | 四苗覆盖 | | 卡介苗 | | 防小儿麻痹糖丸 | | 百日咳疫苗 | | 麻疹疫苗 | |
|---|---|---|---|---|---|---|---|---|---|---|
| | 一周岁儿童人数 | 合格接种人数 | 初种人数 | 合格接种人数 | 初服人数 | 合格人数 | 初种人数 | 合格人数 | 初种人数 | 合格接种人数 |
| 2004 | 26 | 24 | 26 | 26 | 26 | 24 | 26 | 26 | 26 | 24 |
| 2005 | 49 | 40 | 49 | 49 | 49 | 44 | 49 | 44 | 49 | 45 |
| 2006 | 96 | 82 | 96 | 96 | 96 | 90 | 95 | 87 | 96 | 89 |

续表

| 年份 | 四苗覆盖 | | 卡介苗 | | 防小儿麻痹糖丸 | | 百日咳疫苗 | | 麻疹疫苗 | |
|---|---|---|---|---|---|---|---|---|---|---|
| | 一周岁儿童人数 | 合格接种人数 | 初种人数 | 合格接种人数 | 初服人数 | 合格人数 | 初种人数 | 合格人数 | 初种人数 | 合格接种人数 |
| 2007 | 164 | 126 | 164 | 164 | 164 | 146 | 164 | 150 | 164 | 141 |
| 2008 | 203 | 164 | 203 | 203 | 203 | 196 | 202 | 181 | 203 | 185 |
| 2009 | 208 | 176 | 208 | 208 | 208 | 193 | 208 | 196 | 208 | 193 |
| 2010 | 235 | 217 | 235 | 235 | 235 | 227 | 235 | 225 | 235 | 227 |
| 2011 | 300 | 273 | 300 | 299 | 300 | 289 | 300 | 285 | 300 | 286 |
| 2012 | 407 | 374 | 407 | 407 | 406 | 397 | 407 | 389 | 407 | 394 |
| 2013 | 94 | 65 | 229 | 226 | 196 | 170 | 175 | 135 | 94 | 69 |

### 三、血吸虫病防治

红庄是血吸虫病流行的重点地区之一。据老年人陈述，新中国成立前，境内大多数自然村的农民患有血吸虫病（俗称臌胀病），病情严重的导致死亡，幸存的则丧失劳动力。1980年普查显示，境内两个大队39个生产队，有血吸虫病患者的共有37个生产队，占总数的95.1%。血吸虫病患者941人，占总人口的33.9%，其中晚期病人16人。

#### （一）查螺灭螺

1958年，郭巷公社开展了"除四害、讲卫生、防治血吸虫病"的群众运动，结合积肥和兴修水利灭螺，铲除田埂和水渠两侧的草皮，进行深埋，清除沟渠内淤泥运入旱地晒干。1964年，郭巷公社建立了血防中队，为血吸虫病流行区的每个生产队培训1名保健员（俗称血防员），结合干浜积肥、整修渠道、平整土地，开展大规模的查螺灭螺活动。是年始，境内开始对螺区（由生产队血防员查出活螺后，报公社血防中队复查核准的有螺区）河道、芦苇荡、沼泽地、水渠、堤坡投放五氯酚钠进行药物灭螺。

1964年至1977年，血吸虫防治工作进入打歼灭战阶段，每年春、秋两季，公社卫生院都要下派医务人员到境内各大队，由大队合作医疗站赤脚医生协助，组织大队干部、生产队社员在重点螺区反复查明钉螺的分布情况，并运用各种方法进行灭螺，有效地遏制了螺情的蔓延。同时，加强农户的粪便管理，农户用粪缸运离河道，搭棚加盖，杜绝雨天粪缸满溢，将带有血吸虫螺的粪便流入河道，寄生钉螺，导致传染。

1977年，血吸虫病防治工作进入大会战阶段，长桥公社将1名县血防领导小组的化验员安排到境内红庄大队指导工作。经过大规模的螺情查检和粪便化验，境内未查获一只钉螺，全部消灭了钉螺。

#### （二）查病治病

1952年11月，吴县成立了血吸虫病防治站，开始了全面防治血吸虫病的工作。查病的主要方法是粪检，一般三送三检，重点流行区七送七检。红庄社区因地域偏僻，交通不便，境内无人参与粪便送检。1956年，吴县血吸虫病防治站成立血吸虫病中心治疗组后，境内有2名血吸虫病（臌胀病）患者开始送中心治疗。1958年，全县推广锑剂20天及15天疗法（一个疗程），并探索运用中医中药、针灸等方法，消退腹水，改善体征，处理锑剂治疗中的副反应。1966年,在江苏省血防研究所的指导下,开始采用"846"新药治疗血吸虫病。是年7月起,对血吸虫病患者实行免费检查和治疗。1966年至1970年推广新型口服锑剂"273"。1968年始,进行系统查病治疗阶段,对5岁以上人群进行"三送三检",每个生产队设1名检测员,每个大队设1个粪便站,由生产队检测员每天早晨上门收集粪便,送大队粪检站集中查检。1972年始,采用先皮试后粪检的方法查治,即对5岁以上无病史者进行皮试,皮试呈阳性者再作粪检;对有病史者进行坏卵沉淀试验,坏卵沉淀呈阳性者再作粪检。查出的血吸虫病患者,以大队为单位设治疗点集中治疗。1974年起,查病治病改为每年一次,每人粪便"七送七检"。随着血吸虫病患者治愈人数的增多,将尚未治愈的血吸虫病患者送公社卫生院设置的治疗点统一治疗,对晚期血吸虫病患者进行腹水治疗。1978年,境内完成了综合查病任务,共有粪阳病人941人,其中:早、中期患者925人,晚期患者16人(腹水2人,巨脾14人)。至此,粪阳病人数已下降为零,晚期人数减至3人(原红庄大队2人,双桥大队1人)。

经过35年的长期反复防治,红庄社区血吸虫病防治工作取得了显著成效,疫情流行范围和程度得到了控制。境内原红庄大队是长桥公社血吸虫病流行重点地区之一,其血吸虫病防治工作得到了江苏省血防研究所工作队领导的肯定。1978年境内消灭血吸虫病。

## 四、传染病防治

清代以来,红庄境内发生和流行的急性传染病有霍乱、天花、麻疹、脑膜炎、白喉、痢疾、伤寒、乙型脑炎、病毒性肝炎、疟疾等,慢性传染病有结核、麻风和性病等。抗日战争时期,霍乱流行数年之久,发病时间在每年夏、秋两季,危害严重,死亡者甚多。如民国30年(1941年)秋季,仅盛庄里自然村1个月内死亡20余人。当时,肺结核、伤寒症也视为不治之症,十有九死。

新中国成立后,逐步建立县、乡、村三级医疗预防保健网,通过爱国卫生运动,对各种传染病采取预防接种,预防服药,处理疫点,隔离治疗,以及遵行法定传染病报告制度一系列防治措施。1954年起,古典型霍乱、天花在红庄境内绝迹。1978年发现副霍乱病例,年发病率5.6‰。为防治副霍乱,每年流行季节,长桥公社卫生院专设肠道病门诊,检查腹泻病人,以便及时发现、隔离、治疗病人。同时,卫生院派专人到境内疫点消毒,指导疫源管理等。1959年,境内白喉大流行,发病率高达8.5‰,患者大多为儿童,早期发病的死亡率极高。如境内盛庄里自然村3队(后为5队)谢姓社员家中2个儿子和4队(后为7队)许姓社员家中2个儿子都在同一天死亡。后,经过10多年的预防服药,1972年—2013年连续41年无病例发生。1972年,麻疹流行,境内患者13人。经过预防接种麻疹疫苗后,自20世纪80年代起,境内未发现过麻疹患者。1960年,脑脊髓膜炎流行,境内患者17人,大多为儿童,早期患者有死亡。1960年发病率3.9‰,1985年下降为0.25‰,1995年始无病例发生。1966年乙型脑炎患者3人,进入20世纪90年代后,无病例发生。1979年—2013年,脊髓灰质炎连续35年无病例发生。

麻风病人新中国成立前得不到正常治疗。新中国成立后,进行麻风病查病。1950年—2013年,红庄境内累计发现病人5人,治愈5人。其中1971年—1976年送县麻风病医院(俗称沙河疗养院)治疗3人。

## 五、寄生虫病防治

### （一）疟疾防治

民国时期，红庄是恶性疟和间日疟流行区，无法扑灭疟疾。新中国成立后，开展疟疾防治。20世纪50年代中后期进行全民性预防服药，至1959年发病率降至155人/万人。1960年秋，由于自然灾害，人群免疫力下降，红庄境内间日疟流行，年发病率965人/万人，经采取现疟病人治疗，抗复发和灭蚊措施后，疫情得到控制。1962年，出现恶性疟、间日疟再度流行，县防疫指挥部下拨药物支援，及时控制了疫情，间日疟发病率降至315人/万人，恶性疟发病率为95人/万人。此后，政府重视，多方配合，落实以传染病为主的综合防治措施，使疟疾发病率逐年下降，1973年—2013年恶性疟已40年无病例。1975年，间日疟发病率为4人/万人。1978年起，长桥公社把防治措施重点放在传染源的检查和管理上，现疟病人发现一个治好一个，发热病人进行血检疟原虫；同时，加强流动人口管理，有疟史者服药，发现者血检。到2013年，红庄境内的疟疾发病率连续31年控制在1‰以下。

### （二）丝虫病防治

历史上红庄境内流行丝虫病，俗称"红丝筋""大脚风""粗胖病"。1956年，县卫生部门进行丝虫病的防治试点，在群众中广泛宣传丝虫病的危害性，培训防治人员，调查掌握病情。1958年，全面开展普查普治，红庄境内2个大队血检150多人，阳性14人，服用海群生治疗。1959年，全面复查复治，在60多人的复检中发现阳性9人，以后每年进行查治。1967年起，由患者自行去公社卫生院门诊复查、血检，政府不再负担专门经费。

## 六、流行病防治

### （一）抗击"非典"

2003年初春，中国香港首现"非典"病例，后在亚洲数个国家、地区流行。非典是重症急性呼吸综合征的别称，学名SARS，是一种由SARS冠状病毒（SARS-CoV）引起的急性呼吸道传染病，世界卫生组织（WHO）将其命名为重症急性呼吸综合征。"非典"为呼吸道传染性疾病，主要传播方式为近距离飞沫传播或接触患者呼吸道分泌物。同年4月16日，世界卫生组织根据包括中国、加拿大、美国在内的11个国家和地区的13个实验室通力合作研究的结果，宣布重症急性呼吸综合征的病因是一种新型的冠状病毒，称为SARS冠状病毒。

"非典"的临床表现：潜伏期1—16天，常见为3—5天。起病急，以发热为首发症状，可有畏寒，体温常超过38℃，呈不规则热或弛张热、稽留热等，热程多为1—2周；伴有头痛、肌肉酸痛、全身乏力和腹泻。起病3—7天后出现干咳、少痰，偶有血丝痰，肺部体征不明显。病情于10—14天达到高峰，发热、乏力等感染中毒症状加重，并出现频繁咳嗽，气促和呼吸困难，略有活动则气喘、心悸，被迫卧床休息。这个时期易发生呼吸道的继发感染。

"非典"患者的特征：起病快，由于没有专门的治疗方法和药物，恐惧感大，治愈率低，死亡率高，在社会上引起极大恐慌。

中国首现"非典"病例后，引起了政府的高度重视，在全社会组织开展了群众性的抗击"非典"运动。具体方法是：动员群众讲究清洁卫生，清扫环境卫生，勤晒衣服、被子，外出戴好口罩、少出门、少上街。实行干部包干制，散发预防"非典"宣传资料，要求群众不得外出去"非典"流行地区，排摸外出去"非典"流行地区的人员，并对已去"非典"

流行地区的人员予以控制，一旦回家，立即送指定医疗机构隔离检查。组织全方位防控：机场、车站、码头设体温检测器，一经发现有发热病人立即送专门医疗机构检测，医院均设有发热门诊，对发热病人抽取血样送检。对"非典"和疑似"非典"患者人员、家属及与病人有接触史的人员进行隔离检测。时，境内虽未出现"非典"病例，但为防控"非典"投入了巨大的人力、物力和财力。

2014年起，政府制定了预防"非典"的具体措施。具体为：第一，控制传染源。（1）疫情报告。将重症急性呼吸综合征列入《中华人民共和国传染病防治法》2004年12月1日施行的法定传染病乙类首位，并规定按甲类传染病进行报告、隔离治疗和管理。发现或怀疑"非典"病人时，应尽快向卫生防疫机构报告，做到早发现、早隔离、早治疗。（2）隔离治疗患者。对临床诊断病例和疑似诊断病例应在指定的医院按呼吸道传染病分别进行隔离观察和治疗。（3）隔离观察密切接触者。对医学观察病例和密切接触者，如条件许可应在指定地点接受隔离观察，为期14天。在家中接受隔离观察时应注意通风，避免与家人密切接触，并由卫生防疫部门进行医学观察，每天测量体温。第二，切断传播途径。（1）社区综合性预防。减少大型群众性集会或活动，保持公共场所通风换气、空气流通；排除住宅建筑污水排放系统淤阻隐患。（2）保持良好的个人卫生习惯。不随地吐痰，避免在人前打喷嚏、咳嗽、清洁鼻腔，且事后应洗手；确保住所或活动场所通风；勤洗手；避免去人多或相对密闭的地方，应注意戴口罩。（3）医院应设立发热门诊，建立重症急性呼吸综合征的专门通道。第三，保护易感人群。保持乐观稳定的心态，均衡饮食，多喝汤饮水，注意保暖，避免疲劳，足够的睡眠以及在空旷场所作适量运动等，这些良好的生活习惯有助于提高人体对重症急性呼吸综合征的抵抗能力。

### （二）禽流感预防

2013年3月，我国广东首次发现人感H7N9禽流感病例。后在上海、安徽、江苏、浙江、北京、河南、山东、江西、湖南、福建等省（直辖市）相继出现。病例以老年人居多，男性多于女性。

禽流感即人感禽流感，俗称鸡瘟病。直接感染人的禽流感病毒亚型（即亚洲鸡瘟病毒）有H5N1、H7N1、H7N2、H7N3、H7N7、H9N2和H7N9亚型。高致病性H5N1和2013年3月在人体上首次出现的新禽流感H7N9亚型，不仅造成了人类的伤亡，同时重创了家禽养殖业。

H7N9禽流感病人是通过直接接触禽类或其排泄物污染的物品、环境而感染。潜伏期一般在7天以内。患者发病初期表现为流感样症状，包括发热、咳嗽，可伴有头痛、肌肉酸痛和全身不适，也有出现流涕、鼻塞、咽痛等。部分患者肺部病变较重或病情发展迅速时，出现胸闷和呼吸困难等症状。呼吸系统症状出现较早，一般在发病后1周内即可出现，持续时间较长，部分患者在经过治疗1个月后仍有较为严重的咳嗽、咳痰。在疾病初期即有胸闷、气短以及呼吸困难并迅速发展为严重缺氧状态和呼吸衰竭。重症患者在5—7天出现重症肺炎，体温大多持续在39℃以上，呼吸困难，可伴有咯血痰；可快速进展为急性呼吸窘迫综合征、脓毒症、感染性休克，部分患者可出现纵膈气肿、胸腔积液等。有相当比例的重症患者同时合并其他多个系统或器官的损伤或衰竭，个别患者也表现有消化道出血和应急性溃疡等消化系统症状，也有重症患者发生昏迷和意识障碍。

H7N9人感染禽流感的预防措施主要是：减少和控制禽类，尤其是家禽间的禽流感病毒的传播。从散养方式向集中规模化养殖、宰杀处理和科学运输的转变，提高了家禽和家畜的养殖、流通安全水平，从而减少了人群的活禽或病死禽接触机会。持续开展健康教育，倡导和培养个人呼吸道卫生和预防习惯，做到勤洗手、保持环境清洁、合理加工烹饪食物等。须特别加强人感染禽流感高危人群和医护人员的健康教育和卫生防护，做好动物和人的流感的监测。及时发现动物感染或发病疫情，以及环境中病毒循环的状态，尽早采取动物免疫、扑杀、休市等消灭传染源、阻断病毒禽间传播的措施。早发现、早诊断禽流感病人，及时、有效、合理地实施病例隔离和诊治。做好疾病的流行病调查和病毒学监测，不断增进对禽流感的科学认识，及时发现聚集性病例和病毒变异，进而采取相应的干预和应对措施和应对准备。

在 H7N9 人感染禽流感的预防中，境内除了采用关闭家禽市场等措施外，还开展了扑杀家禽和笼养菜鸽、信鸽，赶捕飞鸟等活动。2013 年 5 月至 9 月内，共扑杀家禽 216 只，飞鸽 52 只。

## 七、卫生运动

民国年间，农户家前屋后和河岸边均为生活垃圾和粪便积存地，寄生病菌，且医生多为个体开业，只治病，不预防。无防必患，以致各种急性、慢性病常有流行，劳动人民的健康水平差，生命得不到保障。

1952 年，根据吴县防疫委员会的统一部署，境内开展了以反对帝国主义病菌战为中心的爱国卫生运动，境内进行了"以讲卫生为光荣、以不讲卫生为耻辱"的宣传活动，群众中逐步形成了元旦、春节、劳动节、国庆节假日及端午节、中秋节开展清洁卫生运动的新风尚。是年，社区所在的尹西乡共投入卫生运动 2500 人次，清洁垃圾 200 余吨，消灭老鼠 1000 余只，野犬 26 只，捕捉蚊子、蟑螂、苍蝇、蛆 10 余千克。1956 年起，爱国卫生运动以除"四害"（苍蝇、蚊子、老鼠、麻雀，1960 年麻雀改为臭虫，20 世纪 80 年代臭虫又改为蟑螂）、讲卫生、消灭疾病为中心。1958 年后，爱国卫生运动转为经常性的群众卫生活动。1958 年 10 月，郭巷人民公社成立了除害灭病指挥部，以除"四害"为重点开展爱国卫生运动，境内各大队发动群众捕雀灭鼠、拍打苍蝇、粪缸灭蛆、烟熏灭蚊。1965 年，响应吴县人民政府号召，境内开展清除积棺、挖平坟墓运动，两年间出动劳动力万余工，清除积棺 236 具，挖平坟墓 127 座，拓展粮田面积 76.29 亩。清除农户家屋后及河岸边垃圾。同时，农户粪缸迁离河边，搭棚加盖。春节前，各行各业总动员，采用轰、赶、打、粘、毒等综合措施，开展灭雀总体战。1966 年起，境内爱国卫生运动以除害灭病为中心，以"两管一灭"（管粪、管水、消灭苍蝇）为重点。

1964 年，郭巷公社开展了以粪便管理、饮用水改良为重点的卫生运动。农村粪缸以生产队为单位设点集中管理，搭棚加盖；粪缸集中地开挖洗刷马桶的专用水潭，禁止马桶下河洗刷。

1973 年，动员群众打井，改善饮用水条件。每口户井由大队补助 5 元；农村联合井（俗称集体大井）开挖费用由大队集体负担，每口井由公社补助给大队 20 元。至 1987 年，红庄社区共挖各种饮水用井 827 口，其中农村联合井 109 口。

1982 年至 1985 年，每年 3 月，境内各大队开展"文明礼貌月"活动，治理"脏、乱、差"，把清除农户家屋后、村道两旁杂草、填平洼地死水潭和搞好室内外卫生列为爱国卫生运动的经常性工作。

1984年起，开展了以农村改水改厕为重点的爱国卫生运动。是年，境内各村（红庄、尹西、双桥行政村）均建立了改水改厕领导小组，组织专门人员帮助农户建造三格式（初为二格式）化粪池，费用由村集体负担。社区所在的长桥镇人民政府明文规定，凡农户新建、翻建住房必须改建卫生户厕。至1992年，境内村村通水，农户均饮用深井自来水（1996年改用太湖水）。至1997年，境内基本消灭了露天粪缸。

1989年起，每年3月境内都要围绕吴县爱国卫生运动委员会确定的主题，开展"爱国卫生月"活动。如植树绿化、清洁环境、健康咨询、医生下乡义诊等。

1994年起，开展了以创建省、市"卫生村"、"江苏省卫生镇"和"国家卫生城市"为重点的爱国卫生运动，增设环卫设施，改造村庄，整治"脏、乱、差"，清洁河道，植树绿化，居民区亮化，污水集中处理，组建村保洁队。1998年至1999年两年间，境内红庄、尹西、双桥村先后被评为吴县市（县级市）、苏州市卫生村。

2004年始，红庄居民住宅区建成后，每年春、秋两季，都要围绕苏州市创建"国家文明卫生城市"爱国卫生运动，根据苏州市创建工作目标任务，组织开展环境治理保护，构筑雨污水管网，实行污水无害化处理，拓展环卫队伍，实行常态化保洁，开展健康教育、咨询服务、常见病定期排查、老年定期体检，拓展绿地，增植绿化，建造农民公园，引导居民参加晨练、暮练等，倡导居民讲究个人卫生习惯，增强居民身体健康素质。

# 第十一章 居民生活

新中国成立前，红庄人均以种田为生，由于单家独户生产，生产方式简单落后，且常年受地租剥削，交掉租粮，所剩无几，生活十分困苦，过的是糠菜半年粮的生活。遇到旱涝虫荒灾害时，个别农户卖儿卖女或流落他乡要饭熬过荒年。

新中国成立初期，由于农村生产方式尚未得到改善，农民生活还是比较困难，部分农民住土坯草屋，青黄不接时，个别农户缺粮断炊。经过土地改革、互助合作、人民公社化运动后，由于境内农民积极投入建设，工农业生产不断发展，国民收入逐年增加，人民生活逐年改善。20世纪60—70年代，农户除生活必需品外，一般没有耐用消费品。1978年实行改革开放政策以来，由于农民生活水平大幅度提高，部分农户陆续购置了手表、缝纫机、自行车三大件。80年代，许多高档耐用消费品进了农户。90年代，境内电话普及率为每百户40部，98.6%的农户住进了楼房，部分富裕户还购置了私家轿车。进入21世纪后，境内进入城市化建设时期，境内农民生活基本达到了小康水平，住房宽敞，吃讲营养、穿讲漂亮。2013年末，居民人均收入26471元；全社区居民储蓄余额为1230万元，人均储蓄3.5万元。

## 第一节　生产资料分配

历史上，境内的生产资料采供销均由私营商铺、摊贩业主经营，自由买卖。其生产资料大多为业主自产自销。1952年始，境内的生产资料大多由郭巷供销合作社负责购销，部分仍由私营业主购销。1956年，工商业开展社会主义改造，生产、生活资料均由国有、集体商业经营。时，郭巷供销合作社设生产资料门市部，负责从吴县商业局下属专业公司购进（调进）或向外采购生产资料，统一销售。紧缺的生产资料开始实行计划分配。人民公社化后，国家实行计划经济、定量生产。生产资料随之实行计划分配。由吴县农村工作部根据全县农业生产实际需要，编制生产资料采购栏目，由吴县供销合作社专业公司负责统一采购，并按实际采购量分配给各人民公社，公社再分配给各生产大队，大队又分配给各生产小队。生产队方能凭分配通知或票证前往指定的生产资料门市部购买。时，由于国家进行社会主义大建设，物资较为匮乏，农业生产所需资料往往得不到保障。

20世纪60—70年代，农村计划分配的农业生产资料主要有化肥、农药、农具、农机、柴油、竹木、黄粪等七大类，俗称计划化肥、计划农药、计划粪、计划油。其分配供应量远远不能满足农业生产实际需要。尤其是化肥、农药、柴油和木材，分配供应量极小，一直是农业生产的紧缺资料。如生产队集体农用船只均是高级社成立时各农户入社折价的木质船，每个生产队均有4—6只木质农用船只，每年均需修补。但国家计划木材（杉木）分配一般为3—5年一次，每次分配到生产队的量不足0.5立方米，不能满足农船修缮需求，大部分生产队的农用船只得采用拆旧修旧的方式，拆掉部分破旧船只，将拆下来的木材用于其他较好的船只修缮上，以保障有一定数量的农用船只能正常使用。

党的十一届三中全会以后，实行改革开放。农业生产资料分配制逐渐放开。20世纪80年代至90年代初，除木材、柴油、化肥、农药等少数生产资料仍由国家计划分配、定量供应外，大多数生产资料可自由买卖。90年代中期始，国有、集体商业实行转制，农业生产资料恢复由私营商店、摊贩业主购销，自由买卖。

## 第二节　经济分配

新中国成立后，经过土地改革、农业合作化运动，农民走上集体化道路，经济收益实行分配。每年分为夏季预分和秋季决算的分配方法。1954年—1955年初级社时，收益按土劳比例（4∶6、4.5∶5.5或5∶5）分配，粮食按每人260千克稻谷为标准提供，其中70%按人平均分配，30%按劳动工分分配，又称基本粮加工分粮。1956年—1958年高级社时，实行按劳分配，多劳多得政策，取消土地分红。粮食分配仍用初级社的基本粮加工分粮的结算方式。按照兼顾国家利益、集体利益和社员个人的利益，正确处理好三者之间

表 11-1　1977年红庄大队收益分配情况表

单位：元

| 队名 | 收入 总计 | 农业收入 | 林、牧、副、渔收入 | 从公社、大队拨交生产队收入 | 大队办工业收入 | 其他收入 | 出售产品收入 | 费用 总计 | 农业生产费用 合计 | 种子 | 商品肥 | 肥料柴 | 社员家肥 | 农药 | 水电 | 机耕 | 农机具修理 | 农船修理 | 小农具添修 | 耕牛饲养 | 农业什支 | 林、牧、副、渔支出 | 管理费 |
|---|---|---|---|---|---|---|---|---|---|---|---|---|---|---|---|---|---|---|---|---|---|---|---|
| 1 | 24110 | 13153 | 10484 | 729 | 473 |  | 7450 | 11484 | 7627 | 1542 | 1246 | / | 1618 | 431 | 291 | 261 | 581 | 153 | 890 | 100 | 508 | 3695 | 162 |
| 2 | 24897 | 13520 | 10404 | 1288 | 973 |  | 7637 | 12948 | 7725 | 1078 | 1445 | 109 | 1787 | 445 | 545 | 546 | 119 | 288 | 263 | 119 | 981 | 4680 | 143 |
| 3 | 25750 | 13565 | 11471 | 732 | 714 |  | 8702 | 11705 | 7820 | 1718 | 2023 | 109 | 1441 | 334 | 369 | 405 | 3 | 147 | 637 | 207 | 427 | 3776 | 109 |
| 4 | 27307 | 14777 | 12106 | 1292 | 424 |  | 8836 | 13831 | 8585 | 1335 | 2422 | / | 1818 | 351 | 563 | 411 | 92 | 245 | 580 | 171 | 597 | 5058 | 188 |
| 5 | 24118 | 13511 | 9526 | 503 | 1081 |  | 7965 | 9922 | 7051 | 785 | 2413 | 425 | 1400 | 557 | 531 | 246 | 157 | 151 | 155 | 184 | 47 | 2837 | 34 |
| 6 | 30524 | 16342 | 12530 | 1146 | 1652 |  | 8971 | 13879 | 9040 | 1353 | 2417 | / | 2162 | 368 | 636 | / | 287 | 396 | 704 | 101 | 616 | 4676 | 163 |
| 7 | 30674 | 16346 | 13386 | 1786 | 942 | 2218 | 8897 | 14444 | 8973 | 1294 | 1528 | 80 | 2545 | 338 | 1083 | / | 429 | 215 | 1182 | / | 279 | 5294 | 177 |
| 8 | 30564 | 17048 | 12567 | 848 | 949 |  | 8787 | 13959 | 8420 | 1006 | 1736 | / | 3359 | 326 | 248 | 794 | 104 | 84 | 241 | 6 | 572 | 5377 | 162 |
| 9 | 28413 | 15223 | 12398 | 520 | 793 |  | 7983 | 12709 | 7415 | 1620 | 1806 | 301 | 1883 | 353 | 534 | 238 | 88 | 273 | 75 | 100 | 144 | 5272 | 22 |
| 10 | 24418 | 13573 | 9865 | 369 | 980 |  | 7656 | 10849 | 6978 | 959 | 1258 | 500 | 1925 | 416 | 395 | 327 | 7 | 269 | 100 | 100 | 725 | 3757 | 114 |
| 11 | 23380 | 11760 | 10825 | 834 | 577 |  | 7213 | 11206 | 6183 | 1081 | 1325 | / | 1586 | 191 | 451 | 280 | 180 | 302 | 133 | 100 | 687 | 4874 | 149 |
| 12 | 23114 | 11556 | 9051 | 949 | 507 |  | 7459 | 10729 | 6610 | 986 | 1650 | / | 1830 | 282 | 522 | 471 | 152 | 207 | 133 | 124 | 253 | 3967 | 152 |
| 合计 | 317269 | 170374 | 134613 | 10996 | 10065 | 2218 | 97556 | 147665 | 92427 | 14757 | 21269 | 1524 | 23354 | 4392 | 6168 | 3979 | 2199 | 2730 | 4960 | 1312 | 5836 | 53263 | 1575 |

表 11-2　1977 年钢铁大队收益分配情况表

单位：元

| 队名 | 收入 | | | | | 总计 | 费用 | | | | | | | | | | | | |
|---|---|---|---|---|---|---|---|---|---|---|---|---|---|---|---|---|---|---|---|
| | 总计 | 农业收入 | 林、牧、副、渔收入 | 社、队公社大队拨交生产队收入 | 其他收入 | 出售产品收入 | | 合计 | 农业生产费用 | | | | | | | | | 农业什支 | 大队办工业支出 | 管理费 |
| | | | | | | | | | 种子 | 商品肥 | 肥料柴 | 社员家肥 | 农药 | 水电 | 机耕费 | 农机具修理 | 农船修理 | 小农具添修 | 耕牛饲养 | | | |
| 1 | 36250 | 23410 | 12840 | 4095 | 10582 | 12786 | 10348 | 2709 | 2464 | / | 2603 | 678 | 547 | 175 | 47 | 515 | 148 | 376 | 86 | 2200 | 238 | 210 |
| 2 | 34725 | 21462 | 13263 | 2284 | 10764 | 14408 | 11417 | 2655 | 2328 | 17 | 2128 | 605 | 584 | 218 | 225 | 178 | 57 | 369 | 2054 | 2643 | 348 | 186 |
| 3 | 35483 | 23404 | 12079 | 5084 | 10744 | 14370 | 10498 | 2419 | 2718 | / | 1971 | 610 | 512 | / | 211 | 252 | 137 | 524 | 1144 | 3578 | 294 | 198 |
| 4 | 34505 | 23971 | 10534 | 3264 | 11530 | 12905 | 10072 | 2578 | 2265 | 123 | 1990 | 714 | 526 | 195 | 34 | 310 | 233 | 310 | 791 | 2512 | 321 | 186 |
| 5 | 30796 | 22276 | 8520 | 1851 | 10775 | 11736 | 9764 | 2328 | 2560 | / | 1908 | 791 | 442 | 139 | / | 71 | 231 | 432 | 861 | 1758 | 214 | 163 |
| 6 | 22467 | 11990 | 10477 | 4923 | 4742 | 9313 | 5884 | 1580 | 1489 | 9 | 1263 | 307 | 205 | 203 | 67 | 77 | 381 | 151 | 151 | 3283 | 146 | 106 |
| 7 | 29699 | 19419 | 10280 | 4564 | 10817 | 13565 | 11020 | 2933 | 3760 | 54 | 1724 | 595 | 773 | 237 | 236 | 194 | 408 | 49 | 294 | 2381 | 164 | 133 |
| 8 | 29024 | 19813 | 9211 | 2698 | 10224 | 11473 | 9033 | 2099 | 2553 | 228 | 1562 | 500 | 548 | / | / | 101 | 816 | 130 | 260 | 2209 | 231 | 160 |
| 9 | 32350 | 19547 | 12803 | 5193 | 8916 | 14587 | 11830 | 1875 | 3310 | / | 2135 | 637 | 592 | 66 | 205 | 285 | 1437 | 560 | 792 | 2551 | 206 | 165 |
| 10 | 18301 | 11427 | 6874 | 3175 | 4670 | 8305 | 5827 | 1633 | 1464 | 1122 | / | 270 | 365 | 23 | / | 42 | 163 | 90 | 589 | 2305 | 173 | 111 |
| 11 | 34502 | 21062 | 13440 | 4783 | 8650 | 14446 | 11609 | 2549 | 2754 | 128 | 2344 | 691 | 626 | 198 | 198 | 100 | 485 | 68 | 1666 | 2559 | 278 | 190 |
| 12 | 29003 | 18532 | 10471 | 3799 | 8704 | 13657 | 9990 | 2314 | 2180 | 2300 | 711 | 475 | 151 | 64 | 82 | 295 | / | 1417 | / | 3462 | 205 | 158 |
| 13 | 28172 | 19818 | 8354 | 2436 | 10204 | 12430 | 9424 | 2677 | 2760 | / | 2013 | 530 | 482 | / | 179 | 54 | 623 | 91 | 14 | 2789 | 217 | 181 |
| 14 | 25421 | 13749 | 11672 | 3914 | 4989 | 11109 | 7312 | 1721 | 2731 | 274 | 1040 | 335 | 302 | 169 | 83 | 91 | 351 | 2 | 213 | 3582 | 215 | 109 |
| 15 | 18181 | 11896 | 6285 | 2219 | 6590 | 8544 | 6641 | 1545 | 1558 | 52 | 780 | 674 | 390 | 33 | 83 | 128 | 335 | 418 | 645 | 1553 | 350 | 107 |
| 合计 | 438879 | 281776 | 157103 | 54282 | 132901 | 183634 | 140669 | 33615 | 36894 | 4307 | 24172 | 8412 | 7045 | 1499 | 1673 | 2693 | 5805 | 4987 | 9560 | 39365 | 3600 | 2363 |

的关系。

初建人民公社时，一度实行拉平分配。1958年原各高级社的全年分配每劳动力平均58.5元，其中供给部分（即按人分配）要占分配总额的51.2%，每人平均29.98元。20世纪60年代初，重新实行按劳分配、多劳多得的分配政策。1983年实行家庭联产承包责任制后，实行包干分配，农民承包的土地除上交国家农业税和集体公共积累（即两金一工：公积金、公益金、义务工），承担支付水、电和耕作等费用外，剩余部分均归承包者所有。后随着乡村工业的崛起，集体收益的增加，为鼓励农民种粮积极性，境内先后于1994年—1995年取消农户上交集体公共积累。2002年免除农户上交国家农业税负担，改由集体代交。2006年1月国家取消收缴农业税制度。时，农民承包的土地只需承担水、电和耕作等费用，剩余部分全归承包者个人所有。

## 第三节　居民经济收入

新中国成立前，红庄虽然自然条件优越，人民勤劳俭朴，但在旧的社会制度下，生产力发展缓慢，农民收入微薄。由于农业经济单一，红庄大多数农户均以货易货，在本就不足的口粮中挤出部分入市换取布料、食盐等仅能维持生命的生活必需品。少数农户缺粮断饮，食野菜度日。20世纪50年代中期，政府鼓励农民发展生产，改善生活，境内农户除粮食自给外，还喂养家禽家畜，屋前屋后种植蓖麻、黄麻等经济作物和蔬菜，入市变换钱币后购买日常生活必需品。人民公社化后，农村实行队为基础，按劳分配制度，农民参加集体生产劳动实行计工（分）制，年终生产队根据每个劳动力年度实得工分进行现金分配，农民始有现金收入。生产队现金分配形式是：根据全年出售给国家的农副产品总收入，扣除生产费用，按比例留好"二金"（公积金、公益金），剩余部分为社员个人分配资金，再以全队社员（劳动力）实得工分的总和，结算出分配单价，将资金分配到每家农户。由于当时农业生产技术、耕作方式落后，产量较低，农民分配水平（收入）很低，一般每工（一个劳动力一天劳动），一般生产队为0.20元至0.30元，高的生产队为0.30元至0.35元，低的生产队为0.15元至0.20元，个别生产队仅为0.08元。一般一个劳动力全年分配收入在60—80元。

20世纪70年代末，政府提倡农村发展多种经营，境内各地开始恢复种植莲藕、慈姑、荸荠、茭白等烂田经济作物，以及蓖麻、薄荷、蘑菇等旱地经济作物，每个生产队都办生猪饲养场，大队办起了副业队，开展河蚌育珠，种桑养蚕。农村经济有了较快发展，农民收入也有了较大提高。自70年代中期始，一夫一妻两个小孩的农户一般全年分配（现金）收入均在200元左右。时，农民在基本解决温饱问题后，把余款用在改善居住条件上，拓建、翻建瓦平房，消灭土坯茅草屋。

1983年境内农村实行家庭联产承包责任制后，政府号召大力发展乡、村工业，境内的原双桥、尹西、红庄先后创建了一大批村办工厂，农村剩余劳动力转移到乡、村办厂做工，一大批青壮年劳动力结束了面朝黄土背朝天的种田生涯，成为"出工三班制，月月挣工资"

的工人，农民收入不断提高。1990年长桥镇镇、村工业职工工资收入统计表显示，镇办工厂职工人均年收入为2239.65元，村办工厂职工人均年收入为1786.36元。当年，境内的原双桥村人均收入为687.50元，尹西村为705.80元，红庄村为712.50元。1995年长桥镇镇办工厂职工人均年收入为4846.50元，村办工厂职工人均年收入为4057.85元。当年，境内的原双桥村人均收入为1475元，尹西村为1506元，红庄村1525元。时，境内农民的务工收入占总收入的近80%，务工收入成为农民的主要收入来源。1986年—1995年10年间，是境内农民经济收入实际增长、生活水平提高最快的10年，也是境内农民真正安居乐业的10年。

20世纪90年代中期始，乡、村企业实行转制，出让或出卖给私人经营，大量职工失业回家。为了维持生计，许多失业在家的乡、村企业职工走上自谋职业之路。有的去外资企业做工，有的进城入镇开店经商，有的购买柴油机斗车或汽车搞陆上运输，有的购买大、中型铁质运输船只搞水上运输。少数有一定技术的自行开厂办企业或从事三产服务业。部分社会交际能力差、年龄偏大、文化偏低的去私营企业、商店做工，或去居民住宅区做保安、门卫，或去镇、村环卫单位扫马路、拖垃圾。90年代后期，境内农民经济收入逐年增长，生活水平不断提高。但由于社会体制的转换，农民从事的职业多样化，收入水平差距拉大，贫富差距不断增大。少数富裕农民利用国家土地政策的放松，购买了集体土地建别墅、店面房出卖，建造标准厂房出租。而部分农民家庭的经济收入仅能维持温饱，沦为弱势群体。

21世纪初，境内开始推行城市化建设，将自然村落悉数拆迁，迁移至原红庄村的盛庄自然村统一建造居民区。由当时的吴县市经济技术开发区把境内所有土地并调后，悉数成为国有土地，出卖给国（境）外资方或国内有经济实力的个人建造厂房、店铺。其出卖土地的收入均归吴县市（吴中区）经济技术开发区所有，土地所有的行政村失地农民未享受到土地出卖收入。境内农民完全失去土地后，政府一方面为缓解失地农民与政府的矛盾，另一方面考虑到失地农民的生存，自2007年始，吴县市（吴中区）经济技术开发区管委会实行失地补偿金和推行行政村经济股份合作社股红分配制度。每月给农民人均120元失地补偿金和100元股红金，且逐年增加，以弥补农民失去土地后减少的家庭经济收入。时，除少数已为私营业主、店主的农民外，失地农民的经济收入主要靠帮外资、私营企业业主做临时工、合同工（俗称打工），或从事三产服务业，以及将自家空余住房出租给外地打工者。

2010年红庄社区对居民收入来源入户调查统计显示：当年居民人均收入16001元。其中务工收入占13.80%，三产服务业占3.26%，经商占2.89%，房租金占52.76%，其他占27.29%。房租收入成为居民经济收入的主要来源。

表11-3　2013年红庄社区居民家庭收入来源抽样调查汇总表

| 当年人均收入（元） | 务工 | | 经商 | | 三产服务业 | | 房屋出租 | | 其他 | |
|---|---|---|---|---|---|---|---|---|---|---|
| | 收入（元） | 占百分比 | 收入（元） | 占百分比 | 收入（元） | 占百分比 | 收入（元） | 占百分比 | 收入（元） | 占百分比 |
| 26471 | 2517.40 | 9.51 | 569.12 | 2.15 | 1514.10 | 5.72 | 14128 | 53.37 | 7742.38 | 29.25 |

# 第四节　居民衣食住行

## 一、服饰

　　旧时，男性夏季穿短裤短衫，春、秋、冬季穿大襟长衫、长袍，士绅外罩马褂，裤子为褶腰裤。袍、裤均为单、夹、棉三种。着白布筒袜。民国初，渐兴穿大襟或对襟短袄（少数士绅仍穿长衫马褂），戴西瓜皮帽或毡帽。老年人戴罗宋帽或毡帽，始兴着纱袜。青年人穿千层底圆口鞋，老年人穿蒲鞋（用蒲花稻草合编成的鞋）。女性常服为宽袖绲边大襟袄，叠腰裤，外围百褶裙；夏天穿长裤，外系单裙，肩披衣纱。民国初，富家女子穿长、短袖旗袍，旗袍亦有单、夹、棉三种；冬天，有的在旗袍外罩绒线外套或呢大衣，戴绒线帽；时髦一点的着皮鞋，穿西装裤、短棉袄。农民穿大襟（民国初亦有对襟）的短袄，叠腰裤，外围有保暖防污作用的土布褶裙（俗称褊裙）。男性夏天常赤膊，着蒲鞋或草鞋（纯稻草编制）；冬天戴毡帽，着土布袜，芦花靴筒。已婚妇女冬天戴蚌壳帽（俗称耳朵塔），系青布褶裙（俗称转裙）；夏天穿短领短袖对襟衫或大襟衫，着花头或搭襻单鞋，不着袜。大多数农民衣衫补丁叠补丁，棉袄棉裤十年得不到换新。

　　新中国成立后，长衫、马褂被淘汰，叠腰裤渐渐被西裤所代替。20世纪50年代初，干部、教师等盛穿蓝灰色列宁装，戴八角鸭舌帽，着跑鞋。60年代初，农民开始着卡其布质地的中山装、青年装、列宁装和西裤，穿解放鞋（俗称跑鞋），妇女穿对襟花袄花衫。冬天用羊绒衫、司围套、球衫御寒。80年代始，农民穿着开始讲究，着化纤、棉毛质地的衣服，青年流行穿西装，着皮鞋，佩戴手表。进入90年代后，随着农村住房条件的改善，许多农民家庭都有服装储藏柜和更衣室；服装品种繁多，款式各异，四季分明，每天更换。多数农民白天着西装，傍晚着礼服或休闲服，晚上穿睡衣。且衣服做工讲究，质地各异。有些农民穿的衣服价值数千、上万元，并开始流行佩戴黄、白金和银质地的首饰。

## 二、饮食

　　新中国成立初期，农民的饮食一般以大米饭、面食为主，农忙时兼吃芋头、山芋、蚕豆、黄豆和合煮的咸粥。20世纪50年代初期和60年代困难时期，部分农民缺粮断炊，食用草根、野菜、红花草（囡囡花）充饥。70—80年代时期，农民饮食有所改善，且渐趋常态化。一日三餐，午吃饭，早、晚餐吃粥。农忙时下午3点左右吃小点心，一般为面糊、面衣、面疙瘩、炒麦粉、山芋等。部分缺粮户（男性多、女性少的家庭）午餐也食粥，或食用红花草干或菜干和稻米合煮的半草、菜干饭（俗称囡囡花干、菜干头饭），农忙时也很少吃小点心。90年代始，农民的饮食习惯和食物发生了较大变化，开始讲究营养，上饭店、进宾馆、吃面包、喝牛奶，进食用刀叉；不少农民家庭还定食谱、选食料，每天变换。汉堡、牛排、三明治、披萨也进入部分农民的餐桌。

## 三、住房

　　历史上红庄人倚河建村，自然村以河命名。盛庄里等12个自然村都坐落在河道两岸，分布在境内地势较高处。村人倚河筑房，一般都为六架（一架为一节椽子，跨度约1.1米）砖木结构人字形瓦平房，房屋低矮狭小，相当一部分农民搭建土坯茅草屋蜗居。由于缺少住房，农民家庭均多代同堂居一处，年轻夫妇皆与子女同睡一床，中年夫妇与子女分铺后仍同睡一室。农民住房由于缺少修缮，每逢刮风下雨，常有倒塌，主人只得带领家人借住在船坊或瓜棚内度日，待村上人帮助搭建土坯茅草房后，全家人方能迁入蜗居。新中国成立初期，红庄农民的住房一般都是瓦平房，人均住房面积不足10平方米，部分贫苦农民仍住土坯茅草房。20世纪60年代，人民政府分配一定比例的建材给蜗居茅草屋的农民，帮助建造瓦房，1969年，红庄区域内土坯茅草房全部消失，农民都住上了瓦平房。70年代初，政府提倡建设新农村，当时政府的口号是"楼上楼下，电灯电话"。农民开始拓建新的瓦平房，虽然房型未发生变化，但数量增大，一般农民家庭都能为结婚的儿子提供2—3间瓦平房分居。时，红庄人摆脱了多代同居的现象。80年代中期，随着村办工业的发展，农民收入得到了提高，部分农民开始建造楼房，当时农民建造的楼房均为2层8架、砖混结构人字形房屋，楼板采用留空砼质，内部装饰简陋，农民住房从量的变化发展到质的变化。进入90年代后，红庄划归吴县市经济技术开发区，相当一部分红庄人在苏州城区、吴中（吴县、吴县市）城区购买了一套或多套商品房，年轻人过上了城市居民的生活。21世纪初，红庄的自然村落实行拆除迁移，原尹西、双桥两个行政村的10个自然村先后悉数拆除，安排农民在原红庄盛庄里自然村之南建3层10架框式砼质结构单体别墅，形成了一个洁净明亮、绿树成荫、环境优雅、坐落有序的居民小区。至2013年末，红庄居民均住进了单体、连体别墅或多层、小高层商品房，成了真正的城市居民。且人均居住面积超过120平方米，许多农民将多余的住房出租给外来务工人员，搞起了房东经济。

## 四、出行

新中国成立初期，红庄人出行十分不便，其道路都是窄小的土埂泥道，且缺桥断路，外出仅有一条通往蠡墅镇的宽度不足1米的土路，或通往尹山桥的一条土道（古御道，因时间久远，原铺设的青砖全部损毁）。且道路弯曲，村人行路去苏州古城区须一上午方能到达。有些老年妇女一辈子未去过苏州城。红庄西部的居民，无论西行赶集或东行去苏，都要经渡船摆渡方可。走亲戚、赶集都得摇船走水路。人民公社化后，政府开始重视改善农村的道路，修建路面2米宽的机耕路，建造生产、人行桥梁。20世纪80年代，境域西部修建连接蠡墅镇的东湖大桥，鲇鱼口（蠡墅东白洋至田上村西首）渡口渡船停渡。在原红庄村华佗寺北侧修建了一座砼质拱桥，华佗寺渡口渡船停渡。沟通了大队与大队间的相互联通，结束了农民出行走水路的历史。90年代初，随着农村经济的迅速发展，先后修建了自苏嘉公路至长桥的东吴南路（后改称214国道、现为227省道），自东吴南路至越溪的越湖路（后改称吴中大道），境域内部方有公路。进入21世纪后，境内加速道路建设，填河浜、筑公路，农村道路得到了全面改善，道路宽敞，路面整洁，汽车可开到每户农户的家门口。

20世纪80年代初期，农民先由自行车代步，后有摩托车、电动车、小轿车代步。至2013年末，境内有国家、省、市、区级公路9条，总长29.2千米，村道9条，总长3.4千米；公交线路8条，农民家庭自备车辆482辆。

## 第五节 习俗

### 一、时令习俗

【春节】农历正月初一（俗称"年初一"）晨起开门燃放爆竹及鞭炮，称"开门爆仗"，取"岁首迎春，指日高升"之意。小辈向长辈拜年，长辈给孩子糖果、花生、红蛋、压岁钱。邻居间相互登门祝贺，称"走乡弄、结好友"。同辈相见，拱手作揖，互祝"恭喜发财"。家庭主妇携香烛、钱两去当地庙宇烧香、膜拜，称"年初一烧高香"。早餐，全家吃糖圆子、糯米松花糕，取"朝朝团圆，步步升高"之意；午饭，吃馄饨，象征滚进元宝；晚饭后即关门睡觉，但不点灯，取"头要节俭"（即节约从年头开始）之意。全天不劳动，不准打人、骂人，不准说粗话、脏话，大人、小孩可尽情玩耍。初二日开始走亲访友，相互贺年，主人家用花生、瓜子、红枣、糖茶相招待。留亲友吃饭须以丰盛酒菜招待。初三为拜灵日，一般忌走亲访友，新中国成立后忌讳已淡薄。初五，据传为财神爷生日，俗称"路头日"，家家户户均要接"路头"（财神）。晨起燃放爆竹，然后去村河取水一桶，称"路头水"，相传家人饮后，人人"福星高照、财运亨通"。晚上，在大门旮旯里烧纸马，芝麻秆、豆秆等，俗称烧"种田路头"。堂屋腰墙上方悬挂"路头神"（一般挂神轴），在腰墙旁的长台上陈酒菜，供奉路头神。是日，女婿向岳父母拜年，称"路头女婿"。

春节期间，原有调龙灯、舞狮子、唱草台戏等民间文艺活动。新中国成立后逐渐消失；演变为国定春节3天假日，各村开展拥军优属活动，青年男女则利用假日举办婚礼。群众相互贺年仍沿袭。年初一烧高香和年初五接"路头"（"财神"）的活动，在"文化大革命"期间一度中断，改革开放后重新恢复。20世纪80年代中期，又兴燃放焰火，大年三十入夜，各种烟花爆竹声此起彼落，彻夜不断。

【元宵】农历正月十五为元宵节，又称"上元节"。年初五以后，市场上即有各种花灯出售，以迎接正月半元宵节的到来。元宵节，家家吃糯米圆子或桂花汤团。晚上，灶上设斋供奉，迎接灶神下界；大门口挂上灯笼，称"上灯"。孩子们则手提各式灯笼，聚在一起玩灯笼游戏。是日，较大的村庄和集镇，还进行猜灯谜活动。新中国成立后，迎灶神、玩灯笼、猜灯谜活动基本绝迹，仅以元宵节晚饭吃一点糯米圆子、桂花汤团象征一下。

【清明】清明节前或当日，家家户户去祭扫祖坟、培土植树，以示悼念，俗称上坟。时，野外百草萌芽，全家携手郊外观赏春色，称"踏青"。各姓宗祠是日大开正门，由族长引导，晚辈依次向祖宗牌位参拜并焚化纸钱。有族田的宗祠，午饭宴请族内长幼，称"吃清明"。但是，未满50岁的妇女一般不能参加。如无宗祠，则在家里设酒菜、化纸钱供奉祖先。早晨，家家门楣上插柏枝、蓬草、桃花，表示迎春。境内还有在清明节招待至亲的习俗。

新中国成立后，各姓祠堂归公，人们只是在家祭祀祖先，但"上坟"习俗仍沿袭。机关、团体、学校，组织祭扫烈士墓。过去，清明节前一天称"寒食节"，不举烟火，悼念古人介子推，现已淡化。

【立夏】立夏日备松糕、粽子、酒酿、草饼、咸鸭蛋等应时食品和瓜果走亲访友，俗称"送立夏景"。是日，孩童胸前挂一红色网袋，称"蛋箩子"，里面放一两个咸鸭蛋，第二天食之,意为孩童虽被当年夏天太阳烈照,但皮肤仍然像蛋一样光滑,不生痱子。立夏时还有尝"三鲜"的传统。地上的三鲜为苋菜、青蚕豆、蒜苗,树上的三鲜为樱桃、杨梅、香椿头,水生的三鲜为鲥鱼、白虾、子鲚。

【端午】农历五月初五为端午节(又称端阳节),家家用毛竹叶(俗称粽箬)、芦苇叶裹糯米粽子。早晨,用菖蒲、柏枝、蜀黍、艾枝(俗称蓬头)插在门框上,幼儿穿百虫衫(亦称黄昌衣),额头点雄黄以驱邪;道士挨户送钟馗像,表示驱鬼降魔。午餐菜肴丰盛,有鲜黄鱼、咸鸭蛋、苋菜、白酒,称"赏端阳"。午后,洒雄黄酒,烧熏艾叶,驱除室内害虫。旧时,还有赛龙舟活动。新中国成立后,仅保留吃粽子和喝雄黄酒之俗。端午活动一说是为悼念屈原,一说为纪念涛神伍子胥。

【夏至】夏至日,家家吃苋菜馄饨,称体重。据说夏至吃苋菜馄饨可防止"疰夏",此俗渐废。

【中元】农历七月十五称中元节,俗称"鬼节"。是日晨,家家户户摆酒席,点烛焚香祭祀祖先,然后邀集亲朋,设宴招待。傍晚,在路边、田头焚烧纸钱,施舍孤魂野鬼,俗称"设顾",又称"结鬼缘"。新中国成立后,过七月半的习俗渐废止。

【中秋】农历八月十五为中秋节,亦称"八月半"。是日,家家户户用面粉制成圆如月亮的月饼,以芝麻、豆沙、酒酿和糖作馅,称"亮月饼",亦称"月饼"。早餐吃月饼,午餐吃糖芋头(亦称芋艿),晚饭菜肴丰盛,阖家团聚,边吃边赏月,共享天伦之乐。黄昏,月升之时,在庭院内设香案,供以月饼及糖果,焚香对月膜拜,称"斋月宫"。是夕,皓月泻银,清风徐拂,青年男女三五成群去石湖泛舟赏月,或去澹台湖宝带桥赏月。新中国成立后,"斋月宫"的习俗不再沿袭,但晚游石湖和澹台湖赏月之风更盛当年。中秋节前,未婚女婿必须携礼品(月饼、藕、红菱、桃酥、烟酒等)去未婚妻家拜访,俗称"张八月半"。

【重阳】农历九月初九日为重九,称重阳节。传说,重九登高可避灾祸。重阳日家家蒸糯米松糕,"糕"与"高"同音,意取吉利。1989年,国家规定重阳日为敬老日,各单位对离退休人员,乡、村对敬老院"五保"老人进行慰问,社会上开展敬老、爱老宣传,学校学生开展帮老活动。

【冬至】有"冬至大如年"之说,且有"冬至进岁"之俗(后改为正月初一进岁)。是日,各姓宗祠大开祠门,由族长率领晚辈向祖宗牌位敬献"三牲",焚化纸钱,并论资排辈,顶礼膜拜。富裕宗祠要宴请全族老少,男性只要会拿筷子就可占一席位,女性却须年满50岁才算宗族人员。新中国成立后,祠堂房屋、田产归公,人们均在家中祭祀祖先。晚餐时,家家置丰盛酒席,全家团聚,共饮"冬酿酒"(又称冬至酒)。节前一天,亲友间互赠食物提筐担盒,充塞道路,俗称"办冬至盘",故有"冬肥年瘦"之谚。明文徵明用"家家节至讲物仪,迎来送去费心机"的诗句来形容冬至节的盛况。新中国成立后,此俗渐衰,"文化大革命"期间一度废止,20世纪80年代后恢复。

【腊八】农历腊月(即十二月)初八称腊八。是日,家家户户用红枣、胡萝卜、赤豆、蚕头、黄豆、花生、乌豆、青菜等8种或8种以上杂粮煮成咸菜粥,称"腊八粥",晚饭,全家人聚集一堂同喝菜粥。新中国成立后,这一习俗渐衰,"文化大革命"期间废止。

【腊月廿四】腊月廿四俗称"廿四夜"。传说,此日为灶神上天日,家家置办新灶神像,将旧灶神像合纸钱焚化,意为送灶神上天;同时,在灶前设素斋进奉,祈求灶君上天言好事。是日晚上,吃糯米团子。食前,须选6只特大的团子供奉于新灶神像前,称"献灶团";饲养牛、猪、狗和家禽的亦喂以团子;后阖家人共食,称"吃廿四团"。黄昏,小孩身背稻草去自家田里(新中国成立后为自留田,20世纪80年代后为承包田)焚烧,称"点点财";边烧,边大声说吉利话。腊月廿四日打扫室内外卫生,洗涤衣被,杀猪宰羊,装(蒸)糕做团子,开始迎接新年。

【除夕】农历腊月最后一天的夜晚称大年夜,又叫除夕。下午置数桌酒席,一为祭祀菩萨(佛祖),称"菩萨酒";一为祭祀当方土地,称"土地酒";一为祭祀祖先,称"过年酒"。三者皆称年酒。傍晚封井,至正月初三开封;在大门口挂网片、筛子、镜子、镰刀(或剪刀、火夹),作驱邪用;同时,挂年画、贴门联。晚餐时,全家人坐在一起,边吃边总结全年情况,作来年打算。席上一定要有鱼,意为"年年有余",有如意菜(黄豆芽),意为"称心如意"。饭后,全家人坐在一起说笑取乐,称"守岁",直至深夜。就寝关门时燃放爆仗,称"关门爆仗"。新中国成立前,债权人和地主,一手持账簿,一手提灯笼,四出收债;无力偿还债务的贫苦农民在这一天往往外出躲债,俗称"逃租米",直到深夜才敢回家。新中国成立后,机关、团体向残、烈、军属馈送年礼、年画、对联,进行慰问。20世纪80年代后大多数家庭以观看"春节联欢晚会"节目"守岁"。

## 二、婚丧喜庆习俗

【婚嫁】新中国成立前,男婚女嫁,唯"父母之命,媒妁之言"是从,本人不能自主。包办婚姻,须门当户对,经说亲(订婚)、攀亲(订婚)、结婚等过程。

订婚,即说亲,由媒人(即媒婆,俗称喜娘)作介绍,男女双方说亲(情)。女方具庚帖(亦称喜帖)由媒人送至男方(媒人一般须向男方送3—5份庚帖,多则10余份),男方家长请算命先生算命,称"合八字"。

攀亲,即订婚,又称"办小盘"。算命先生合男女双方"八字"认为无冲克,男方则留下择定者庚帖(未择中者,庚帖还给媒人),由媒人通知女方,择日下聘,送订婚礼。订婚时,男方备"花盘",内放礼金、金银首饰、衣料、糖果,其中一定要有茶叶,故订婚亦称"订茶",俗言有"好女不吃两家茶"之说。男方也列具三代庚帖,由媒人送往女方。女方接受花盘,称"受盘",意即合婚。受盘后,以红蛋、糖果和女方三代庚帖作回礼。男女双方均应备酒宴招待至亲和媒人,称"定亲酒",又称"认亲酒"。当地有男方向媒人馈送"十八只蹄髈"和"喜娘、喜娘,靠嘴一张,肉饭吃敞,还有铜钿进账"的戏言,至此,亲事即做定论。

结婚,又称"办大盘"。男女双方成年(一般18—20岁左右)男方即邀媒人至女方"通信",要求择日娶亲,称"送月帖"或"送喜帖"。女方提出礼金、嫁妆、衣料、首饰等具体条件,男方照办后,择吉日娶亲。吉日选定后,男方散发请帖遍邀亲朋好友参加婚礼;女方至亲则轮流设宴招待新娘,称"吃待嫁饭"。男方在结婚前两天就开始杀猪宰羊,准备婚宴。结婚前两天称"小落桌",前一天称"大落桌"。是夜,男方父母邀两个未结婚的男孩(俗称童男)睡新床(俗称压床,亦称暖床)。结婚日,女方先将至亲馈送的(部分自备)嫁妆由男方派来的挑夫或船夫送至男方,称"发行嫁"。由男方舅父母将女方送来的被褥、床单、毛毯、枕头与男方自备的一起整齐置放在新床上,称铺床。然后,男方抬花轿至女方家;新娘由媒人搀扶出大门、走栈条(篾片制成的围谷堆用具)称"踏篾",意为"出门无是非"；然后入花轿。媒人在轿侧陪新娘；兄弟（系新娘的嫡亲兄弟，无嫡亲兄弟的，须由1名表兄弟代，俗称"送亲阿舅"）、送亲媒人（新娘至亲女性，一般8—20人不等但须双数）在轿后陪送，鼓手在轿前一路吹吹打打迎至男方。起轿时，燃放炮仗，意为送亲开始；新娘头部用红绸布遮住，脚踩热脚炉（意为到男方家去过"好日脚"），端坐轿中。花轿至男方家门前时，再燃放炮仗，意为送亲已至。男方一面燃放炮仗，表示欢迎；一面在家门前场地中央燃烧用稻草扎成的三脚架，称"三灯火"，意为新娘进门"三星高照"。新娘出轿，由媒人搀扶，走栈条（意为新娘入门无是非），送正屋厅堂祭祀祖宗桌前，与新郎一同参拜天地、祖宗、翁姑，最后夫妻对拜，称"拜堂"。然后，新娘由新郎用红绸布对面引导，随2位手持蜡烛的童男进入洞房，称"移花烛"。男方即设宴招待送亲阿舅和媒人（一般招待晚饭），送亲阿舅须每人一桌，故有"天上老鹰大，地下娘舅大"之谚。送亲媒人合为一桌。饭后，送亲阿舅入洞房（一般送亲阿舅入洞房前其余亲朋不能先入洞房），暗中察看洞房内是否有男方设置的不利新娘的物品，称看"有无歧戏"。傍晚，亲朋酒足饭饱后去洞房认新娘，戏谑说笑，称"闹新房"。媒人用秤杆挑去新娘的遮头布，称"挑方巾"。至此时，夫妻才相互认识。挑过方巾，媒人替新郎、新娘把酒，说吉祥话（本地最流行的是：一杯千年富，二杯万年荣，三杯三星高照，四杯四方明圆，五杯五子登科，六杯六六大顺，七杯七子拜团圆，八杯八仙过海，九杯九龙抢珠，十杯十富十绵）。新郎、新娘饮合欢酒，称"交杯酒"；酒后，吃糖圆子、饭，称"吃夫妻夜饭"。婚后1—3日，女方设宴招待女婿、女儿，称"走三朝"。有的人家领童养媳，当男女成年后结婚，称"圆房"，仪式如上。个别人家丈夫早亡，媳妇由公婆做主配给次子，称"叔接嫂"；无儿子可配，又无公婆可依靠的，女的便选勤劳朴实、大龄无偶的贫苦男子进门同居，称招"黄泥髈"。如女子携子女再婚，女的称"二婚头"，带去的小孩称"拖油瓶"。在旧社会，寡妇再嫁，一般要受到非议，入赘"黄泥髈"也要遭到歧视。如男的丧妻，再续娶未婚女子，称"娶补房"。有的人家只有女孩，为传宗接代，男子入赘，称"做女婿"，或称"上门女婿"。新中国成立后，人民政府颁布了《婚姻法》，彻底废除封建包办婚姻制度，提倡自由恋爱。男女双方到达法定年龄，相互爱恋，向当地政府有关部门申请，经审查、体检合格，即发给结婚证书，提倡礼仪从简。

【丧葬】旧时，年老人死亡后，全家妇人号哭，焚烧纸钱和死者衣物，称"烧包"。由死者家属请人通知所有亲戚，称"报丧"或"报死"。同时，请人替死者剃头、沐浴、整理仪容；然后将死者移至厅堂门板上。亲戚、邻居（或裁缝）帮死者赶制寿衣（20世纪80年代后多为购买），为死者家属赶制孝服。寿衣件数为单数，制后请人为死者穿上；穿前，须用以红线串起来的铜钱做秤砣的木秤在场西外角称衣，边称边喊"衣服是啥人的"，由长子（无子为长女）应答是某某（死者称呼）的，并双手捧至死者身侧面，方可帮死者穿上衣服。孝服分三等：儿媳穿白衣，戴麻孝帽（又称"麻孝斗"），腰系草绳；女儿、女婿穿白衣，戴白帽，穿白鞋，系白腰带（寄子、媳、寄婿、女同）；孙辈穿白衣白鞋，白鞋头上置红绸布一块（曾孙辈同）。一切就绪，即设孝堂（亦称灵堂），挂孝幔，请僧做法事，超度亡灵。子女、亲戚向死者顶礼膜拜，称吊丧。入夜，子女、小辈坐或睡在死者旁，称"守灵"。第二天，死者家属请风水先生择吉地，挖墓穴。第三天（贫困人家为第二天），在和尚或道士主持下，由死者的长子（无子为长女）捧死者头，其余子女一起将死者抬入棺内，铺遮褥被。注入石灰，合上棺盖，全家举哀，称"入殓"。合棺盖时，唯工匠可在场，子女、亲戚均远离现场，称"避煞"，意为魂灵不被盖入棺中。出殡前，子女、亲戚夫妇按辈分、亲疏轮流跪棺材前顶礼膜拜，称"拜对子"。除直系亲属外，单身不可参拜。亲子各置棉被一条，置于棺木上。然后，抬棺出殡。子女披麻戴孝，亲戚亦戴孝。嫡亲儿子（无子为长女）手持丧棒，随棺泣行，僧侣沿途吹奏乐器，把棺材抬至墓地安葬。出殡回家时，死者亲侄（或近亲男子）将盖在棺木上的棉被先行带回，在死者各儿子家门场地上燃烧的"三灯火"绕上一圈送至各子家屋内米囤上，称"回米囤"；由嫡亲长子捧死者牌位，偕同兄弟跨越火堆，把死者的牌位放在正堂腰墙旁的座台（亦称灵台）上。然后，子女与近亲在僧侣护送下，去当方（即当地）土地庙或本村土地庙焚香点烛、顶礼膜拜，祈求当方土地护送死者灵魂顺顺利利去西方极乐世界。至此，丧事才算结束。

从死者死亡之日起的49天内称"七里"（一般为45—47天，其中有一个七要自选，称捉七，此七仅三至六天不等）。头七天（即头七）内亡灵要回家，每天早晨，由主妇设祭哭泣，伺候亡灵"饮食"，称"哭灵"；此后，每逢七天的第一天传亡灵回家一次，由主妇设祭哭泣"伺候"，称"哭七"。至第五个七天的第一天，由女儿回家祭祀亡灵，并宴请亲属，称"过五七"或"做五七"，又称"换羹饭"。"做五七"一般要请和尚或道士诵经念佛，祭祀亡灵。当天上午，僧侣诵经送亡灵过十殿阎王，称"十殿阎王轮"；午后搭纸扎大桥边穿行、边诵经，称"穿大桥"，意为将亡灵送至西方极乐世界。穿大桥结束时，在场地焚化纸糊房子、家具、日用品及纸人纸马、纸钱，此举统称"做道场"。第二年清明节"五七"那天参加宴请的亲属均要备一席酒宴，用篮子盛后去死者家中祭祀亡灵，称"捉响"。三年孝满，请僧侣拜忏超度亡灵，撤除灵台，子女除孝服，称"满孝"。

旧时，有钱人家办丧事放焰口（类似烟花）。出殡时，有丝绸绣花材罩套在棺材上以示阔气。新中国成立后，移风易俗，丧事简办。20世纪70年代提倡火化，以骨灰盒埋入墓穴中，筑墓立碑；白寿布改用黑袖套、小白花别在袖上以示哀悼。80年代中期始旧丧事习俗回潮，耗资甚巨。

【生育】小孩子出生，有过三朝、过满月、过周岁等喜庆活动。婴儿将出生，女婿送红蛋到岳父母家报信，称"报喜"；娘家得信后，置办草纸、红糖、苦草、尿布及小孩子内衣送往女儿家，称"催生"。孕妇生产时，除接生婆在产房接生外，其他的人一律不准进入产房，寡妇、不育妇女不准走过产妇家门口。产后，产妇称"舍姆娘"，产房称血房，三日内除家属外，其余的人仍不能入产房。亲朋探视产妇、小孩，一般馈送鸡蛋、鸡、鱼、蹄髈、云片糕等礼品，称"张舍姆"。婴儿满月（男孩足月，女孩15—16天），宴请亲友，称"吃满月酒"。外公和外婆准备衣帽、棉斗篷、裸裙、虎头鞋、金银首饰等物赠予婴儿，亲朋向婴儿赠礼金或布料。参加宴请的均要备松糕、团子等两盘食品，称办"满月盘"。是日，小孩子剃第一个头，称"满月头"；有的还过周岁。女孩年满13岁，同样设宴请客，亲友送礼，称"筹头发"。20世纪80年代后，男孩也举行"筹头发"仪式。

【庆寿】旧时，富裕人家的成员自50岁起，逢十为庆寿之年（个别人家自30岁起），60岁寿庆尤为隆重。旧俗"庆九不庆十"，即60岁寿庆必须在59岁举行。寿辰日前，发请帖邀请近亲好友。寿辰日，女婿以面条（寿面）、米糕（寿糕、谐高音）、糯米做的形如桃子的团子（寿桃）、花生（长生果，取长生不老之意）、红枣等馈送寿翁。家设寿宴、挂寿幛、燃红烛，寿翁坐正堂，宣卷先生吹吹打打，寿翁接受晚辈行礼祝福，称拜寿。礼毕，寿翁发给晚辈红纸包的压岁钱，备寿酒，款待来客。一般午餐吃寿面，晚餐喝寿酒。

寿面须由寿翁先开筷吃,然后大家才能吃。寿酒必须以陈酒待客。也有为已故父母借"阴寿"之名,趁机搜刮礼品的。新中国成立后,庆寿之风一度绝迹。进入20世纪80年代,人民生活改善,长寿者增多,庆寿之风又兴起,小辈购买衣料、糕点、礼品为长辈祝寿。镇、村党政领导则在年尾慰问高寿老人,馈送礼品,以示祝寿。

【上梁】新建房屋上梁前,主人发请帖(或口信),备酒宴,请亲友。前来祝贺的亲友须备松糕一盘和礼金赠予主人,称"办上梁盘"。上梁由娘家(或岳父母家,父母不在的由长子,无子的由赘婿在家的长女替代)置办礼品,称"办抛梁盘"。抛梁必备的礼品有大花团、松糕、粽子、馒头、糖果、水果、红枣、鸡、鱼、猪腿、爆竹,以及绸被面1对、发禄袋(用红、绿两色绸布制成,直径20厘米左右的六角形绸袋子,口制千年印1颗,铜钿2枚)1只。抛梁盘一般不少于12盘,多则二三十盘,挑一二十担。上梁须在上午,最迟不过午时。上梁时辰(主人请算命先生定)一到,工匠搁置正梁,正梁上贴"紫气东来""福星高照"等红纸横批,并披挂娘家赠送的绸被面,挂好发禄袋(发禄袋须挂存正梁中央);两侧柱上(中间柱,亦称中天柱)贴红纸对联。工匠头口念吉利语,把糕团、馒头、糖果从梁上抛下,主人夫妻用被单承接,称"接宝",同时,爆竹齐放。然后,工匠再把糕、团、馒头、糖果等从梁上抛向周围围观群众,此称"抛梁";围观群众争抢,称"拾宝"。抛梁仪式结束后,宴请宾客、工匠,称"吃抛梁酒"。下午,工匠不干活,由主人出资去附近集镇茶馆喝茶。

### 三、方言俗语

#### (一)方言(括号内为红庄方言)

1. 自然、气候、时令

| | | | |
|---|---|---|---|
| 太阳(日头) | 打雷(雷响) | 闪电(霍显) | 刮风(吹风) |
| 彩虹(鲎) | 雾(迷路) | 夏天(热天) | 冬天(冷天) |
| 化雪(烊雪) | 上午(上昼) | 下午(下昼) | 白天(日里) |
| 明天(门朝) | 明年(开年) | 去年(旧年) | 雨淋(雨沰) |
| 大前年(前年子) | 除夕(大年夜) | 前天(前日搭) | 过日子(过日脚) |

2. 动物

| | | | |
|---|---|---|---|
| 公猪(猪郎) | 母猪(猪婆) | 鹅(白乌龟) | 老鼠(老狮) |
| 蚯蚓(曲泥) | 萤火虫(沿火虫) | 青蛙(田鸡) | 蜈蚣(百脚) |
| 癞蛤蟆(癞团) | 蜘蛛(吉蛛) | 蝉(知了) | |

3. 蔬菜

| | | | |
|---|---|---|---|
| 马铃薯(洋山芋) | 木耳(木尼) | 花生(长生果) | 西红柿(番茄) |

4. 物语

| | | | |
|---|---|---|---|
| 割稻(斫稻) | 插秧(种秧) | 锄地(垄地) | 肥料(垩壅) |

5. 身体

| | | | |
|---|---|---|---|
| 鼻子(脖头) | 脖子(头颈) | 胡须(苏苏) | 唾沫(馋唾) |
| 膝盖(脚馒头) | 手指(节头骨) | 脸(面孔) | 肋骨(肋棚骨) |
| 脚趾(脚节头) | 指甲(节卡) | 下巴(下扒) | 右手(后手) |
| 左手(济手) | | | |

6. 疾病

疟疾（伐月子）　　冻疮（冻瘃）　　肺病（痨病）　　麻疹（痧子）
阑尾炎（盲肠炎）

7. 称呼

父亲（阿爸）　　母亲（呣嬷）　　爷爷（阿爹）　　奶奶（娘娘）
丈夫（家公）　　妻子（家婆）　　舅舅（娘舅）　　舅母（祺母）
姑母（嗯娘）　　姑父（阿夫）　　岳父（丈人）　　岳母（丈母）
干爹（寄爷）　　干妈（寄娘）　　女儿（囡五）　　儿子（伲子）
姨妈（娘姨）

8. 指代

我（奴）　　你（纳）　　他（伊）　　我们（吾伲）
你们（伊嘟）　　他们（俚嘟）　　这样（什梗）　　怎样（纳亨）
这里（葛滩、葛搭）　　那里（哪滩、哪搭）

9. 动作、行为

洗脸（揩面、捹面）　　洗澡（沰浴）　　洗头（汏头）　　玩（白相）
吵架（相骂）　　打架（相打）　　睡觉（睏告）　　胡说（嚼蛆）
说谎话（烂舌头）　　受骗（上当）　　办事不认真（拆烂糊）
挨批评（吃牌头）　　随和人话（打顺板）　　受人讽刺（吃饨头）
节约（做人家）　　不差（弗推板）　　不能够（弗来塞）
挨打（吃生活）　　坏掉（插蜡烛）　　骗人（出噱头）

10. 用具服饰

双人床（床）　　单人床（铺）　　桌子（台子）　　靠背椅（高椅）
凳子（矮凳）　　大木箱（官箱）　　衬衫（布衫）　　背心（马夹）
夹衣（夹）　　火锅（暖锅）　　锅铲（铲刀）　　菜刀（灶刀）
汤匙（调羹、抄）　　火柴（自来火）　　煤油灯（洋油灯）　　手帕（绢头）

11. 其他

有否（阿有）　　多少（几化）　　快点（毫稍）　　可能（作兴）
如果（倘然）　　或者（作事）　　而且（外加）　　很多（末佬佬）
厉害（结棍）　　格（嘎）　　最好（像心）　　不应该（犯弗着）
满意（窝心）　　没事做（呒啥做）　　没什么（呒啥啥）　　找人错处（核鹅头）
许许多多（煞煞头头）　　倒霉（弗塞头）　　后悔（懊恅）　　等一会（等歇歇）
糊里糊涂（晕咚咚）

（二）俗语

烟出火弗着：指办事拖拉。

老皮脓滚疮：指做事不出力。

天打弗问土地：指不按规矩办事。

吃素碰着月大：指不凑巧。

鞋子弗着落个样：指想要取得反而失去。

要紧关子吃潮烟：指紧要关头逼停歇。

格忙头里髂牵筋：指办事中途被搁浅。
七颠八倒廿三献灶：指做事乱套。
螺蛳壳里做道场：指在狭窄简陋处做成复杂的事情。
教出来臭气，生出来志气：指要学真本事全靠自己。
眼睛簌落落，两头掉勿落：指任何事都看好，都不想放弃。
一只碗弗响，两只碗不会叮当：指人不来犯我，我亦不会犯人。
看伊弗像样，倒是雕花匠：指人不可貌相，海水不可斗量。
冷粥冷饭好吃，昂念捉污难受：指当面批评好受，恶言攻击难熬。
吃了三天饱饭，忘了过去讨饭：指好了伤疤忘了疼。
棒头郎响出孝子，筷子头上出逆子：指教育子女要严格，不能放任。
毛头丫头十八变，临时上轿变三变：指一个人的变化之快。
牛吃稻柴鸭吃谷，各自头上一方福：指各显神通，凭本事吃饭。
村上有个好嫂嫂，一村姑娘全带好：指前有好样，后人会学样。
眼睛一只，望到平望八坼：指眼光要看得远、看得清。
三家村里弗见鸡，弗是东来便是西：指当面不说明，内心已清楚。
搁（合）船搁（合）出钉，搁（合）牛剩条筋：指合起来做事不卖力，偷懒。
旺家村里火焰山，别人不赞自己赞：指自我吹捧。
木渎巡检使，吃粮勿管事：指办事不出力或不愿办事的人。

### （三）谚语

一年之计在于春，一日之计在于晨。
勤劳出孝子，奢侈出败子。
人往高处走，水往低处流。
拳不离手，曲不离口。
三个臭皮匠，赛过诸葛亮。
只要功夫深，铁杵磨成针。
没有规矩，不成方圆。
三百六十行，行行出状元。
不怕一万，就怕万一。
鼓不敲不响，话不说不明。
耳听为虚，眼见为实。
满饭好吃，满话难说。
砻糠搓绳起头难。
好汉不吃眼前亏。
冷在风里，穷在债里。
有来吃不穷，吪来省不嫌。
人算人，算不尽。
细水长流，吃穿不愁。
看菜吃饭，量体裁衣。
动手打人三分错。

吃弗穷，着不穷，计划不好一世穷。
三句弗离老本行。
有眼不识泰山。
远亲不如近邻。
一回生，二回熟。
人要脸，树要皮。
吃水不忘开井人。
前人种树后人凉。
有理走遍天下，无理寸步难行。
人穷志不穷。
宰相肚里能撑船。
人不可貌相，海水不可斗量。
人要衣装，佛要金装。
好记性弗及烂笔头。
有理无理，出在众人嘴里。
亲兄弟明算账。
上梁不正下梁歪。
人情逼如债，顶着锅子卖。
吃一夜，不如睏一夜。
心急吃弗得热豆腐。
金窝银窝弗及家里狗窝。
八仙过海，各显神通。
肉骨头敲鼓，荤咚咚。
初三夜里月亮，有搭朊一样。
秀才碰着兵，有理说不清。
金乡邻，银亲眷。
若要好，大做小。
到啥山，割啥柴。
人心齐，泰山移。
船到桥，直瞄瞄。

**（四）歇后语**

八仙过海——各显神通。
十五只吊桶——七上八落。
十五只小菜——七荤八素。
两只筷夹肉骨头——三条光棍。
丈二和尚——摸弗着头脑。
大姑娘坐花轿——第一遭。
小葱拌豆腐——一清二白。
千里送鹅毛——礼轻情意重。

三个手指拾田螺——稳笃笃。
大年夜看历本——呒不好日脚。
门缝里看人——把人看扁了。
卫生口罩——嘴上一套。
小和尚念经——有口呒心。
门槛上摆鸡蛋——滚出滚进。
飞机上吊蟹——悬空八只脚。
太湖里洗马桶——野豁豁。
牛屁股抓痒——翘尾巴。
王小二过年——一年弗如一年。
木匠戴枷——自作自受。
六十岁学吹打——弗犯着。
木匠打老婆——一斧头。
云端里跑马——露出马脚。
六月里穿棉鞋——日（热）脚难过。
王婆卖瓜——自卖自夸。
天然几改烧火凳——大材小用。
水豆腐打翻竹排上——呒撩头。
头顶石臼做戏——吃力不讨好。
四金刚摇船——大推大板。
四金刚吃豆芽——不经大嚼。
石板上掼乌龟——硬碰硬。
江西人钉碗——自顾自。
老鼠吃冬瓜——呒不门路。
老鼠钻进风箱里——两头受气。
关公卖豆腐——人硬货弗硬。
老母鸡生疮——毛里有病。
竹篮打水——一场空。
老虎头上拍苍蝇——找死。
脚踏西瓜皮——滑到哪里是哪里。
弄堂里拔木头——直来直去。
鸡蛋里挑骨头——有意找茬子。
鸡蛋碰石头——自不量力。
搬砖头磕脚背——自讨苦吃。
驼子跌跟斗——两头弗着实。
油干灯草尽——一点没有了。
三月里桃花——一时红。
兔子尾巴——长不了。
瞎子吃馄饨——心里有数。

老和尚敲木鱼——实笃笃。
荷叶包沙角菱——戳穿。
中秋月亮——正大光明。
狗捉老鼠——多管闲事。
棺材里伸手——死要钱。
敲锣换糖——各人一行。
狮子大开口——所提条件很高。

# 第十二章 人物

河水长流不息，红庄人才辈出；好学上进之风，自古相延至今。历史上，名人学者，不乏其人。惜区域多变而少有文字记载。新中国成立后，在党和政府的培育下，涌现出了一批事业有成的人民公仆，热心教育或从事科技事业的高级知识分子，志愿从军、荣获功绩的军人，还有其他各条战线上的先进人物。除立传人物在本章论述外，对健在的著名人士、革命前辈和模范人物，因生不立传，散记于本章各节。

# 第一节 人物传

【徐文质】字孝质,生卒年不详,吴江北门人。曾随明将常遇春征战多年,战功卓著,擢升校骑都尉。后又升任山东巡抚。卒后,朝廷追赠副都司,墓在运河西岸。清《元和县志》记载:赠副都司徐文质墓,在瓜泾港长洲县境内(现红庄社区东部),土人称大坟头。

【徐源】字翌雅,生卒年不详,长洲县人。赠副都司徐文质子。随父从军,曾任都宪之职。后在瓜泾港长洲县境内建宅,隐姓埋名,耕种禾桑。卒后,墓在瓜泾港西娄里西侧。民国《吴县志》记载:徐都宪源别业,在瓜泾港(现红庄社区东南首),面夹浦桥,有池、泉、馆、林,名夹浦书屋。

【王若漘】字元允,生卒年不详,庠生。长洲县江天桥(现称钢铁桥)人。自幼喜文,少年省考首名。寇年值江南战乱曾去浙南避乱。后亦科考三而未入科,为苏州府台僚,直言多谋。因字讳入狱,解京途中被贼杀。妻陶氏亦在家中自刎,随夫合葬一处。墓在尹山桥西堍。思其贞烈,苏州府在江天桥宅前建节孝坊励之。民国《吴县志》记载:明江天桥节孝坊,在长洲县江天桥(现称钢铁桥,在红庄社区东部),为王若漘妻陶氏立。

【唐云甫】(1918年—1991年),绰号洋泾。江苏省苏州市吴中区城南街道红庄社区田上村人。唐12岁时去蠡墅镇造船工场拜师学艺,习艺6年(旧习,拜师学艺须学3年帮3年)。满师后,只身在吴县、吴江、昆山、常熟等县和浙江北部地区从事木船制造行业。

旧时,匠工均各据一方,匠帮林立,各自封闭。其各地匠帮均不准将技艺外传,故制造的农用、运输木船形状各异。唐云甫在外奔波时,苦心钻研苏南、浙北各地的木船制造工艺。经过多年学习、探索,研制出别具一格的船型,制造的农用二节头、三塔子、四舱头木质船只,具有质量好、船形美、自重轻、舱口大、中部宽、装载多、船身扁、吃水浅、阻力小、船速快、首尾平、头工翘和船部肥圆斜坦、外形美观、行驶灵活的特点,被誉为"蠡墅式",闻名于江南水乡。

1958年,吴县蠡墅造船厂建办后,聘请唐为技师,指导修造木质船只。1970年吴县造船厂建办后,唐又被聘去指导造船工匠改进技艺,革新船形,被船匠们称为大师。

唐云甫一生从事木船制造业,授徒无数。暮年后,仍常去江南各地传授技艺。被称为"蠡墅式"木船制造业的鼻祖。

【陆根妹】(1924年—1962年),绰号癞根妹。江苏省苏州市吴中区城南街道红庄社区盛庄里人。

陆根妹少年时拜师学置材(做棺材,俗称小木匠)手艺,满师后独自一人在吴江、昆山、无锡和吴县等地为丧事农户家制作棺木,或被有钱人家请去置办寿材(为活着的老人事先做好的棺材)。中年后,由于其制作的棺木外观美、密封性好,被蠡墅镇东白场木行老板请去制作棺木,在蠡墅镇上塘街专门开设一处棺材店出卖。

1938年春季的一天,上午8点多钟,有两名从苏州市区来的日本兵去蠡墅镇作恶,陆根妹和镇上杜根宝、王阿根等几名屡遭日本兵欺凌的青年,对日军恶行恨之入骨,便将其骗至上塘街正昌源酒店吃酒，乘酒醉之机，陆根妹、王阿根执板斧当街将两名日本兵劈死，将尸体用船载至石湖缚石沉于河底，又将枪支及骑来的自行车沉于东白洋东侧鲇鱼口镬底潭中，清理好现场后，才各自散去。

陆根妹、王阿根斧劈日本兵的事当时人们都闭口不谈，直至日军投降后，方在苏州城南各地传颂。新中国成立后，吴县人民政府修编《吴县志》时，将其列入。继后又载入《吴县人民抗战历史故事》等抗战书籍。2000年，长桥镇人民政府在编纂《长桥镇志》时，亦将其列入。

## 第二节　人物简介

### 一、历任大队（村、社区）主要领导

【顾夫才】男，1918年—1982年，汉族，原红庄大队9队盛庄里自然村人。1955年3月入党，1956年—1966年任中共吴县郭巷乡第11大队、郭巷人民公社（1965年12月为长桥人民公社）红庄大队党支部书记，1963年当选为中共吴县第三次党代会代表。

【袁狗大】男，1930年—1996年，汉族，退伍军人，原尹西大队9队（袁达浜自然村）人。1959年入党，1962年—1964年任中共吴县郭巷人民公社（1965年12月为长桥人民公社）钢铁大队党支部书记，1977年—1985年任中共吴县长桥人民公社尹西大队党支部书记。

【许官福】男，1942年生，汉族，退伍军人，原红庄大队12队（盛庄里自然村）人。1962年入党，1972年—1977年任中共吴县长桥人民公社红庄大队党支部副书记（以副代正）、书记。

【徐云林】男，1941年生，汉族，退伍军人，原钢铁大队11队（庞庄自然村）人。1970年入党，1972年—1974年任中共吴县长桥人民公社钢铁大队党支部副书记（以副代正）。

【徐阿多】男，1940年生，汉族，原钢铁大队11队（庞庄自然村）人。1975年入党，1981年—1989年任中共吴县长桥人民公社（乡、镇）双桥大队（村）党支部副书记（以副代正）、书记。1987年当选为吴县第九届人大代表。

【毛会土】男，1949年生，汉族，原红庄大队9队（盛庄里自然村）人。1972年入党，1977年—1988年任中共吴县长桥公社（乡、镇）红庄大队（村）党支部副书记、书记。

【陆金木根】男，1944年—1996年，汉族，原尹西村5组（江天桥自然村）人。1978年7月入党，1985年5月—1988年2月任中共吴县长桥乡（镇）尹西村党支部副书记（以副代正）。

【徐龙根】男，1957年生，汉族，原双桥村9组（庞庄自然村）人。1970年入党，1989年—2001年任中共吴县长桥镇（1996年为中共吴县市经济技术开发区）双桥村党支部书记。1990年获吴县优秀共产党员称号。1991年当选为中共吴县委员会第八次代表大会代表。2001年当选为苏州市吴中区第一届人民代表。1997年转入国家公务员队伍。

【孙金土】男，1963年生，汉族，原红庄村5组（盛庄里自然村）人。1983年入党，1988年—1998年任中共吴县长桥镇（1996年为中共吴县市经济技术开发区）红庄村党支部副书记（以副代正）、书记。1996年当选为吴县市第十二届人大代表。1997年转入国家公务员队伍。

【顾云元】男，1957年生，汉族，原尹西村3组（钢铁桥自然村）人。1983年入党，1988年—1992年任中共吴县长桥镇尹西村党支部副书记（以副代正）。

【莫林男】男，1963年生，汉族，原双桥村4组（马达浜自然村）人。1986年入党，1992年—2013年先后任中共吴县长桥镇（1996年为中共吴县市经济技术开发区）尹西村、红庄村党支部书记，红庄社区党总支书记。1997年转入国家公务员队伍。2007年获苏州市吴中区劳动模范称号，2008年获苏州市吴中区优秀共产党员称号。

【龚玉根】男，1954年生，汉族，原红庄村2组（盛庄里自然村）人。1980年入党，1998年—2002年任中共吴县市经济技术开发区红庄村党支部书记。

【陆纪男】男，1970年生，汉族，原双桥村12组（罗布棋自然村）人。1996年6月入党，2001年9月—2003年7月任中共吴县市经济技术开发区双桥村党支部书记。

【刘建根】男，1959年生，汉族，退伍军人，原红庄村8组（盛庄里自然村）人。1982年入党，2006年—2013年任中共吴中区城南街道红庄社区党总支、党委书记。2006年当选为中共吴中区城南街道党工委第一次党代会代表，2011年当选为中共苏州市吴中区第三次党代会代表。2013年转入国家公务员队伍。

## 二、劳模、标兵

【王志强】男，1952年生，汉族，中共党员，境内原红庄村人。1978年获江苏省吴县劳动模范称号。1998年获江苏省人民政府、省爱国卫生运动委员会授予的爱国卫生先进工作者，记"三等功"一次。

【莫林男】男，1963年生，汉族，中共党员，境内原双桥村人。2007年获苏州市吴中区劳动模范称号。

【莫杏玲】女，1964年生，汉族，2000年获"好媳妇"称号。

# 第三节　党代表　人民代表　贫协代表

## 一、党代表

### （一）县（区）党代表

顾夫才：1963年1月当选为中共吴县第三次党代会代表。
徐阿多：1988年3月当选为中共吴县第七次党代会代表。
徐龙根：1991年3月当选为中共吴县第八次党代会代表。
刘建根：2011年6月当选为中共苏州市吴中区第三次党代会代表。

## （二）街道（乡、镇）党代表

毛会土、莫新夫、王桂金（女）、袁狗大、顾雪宝（女）、徐阿多、张木英（女）等7人，1983年7月21日当选为中共吴县长桥乡第四次党代会代表。

毛会土、莫土金、徐阿多、陆介根、王志强、徐龙根等6人，1988年1月26日当选为中共吴县长桥镇第五次党代会代表。

孙金土、许良妹（女）、史三男、徐龙根、张木英（女）、顾云元等6人，1991年2月25日当选为中共吴县长桥镇第六次党代会代表。

孙金土、王水火、许阿贵（女）、张根元、张木英（女）、吴福根、莫林男、王爱妹（女）等8人，1994年3月9日当选为中共吴县长桥镇第七次党代会代表。

刘建根、毛俊杰、陆水福、王爱妹（女）等4人，2006年6月当选为中共苏州市吴中区城南街道首届党代会代表。

## 二、人民代表

### （一）区（县）级人民代表

曹维年：1984年4月9日当选为吴县第8届人民代表大会代表。

徐阿多：1987年4月25日当选为吴县第9届人民代表大会代表。

汝玉泉：1990年4月当选为吴县第10届人民代表大会代表。

孙金土：1998年1月当选为吴县市第12届人民代表大会代表。

徐龙根：2001年6月当选为苏州市吴中区第一届人民代表大会代表。

### （二）街道（乡、镇）级人民代表

莫新夫、朱金弟、徐龙根、张木英（女）、王阿木等5人，1980年9月12日当选为长桥人民公社第8届人民代表大会代表。

莫新夫、陆根泉、许长根、陆金木根、张木英（女）、徐阿多等6人，1984年7月20日当选为长桥乡第9届人民代表大会代表。

龚玉根、钱彩玲（女）、许长根、陆金木根、陆小妹（女）、陆水福等6人，1987年4月28日当选为吴县长桥镇第10届人民代表大会代表。

龚玉根、陆根泉、徐桂根、袁夯男、刘林男、陆水火等6人，1990年3月22日当选为吴县长桥镇第11届人民代表大会代表。

龚玉根、许良妹（女）、张木英（女）、徐龙根、王纪根、顾志超等6人，1993年2月15日当选为吴县长桥镇第12届人民代表大会代表。

许良妹（女）、陆纪男、王纪根等3人，1996年1月26日当选为吴县长桥镇第13届人民代表大会代表。

许良妹（女）、王纪根、陆玉英（女）等3人，1999年1月13日当选为吴县市长桥镇第14届人民代表大会代表。

## 三、贫协代表

1996年5月吴县长桥公社贫下中农协会成立，并召开第一次无产阶级革命派农民代表大会（后改称贫下中农代表大会）。境内有毛火金、许根金、许阿贵（女）、朱金水、刘全龙、陆云金、顾土生、顾阿多、莫二宝（女）、罗全根等10位贫协代表参加会议。

1974年4月,吴县长桥公社召开第三次贫下中农代表大会,境内有顾土生、罗全根、顾水根、王水官、钱老土、许进夫、许阿贵(女)、刘水金、居金土、许根金等10位贫协代表参加会议。

1978年吴县长桥公社贫下中农协会撤销,其职能自行消失。

## 第四节　红庄籍在外工作人员

### 一、国内（表12-1）

| 姓名 | 性别 | 出生年月 | 祖籍自然村 | 担任职务 | 职级 | 备注 |
|---|---|---|---|---|---|---|
| 王玉林 | 男 | 1964.7 | 盛庄里 | 中央外交部拉美司司长 | 副厅级 | / |
| 张炳华 | 男 | 1962.4 | 钢铁桥 | 吴中区区委常委、组织部长 | 副处职 | / |
| 顾金泉 | 男 | 1965.8 | 黄泥浜 | 太仓市区委常委、纪检书记 | 副处职 | / |
| 莫林男 | 男 | 1963.9 | 马达浜 | 吴中区城南街道人大常委会主任 | 正科职 | / |
| 顾全男 | 男 | 1964.5 | 钢铁桥 | 相城区国税局局长 | 正科职 | 2011年病故 |
| 许长根 | 男 | 1959 | 盛庄里 | 吴中区住建局局长 | 正科职 | |
| 顾祥元 | 男 | 1964.6 | 钢铁桥 | 吴中区交通投资建设公司董事长 | 正科职 | |
| 张继华 | 男 | 1968.7 | 钢铁桥 | 吴中区城区党工委委员 | 正科级 | |
| 顾炳根 | 男 | 1964.3 | 钢铁桥 | 苏州市公安局工业园区派出所教导员 | 正科级 | |
| 刘建根 | 男 | 1959.12 | 盛庄里 | 城南街道红庄社区党委书记 | 副科级 | |
| 许根宝 | 男 | 1933.3 | 盛庄里 | 吴县郭巷公社党委委员 | 副科级 | 1962年病故 |
| 谢秋男 | 男 | 1964.1 | 盛庄里 | 吴县公安局长桥派出所副所长 | 副科级 | |
| 唐建林 | 男 | 1964.11 | 盛庄里 | 吴中区公安分局指挥中心副主任 | 副科级 | |
| 王泉根 | 男 | 1946.7 | 马达浜 | 长桥乡人武部干事、村政办助理 | 副科级 | 2005年退休 |
| 张建刚 | 男 | 1970.9 | 沙里角油车浜 | 苏州太湖国家旅游度假区管理局副局长 | 副科职 | |

### 二、国（境）外（表12-2）

| 姓名 | 性别 | 出生年月 | 祖籍自然村 | 现在何地 | 出国（境）原因 | 出国时间 |
|---|---|---|---|---|---|---|
| 江中华 | 男 | 1970.5 | 蒋家浜 | 英国牛津 | 开设中餐馆 | 1994年 |

## 第五节 大专及以上学业人员

### 一、大专、本科、硕士、博士生（表12-3）

| 姓名 | 性别 | 出生年月 | 政治面貌 | 学历 | 毕业年月 | 住址 |
|---|---|---|---|---|---|---|
| 翟智明 | 男 | 1976.1 | 群众 | 大专 | 1997.7 | 3区4号 |
| 张 华 | 男 | 1985.11 | 群众 | 大专 | 2008.6 | 3区2号 |
| 吴丹凤 | 女 | 1987.1 | 群众 | 本科 | 2008.6 | 3区2号 |
| 唐伟刚 | 男 | 1980.3 | 群众 | 本科 | 2003.6 | 3区6号 |
| 汤 静 | 女 | 1979.1 | 群众 | 大专 | 2002.6 | 3区6号 |
| 江晓敏 | 女 | 1992.4 | 群众 | 本科 | 2014.6 | 4区30号 |
| 王婷婷 | 女 | 1990.10 | 中共党员 | 本科 | 2012.7 | 3区8号 |
| 顾晓婷 | 女 | 1990.10 | 群众 | 本科 | 1990.10 | 3区9号 |
| 温利霞 | 女 | 1978.10 | 群众 | 大专 | 2000.6 | 3区12号 |
| 钱雪明 | 男 | 1978.6 | 群众 | 硕士 | 2014.6 | 3区12号 |
| 陆嘉琪 | 女 | 1995.3 | 群众 | 大专 | 在校 | 3区13号 |
| 许 刚 | 男 | 1981.12 | 群众 | 本科 | 2005.6 | 3区18号 |
| 居竹君 | 女 | 1988.6 | 群众 | 大专 | 2010.6 | 3区19号 |
| 龚叶芳 | 女 | 1981.6 | 群众 | 本科 | 2006.6 | 3区30号 |
| 唐纯辰 | 男 | 1988.4 | 群众 | 大专 | 2009.7 | 3区32号 |
| 史乔艳 | 女 | 1991.12 | 群众 | 大专 | 2013.6 | 3区33号 |
| 傅成岗 | 男 | 1982.10 | 群众 | 大专 | 2004 | 3区35号 |
| 田利利 | 女 | 1978.8 | 群众 | 大专 | 2005 | 3区35号 |
| 顾祥元 | 男 | 1964.6 | 中共党员 | 本科 | 1987 | 3区36号 |
| 顾晓明 | 男 | 1995.4 | 群众 | 大专 | 2006 | 3区37号 |
| 仲春华 | 男 | 1969.1 | 中共党员 | 大专 | 2005.7 | 3区40号 |
| 仲佳伟 | 男 | 1992.11 | 群众 | 大专 | 2013.7 | 3区40号 |
| 仲 康 | 男 | 1985.11 | 群众 | 本科 | 2008 | 3区41号 |
| 仲 燕 | 女 | 1988.4 | 群众 | 本科 | 2011 | 3区41号 |
| 施文迪 | 女 | 1985.6 | 群众 | 本科 | 2008 | 3区41号 |
| 陆志敏 | 男 | 1987.6 | 群众 | 本科 | 2011.1 | 3区43号 |
| 钱晴晴 | 女 | 1987.11 | 群众 | 大专 | 2008.6 | 3区43号 |
| 陆菲菲 | 女 | 1989.9 | 群众 | 大专 | 2010 | 3区44号 |

续表

| 姓名 | 性别 | 出生年月 | 政治面貌 | 学历 | 毕业年月 | 住址 |
|---|---|---|---|---|---|---|
| 顾娟 | 女 | 1996.11 | 群众 | 大专 | 在校 | 3区51号 |
| 罗瑞 | 男 | 1991.12 | 中共党员 | 大专 | 2009.7 | 3区55号 |
| 张淇 | 男 | 1989.7 | 群众 | 大专 | 2012 | 3区74号 |
| 张凤君 | 女 | 1988.6 | 群众 | 本科 | 2011.6 | 3区75号 |
| 顾健 | 男 | 1993.4 | 群众 | 大专 | 2013 | 3区77号 |
| 孙宏健 | 男 | 1994.1 | 群众 | 大专 | 2013 | 3区80号 |
| 唐佳奕 | 女 | 1996.6 | 群众 | 本科 | 在校 | 3区81号 |
| 龚芳芳 | 女 | 1989.3 | 群众 | 大专 | 2010 | 3区82号 |
| 孙金土 | 男 | 1963.3 | 群众 | 本科 | 2001.7 | 3区84号 |
| 谢冬 | 男 | 1985.12 | 中共党员 | 本科 | 2008.7 | 3区84号 |
| 顾学明 | 男 | 1968.10 | 中共党员 | 大专 | 2008.7 | 3区102号 |
| 顾强 | 男 | 1991.7 | 群众 | 本科 | 2012.7 | 3区102号 |
| 陈瑜琳 | 女 | 1994.12 | 群众 | 本科 | 在校 | 3区104号 |
| 居志芳 | 女 | 1985.11 | 中共党员 | 本科 | 2008.7 | 3区105号 |
| 陆文亭 | 男 | 1985.10 | 群众 | 大专 | 2006.7 | 3区105号 |
| 徐敏 | 女 | 1979.10 | 中共党员 | 大专 | 2006.7 | 3区107号 |
| 张叶芳 | 女 | 1981.9 | 群众 | 本科 | 2013.8 | 3区128号 |
| 鞠文 | 男 | 1973.2 | 群众 | 硕士 | 2007.8 | 3区128号 |
| 居晓伟 | 男 | 1991.11 | 群众 | 大专 | 2012 | 3区132号 |
| 顾万庆 | 男 | 1974.10 | 群众 | 大专 | 1997.6 | 3区133号 |
| 顾火官 | 男 | 1961.12 | 群众 | 本科 | 1983.7 | 3区156号 |
| 顾昭文 | 男 | 1992.6 | 群众 | 本科 | 2014.7 | 3区156号 |
| 汝苏婷 | 女 | 1991.10 | 群众 | 大专 | 在校 | 3区158号 |
| 龚静怡 | 女 | 1994.12 | 群众 | 大专 | 在校 | 3区159号 |
| 龚萍萍 | 女 | 1986.11 | 群众 | 大专 | 2009 | 3区160号 |
| 汝建明 | 男 | 1964.1 | 中共党员 | 大专 | 1988 | 3区85号 |
| 谢钰明 | 男 | 1972.1 | 群众 | 大专 | 1993.7 | 3区213号 |
| 董一士 | 女 | 1976.12 | 群众 | 大专 | 2009.7 | 3区213号 |
| 王娟 | 女 | 1994.7 | 群众 | 大专 | 2014.4 | 浜里31号 |
| 陆洁 | 女 | 1991.11 | 群众 | 本科 | 2014 | 4区19号 |
| 钱芳 | 女 | 1991.9 | 中共党员 | 本科 | 2013.7 | 3区322号 |
| 查志勇 | 男 | 1988.12 | 群众 | 大专 | 2011 | 3区336号 |
| 韩英 | 女 | 1989.1 | 群众 | 本科 | 2012.6 | 3区347号 |

续表

| 姓名 | 性别 | 出生年月 | 政治面貌 | 学历 | 毕业年月 | 住址 |
|---|---|---|---|---|---|---|
| 江丽花 | 女 | 1988.4 | 群众 | 大专 | 2009 | 3区348号 |
| 江学平 | 男 | 1970.9 | 群众 | 大专 | 1992.7 | 3区350号 |
| 江 琴 | 女 | 1981.1 | 群众 | 大专 | 2002.7 | 3区351号 |
| 钱 宏 | 男 | 1986.12 | 群众 | 大专 | 2007.7 | 3区352号 |
| 江芬芳 | 女 | 1990.5 | 群众 | 本科 | 2012.7 | 3区353号 |
| 龚燕斌 | 男 | 1985.11 | 群众 | 本科 | 2007 | 3区355号 |
| 姚 娟 | 女 | 1987.11 | 群众 | 本科 | 2011.6 | 3区374号 |
| 汤晴涛 | 男 | 1987.2 | 群众 | 大专 | 2012.6 | 3区374号 |
| 钱晓芬 | 女 | 1988.11 | 群众 | 本科 | 2013.7 | 3区375号 |
| 吴雅芳 | 女 | 1991.11 | 群众 | 大专 | 2014 | 3区376号 |
| 孙兰兰 | 女 | 1985.10 | 群众 | 本科 | 2008 | 弯浜里8号 |
| 孙莉娟 | 女 | 1986.10 | 群众 | 本科 | 2009.7 | 3区14号 |
| 孙俊平 | 男 | 1983.2 | 群众 | 大专 | 2010.9 | 弯浜里18号 |
| 顾 贤 | 男 | 1994.11 | 群众 | 本科 | 在校 | 2区89号 |
| 张善民 | 男 | 1976.1 | 群众 | 本科 | 2000 | 浜里31号 |
| 张小英 | 女 | 1978.5 | 群众 | 本科 | 2001 | 浜里31号 |
| 陈莞妍 | 女 | 1987.1 | 中共党员 | 本科 | 2010 | 2区3号 |
| 姚斌斌 | 男 | 1988.2 | 中共党员 | 硕士 | 2014.7 | 2区4号 |
| 蔡小兰 | 女 | 1980.5 | 群众 | 大专 | 2001.9 | 2区5号 |
| 吴英杰 | 男 | 1990.4 | 群众 | 大专 | 2011.6 | 2区6号 |
| 胡晓芳 | 女 | 1995.2 | 群众 | 大专 | 2014.6 | 2区11号 |
| 顾莉娟 | 女 | 1981.11 | 群众 | 大专 | 2004 | 2区18号 |
| 顾家伟 | 男 | 1988.10 | 群众 | 大专 | 2009 | 2区19号 |
| 姚晓刚 | 男 | 1993.9 | 群众 | 大专 | 2014.6 | 2区21号 |
| 陶 静 | 女 | 1989.10 | 群众 | 大专 | 2011.6 | 2区25号 |
| 顾 清 | 男 | 1991.6 | 群众 | 本科 | 2012 | 2区30号 |
| 顾 君 | 女 | 1991.7 | 群众 | 本科 | 2014.7 | 4区42号 |
| 顾利青 | 男 | 1977.10 | 群众 | 本科 | 1999.7 | 2区37号 |
| 钱雪珍 | 女 | 1981.4 | 群众 | 大专 | 2003 | 2区37号 |
| 顾 青 | 男 | 1988.1 | 群众 | 大专 | 2009 | 2区38号 |
| 钱春林 | 男 | 1994.4 | 群众 | 大专 | 2014 | 2区41号 |
| 陈 玲 | 女 | 1989.6 | 群众 | 大专 | 2011 | 2区42号 |
| 张 莉 | 女 | 1987.12 | 群众 | 本科 | 2010 | 3区3号 |

续表

| 姓名 | 性别 | 出生年月 | 政治面貌 | 学历 | 毕业年月 | 住址 |
|---|---|---|---|---|---|---|
| 张维赟 | 女 | 1991.9 | 中共党员 | 本科 | 2014 | 2区45号 |
| 张　晨 | 女 | 1990.10 | 群众 | 本科 | 2013 | 2区48号 |
| 居清逸 | 女 | 1990.5 | 群众 | 本科 | 2013 | 2区49号 |
| 庞骏虹 | 女 | 1990.11 | 群众 | 本科 | 2013 | 2区51号 |
| 顾志明 | 男 | 1972.2 | 中共党员 | 大专 | 2005.7 | 2区52号 |
| 陈云士 | 男 | 1963.8 | 中共党员 | 大专 | 1997.9 | 2区3号 |
| 龚学文 | 男 | 1972.8 | 群众 | 硕士 | 1997 | 2区64号 |
| 庞海花 | 女 | 1983.12 | 群众 | 大专 | 2006 | 2区68号 |
| 唐燕红 | 女 | 1985.1 | 中共党员 | 本科 | 2007.7 | 2区70号 |
| 郑　伟 | 男 | 1983.4 | 群众 | 本科 | 2007.7 | 2区70号 |
| 唐海江 | 男 | 1981.11 | 群众 | 本科 | 2003.7 | 2区71号 |
| 周叶华 | 男 | 1980.5 | 群众 | 本科 | 2004 | 2区78号 |
| 王银泉 | 男 | 1963.4 | 中共党员 | 博士 | 1983.7 | 2区79号 |
| 顾金泉 | 男 | 1965.8 | 中共党员 | 博士 | 1990.7 | 2区86号 |
| 庞思裕 | 女 | 1990.11 | 群众 | 本科 | 2013.6 | 2区87号 |
| 陆俊杰 | 男 | 1989.10 | 群众 | 本科 | 2012 | 2区90号 |
| 居妍红 | 女 | 1991.7 | 群众 | 大专 | 2012 | 2区93号 |
| 周红刚 | 男 | 1979.6 | 群众 | 本科 | 2002.7 | 2区94号 |
| 吴　欢 | 女 | 1981.12 | 群众 | 大专 | 2004.7 | 2区94号 |
| 汝　炜 | 男 | 1983.1 | 群众 | 大专 | 2003.9 | 2区100号 |
| 陈燕军 | 男 | 1988.6 | 群众 | 本科 | 2011.6 | 2区101号 |
| 顾一华 | 男 | 1981.8 | 群众 | 本科 | 2004.7 | 2区103号 |
| 顾　明 | 男 | 1987.11 | 群众 | 大专 | 2010.6 | 2区104号 |
| 陆学新 | 男 | 1971.11 | 群众 | 大专 | 1992.7 | 2区107号 |
| 汝玉泉 | 男 | 1963.12 | 群众 | 大专 | 2009.7 | 2区112号 |
| 汝　健 | 男 | 1988.5 | 群众 | 本科 | 2010.7 | 2区112号 |
| 史方伟 | 男 | 1988.1 | 群众 | 本科 | 2010.7 | 2区113号 |
| 罗怡芳 | 女 | 1987.10 | 群众 | 本科 | 2010.7 | 2区114号 |
| 罗怡静 | 女 | 1990.9 | 中共党员 | 本科 | 2013.7 | 2区114号 |
| 唐建林 | 男 | 1964.1 | 中共党员 | 大专 | 1992 | 2区115号 |
| 唐　敏 | 男 | 1988.1 | 中共党员 | 本科 | 2006.7 | 2区115号 |
| 居志林 | 男 | 1981.11 | 群众 | 本科 | 2011.1 | 2区116号 |
| 吴碧莲 | 女 | 1981.6 | 中共党员 | 本科 | 2011.1 | 2区116号 |

续表

| 姓名 | 性别 | 出生年月 | 政治面貌 | 学历 | 毕业年月 | 住址 |
| --- | --- | --- | --- | --- | --- | --- |
| 龚亮亮 | 男 | 1987.12 | 群众 | 大专 | 2008.6 | 2区117号 |
| 周 婷 | 女 | 1993.1 | 群众 | 本科 | 在校 | 2区118号 |
| 李春华 | 男 | 1987.4 | 群众 | 本科 | 2010.7 | 2区120号 |
| 傅玉林 | 男 | 1966.6 | 群众 | 本科 | 1989.6 | 2区122号 |
| 傅冬蕾 | 女 | 1990.12 | 中共党员 | 本科 | 2013.6 | 2区122号 |
| 李 嘉 | 女 | 1987.8 | 中共党员 | 本科 | 2010.7 | 2区123号 |
| 胡丽娟 | 女 | 1987.9 | 群众 | 本科 | 2011.7 | 2区126号 |
| 胡 英 | 女 | 1993.7 | 群众 | 大专 | 2008.7 | 2区127号 |
| 陆 伟 | 男 | 1987.11 | 群众 | 大专 | 2009.6 | 5区10号 |
| 陆伟红 | 女 | 1988.10 | 群众 | 本科 | 2011.6 | 5区11号 |
| 倪海峰 | 男 | 1987.1 | 群众 | 大专 | 2010.6 | 5区11号 |
| 陆永芳 | 女 | 1978.12 | 群众 | 大专 | 2011.7 | 5区15号 |
| 陆云鹏 | 男 | 1985.8 | 群众 | 本科 | 2008.6 | 5区16号 |
| 陆晓娟 | 女 | 1986.8 | 群众 | 本科 | 2009 | 5区17号 |
| 沈秀芳 | 女 | 1971.8 | 群众 | 大专 | 1994 | 5区21号 |
| 吴思琪 | 女 | 1994.10 | 群众 | 本科 | 在校 | 5区23号 |
| 徐亚健 | 男 | 1990.9 | 中共党员 | 硕士 | 在校 | 5区27号 |
| 马晓春 | 男 | 1990.3 | 群众 | 大专 | 2011.7 | 5区33号 |
| 陆晓莉 | 女 | 1995.10 | 群众 | 本科 | 2014.7 | 5区36号 |
| 胡叶青 | 男 | 1989.11 | 群众 | 大专 | 2001 | 5区46号 |
| 马小英 | 女 | 1979.11 | 群众 | 本科 | 2003.7 | 5区48号 |
| 王平华 | 男 | 1980.8 | 群众 | 本科 | 2003.7 | 5区48号 |
| 唐伟微 | 女 | 1985.6 | 群众 | 本科 | 1998.6 | 5区52号 |
| 张君君 | 男 | 1987.9 | 群众 | 本科 | 2007.9 | 5区53号 |
| 莫宵琦 | 男 | 1991.12 | 群众 | 大专 | 2012.7 | 5区54号 |
| 王 强 | 男 | 1986.4 | 群众 | 大专 | 2008.7 | 5区59号 |
| 张家伟 | 男 | 1994.9 | 群众 | 本科 | 在校 | 3区66号 |
| 马年军 | 女 | 1990.10 | 群众 | 大专 | 2010.7 | 5区67号 |
| 胡怡静 | 女 | 1991.11 | 群众 | 本科 | 2013.6 | 5区71号 |
| 王春华 | 男 | 1979.5 | 群众 | 大专 | 2007.1 | 5区73号 |
| 高菊琴 | 女 | 1979.9 | 群众 | 大专 | 2011.7 | 5区73号 |
| 王晓斌 | 男 | 1986.1 | 中共党员 | 本科 | 2008.7 | 5区76号 |
| 张方华 | 女 | 1986.11 | 群众 | 本科 | 2010.7 | 5区77号 |

续表

| 姓名 | 性别 | 出生年月 | 政治面貌 | 学历 | 毕业年月 | 住址 |
|---|---|---|---|---|---|---|
| 张芳燕 | 女 | 1989.2 | 群众 | 本科 | 2011.7 | 5区77号 |
| 唐良 | 男 | 1993.12 | 群众 | 大专 | 2013.7 | 5区79号 |
| 张立 | 男 | 1993.11 | 群众 | 大专 | 2013.7 | 5区90号 |
| 张敏敏 | 女 | 1986.10 | 群众 | 大专 | 2008.7 | 5区94号 |
| 张金木 | 男 | 1946.10 | 群众 | 大专 | 1968.1 | 5区96号 |
| 王志强 | 男 | 1952.3 | 中共党员 | 大专 | 1975 | 2区83号 |
| 张斌 | 男 | 1974.10 | 中共党员 | 大专 | 1997 | 2区83号 |
| 王小英 | 女 | 1978.3 | 群众 | 大专 | 2000 | 2区83号 |
| 罗旭雯 | 女 | 1989.7 | 群众 | 大专 | 2011.9 | 5区99号 |
| 吴晓婷 | 女 | 1991.10 | 群众 | 大专 | 2011.6 | 5区101号 |
| 顾雅芬 | 女 | 1986.7 | 群众 | 本科 | 2013 | 2区56号 |
| 张琼 | 女 | 1984.10 | 群众 | 本科 | 2010.6 | 2区47号 |
| 陆金林 | 男 | 1963.5 | 中共党员 | 大专 | 1986 | 2区50号 |
| 毛凯华 | 男 | 1985.11 | 群众 | 本科 | 2008.7 | 河南17号 |
| 顾娟妮 | 女 | 1986.3 | 群众 | 大专 | 2008.7 | 河南14号 |
| 顾良 | 男 | 1990.3 | 群众 | 大专 | 2012.7 | 河南14号 |
| 凌伟华 | 男 | 1972.8 | 群众 | 博士 | 1995 | 西浜河南8号 |
| 邹蓉 | 女 | 1985 | 群众 | 大专 | 2006 | 西浜河北8号 |
| 刘真荣 | 男 | 1986.9 | 群众 | 大专 | 2007.7 | 西浜河北10号 |
| 刘君强 | 男 | 1990.10 | 群众 | 大专 | 2013 | 西浜河北14号 |
| 刘焕 | 男 | 1988.12 | 群众 | 本科 | 2011 | 西浜河北18号 |
| 徐红英 | 女 | 1987.2 | 中共党员 | 本科 | 2011.7 | 西浜河北18号 |
| 毛亚军 | 男 | 1990.9 | 群众 | 大专 | 2011 | 西浜河北20号 |
| 刘丽君 | 女 | 1986.12 | 群众 | 本科 | 2009 | 西浜河北21号 |
| 邹超宇 | 男 | 1992.12 | 群众 | 大专 | 2014.1 | 西浜河北23号 |
| 毛晓春 | 男 | 1985.5 | 群众 | 大专 | 2007 | 西浜河北24号 |
| 谢晓虹 | 女 | 1988.11 | 群众 | 本科 | 2011.6 | 西浜河北30号 |
| 杭夏萍 | 女 | 1985.8 | 中共党员 | 本科 | 2008.6 | 西浜河北31号 |
| 宋康 | 男 | 1990.11 | 群众 | 大专 | 2009 | 西浜河北33号 |
| 秦玲 | 女 | 1986.12 | 群众 | 本科 | 2009 | 西浜河北34号 |
| 刘建刚 | 男 | 1981.12 | 群众 | 大专 | 2014 | 西浜河北36号 |
| 刘晓荣 | 女 | 1986.11 | 群众 | 大专 | 2008.6 | 西浜河北37号 |
| 季逸君 | 男 | 1987.2 | 群众 | 大专 | 2008.6 | 浜里5号 |

续表

| 姓名 | 性别 | 出生年月 | 政治面貌 | 学历 | 毕业年月 | 住址 |
|---|---|---|---|---|---|---|
| 朱晓芳 | 女 | 1985.2 | 群众 | 本科 | 2008.6 | 浜里6号 |
| 刘雪华 | 女 | 1981.10 | 群众 | 大专 | 2003 | 浜里11号 |
| 王怡 | 女 | 1993.2 | 中共党员 | 本科 | 在校 | 浜里12号 |
| 张慧芳 | 女 | 1991.12 | 中共党员 | 大专 | 2012.7 | 浜里22号 |
| 王芳芳 | 女 | 1985.5 | 群众 | 大专 | 2007.6 | 浜里23号 |
| 徐小敏 | 男 | 1986.1 | 群众 | 本科 | 2008.6 | 浜里23号 |
| 孙一军 | 男 | 1993.3 | 群众 | 大专 | 2013.9 | 浜里24号 |
| 许晓春 | 男 | 1986.4 | 中共党员 | 大专 | 2014.6 | 浜里25号 |
| 孙文煜 | 男 | 1981.10 | 群众 | 大专 | 2005.7 | 浜里27号 |
| 刘彦 | 女 | 1982.8 | 群众 | 本科 | 2006.7 | 浜里27号 |
| 许晴 | 女 | 1995.1 | 群众 | 大专 | 2014.6 | 浜里28号 |
| 王磊 | 男 | 1989.9 | 中共党员 | 大专 | 2010.7 | 浜里30号 |
| 王娟 | 女 | 1989.11 | 群众 | 大专 | 2011.6 | 3区237号 |
| 许晓庆 | 女 | 1991.10 | 群众 | 本科 | 2013.6 | 浜里32号 |
| 许峰 | 男 | 1982.3 | 群众 | 大专 | 2005 | 浜里34号 |
| 严莉芬 | 女 | 1985.7 | 群众 | 大专 | 2006.6 | 浜里38号 |
| 严佩芳 | 女 | 1981.10 | 群众 | 大专 | 2007.7 | 浜里39号 |
| 龚晓娟 | 女 | 1989.8 | 群众 | 大专 | 2011.6 | 浜里40号 |
| 龚晓强 | 男 | 1994.5 | 群众 | 大专 | 在校 | 浜里40号 |
| 张贤杰 | 男 | 1990.4 | 群众 | 本科 | 2012.6 | 浜里43号 |
| 许根男 | 男 | 1941.1 | 中共党员 | 大专 | 1980.11 | 浜里46号 |
| 许琰 | 男 | 1988.10 | 群众 | 大专 | 2012.6 | 浜里48号 |
| 胡永元 | 男 | 1946.9 | 群众 | 大专 | 1986 | 浜里51号 |
| 许江 | 男 | 1986.12 | 群众 | 大专 | 2009.6 | 浜里60号 |
| 谢瑛 | 女 | 1991.4 | 群众 | 大专 | 2012.6 | 浜里61号 |
| 许旻 | 男 | 1988.4 | 群众 | 本科 | 2010.6 | 浜里64号 |
| 许建明 | 男 | 1971.1 | 中共党员 | 大专 | 1992.7 | 浜里67号 |
| 王玉芳 | 女 | 1980.9 | 群众 | 大专 | 2013.7 | 浜里69号 |
| 许永亮 | 男 | 1988.1 | 群众 | 大专 | 2009.6 | 浜里79号 |
| 董薇 | 女 | 1988.7 | 群众 | 本科 | 2011.7 | 浜里81号 |
| 许环杰 | 男 | 1987.6 | 群众 | 本科 | 2010.6 | 浜里83号 |
| 许永燕 | 男 | 1983.11 | 群众 | 大专 | 2006 | 浜里85号 |
| 许航行 | 男 | 1992.1 | 群众 | 大专 | 2012.7 | 浜里88号 |

续表

| 姓名 | 性别 | 出生年月 | 政治面貌 | 学历 | 毕业年月 | 住址 |
|---|---|---|---|---|---|---|
| 许聪 | 男 | 1986.1 | 群众 | 本科 | 2008.6 | 浜里89号 |
| 许成云 | 男 | 1989.9 | 群众 | 大专 | 2011 | 浜里90号 |
| 许冰茹 | 女 | 1989.11 | 中共党员 | 本科 | 2012 | 浜里91号 |
| 许红清 | 男 | 1975.1 | 群众 | 大专 | 1998 | 浜里93号 |
| 许希喜 | 女 | 1982.12 | 群众 | 本科 | 2011.5 | 浜里94号 |
| 龚晨旭 | 男 | 1981.1 | 中共党员 | 本科 | 2004.7 | 浜里96号 |
| 许俊 | 男 | 1992.10 | 群众 | 大专 | 在校 | 浜里98号 |
| 罗丹 | 女 | 1991.5 | 群众 | 本科 | 2014.3 | 浜里109号 |
| 龚叶文 | 男 | 1976.11 | 群众 | 大专 | 2005 | 浜里110号 |
| 刘勇祥 | 男 | 1977.6 | 中共党员 | 大专 | 2000 | 浜里111号 |
| 吴鹰红 | 女 | 1986.2 | 群众 | 大专 | 2008 | 浜里112号 |
| 李萍 | 女 | 1988.12 | 群众 | 大专 | 2010.9 | 4区3号 |
| 胡明达 | 男 | 1991.11 | 群众 | 本科 | 在校 | 4区5号 |
| 陆雅琦 | 女 | 1988.10 | 群众 | 大专 | 2012.6 | 4区8号 |
| 陆怡青 | 女 | 1994.5 | 群众 | 大专 | 2014.6 | 4区8号 |
| 郭伟 | 男 | 1987.8 | 中共党员 | 本科 | 2010.5 | 4区15号 |
| 陆晨蕾 | 女 | 1991.9 | 群众 | 大专 | 2013.6 | 4区16号 |
| 陆洁 | 女 | 1991.11 | 群众 | 大专 | 2013 | 4区19号 |
| 江虹 | 女 | 1986.7 | 群众 | 大专 | 2006 | 4区21号 |
| 何家晨 | 男 | 1993.9 | 群众 | 大专 | 在校 | 4区22号 |
| 莫晓君 | 女 | 1994.4 | 群众 | 本科 | 在校 | 4区55号 |
| 董莲花 | 女 | 1982.7 | 群众 | 大专 | 2009.6 | 4区27号 |
| 王磊 | 女 | 1982.10 | 中共党员 | 本科 | 2003.7 | 浜里96号 |
| 徐龙根 | 男 | 1957.10 | 中共党员 | 本科 | 1992.7 | 4区31号 |
| 徐雪康 | 男 | 1981.11 | 中共党员 | 大专 | 2005 | 4区31号 |
| 沈芳 | 女 | 1990.5 | 群众 | 大专 | 2010.6 | 4区37号 |
| 陆爱芳 | 女 | 1980.1 | 群众 | 本科 | 2007.1 | 4区41号 |
| 顾君 | 女 | 1986.11 | 群众 | 本科 | 2007.12 | 2区29号 |
| 顾丽娟 | 女 | 1988.9 | 群众 | 大专 | 2010.6 | 4区46号 |
| 余军红 | 女 | 1980.10 | 中共党员 | 本科 | 2014 | 4区57号 |
| 顾德明 | 男 | 1990.10 | 群众 | 大专 | 2013.7 | 4区59号 |
| 江华东 | 男 | 1984.10 | 群众 | 本科 | 2007.7 | 4区60号 |
| 张骏健 | 男 | 1990.10 | 中共党员 | 本科 | 2012 | 4区63号 |

续表

| 姓名 | 性别 | 出生年月 | 政治面貌 | 学历 | 毕业年月 | 住址 |
|---|---|---|---|---|---|---|
| 张雨旋 | 女 | 1994.9 | 群众 | 硕士 | 在校 | 4区64号 |
| 张叶锋 | 男 | 1987.10 | 群众 | 本科 | 2010 | 4区77号 |
| 蔡叶青 | 女 | 1989.2 | 中共党员 | 本科 | 2012 | 4区77号 |
| 江红荣 | 女 | 1983.6 | 群众 | 大专 | 2005 | 4区78号 |
| 朱健 | 男 | 1986.1 | 群众 | 本科 | 2009 | 4区79号 |
| 杭熙春 | 女 | 1986.2 | 中共党员 | 本科 | 2009 | 4区79号 |
| 郭芙 | 女 | 1992.12 | 群众 | 大专 | 2013 | 4区81号 |
| 李俊 | 男 | 1990.4 | 群众 | 大专 | 2012 | 4区85号 |
| 钱黎燕 | 女 | 1984.7 | 群众 | 本科 | 2011.1 | 4区88号 |
| 钱春燕 | 女 | 1985.5 | 群众 | 大专 | 2006 | 4区91号 |
| 袁彬 | 男 | 1988.12 | 群众 | 大专 | 2009 | 4区93号 |
| 张冬芳 | 女 | 1981.11 | 群众 | 本科 | 2004.6 | 4区95号 |
| 李妹新 | 女 | 1978.11 | 中共党员 | 大专 | 2012.7 | 4区96号 |
| 许建明 | 男 | 1971.1 | 群众 | 大专 | 1993 | 浜里67号 |
| 刘真光 | 男 | 1984.9 | 群众 | 本科 | 2008.6 | 西浜河北9号 |
| 许红伟 | 男 | 1971.12 | 中共党员 | 本科 | 2000.7 | 3区85号 |
| 戴丽君 | 女 | 1986.12 | 群众 | 大专 | 2008.6 | 西浜河北9号 |
| 陈玲娟 | 女 | 1989.1 | 群众 | 大专 | 2001 | 2区96号 |
| 陆俊杰 | 男 | 1989.10 | 群众 | 本科 | 2011 | 2区90号 |
| 张丽 | 女 | 1989.5 | 群众 | 本科 | 2012.6 | 2区44号 |
| 沈亮 | 男 | 1987.5 | 群众 | 本科 | 2010.6 | 2区44号 |
| 许峰 | 男 | 1982.3 | 群众 | 大专 | 2004 | 浜里34号 |
| 张怡 | 女 | 1992.1 | 群众 | 本科 | 在校 | 2区46号 |
| 汝峰 | 女 | 1989.11 | 群众 | 本科 | 2011.6 | 2区77号 |
| 许建红 | 男 | 1979.6 | 群众 | 本科 | 2002 | 浜里77号 |
| 顾林燕 | 女 | 1987.11 | 中共党员 | 本科 | 2010 | 浜里78号 |
| 吴爱芳 | 女 | 1979.12 | 群众 | 大专 | 2004 | 4区279号 |
| 史文俊 | 男 | 1976.1 | 中共党员 | 大专 | 1998.7 | 4区279号 |
| 江晓敏 | 女 | 1992.4 | 群众 | 本科 | 在校 | 4区30号 |
| 陆珺怡 | 女 | 1995.4 | 群众 | 本科 | 在校 | 4区103号 |
| 查志勇 | 男 | 1988.12 | 群众 | 大专 | 2005 | 3区326号 |
| 陆雷 | 女 | 1992.1 | 群众 | 大专 | 在校 | 5区24号 |
| 江淳贤 | 男 | 1991.11 | 群众 | 本科 | 在校 | 2区102号 |

续表

| 姓名 | 性别 | 出生年月 | 政治面貌 | 学历 | 毕业年月 | 住址 |
|---|---|---|---|---|---|---|
| 陆静芳 | 女 | 1991.4 | 群众 | 大专 | 2012 | 3区35号 |
| 王兰芳 | 女 | 1980.4 | 群众 | 大专 | 2003.6 | 4区97号 |
| 曹维年 | 男 | 1953.12 | 群众 | 大专 | 1982.2 | 3区129号 |
| 李 芬 | 女 | 1989.3 | 中共党员 | 本科 | 2011.6 | 4区101号 |
| 郭桂芳 | 女 | 1978.10 | 中共党员 | 大专 | 2002 | 4区102号 |
| 唐敏芳 | 女 | 1993.12 | 中共预备党员 | 本科 | 在校 | 4区122号 |
| 胡虹莺 | 女 | 1981.7 | 群众 | 大专 | 2003.7 | 4区107号 |
| 吴朝华 | 男 | 1981.12 | 群众 | 大专 | 2003 | 4区107号 |
| 唐嘉琪 | 女 | 1993.10 | 群众 | 本科 | 在校 | 4区116号 |
| 陆伟华 | 男 | 1980.6 | 群众 | 大专 | 2003.7 | 4区118号 |
| 周福根 | 男 | 1958.7 | 群众 | 大专 | 2003.4 | 4区124号 |
| 周 瑾 | 女 | 1987.12 | 群众 | 大专 | 2008.7 | 4区124号 |
| 高永明 | 男 | 1981.9 | 群众 | 大专 | 2008.8 | 4区131号 |
| 陆志芳 | 女 | 1982.4 | 群众 | 大专 | 2003 | 4区151号 |
| 高 晴 | 男 | 1992.2 | 群众 | 大专 | 2011.7 | 4区163号 |
| 徐 良 | 女 | 1987.7 | 群众 | 大专 | 2009 | 4区257号 |
| 郑冬亮 | 男 | 1987.12 | 群众 | 大专 | 2008.9 | 4区273号 |
| 朱广晨 | 男 | 1991.5 | 群众 | 大专 | 2012.6 | 4区274号 |
| 朱婷婷 | 女 | 1987.10 | 群众 | 大专 | 2008.7 | 4区277号 |
| 蔡叶华 | 男 | 1972.8 | 中共党员 | 本科 | 2012.1 | 4区208号 |
| 徐雪明 | 男 | 1982.10 | 群众 | 本科 | 2003.8 | 4区278号 |
| 王娟华 | 女 | 1981.2 | 群众 | 本科 | 2003.8 | 4区278号 |
| 徐惠珍 | 女 | 1980.12 | 群众 | 大专 | 2005.7 | 4区282号 |
| 刘鑫宇 | 男 | 1977.7 | 群众 | 本科 | 2002.7 | 4区282号 |
| 江晓琴 | 女 | 1986.12 | 群众 | 大专 | 2004.6 | 4区285号 |
| 袁 彬 | 男 | 1986.1 | 中共党员 | 本科 | 2009.6 | 4区286号 |
| 江永芳 | 女 | 1971.10 | 群众 | 大专 | 2000.7 | 4区289号 |
| 钮美芳 | 女 | 1971.10 | 群众 | 本科 | 2008 | 1区2号 |
| 高小燕 | 女 | 1989.5 | 群众 | 本科 | 2013.6 | 1区11号 |
| 翁佳冬 | 男 | 1993.11 | 群众 | 本科 | 2013 | 1区16号 |
| 翁晓琴 | 女 | 1989.2 | 群众 | 本科 | 2011.6 | 1区20号 |
| 翁晓静 | 女 | 1989.11 | 群众 | 本科 | 2012.7 | 1区21号 |
| 张 奕 | 女 | 1988.9 | 群众 | 本科 | 2011.6 | 1区22号 |

续表

| 姓名 | 性别 | 出生年月 | 政治面貌 | 学历 | 毕业年月 | 住址 |
|---|---|---|---|---|---|---|
| 张琪 | 女 | 1993.12 | 群众 | 大专 | 在校 | 1区22号 |
| 何斌 | 男 | 1990.11 | 群众 | 大专 | 2011.6 | 1区33号 |
| 何刚 | 男 | 1988.6 | 群众 | 大专 | 2010.6 | 1区35号 |
| 袁元元 | 男 | 1978.11 | 群众 | 本科 | 2000.6 | 1区36号 |
| 袁芳 | 女 | 1988.3 | 群众 | 本科 | 2010.6 | 1区36号 |
| 姚鹏超 | 男 | 1985.11 | 群众 | 本科 | 2007.6 | 1区39号 |
| 陈燕 | 女 | 1985.8 | 中共党员 | 本科 | 2008.6 | 1区39号 |
| 盛林根 | 男 | 1957.5 | 群众 | 大专 | 1990 | 1区40号 |
| 徐丽娟 | 女 | 1989.10 | 群众 | 大专 | 2011.6 | 1区47号 |
| 徐诚娟 | 女 | 1996.10 | 群众 | 大专 | 在校 | 1区47号 |
| 莫晓峰 | 男 | 1988.7 | 群众 | 大专 | 2009.7 | 1区49号 |
| 莫伟华 | 男 | 1981.11 | 群众 | 本科 | 2002.8 | 1区51号 |
| 蒋芳芳 | 女 | 1991.8 | 群众 | 本科 | 2003.6 | 1区51号 |
| 王紫奕 | 女 | 1993.12 | 群众 | 大专 | 在校 | 1区53号 |
| 莫晓燕 | 女 | 1991.11 | 群众 | 大专 | 2013.6 | 1区63号 |
| 董兰芳 | 女 | 1979.8 | 群众 | 大专 | 2008 | 1区68号 |
| 陆雯 | 女 | 1988.3 | 群众 | 大专 | 2010.6 | 1区76号 |
| 陆晓雯 | 女 | 1990.12 | 群众 | 大专 | 2012.7 | 1区80号 |
| 徐燕 | 女 | 1989.11 | 群众 | 本科 | 2011 | 1区86号 |
| 陆晓芳 | 女 | 1986.10 | 群众 | 大专 | 2008.3 | 1区94号 |
| 陆晓菁 | 女 | 1989.10 | 群众 | 大专 | 2011.6 | 1区94号 |
| 徐莉 | 女 | 1985.12 | 群众 | 本科 | 2007.7 | 1区101号 |
| 徐建明 | 男 | 1962.5 | 群众 | 大专 | 1993 | 1区101号 |
| 王燕 | 女 | 1988.8 | 群众 | 本科 | 2012.6 | 1区102号 |
| 袁雪华 | 男 | 1983.5 | 群众 | 大专 | 2004 | 1区104号 |
| 董玲玲 | 女 | 1985.2 | 群众 | 大专 | 2005.6 | 1区105号 |
| 王君 | 女 | 1986.12 | 群众 | 大专 | 2008.6 | 1区106号 |
| 王莉琼 | 女 | 1985.10 | 中共党员 | 大专 | 2006 | 1区103号 |
| 莫莉萍 | 女 | 1988.9 | 群众 | 本科 | 2013.4 | 1区118号 |
| 张凯力 | 男 | 1987.8 | 群众 | 本科 | 2009.6 | 1区118号 |
| 王青 | 男 | 1991.7 | 群众 | 大专 | 2012.7 | 1区119号 |
| 莫志刚 | 男 | 1980.10 | 中共党员 | 本科 | 2002 | 1区55号 |
| 吴燕 | 女 | 1985.11 | 群众 | 本科 | 2011 | 5区30号 |

续表

| 姓名 | 性别 | 出生年月 | 政治面貌 | 学历 | 毕业年月 | 住址 |
|---|---|---|---|---|---|---|
| 袁丽花 | 女 | 1983.6 | 群众 | 本科 | 2008.7 | 3区208号 |
| 许瑜 | 女 | 1994.11 | 群众 | 大专 | 2013.7 | 浜里99号 |
| 张燕 | 女 | 1980.10 | 群众 | 本科 | 2004 | 弯浜里32号 |
| 陆晓娟 | 女 | 1986.8 | 群众 | 本科 | 2008.6 | 5区17号 |
| 罗丽珍 | 女 | 1981 | 中共党员 | 大专 | 2003 | 1区61号 |
| 姚亚静 | 女 | 1994.10 | 群众 | 本科 | 2016 | 3区346号 |
| 顾莉娟 | 女 | 1981.11 | 群众 | 大专 | 2011.7 | 2区18号 |

## 二、留学生（表12-4）

| 姓名 | 性别 | 出生年月 | 政治面貌 | 文化程度 | 留学国家 | 出国时间 |
|---|---|---|---|---|---|---|
| 王银泉 | 男 | 1963.4 | 中共党员 | 博士 | 加拿大 | 1997 |
| 陆寒 | 男 | 1992.11 | 团员 | 本科 | 美国 | 2012 |
| 张雨璇 | 女 | 1994.9 | 团员 | 本科 | 英国 | 2013 |
| 顾剑 | 男 | 1980.2 | 群众 | 本科 | 美国 | 2003 |
| 莫莉萍 | 女 | 1994.9 | 团员 | 本科 | 意大利 | 2008 |
| 翁晓华 | 女 | 1980.1 | 群众 | 本科 | 英国 | 2006 |
| 高云兰 | 女 | 1989.6 | 群众 | 本科 | 韩国 | 2009 |

# 第六节　退伍、转业军人

## 一、红庄村（表12-5）

| 姓　名 | 入伍时所在住地 | 入伍时间 | 退伍复员/转业时间 | 备注 |
|---|---|---|---|---|
| 金长根 | 红庄12队 | 1951 | 1955 | 退伍 |
| 刘老土 | 红庄8队 | 1955 | 1959 | 退伍 |
| 陆进生 | 红庄4队 | 1956 | 1960 | 退伍 |
| 王根全 | 红庄9队 | 1956 | 1959 | 退伍 |
| 王根兴 | 红庄6队 | 1956 | 1959 | 退伍 |
| 刘根男 | 红庄8队 | 1956 | 1959 | 退伍 |
| 张道大 | 红庄3队 | 1958 | 1962 | 退伍 |
| 王其生 | 红庄7队 | 1958 | 1962 | 退伍 |

续表

| 姓　名 | 入伍时所在住地 | 入伍时间 | 退伍复员/转业时间 | 备注 |
|---|---|---|---|---|
| 汝木全 | 红庄 4 队 | 1960 | 1964 | 退伍 |
| 许官福 | 红庄 12 队 | 1960 | 1968 | 退伍 |
| 王水火 | 红庄 10 队 | 1964 | 1968 | 退伍 |
| 张金男 | 红庄 11 队 | 1964 | 1968 | 退伍 |
| 许水男 | 红庄 7 队 | 1965 | 1969 | 退伍 |
| 周全男 | 红庄 1 队 | 1965 | 1968 | 退伍 |
| 龚水男 | 红庄 3 队 | 1965 | 1968 | 退伍 |
| 罗道元 | 红庄 3 队 | 1965 | 1968 | 退伍 |
| 陆全正 | 红庄 4 队 | 1965 | 1978 | 转业 |
| 凌木全 | 红庄 9 队 | 1965 | 1968 | 退伍 |
| 刘木根 | 红庄 8 队 | 1968 | 1972 | 退伍 |
| 谢牛根 | 红庄 6 队 | 1969 | 1973 | 退伍 |
| 罗阿夯 | 红庄 3 队 | 1970 | 1974 | 退伍 |
| 莫木根 | 红庄 10 队 | 1970 | 1973 | 退伍 |
| 马金根 | 红庄 11 队 | 1970 | 1972 | 退伍 |
| 陆全云 | 红庄 4 队 | 1971 | 1975 | 退伍 |
| 顾金根 | 红庄 9 队 | 1971 | 1975 | 退伍 |
| 吴大毛 | 红庄 10 队 | 1971 | 1975 | 退伍 |
| 施云根 | 红庄 3 队 | 1973 | 1977 | 退伍 |
| 孙木根 | 红庄 4 队 | 1973 | 1977 | 退伍 |
| 罗林根 | 红庄 11 队 | 1973 | 1977 | 退伍 |
| 许雪男 | 红庄 6 队 | 1973 | 1986 | 转业 |
| 马多根 | 东湖 | 1973 | 1986 | 退伍 |
| 许雪林 | 红庄 7 队 | 1976 | 1980 | 退伍 |
| 唐玉林 | 红庄 4 队 | 1976 | 1980 | 退伍 |
| 莫银男 | 红庄 7 队 | 1977 | 1981 | 退伍 |
| 刘玉林 | 红庄 8 队 | 1977 | 1981 | 退伍 |
| 刘建根 | 红庄 8 队 | 1978 | 1982 | 退伍 |
| 毛正福 | 红庄 9 队 | 1979 | 1982 | 退伍 |
| 刘建男 | 红庄 8 队 | 1980 | 1981 | 退伍 |
| 许三根 | 红庄 5 队 | 1981 | 1983 | 退伍 |
| 王玉龙 | 红庄 10 队 | 1981 | 1983 | 退伍 |
| 严永根 | 红庄 7 队 | 1981 | 1984 | 退伍 |

续表

| 姓　名 | 入伍时所在住地 | 入伍时间 | 退伍复员/转业时间 | 备注 |
|---|---|---|---|---|
| 唐金元 | 红庄11队 | 1981 | 1984 | 退伍 |
| 庄全明 | 邵昂 | 1981 | 1984 | 退伍 |
| 孙丰根 | 红庄5组 | 1983 | 1986 | 退伍 |
| 王文根 | 红庄2组 | 1983 | 1986 | 退伍 |
| 刘林男 | 红庄8组 | 1983 | 1987 | 退伍 |
| 谢秋男 | 红庄9组 | 1983 | 1987 | 退伍 |
| 陈林男 | 红庄1组 | 1984 | 1987 | 退伍 |
| 汝红星 | 红庄4组 | 1985 | 1989 | 退伍 |
| 谢永伟 | 红庄6组 | 1986 | 1990 | 退伍 |
| 严建春 | 红庄7组 | 1986 | 1990 | 退伍 |
| 邹海男 | 红庄9组 | 1988 | 1991 | 退伍 |
| 吴建林 | 红庄11组 | 1990 | 1992 | 退伍 |
| 毛俊杰 | 红庄8组 | 1991 | 1993 | 退伍 |
| 许红伟 | 红庄6组 | 1991 | 2010 | 转业 |
| 龚福明 | 红庄4组 | 1995 | 1998 | 退伍 |
| 刘永祥 | 红庄8组 | 1996 | 1998 | 退伍 |
| 唐林琦 | 红庄3组 | 2000 | 2002 | 退伍 |
| 许爱华 | 红庄5组 | 2002 | 2004 | 退伍 |
| 张国华 | 红庄5组 | 2002 | 2004 | 退伍 |
| 张　林 | 红庄5组 | 2003 | 2005 | 退伍 |
| 刘振华 | 西浜河北27号 | 2004 | 2006 | 退伍 |
| 刘晓东 | 西浜河北32-2号 | 2005 | 2007 | 退伍 |
| 许晓春 | 浜里25号 | 2006 | 2008 | 退伍 |
| 许　旻 | 浜里64号 | 2007 | 2009 | 退伍 |
| 吴健康 | 5区 | 2008 | 2010 | 退伍 |
| 罗　瑞 | 3区55号 | 2009 | 2011 | 退伍 |
| 王　磊 | 浜里30号 | 2010 | 2012 | 退伍 |
| 许航行 | 浜里88号 | 2012 | / | 在役 |

## 二、尹西村（表12-6）

| 姓名 | 入伍时原籍 | 入伍时间 | 退伍复员/转业时间 | 备注 |
|---|---|---|---|---|
| 庞泉福 | 钢铁6队 | 1951 | 1956 | 退伍 |
| 郭小男 | 钢铁4队 | 1951 | 1953 | 退伍 |

续表

| 姓名 | 入伍时原籍 | 入伍时间 | 退伍复员/转业时间 | 备注 |
|---|---|---|---|---|
| 刘和根 | 钢铁3队 | 1951 | 1956 | 退伍 |
| 袁狗大 | 钢铁5队 | 1953 | 1957 | 退伍 |
| 韩阿大 | 钢铁1队 | 1955 | 1958 | 退伍 |
| 李根福 | 钢铁3队 | 1955 | 1959 | 退伍 |
| 陆水火 | 钢铁6队 | 1957 | 1960 | 退伍 |
| 李云根 | 钢铁4队 | 1958 | 1966 | 退伍 |
| 张水云 | 钢铁2队 | 1960 | 1965 | 退伍 |
| 钱木金 | 钢铁4队 | 1962 | 1966 | 退伍 |
| 李海林 | 钢铁3队 | 1965 | 1979 | 转业 |
| 江宝根 | 钢铁2队 | 1965 | 1968 | 转业 |
| 陆四男 | 钢铁3队 | 1972 | 1977 | 转业 |
| 庞三根 | 钢铁2队 | 1973 | 1976 | 转业 |
| 顾泉男 | 钢铁2队 | 1976 | 1984 | 转业 |
| 江土根 | 钢铁1队 | 1977 | 1981 | 转业 |
| 钱福龙 | 钢铁4队 | 1978 | 1990 | 转业 |
| 袁玉文 | 钢铁5队 | 1978 | 1982 | 转业 |
| 钱多男 | 钢铁1队 | 1982 | 1986 | 转业 |
| 江奋根 | 钢铁2队 | 1982 | 1986 | 转业 |
| 李桂根 | 尹西村7组 | 1985 | 1989 | 转业 |
| 陆伟华 | 尹西村5组 | 1988 | 1991 | 转业 |
| 张建刚 | 尹西村8组 | 1990 | 1993 | 转业 |
| 钱新根 | 尹西村1组 | 1991 | 1994 | 转业 |
| 胡国锋 | 尹西村6组 | 1992 | 1996 | 退伍 |
| 胡雪敏 | 尹西村6组 | 1993 | 1996 | 退伍 |
| 陆立新 | 尹西村9组 | 1994 | 1997 | 退伍 |
| 董永丰 | 尹西村9组 | 1997 | 2000 | 退伍 |
| 钱志林 | 尹西村1组 | 2000 | 2002 | 退伍 |
| 付会华 | 尹西村3组 | 2004 | 2006 | 退伍 |
| 江勇 | 尹西村1组 | 2009 | 2011 | 退伍 |
| 钱俊敏 | 尹西村8组 | 2009 | 2011 | 退伍 |
| 唐俊贤 | 尹西村9组 | 2011 | 2013 | 退伍 |
| 顾峰 | 尹西村11组 | 2011 | / | 在役 |

注：尹西、双桥村（大队）原为钢铁大队。

## 三、双桥村（表12-7）

| 姓名 | 入伍时原籍 | 入伍时间 | 退伍复员/转业时间 | 备注 |
| --- | --- | --- | --- | --- |
| 张水根 | 钢铁7队 | 1953 | 1957 | 转业 |
| 张夫良 | 钢铁7队 | 1953 | 1957 | 退伍 |
| 顾伯全 | 钢铁7队 | 1953 | 1957 | 退伍 |
| 徐土林 | 钢铁11队 | 1956 | 1961 | 退伍 |
| 翁火林 | 钢铁8队 | 1957 | 1962 | 退伍 |
| 王水福 | 钢铁10队 | 1957 | 1962 | 退伍 |
| 徐云林 | 钢铁11队 | 1960 | 1964 | 退伍 |
| 陆老土 | 钢铁13队 | 1962 | 1966 | 退伍 |
| 张云加 | 钢铁12队 | 1964 | 1968 | 退伍 |
| 王全根 | 钢铁10队 | 1965 | 1979 | 转业 |
| 张元根 | 钢铁7队 | 1968 | 1971 | 退伍 |
| 张文会 | 钢铁13队 | 1968 | 1971 | 退伍 |
| 郑阿二 | 钢铁11队 | 1968 | 1970 | 退伍 |
| 顾全官 | 钢铁7队 | 1968 | 1971 | 退伍 |
| 郑阿三 | 钢铁11队 | 1969 | 1988 | 退伍 |
| 徐福根 | 钢铁12队 | 1970 | 1974 | 退伍 |
| 金老火 | 钢铁8队 | 1970 | 1974 | 退伍 |
| 吴福根 | 钢铁13队 | 1972 | 1978 | 退伍 |
| 沈月明 | 钢铁10队 | 1972 | 1977 | 退伍 |
| 莫林根 | 钢铁9队 | 1972 | 1977 | 退伍 |
| 顾龙根 | 钢铁7队 | 1972 | 1977 | 退伍 |
| 朱祥男 | 钢铁12队 | 1976 | 1980 | 退伍 |
| 张文华 | 钢铁7队 | 1978 | 1982 | 退伍 |
| 沈水福 | 钢铁11队 | 1979 | 1982 | 退伍 |
| 罗祥方 | 钢铁12队 | 1979 | 1983 | 退伍 |
| 陆三毛 | 钢铁13队 | 1979 | 1983 | 退伍 |
| 罗卫星 | 钢铁12队 | 1979 | 1983 | 退伍 |
| 查金木 | 双桥1组 | 1983 | 1987 | 退伍 |
| 徐木龙 | 双桥9组 | 1984 | 1988 | 退伍 |
| 顾学明 | 双桥3组 | 1986 | 1989 | 退伍 |
| 徐志坚 | 双桥8组 | 1987 | 1990 | 退伍 |
| 袁向荣 | 双桥4组 | 1989 | 1992 | 退伍 |
| 高永新 | 双桥4组 | 1990 | 1993 | 退伍 |

续表

| 姓名 | 入伍时原籍 | 入伍时间 | 退伍复员/转业时间 | 备注 |
|---|---|---|---|---|
| 郑秋华 | 双桥9组 | 1992 | 1995 | 退伍 |
| 徐志刚 | 双桥8组 | 1993 | 1996 | 退伍 |
| 张跃国 | 双桥8组 | 1993 | 1996 | 退伍 |
| 章玉林 | 双桥7组 | 1993 | 1996 | 退伍 |
| 张爱民 | 双桥3组 | 1996 | 1999 | 退伍 |
| 沈伟刚 | 双桥6组 | 2000 | 2002 | 退伍 |
| 沈 华 | 双桥6组 | 2001 | 2003 | 退伍 |
| 徐黎明 | 双桥9组 | 2007 | 2009 | 退伍 |

注：尹西、双桥村（大队）原为钢铁大队。

## 第七节 荣誉录

### 一、集体荣誉

表12-8 红庄社区获得省级集体荣誉表

| 时间 | 荣誉名称 | 授予单位 |
|---|---|---|
| 2011年 | 2006—2010年度社会治安综合治理先进集体 | 江苏省委省政府 |
| 2013年 | 劳动与社会保障先进社区 | 江苏省社会保障厅 |

表12-9 红庄社区获得市级集体荣誉表

| 时间 | 荣誉名称 | 授予单位 |
|---|---|---|
| 2006年3月 | 苏州市人口和计划生育工作先进集体 | 苏州市委、市政府 |
| 2008年11月 | 民主法制社区 | 苏州市依法治市领导小组司法局、民政局 |
| 2009年6月 | 实践科学、推进两个率先先锋社区 | 苏州市委 |
| 2010年5月 | 五一文明岗 | 苏州市总工会、精神文明建设办公室 |
| 2010年 | 2005—2009年度"创建充分就业社区工作先进集体" | 苏州市人民政府 |
| 2010年 | 平安企业先进集体 | 苏州市平安企业创建活动领导小组 |
| 2010年 | 土地管理先进村 | 苏州市国土资源局吴中分局 |
| 2011年2月 | 苏州市村级经济发展百强村 | 苏州市委、市政府 |
| 2011年 | 土地管理先进村 | 苏州市国土资源局吴中分局 |
| 2012年 | 土地管理先进村 | 苏州市国土资源局吴中分局 |

续表

| 时间 | 荣誉名称 | 授予单位 |
|---|---|---|
| 2012年 | 劳动和社会保障先进社区 | 苏州市社会保障局 |
| 2013年 | 苏州市规范化村（社区）人民调解委员会 | 苏州市司法局 |

表 12-10　红庄社区获得区级集体荣誉表

| 时间 | 荣誉名称 | 授予单位 |
|---|---|---|
| 2005年 | 2003—2004年度"爱国卫生先进集体" | 吴中区爱卫会、人事局 |
| 2006年1月 | 民主法治示范社区 | 吴中区依法治区领导小组 |
| 2007年3月 | 五位一体示范综治办 | 吴中区委、区政府 |
| 2007年12月 | 和谐社区 | 吴中区委、区政府 |
| 2007年 | 户村接警系统建设先进单位 | 吴中区社会治安综合治理委员会 |
| 2008年 | 2006—2007年度先进基层党组织 | 吴中区委 |
| 2008年 | 文明单位 | 吴中区委、区政府 |
| 2008年 | 新农村建设先进单位 | 吴中区委、区政府 |
| 2009年1月 | 先进人民调解委员会 | 吴中区司法局 |
| 2009年3月 | 生态环境建设先进集体 | 吴中区委、区政府 |
| 2009年12月 | 五星级"五位一体"综治办 | 吴中区社会治安综合治理委员会 |
| 2010年 | 社区管理先进单位 | 吴中开发区工作委员会 |
| 2010年 | 集体稳定收入超千万元村（社区） | 吴中区委、区政府 |
| 2010年 | 社区先进管理单位 | 吴中开发区工作委员会 |
| 2010年 | 国土资源管理先进单位 | 吴中区人民政府 |
| 2011年 | 2006—2010年度法制宣传教育先进集体 | 吴中区委、区政府 |
| 2011年1月 | 人民调解先进集体 | 吴中区司法局 |
| 2011年3月 | 农村集体经济发展先进单位 | 吴中区委、区政府 |
| 2011年6月 | 先进党组织 | 吴中开发区工作委员会 |
| 2011年 | 集体稳定收入超千万元村 | 吴中区委、区政府 |
| 2011年 | 征兵工作先进集体 | 吴中开发区管委会 |
| 2012年1月 | 吴中区法制文化建设示范项目 | 吴中区法制宣传教育领导小组办公室 |
| 2012年 | 农村集体（合作）经济发展先进单位 | 吴中开发区工作委员会 |
| 2012年 | 先进民兵营 | 吴中区人武部 |
| 2013年 | 2011—2012年度先进基层分党校 | 吴中区委宣传部、组织部 |
| 2013年 | 2011—2012年度社会管理先进单位 | 吴中开发区工作委员会 |

续表

| 时间 | 荣誉名称 | 授予单位 |
|---|---|---|
| 2013年 | 农村集体（合作）经济发展先进单位 | 吴中区委、区政府 |
| 2013年 | 集体稳定收入超千万元村（社区） | 吴中区委、区政府 |
| 2013年 | 先进单位 | 吴中开发区管委会 |

表12-11 红庄社区获得街道级集体荣誉表

| 时间 | 荣誉名称 | 授予单位 |
|---|---|---|
| 2008年 | 先进基层党组织 | 中共吴中区城南街道工作委员会 |
| 2009年 | 先进基层党组织 | 中共吴中区城南街道工作委员会 |
| 2013年 | 2007—2012年度残疾人工作先进集体 | 吴中区城南街道残疾人联合会 |

## 二、个人荣誉录

新中国成立以来，境内农民在社会主义革命和建设中，特别是在农业学大寨和学"毛选"、学雷锋活动中，涌现出许多先进事迹和优秀人物。由于诸多资料已丢失，许多知情者已不在人世，故我们仅将搜集到的部分资料略作记载。

1963年，徐云林荣获解放军6321部队三等功。

1964年，许根男荣获吴县共青团委员会先进工作者。

1978年，王志强荣获吴县劳动模范称号。

1981年，王志强荣获江苏省爱国卫生先进工作者，记三等功。

1982年，刘建根荣获解放军86837部队三等功。

1983年，钱福龙荣获解放军86850部队三等功。

1991年，徐建明荣获苏州市科学成果奖。

2005年，顾志明荣获江苏省实验动物科学先进工作者称号。

2006年，顾金根荣获首届全国教师论文大赛两个一等奖、一个三等奖（《中学生心理矛盾浅析及对策》和《初中"细腰"现象浅析》获一等奖，《关于中学综合学科教学的哲学思考》获三等奖）。

2007年，顾金根荣获中国基础教育研究所科研成果一等奖（《中学思想政治课课堂教学结构初探》）。

2007年，莫林男荣获吴中区劳动模范称号。

2010年，顾金根荣获新中国60年基础教育论文大赛一等奖（《有效整合信息技术拓展教育时空》）。

2012年，许建明荣获苏州市优秀新闻工作者。

2013年，刘建根荣获苏州市委、市政府授予的"苏州市新农村建设带头人"称号。

## 三、五好文明家庭

20世纪80年代始，遵照中央"物质文明和精神文明两手抓，两手都要硬"的指示，红庄社区与全国各地一样，广泛开展了以"爱国家，爱集体，遵纪守法好；家庭和睦，教育子女好；邻里团结，道德风尚好；学科学，学文化，勤劳致富好；文明节约，移风易俗好"

为标准的"五好家庭"争创活动。1990年始,又广泛开展以"有热爱共产党、热爱祖国、热爱社会主义的心灵;有时代精神、开拓进取、乐于奉献、改革创新的信念;有科学文明的家庭生活,温馨和谐、积极向上、文化生活丰富多彩的欢乐家庭;有家庭和睦、敬老爱幼、邻里团结的传统美德;有勤劳致富、勤俭节约、艰苦创业获得优异成绩"为主要内容的"文明户"争创活动。至2013年末,红庄社区共有28户居民获"五好家庭"称号,1户获"文明户"称号,1名妇女获"好媳妇"称号。

表12-12　红庄社区五好家庭、好媳妇、文明户一览表

| 户名 | 性别 | 五好家庭评选(年) | 好媳妇评选(年) | 文明家庭评选(年) | 原家庭住址 | 现家庭住址 |
| --- | --- | --- | --- | --- | --- | --- |
| 刘桂英 | 女 | 1984 | / | / | 红庄6组 | 浜里73号 |
| 莫美英 | 女 | 1984 | / | / | 红庄10组 | 五区101号 |
| 莫雪庆 | 男 | 1984 | / | / | 双桥7组 | 四区45号 |
| 陆金福 | 男 | 1984 | / | / | 双桥12组 | 五区21号 |
| 张玉妹 | 女 | 1984 | / | / | 尹西4组 | 四区73号 |
| 顾毛妹 | 女 | 1984 | / | / | 尹西5组 | 二区30号 |
| 吴大毛 | 男 | 1986 | / | / | 红庄10组 | 五区64号 |
| 陆木云 | 男 | 1986 | / | / | 尹西11组 | 四区41号 |
| 陆木金 | 男 | 1986 | / | / | 尹西5组 | 二区28号 |
| 毛会土 | 男 | 1986 | / | / | 红庄9组 | 西浜河南3号 |
| 王纪根 | 男 | 1986 | / | / | 尹西8组 | 四区62号 |
| 王志强 | 男 | / | / | 1992 | 红庄2组 | 二区83号 |
| 何群英 | 女 | 1987 | / | / | 红庄11组 | 五区99号 |
| 张龙妹 | 女 | 1987 | / | / | 尹西9组 | 四区93号 |
| 秦钰男 | 女 | 1987 | / | / | 红庄9组 | 西浜河北34号 |
| 毛召英 | 女 | 1990 | / | / | 双桥1组 | 一区40号 |
| 张元根 | 男 | 1991—1994 | / | / | 双桥3组 | 三区26号 |
| 胡建男 | 男 | 1995 | / | / | 红庄11组 | 五区71号 |
| 胡菊妹 | 女 | 1998 | / | / | 尹西10组 | 四区42号 |
| 顾文英 | 女 | 1998 | / | / | 双桥4组 | 一区119号 |
| 陆水福 | 男 | 1999 | / | / | 双桥12组 | 一区38号 |
| 王爱妹 | 女 | 2000 | / | / | 尹西7组 | 二区15号 |
| 莫杏玲 | 女 | / | 2001 | / | 红庄8组 | 西浜河北18号 |
| 周福根 | 男 | 2005 | / | / | 尹西9组 | 四区124号 |
| 张会华 | 男 | 2005 | / | / | 双桥3组 | 3区155号 |

续表

| 户名 | 性别 | 五好家庭评选（年） | 好媳妇评选（年） | 文明家庭评选（年） | 原家庭住址 | 现家庭住址 |
| --- | --- | --- | --- | --- | --- | --- |
| 陈云土 | 男 | 2007 | / | / | 尹西1组 | 二区3号 |
| 许建林 | 男 | 2011 | / | / | 红庄6组 | 浜里65号 |
| 居雪狗 | 男 | 2012 | / | / | 红庄1组 | 三区105号 |
| 姚　男 | 男 | 2013 | / | / | 红庄5组 | 浜里26号 |
| 翁晓琴 | 女 | 2013 | / | / | 双桥4组 | 一区119号 |

# 第十三章 杂记

红庄位于古运河西岸，苏州通吴江、浙西的要道，历来是官宦择地筑宅、南北商贾云集之地。境内近水远山，湖山相映，田园渔炊，风景旖旎。历史上，有许多名人望族在这里兴盛衰落，为后人留下了一个个动人故事、美丽传说。境内的罗布棋、庞庄、蒋家浜和盛庄里，至今还流传着许许多多脍炙人口的传说。历代文人留下的赞誉诗文，有的新编成集，有的口头传颂，为后人留下丰富的文化遗产。20世纪80年代实行家庭联产承包责任制时，境内各户农民家庭所承包土地实况也详录于本章。

# 第一节 民间传说

## 一、九缸六十甏的由来

相传，很早以前有位姓毛的宰相在任时清正廉洁、刚正不阿，帮百姓做了许多好事，也得罪过许多朝中宦官。卸任后，为避宦官报复，阖家搬迁至境内盛庄里，在村中部建造了一处有三院五进两百余间房屋的别业。正院房落之间均有条石通道。前有青砖照壁一座，高八尺，长丈八。正面刻有火麒麟，背面为松寿图。每进房落均有备弄、石库门、天井、风火墙。库门上端均用二尺见方青砖砌就，青砖上刻有各种图案，雕琢精细。一进库门中为万年青，两边四块代表春夏秋冬花木图案；二进库门中为太极图案，边为乾坤图案；三进库门中为太阳图案，边为猛兽图案；四进至六进均为水波浪图案。天井均用石板铺就，中间铺有三尺方石一块，刻有太阳、猛兽头像等图案，四角刻有蝙蝠、祥云等图案。房宇中落为十二开间，边落为九开间。中落一进为平房，二进至五进均为楼房。楼两侧有厢楼。六进为花楼群，排列不规则，建筑风格各异。后院有内照壁一座，刻有松竹、人物图案。房宇的梁及廊、亭均刻有鸟、兽、花木和水波浪图案。梁下机厚实、宽大，由水波浪图案刻就，在乡间少有。后面东、西两侧为两处后花园。东西两院各有房五进，均为厅堂、花楼。东院谓紫藤园，园内多植紫藤，系夏天主人纳凉、子孙读书之处；西院称牡丹园，为家眷聊天玩赏之所。后在别业周边修吉庆、宁安街，两街呈十字形，沿街客栈、茶楼、典当、药房、米行、酒楼、绸布店均为毛家所有。时，从苏州城前往浙、粤、闽等地经商的商贾，其货多半存放在盛庄里，把盛庄里用作货物周转之地。

毛家乐善好施，名声远扬。经数代经营，生意兴隆，成为富甲一方的大户。时，当地有"富盛庄、穷蠡墅"一说。毛家家业庞大，人丁兴旺，家眷、婆姨、丫鬟、园丁数百，逢年过节，在前花厅摆数十桌酒席用于家人用餐。为显富，家人聚餐时，用金元宝垫台子脚，银元宝垫凳子脚。主人还在正堂库门前摆上一对高二尺、宽尺八纯金麒麟，宅第、店铺门前悬挂的牌匾都用纯金镶嵌。明代末年，为避战祸，毛家将家中金银悉数装入缸、甏埋在后花园内。后人在翻建前院库门头时，觅得藏银簿一册，记有先人曾在后花园埋有九缸金子，六十甏银子，遂去挖掘寻觅，未获。村人纷纷传说"天老爷不富毛家后人了，所藏金银要富别姓人"。太平天国时，毛家被兵焚，整整烧了三天三夜，火光映红了半边天，偌大一个毛家别业，瞬间仅存断墙残壁，被村人垦荒种菜，沦为菜地。因毛家祖上是外地迁来的，村人习惯称外地人为江北人，后人就把菜地唤作江北园。

盛庄里人喜把江北园里藏有九缸六十甏金银作为聊天话题，以示古时盛庄里人的富有。故九缸六十甏金银之说流传至今。

## 二、七月里厢抬猛将

每年农历七月十二猛将生日前后，盛庄里村上热闹非凡。从七月十一至七月十三全村男女老少像过年一样穿上新衣裳，参加一年一度的抬猛将。各家各户还准备了各色糕点、精细饭菜，招待从外地赶来看抬猛将的亲戚朋友。

盛庄里抬猛将是苏州城南最大的庙会，仪式极为隆重。在每年正月十二那天，村上长者就聚在一起，选定当年抬猛将的人员。到了七月十一，参加抬猛将的青壮年，天不亮就沐浴、用香熏身，穿上白色红边衣裳，卯时集中到庙场，由猛将侍女（即每天替猛将老爷梳头擦身的妇女）替猛将梳好头、更好衣，然后由村上最年长的长者将猛将请出、入轿，由八名青壮年抬着轿，前有长里先生喝道，两名青壮年扛着铜锣、二十四名青壮年抬着十二只铜鼓持续敲响，后由三十八面庙旗紧随，村妇手拿彩带载歌载舞，沿着官道在全村兜游。一连三日沿路观看的人潮如海，连许多苏州、吴江城里人都赶来观看。

相传，猛将三岁丧母，父亲娶了个后娘，生了一子，后娘就不喜欢他，而且还虐待他，不是骂就是打，与自己的孩子明显两样。不过弟弟与猛将亲亲热热，一点隔阂也没有。

有一年冬天，天气特别冷，真所谓滴水成冰，那年后娘做了两件棉袄，一件是用草肉做的，看起来厚厚的，给了猛将穿；另一件是用丝棉做的，看上去薄薄的，给了自己的儿子穿。人家看到了，都说后娘不错，蛮儿子（前妻或前夫生的儿子）穿厚棉袄，亲生儿子倒穿薄棉袄。一天天气特别冷，猛将对后娘说："呣嫚（盛庄人土话，呣嫚就是母亲），我冷得很。"后娘说："你穿的棉袄比弟弟厚得多，还会冷啊？你专门瞎说！"便恶狠狠地顺手拿了根细竹头抽打猛将，嘴里还不停地咒骂猛将。棉袄被打破后，飞出了根根草肉，弟弟看见后心里很难过，从此对哥哥更亲了。

一年春上，正是种毛豆的时候，后娘叫兄弟俩一起去种毛豆。她把预先炒熟的毛豆种给猛将，给自己儿子的是生豆种。如果种下去，当然猛将种的出不出苗来，肯定要遭毒打。兄弟俩一眼就看出娘的阴谋，来到田头后，弟弟一定要与哥哥交换种子。几天后哥哥种的全部出苗，弟弟种的熟毛豆种子当然一棵没出。后娘见了，弄不懂其中缘故，只好作罢。猛将在弟弟的帮助下免遭一顿毒打。

又有一回，正是油菜田铲沟排水的季节，后娘叫上猛将兄弟俩要他们去田里铲沟。弟兄俩一到田间，猛将就对弟弟说："弟弟，我是兄长，理应去下片大田铲沟，你就在头片小田里铲吧。"未到晌午，猛将把偌大一块油菜田的沟都铲好了，而弟弟一小块油菜田的沟仍没铲完，猛将就去帮弟弟铲。一踏入田间，猛将就发现头片田虽小，但因久未下雨，泥土硬得像石头，费上好大的劲才能铲动，而下片田因地势低，田里潮湿，沟易铲。到了晌午，后娘送中饭到田间，看见猛将与自己的儿子还在头片田里铲沟，就指着猛将的鼻子破口大骂。弟弟听到后到娘身边说："呣嫚，别瞎骂人，是哥哥照顾我，去下片大田里铲沟，铲完后再来帮我的。"后娘听了只得打落牙齿往肚里咽。

到了秋天，后娘要他们兄弟俩去割稻，娘说："哥哥年纪大，要比弟弟多割三倍田。"猛将看了她一眼，什么都没说。兄弟俩一到田里，弟弟就慢慢地割，他想，自己割得越少，哥哥的"三倍之数"就越容易完成。猛将对弟弟说："不用这样，我有办法。"弟弟说："割不完，呣嫚要打你的。"猛将叫弟弟放心，只要帮他做泥菩萨就行。弟弟就帮哥哥和泥，猛将专心致志做起泥菩萨来，做好一个放一个在田岸（埂）头，等到几个稻垛前都放齐，猛将喊一声："全部倒下。"话音刚落，兄弟俩所要割的稻子全部倒了下来，弟弟十分吃惊，问哥哥这是怎么回事，猛将一五一十给弟弟讲了。

原来那次种毛豆以后，不久，猛将在自家田横头（田边）车肚（旧时用木制车盘将河水抽入田里用的地方）上赶水（吆喝牲口）瞌着时做了一个梦，梦里一位老太太走到身边问他:"你知道你弟弟种的豆为啥长不出苗吗?"猛将一脸茫然,老太就把原因告诉了他,又说:"后娘待你这么坏,你想不想让她吃点苦头?倘使(土话,即假如)想,我有办法。"

猛将想了想,摇摇头。

老太问:"你不想报复后娘?"

猛将点点头。

老太又问:"啥个道理?"

猛将说:"后娘待我不好,不过后娘是弟弟的亲娘;弟弟待我好。假如后娘吃了苦头,弟弟会伤心的,我不想让弟弟伤心。"

老太说:"弟弟不伤心,你还会受后娘苦。"

猛将说:"只要弟弟不伤心,我宁愿吃苦。"

老太欢喜地说:"你的心肠真好!"伸手在他头顶摩了一下,接着向天上一招手,一朵云朵降下来,老太跨上云头,驾云升到了半空,现出了观音菩萨的真相,一眨眼工夫就不见了。说来奇怪,从此猛将就有了法术。猛将把法术传给了弟弟,弟弟也有了法术。一年,盛庄里一带闹旱灾,河水枯竭,田地龟裂。猛将带着弟弟来到田间,他心想,如果天再不降雨,今年就会颗粒无收,村上不知要饿死多少人。他便做了一个烂泥龙王放在田头,跪在龙王前,嘴里叽里咕噜念了一阵,再向龙王磕了三个响头,瞬间,天上乌云密布,雷声阵阵,下起了大雨,一连下了两天两夜。田里的庄稼如获甘露,吐出了新芽。秋天收稻时又是个丰收年,全村百姓无不为之感动。

后来,这一带闹水灾、旱灾、瘟疫等,只要有不祥之事,兄弟俩就出现在村民中间,为村民驱邪治灾。免灾后,村民就抬着猛将兄弟俩满村兜游,以示庆祝。

从此以后,每年七月十二猛将诞生日,都会带着弟弟回家过生日。村民就在那天抬着猛将周游全村每个角落,以求消除灾害,保得太平。此俗一直流传到20世纪50年代中期。

抬猛将,就是这样来的。

## 三、双龙斗法夺风水

相传,盛庄港和横连浜是因犯天条被玉帝罚到地上的两条天龙。盛庄港是一条老黄龙,横连浜是一条小白龙。两龙相对,间距不足一华里。

一天,有位阴阳先生路过盛庄里,见村中横有一港,三弯九曲,东宽西窄,形似一条头枕华佗寺饱食而卧的藏龙,便偷偷告知村人,曰:此乃福地也,惜卧龙未醒,紫气凝而不旺。如村人在港东端龙口处筑一石墩作龙珠,戏黄龙复活,紫气必旺,村庄必富也。村人信其言,筹资在盛庄港与面杖港相通处河中央筑一丈八见方的条石石墩,上盖凉亭,谓风水墩。风水墩筑成后,盛庄里的风水好了,不久就成了官宦择地建宅、商贾云集通商之地,成为苏州城南一个十分繁荣的集市。与此同时,横连浜旁原人丁兴旺的蒋家浜自盛庄里建风水墩后,屡遭天灾人祸,日渐衰落,许多村人为避祸,相继外迁,偌大一个村庄不久就败落殆尽,仅有一老太甫冥王土地庙边上的三四户人家因老太甫冥王罩着未迁徙。周边村民便纷纷传言,蒋家浜的风水被盛庄里的风水墩破了,如果不把风水墩拆毁,蒋家浜就会绝代。时,蒋家浜一户未迁徙的原是大户人家的韩姓村人,听到传言后,倾其全部家产,邀人去西面山里觅得一位隐居山林的高人,此人法术高强,且熟谙风水。听到盛庄里人筑一风水墩坏了蒋家浜风水一事，自觉好奇，便如邀来到蒋家浜，四周兜了一圈后，便驻足村旁横连浜口，席地而坐，闭目凝神静思片刻，只见他从背在肩上的褡裢中取出十枚铜钿，在地上铺好一块黄布，口中念念有词，随手一掷把铜钿洒在布上，注目细看每一枚铜钿后，脸上露出了笑容，启齿告知韩家主人说："盛庄里的风水墩对贵村影响不大，实是村人自家破坏了风水。"言毕，又一五一十地把蒋家浜风水损坏的缘故，如何恢复风水的办法告知了韩家主人。韩家主人听后满脸喜悦。原来，盛庄港和横连浜均是被贬天龙下凡，盛庄港宽大，似一条正值壮年的黄龙，横连浜窄小，似一条尚未成年的白龙。黄龙因筑风水墩已口含龙珠而活，白龙却被巨锁锁住不能腾身。不久前韩家请人在横连浜中部上首修了一个祖坟，其坟方圆数十丈，大如一座小山，正好压在横连浜这条小白龙的龙背上，犹如一把巨锁将龙身锁住，使其不得动弹。知其缘故后，韩家重新请人将祖坟移至横连浜西首岸边，筑成圆形馒头状，以作龙珠将白龙激活。

一山不容二虎，一地不卧二龙。两龙虽是同犯天条被贬，但一属东海龙宫，一属北海龙宫，二宫本有隔阂，且两龙各守一方水域，自然互不相让，于是便斗起法来。老黄龙借着年壮气盛，且出身于龙宫之首，地位高贵，未把小白龙放在眼里，使出浑身法术，欲将小白龙罩住。不料，小白龙却凭着年轻力壮，摆出初生牛犊不怕虎的架势，也使出浑身解数，硬是与老黄龙苦斗了三天三夜。最终两败俱伤，老黄龙折断了四只龙爪，仅剩龙身横卧在盛庄村里。小白龙除却了满身鳞甲，血流满身，筋疲力尽，静躺在蒋家浜村旁。自此两龙再也无法升腾，两村风水俱破。盛庄里的大户人家悉数外迁，日渐衰落；蒋家浜几近绝户。现在的蒋家浜实是原来的仲家浜。

### 四、后落横"鬼楼"

盛庄港在弯档里转弯（折南）处有一条向西延伸的百米浜梢，村人称后落横（意为横里延伸出来的河浜）。从前，后落横南岸原是许姓大户的庄园，占地60余亩。周边尚有数十户许家佃户的住宅。明清时期，许家在杭州、嘉兴等地开设绸庄十余家。因数代经营丝绸生意，成为苏州城南有名的富商。清代初期，许家又在庄园两侧重建许氏祠堂，在庄园背侧增建一排有二十余间平房的殓房，专门用于许氏家人去世后盛尸棺木的存放。待来年清明时节方将棺木移至今吴江县（区）湖滨乡婆基上村东首河田上圩头北首占地二十余亩的许家祖坟安葬。因许家人口众多，殓房内存放的盛尸棺木长年不断，阴森恐怖，无人踏入。传说在清代中期，许家有一位及笄女子被选入宫中恩赐为贵妃。许家为世代能泽恩，便在殓房西北侧后六横浜底、居石浜东岸建造了一座有二十余间门面的三层雕花大楼，取名翠花楼，周边有五十余间平房，名曰怡春院，专供许家尚未出嫁的女子居住。周边村民将翠花楼称为菜花楼（即谐音），把住入怡春院的女子唤作"菜花小姐"（意为足不出户、没有劳动能力的未嫁女子）。时，许家将年满九岁（虚岁）女子送入怡春院，常年学习琴棋书画和宫廷礼仪。但皇帝选美常七八年甚至十年一次，一些貌美艺高、精通琴棋书画的入院女子往往一时找不到合适人家，及笄甚至二十未嫁，思春成疾，投井、跳楼、上吊自尽的颇多。久之，周边村民盛传晚间听到翠花楼有女子哀哭声，以为楼中自尽女子因未嫁而亡，不能转世投胎，阴魂在阴阳间飘荡，须找寻成年未婚男子结对方可转世投胎。故翠花楼被村人称为"鬼楼"，周边男性村民晚间无人敢在"鬼楼"边经过。

### 五、罗布棋村村名的由来

传说从前尹山山脚下有位秀才叫芦云，少年丧父，由母抚养成人。芦云5岁入塾，聪明好学，深得私塾先生喜爱。丧父后，家道衰落，家产变卖一空，母子俩不得不寄住在尹山脚下富户人家遗弃的瓜棚内，靠乞讨度日，虽家中已无力供其读书，但芦云仍喜书如命，常年看书习字，不问他事。成年后，芦云已满腹经纶，文采出众，远近闻名。一天，有位算命先生路过尹山时，见芦云生得眉清目秀。暗想在这荒僻之地，怎会有书生流落于此。出于好奇心，便上前相问。不料细看后不禁吓出一身冷汗，连曰"奇哉奇哉"，然后，拔腿就跑。时正好芦云母亲站在棚屋门口，见算命先生未加询问，连称"奇哉奇哉"，担心有不祥之事落到儿子头上，便奔出门去拉住算命先生，求其道出原因。算命先生得知眼前之妇人为芦云之母时，便偷偷告知芦母说："你儿有王者之相，不久定将登基称帝。"并告诫说："天机不可泄露，只能你知我知。"

当天傍晚，芦母洗漱完灶具后，想起白天之事，心里时怨时喜，想到自丧夫后，芦家败落，生活困苦。如今母子俩靠乞讨度日，不仅亲眷断光，还时常被人欺凌辱骂，满腹怨气。再想，如被算命先生说中，儿子如有出头之日，我也土鸡变凤凰，叫花婆成皇太后。不禁边将手中握着的一把筷子连连敲打灶台，边咬牙切齿地说："如果我儿当上皇帝，我要先杀三亲后杀六眷，前杀三村后杀六巷。"炊灶由灶神守护，芦母用筷击打灶台，如棍棒击打灶神屁股。灶神当即被打得皮开肉绽，愤恨之极，便上天向玉帝告芦母泄露天机、暴打灶神的御状。灶神本极糊涂健忘，行至半路已想不起为何事去天庭。但因芦母用筷敲打灶台劲足，灶神屁股仍火烧火燎，方想起上天庭状告芦母一事。

玉帝闻之，龙颜大怒，当即命人将芦云脱胎换骨、贬为庶人。深夜，芦云睡在床上，突感全身发抖、筋骨疼痛、寒气直冲头顶。芦母见状，自知得罪了灶神，玉帝降罪，便抱住芦云，要其咬紧牙关不能松口。自此，芦云除口齿外帝王胎骨全失，沦为庶人。不久因生活所迫，移去罗布棋周边村落乞讨。

罗布棋村东北首原为一处低洼地，无人居住，村与低洼地相交处有河，河上无桥，村人为便于去低洼地耕种，在河上筑坝代桥，并把低洼地称为坝基头。坝基头有土坯草屋一处，为村人耕作临时歇息之用，芦云母子便借宿于草屋内。因芦云"金口"未失，乞讨时常常惹祸，村人见后人人躲避。为了生计，芦云只得携娘西去要饭。有一次在七子山的石窟中避雷阵雨时，因惧怕雷声，便自言自语地说："石窟好避雨，就怕天来倾。"不料一个霹雳打在石窟顶上，石窟崩裂坍塌。芦云被压死在石窟中。

芦云走后，村人回想芦云虽是一个叫花子，但文采满腹、才貌出众，都谓其为奇人。当时罗布棋村住户稀少，又无村名，当地人便把芦云居住过的坝基头唤作芦坝基，且用作村名，后来讹为罗布棋村。

### 六、庞庄村村名的由来

相传，古时庞庄村仅是个有三四户居民的无名小村，村民均是逃荒而来的外地人，因庞庄村地域偏僻，荒无人烟，易逃避兵祸官患，故在此搭建土坯茅草屋定居，以帮人种田为生，成为当地人俗称的"种田客户"。后有一庞姓人家来此落户。庞家祖上数代在朝为官，家底殷实，子女因疏于家教，良莠不齐。因得罪朝中宦官，为避祸全族移居庞庄村，随从役仆因念主人恩泽，亦随之移居，且从姓庞。他们在庞庄村建造庄园、置办田地，不久便拥有房屋千间，良田千顷，成为富甲一方的名门望族。时，由于村上绝大部分住户姓庞，远近村落的村民都称之为庞庄，意为庞姓庄园。

庞家移居庞庄村后，未历几代便现衰落迹象。庞姓主人为保家族兴旺，邀请山中有名隐士前来看风水。其隐士四处踏勘庞庄村后，见村似蟹状，主村呈椭圆形，为蟹身，东西两侧各一C形小浜，为蟹钳。螃蟹喜水，常年寄生于河浜、河滩、洼地的浅水中，而庞庄村两侧小浜均为断头浜，不互通，成断钳之蟹。便说，贵庄坐落于蟹身之上，如通水路，可盛而不衰。但贵庄两侧小浜均为断头浜，互不相通，久之必缺钳而死。并说，要保庞姓家族后代兴旺，方法极易，只要将两浜挖通，蟹身得钳而活，庞家亦可复兴。庞姓主人听后甚喜，即出资欲将两浜间的田地买之，再请人将两浜连通。但此时庞姓家族已经衰落，外姓家族势力日盛。庞姓主人屡次商酌购买用地未果。虽愿以所需用稻田中的稻茬（俗称稻秆头）为准购地，有一棵支付一两银子，仍无人卖与。故，两浜至今未凿通。庞家因风水不好，较多族人因无子嗣而败落。现庞庄村上已经没有庞姓人家了。

### 七、蒋家浜蒋姓两父子

相传，元、明时期，蒋家浜村极为繁荣，村民绝大多数为蒋姓，且习武成风，曾有许多蒋姓子弟在军队中做将军。此处被后人称作将家浜，意为村上都为将军家庭。后逐渐演变为蒋家浜。明代后期，许多大户人家纷纷迁往外地，村庄开始衰落。至清代中期，村上仅存十多户人家，均是穷苦蒋姓人家的后代。其中有一名叫蒋申清的农民，妻子早亡，与儿子蒋水金相依为命，靠耕种租来的几亩薄地度日。爷儿俩均长得身壮力大，因家中贫困，买不起耕牛，每逢农忙耕田时，爷儿俩一人扶犁，一人作牛拉犁，每天耕的田比牛拉犁还多两三倍。有一天，天气闷热，儿子蒋水金拉犁时，汗流满面，想去河中洗个冷水澡，便对父亲说明心意："阿爸（方语，即父亲），我要学犟牛，拉犁跳到河中去。"说着便一蹦一跳地拉着犁奔向河里，不料扶犁的父亲一不小心，扶着的犁梢柄脱手，铁犁直向儿子蒋水金后背撞去，尖尖的铁犁头直戳进蒋水金的背心（土语，即后背），因犁头头尖页宽，将他的背梁一戳两段，蒋水金当场被戳死。后人传说：蒋水金是武曲星投胎，下凡来担任芦云秀才的保驾将军的。因芦云秀才母亲得罪了灶神，被灶神告到玉帝处，玉帝把芦云秀才贬为庶人，用弗着保驾将军了，故天赐蒋水金早亡。

儿子死后，蒋申清便一个人种田度日，庄稼收获后，当地人都要向官府交皇粮，一般人家船载去十里外苏州府设在苏州城葑门安利桥的库房交粮。蒋申清家无船，且嫌借船麻烦，便择两只垄床，上面放两只十担竹匾，匾上圈好栈条，将千余斤稻谷装入栈条中，然后用耥轴作扁担，挑去交粮。有一年夏收后，蒋申清在挑粮去苏州城途经宝带桥时，因天热，便将一件长衫脱下来，抱起桥塄的一只石狮子，将长衫放在石狮子下面，待回来时再取。由于摆放不妥，一只长衫衣角露在石狮子外面。蒋在回途取衣时，一件崭新的长衫硬生生被古运河航船上的纤夫拉掉一只衣角。

蒋申清用垄床挑粮去苏州城交皇粮，蒋水金代牛拉犁学犟牛被犁头戳死的传说一直延续至今。20世纪80年代末，村人在拆除蒋家坍塌的古宅时，在墙中拾得一只一尺二寸长的旧青布鞋，村人都猜说这双鞋定是蒋家父子穿过的。村上一些上了年纪的老人饭前茶后还喜欢向儿孙津津乐道地讲述这个故事。

## 第二节　遗文选录

### 一、重建尹山桥记（明代钱溥）

天顺六年秋七月，长洲县重建尹山桥，成其冬。予使交南还县，耆老浦嗣昌迓予而请曰：尹山距吴城东南十里许，有土岿然起，若覆笠而枕于运河之阳。旧有石梁跨其上，废凡四十余年，今司惮工巨而费殷，仅架木为梁，既高且危，每风雨晨夕间，商旅提携，樵苏负荷，而往返者不无奔赴跌溺之虞。都宪万安刘公巡抚东吴，业务既饬，大慰人望，受命郡守黄岩林侯曰：是尹山，为民涉之病，盍易木以石乎？捐俸以倡之。桥不逾年底于成。长凡二十二丈三尺，高四丈二尺，而广视其高三分之一。以石计四千五百五十，以工计四千九百有奇。坚致宏壮，视昔有加。先是觅渡、宝带二桥，正统初，大司空庐陵周公尝命郡守况侯成之。尹山虽同峙吴城之南，独遗之而未举，岂非有待二君子乎？

### 二、尹山桥

南：远道望松陵，一桁山光分旭彩；回波通笠泽，连樯云影压春潮。
北：明镜翦双流，十里津梁萦宝带；长虹规半月，万家烟树溯金阊。

### 三、《公议台基碑》文

本境胥甫、安寿甫、老太甫三庙界下台基，自民国三十五年起议定轮值，历世遵循，勒碑志记：

一、本年胥甫黄泥浜。二、老太甫金家村。三、胥甫江铁南桥。四、胥甫张堂会、观音堂。五、安寿甫西南港观音庙。六、胥甫合事会田么。七、庞庄杨家湾路观音堂。八、老太甫梁家坟。九、胥甫江铁桥会庙。十、胥甫黄泥浜登点友人。十一、安寿甫朱远达浜小友坟。十二、胥甫江南桥。十三、胥甫张堂会庙。十四、老太甫一亩三分田。十五、胥甫合事会。十六、胥甫汤家路。十七、安寿甫钱家村。以后周值轮番。

发起人：黄泥浜，顾开基；泥河田，马文高、朱龙泉、姚叙良、姚纹山、姚玉卿；庞庄，王子云；马达浜，莫浩杨、袁桂芬；江铁桥，梁炳夫、胡留金；蒋家浜，姚子香；袁达浜，张海福、陆良夫；钱家村，顾凤山；金家村，倪根福。

中华民国二十一年基碑<br>
中华民国二十五年夏立

## 第三节 表

表13-1 1983年双桥村各村民小组联产到户土地面积一览表

双桥1组

| 编号 | 户主姓名 | 人口数 | 口粮田（亩） | 劳动力人口数 | 责任田（亩） | 猪只数 | 饲料田（亩） | 自留田（亩） | 合计（亩） |
|---|---|---|---|---|---|---|---|---|---|
| 1 | 金三妹 | 2 | 1.2 | 2 | 2.44 | 1 | 0.11 | 0.12 | 3.87 |
| 2 | 翁水男 | 3 | 1.8 | 2 | 2.44 | 1 | 0.11 | 0.18 | 4.53 |
| 3 | 翁全根 | 4 | 2.4 | 3 | 3.66 | 2 | 0.22 | 0.24 | 6.52 |
| 4 | 姚阿夯 | 5 | 3 | 4 | 4.88 | 2 | 0.22 | 0.3 | 8.4 |
| 5 | 金老虎 | 4 | 2.4 | 2 | 2.44 | 1 | 0.11 | 0.24 | 5.19 |
| 6 | 金龙先 | 6 | 3.6 | 4 | 4.88 | 2 | 0.22 | 0.36 | 9.06 |
| 7 | 翁木根 | 4 | 2.4 | 3 | 3.66 | 2 | 0.22 | 0.24 | 6.52 |
| 8 | 翁小妹 | 4 | 2.4 | 3 | 3.66 | 2 | 0.22 | 0.24 | 6.52 |
| 9 | 翁火林 | 4 | 2.4 | 4 | 4.88 | 2 | 0.22 | 0.24 | 7.74 |
| 10 | 翁福根 | 5 | 3 | 4 | 4.88 | 2 | 0.22 | 0.3 | 8.4 |
| 11 | 金雪根 | 3 | 1.8 | 2 | 2.44 | 1 | 0.11 | 0.18 | 4.53 |
| 12 | 查士明 | 7 | 4.2 | 6 | 7.32 | 3 | 0.33 | 0.42 | 12.27 |
| 13 | 查木林 | 3 | 1.8 | 3 | 3.66 | 2 | 0.22 | 0.18 | 5.86 |
| 14 | 查根木 | 3 | 1.8 | 2 | 2.44 | 1 | 0.11 | 0.18 | 4.53 |
| 15 | 高寿宝 | 4 | 2.4 | 4 | 4.88 | 2 | 0.22 | 0.24 | 7.74 |
| 合计 | | 61 | 36.6 | 48 | 58.56 | 26 | 2.86 | 3.66 | 101.68 |

双桥2组

| 编号 | 户主姓名 | 人口数 | 口粮田（亩） | 劳动力人口数 | 责任田（亩） | 猪只数 | 饲料田（亩） | 自留田（亩） | 合计（亩） |
|---|---|---|---|---|---|---|---|---|---|
| 1 | 顾进才 | 4 | 2.4 | 3 | 5.34 | 2 | 0.22 | 0.24 | 8.2 |
| 2 | 翁招大 | 6 | 3.6 | 4 | 7.12 | 2 | 0.22 | 0.36 | 11.3 |
| 3 | 翁全龙 | 4 | 2.4 | 3 | 5.34 | 2 | 0.22 | 0.24 | 8.2 |
| 4 | 盛全林 | 5 | 3 | 2 | 3.56 | 1 | 0.11 | 0.3 | 6.97 |
| 5 | 张三福 | 6 | 3.6 | 4 | 7.12 | 2 | 0.22 | 0.36 | 11.3 |
| 6 | 张多福 | 4 | 2.4 | 3 | 5.34 | 2 | 0.22 | 0.24 | 8.2 |
| 7 | 盛木根 | 5 | 3 | 3 | 5.34 | 2 | 0.22 | 0.3 | 8.86 |
| 8 | 姚阿土 | 2 | 1.2 | 2 | 3.56 | 1 | 0.11 | 0.12 | 4.99 |

续表

| 编号 | 户主姓名 | 人口数 | 口粮田（亩） | 劳动力人口数 | 责任田（亩） | 猪只数 | 饲料田（亩） | 自留田（亩） | 合计（亩） |
|---|---|---|---|---|---|---|---|---|---|
| 9 | 翁会根 | 5 | 3 | 3 | 5.34 | 2 | 0.22 | 0.3 | 8.86 |
| 10 | 翁三根 | 1 | 0.6 | 1 | 1.78 | 1 | 0.11 | 0.06 | 2.55 |
| 11 | 高福男 | 3 | 1.8 | 2 | 3.56 | 1 | 0.11 | 0.18 | 5.65 |
| 12 | 高根男 | 3 | 1.8 | 2 | 3.56 | 1 | 0.11 | 0.18 | 5.65 |
| 13 | 高长夫 | 5 | 3 | 4 | 7.12 | 2 | 0.22 | 0.3 | 10.64 |
|  | 合计 | 53 | 31.8 | 36 | 64.08 | 21 | 2.31 | 3.18 | 101.37 |

双桥 3 组

| 编号 | 户主姓名 | 人口数 | 口粮田（亩） | 劳动力人口数 | 责任田（亩） | 猪只数 | 饲料田（亩） | 自留田（亩） | 合计（亩） |
|---|---|---|---|---|---|---|---|---|---|
| 1 | 顾二妹 | 3 | 1.8 | 1 | 1.716 | 1 | 0.11 | 0.18 | 3.806 |
| 2 | 张盘根 | 6 | 3.6 | 3 | 5.148 | 2 | 0.22 | 0.36 | 9.328 |
| 3 | 顾多妹 | 7 | 4.2 | 5 | 8.58 | 3 | 0.33 | 0.42 | 13.53 |
| 4 | 顾老土 | 5 | 3 | 4 | 6.864 | 2 | 0.22 | 0.3 | 10.384 |
| 5 | 顾金根 | 5 | 3 | 3 | 5.148 | 2 | 0.22 | 0.3 | 8.668 |
| 6 | 顾土生 | 6 | 3.6 | 3 | 5.148 | 2 | 0.22 | 0.36 | 9.328 |
| 7 | 顾小弟 | 4 | 2.4 | 2 | 3.432 | 1 | 0.11 | 0.24 | 6.182 |
| 8 | 顾妹多 | 3 | 1.8 | 1 | 1.716 | 1 | 0.11 | 0.18 | 3.806 |
| 9 | 顾才夫 | 4 | 2.4 | 2 | 3.432 | 1 | 0.11 | 0.24 | 6.182 |
| 10 | 顾金官 | 3 | 1.8 | 2 | 3.432 | 1 | 0.11 | 0.18 | 5.522 |
| 11 | 张文良 | 6 | 3.6 | 5 | 8.58 | 3 | 0.33 | 0.36 | 12.87 |
| 12 | 张根兴 | 3 | 1.8 | 2 | 3.432 | 1 | 0.11 | 0.18 | 5.522 |
| 13 | 张子良 | 3 | 1.8 | 3 | 5.148 | 2 | 0.22 | 0.18 | 7.348 |
| 14 | 张林根 | 5 | 3 | 3 | 5.148 | 2 | 0.22 | 0.3 | 8.668 |
| 15 | 张福根 | 5 | 3 | 3 | 5.148 | 2 | 0.22 | 0.3 | 8.668 |
| 16 | 张玉根 | 4 | 2.4 | 2 | 3.432 | 1 | 0.11 | 0.24 | 6.182 |
| 17 | 张水根 | 6 | 3.6 | 4 | 6.864 | 2 | 0.22 | 0.36 | 11.044 |
| 18 | 张夫良 | 4 | 2.4 | 3 | 5.148 | 2 | 0.22 | 0.24 | 8.008 |
| 19 | 张全根 | 5 | 3 | 4 | 6.864 | 2 | 0.22 | 0.3 | 10.384 |
| 20 | 张文炳 | 6 | 3.6 | 4 | 6.864 | 2 | 0.22 | 0.36 | 11.044 |
| 21 | 顾龙根 | 4 | 2.4 | 3 | 5.148 | 2 | 0.22 | 0.24 | 8.008 |
| 22 | 张三妹 | 3 | 1.8 | 2 | 3.432 | 1 | 0.11 | 0.18 | 5.522 |

续表

| 编号 | 户主姓名 | 人口数 | 口粮田（亩） | 劳动力人口数 | 责任田（亩） | 猪只数 | 饲料田（亩） | 自留田（亩） | 合计（亩） |
|---|---|---|---|---|---|---|---|---|---|
| 23 | 莫林英 | 1 | 0.6 | 1 | 1.716 | 1 | 0.11 | 0.06 | 2.486 |
| 24 | 张元根 | 3 | 1.8 | 1 | 1.716 | 1 | 0.11 | 0.18 | 3.806 |
| | 合计 | 104 | 62.4 | 66 | 113.256 | 40 | 4.4 | 6.24 | 186.3 |

双桥4组

| 编号 | 户主姓名 | 人口数 | 口粮田（亩） | 劳动力人口数 | 责任田（亩） | 猪只数 | 饲料田（亩） | 自留田（亩） | 合计（亩） |
|---|---|---|---|---|---|---|---|---|---|
| 1 | 王龙官 | 5 | 3 | 2 | 4.02 | 1 | 0.11 | 0.3 | 7.43 |
| 2 | 王泡男 | 1 | 0.6 | 1 | 2.01 | 0 | 0 | 0.06 | 2.67 |
| 3 | 王水官 | 4 | 2.4 | 2 | 4.02 | 1 | 0.11 | 0.24 | 6.77 |
| 4 | 高玉根 | 4 | 2.4 | 2 | 4.02 | 1 | 0.11 | 0.24 | 6.77 |
| 5 | 王老土 | 4 | 2.4 | 3 | 6.03 | 2 | 0.22 | 0.24 | 8.89 |
| 6 | 莫炳初 | 5 | 3 | 4 | 8.04 | 2 | 0.22 | 0.3 | 11.56 |
| 7 | 莫林根 | 4 | 2.4 | 3 | 6.03 | 2 | 0.22 | 0.24 | 8.89 |
| 8 | 莫五官 | 4 | 2.4 | 2 | 4.02 | 1 | 0.11 | 0.24 | 6.77 |
| 9 | 袁夯男 | 5 | 3 | 3 | 6.03 | 1 | 0.11 | 0.3 | 9.44 |
| 10 | 何进法 | 5 | 3 | 4 | 8.04 | 2 | 0.22 | 0.3 | 11.56 |
| 11 | 何会根 | 4 | 2.4 | 2 | 4.02 | 1 | 0.11 | 0.24 | 6.77 |
| 12 | 何寿根 | 3 | 1.8 | 2 | 4.02 | 1 | 0.11 | 0.18 | 6.11 |
| 13 | 何金根 | 3 | 1.8 | 2 | 4.02 | 1 | 0.11 | 0.18 | 6.11 |
| 14 | 何水云 | 2 | 1.2 | 2 | 4.02 | 1 | 0.11 | 0.12 | 5.45 |
| 15 | 莫福根 | 4 | 2.4 | 4 | 8.04 | 2 | 0.22 | 0.24 | 10.9 |
| | 合计 | 57 | 34.2 | 38 | 76.38 | 19 | 2.09 | 3.42 | 116.09 |

双桥5组

| 编号 | 户主姓名 | 人口数 | 口粮田（亩） | 劳动力人口数 | 责任田（亩） | 猪只数 | 饲料田（亩） | 自留田（亩） | 合计（亩） |
|---|---|---|---|---|---|---|---|---|---|
| 1 | 袁白龙 | 4 | 2.4 | 2 | 3.104 | 1 | 0.11 | 0.24 | 5.854 |
| 2 | 莫银官 | 4 | 2.4 | 3 | 4.656 | 2 | 0.22 | 0.24 | 7.516 |
| 3 | 莫火泉 | 4 | 2.4 | 4 | 6.208 | 2 | 0.22 | 0.24 | 9.068 |
| 4 | 莫洪生 | 2 | 1.2 | 2 | 3.104 | 1 | 0.11 | 0.12 | 4.534 |
| 5 | 莫炳生 | 6 | 3.6 | 4 | 6.208 | 2 | 0.22 | 0.36 | 10.388 |

续表

| 编号 | 户主姓名 | 人口数 | 口粮田（亩） | 劳动力人口数 | 责任田（亩） | 猪只数 | 饲料田（亩） | 自留田（亩） | 合计（亩） |
|---|---|---|---|---|---|---|---|---|---|
| 6 | 袁水根 | 4 | 2.4 | 4 | 6.208 | 2 | 0.22 | 0.24 | 9.068 |
| 7 | 高洪根 | 5 | 3 | 4 | 6.208 | 2 | 0.22 | 0.3 | 9.728 |
| 8 | 高大宝 | 4 | 2.4 | 3 | 4.656 | 2 | 0.22 | 0.24 | 7.516 |
| 9 | 莫会林 | 4 | 2.4 | 3 | 4.656 | 2 | 0.22 | 0.24 | 7.516 |
| 10 | 莫玉龙 | 3 | 1.8 | 2 | 3.104 | 1 | 0.11 | 0.18 | 5.194 |
| 11 | 莫留大 | 5 | 3 | 3 | 4.656 | 2 | 0.22 | 0.3 | 8.176 |
| 12 | 莫土生 | 4 | 2.4 | 4 | 6.208 | 2 | 0.22 | 0.24 | 9.068 |
| 13 | 袁全男 | 2 | 1.2 | 2 | 3.104 | 1 | 0.11 | 0.12 | 4.534 |
| | 合计 | 51 | 30.6 | 40 | 62.08 | 22 | 2.42 | 3.06 | 98.16 |

双桥6组

| 编号 | 户主姓名 | 人口数 | 口粮田（亩） | 劳动力人口数 | 责任田（亩） | 猪只数 | 饲料田（亩） | 自留田（亩） | 合计（亩） |
|---|---|---|---|---|---|---|---|---|---|
| 1 | 莫二官 | 4 | 2.4 | 4 | 5.56 | 2 | 0.22 | 0.24 | 8.42 |
| 2 | 沈水根 | 3 | 1.8 | 3 | 4.17 | 2 | 0.22 | 0.18 | 6.37 |
| 3 | 董老土 | 2 | 1.2 | 2 | 2.78 | 1 | 0.11 | 0.12 | 4.21 |
| 4 | 沈福明 | 3 | 1.8 | 2 | 2.78 | 1 | 0.11 | 0.18 | 4.87 |
| 5 | 王阿木 | 5 | 3 | 3 | 4.17 | 2 | 0.22 | 0.3 | 7.69 |
| 6 | 陆会男 | 4 | 2.4 | 2 | 2.78 | 1 | 0.11 | 0.24 | 5.53 |
| 7 | 高火根 | 5 | 3 | 4 | 5.56 | 2 | 0.22 | 0.3 | 9.08 |
| 8 | 沈纪明 | 2 | 1.2 | 2 | 2.78 | 1 | 0.11 | 0.12 | 4.21 |
| 9 | 沈月明 | 3 | 1.8 | 2 | 2.78 | 1 | 0.11 | 0.18 | 4.87 |
| 10 | 莫夯男 | 4 | 2.4 | 2 | 2.78 | 1 | 0.11 | 0.24 | 5.53 |
| 11 | 莫福林 | 5 | 3 | 4 | 5.56 | 2 | 0.22 | 0.3 | 9.08 |
| 12 | 莫根福 | 6 | 3.6 | 4 | 5.56 | 2 | 0.22 | 0.36 | 9.74 |
| 13 | 钱林根 | 4 | 2.4 | 3 | 4.17 | 2 | 0.22 | 0.24 | 7.03 |
| 14 | 王云福 | 5 | 3 | 4 | 5.56 | 2 | 0.22 | 0.3 | 9.08 |
| 15 | 王全福 | 4 | 2.4 | 3 | 4.17 | 2 | 0.22 | 0.24 | 7.03 |
| 16 | 王阿五 | 4 | 2.4 | 3 | 4.17 | 2 | 0.22 | 0.24 | 7.03 |
| 17 | 王全林 | 3 | 1.8 | 2 | 2.78 | 1 | 0.11 | 0.18 | 4.87 |
| | 合计 | 66 | 39.6 | 49 | 68.11 | 27 | 2.97 | 3.96 | 114.64 |

双桥 7 组

| 编号 | 户主姓名 | 人口数 | 口粮田（亩） | 劳动力人口数 | 责任田（亩） | 猪只数 | 饲料田（亩） | 自留田（亩） | 合计（亩） |
|---|---|---|---|---|---|---|---|---|---|
| 1 | 蔡雄云 | 5 | 3 | 3 | 4.23 | 2 | 0.22 | 0.3 | 7.75 |
| 2 | 袁根元 | 3 | 1.8 | 2 | 2.82 | 1 | 0.11 | 0.18 | 4.91 |
| 3 | 袁福元 | 5 | 3 | 4 | 5.64 | 2 | 0.22 | 0.3 | 9.16 |
| 4 | 袁木根 | 4 | 2.4 | 2 | 2.82 | 1 | 0.11 | 0.24 | 5.57 |
| 5 | 袁水根 | 3 | 1.8 | 2 | 2.82 | 1 | 0.11 | 0.18 | 4.91 |
| 6 | 袁阿多 | 6 | 3.6 | 4 | 5.64 | 2 | 0.22 | 0.36 | 9.82 |
| 7 | 袁小妹 | 4 | 2.4 | 2 | 2.82 | 1 | 0.11 | 0.24 | 5.57 |
| 8 | 王水福 | 4 | 2.4 | 3 | 4.23 | 2 | 0.22 | 0.24 | 7.09 |
| 9 | 王阿多 | 5 | 3 | 4 | 5.64 | 2 | 0.22 | 0.3 | 9.16 |
| 10 | 王木根 | 3 | 1.8 | 3 | 4.23 | 2 | 0.22 | 0.18 | 6.43 |
| 11 | 袁木火 | 8 | 4.8 | 5 | 7.05 | 3 | 0.33 | 0.48 | 12.66 |
| 12 | 王金官 | 3 | 1.8 | 2 | 2.82 | 1 | 0.11 | 0.18 | 4.91 |
| 13 | 袁根男 | 3 | 1.8 | 2 | 2.82 | 1 | 0.11 | 0.18 | 4.91 |
| 14 | 袁三男 | 5 | 3 | 3 | 4.23 | 2 | 0.22 | 0.3 | 7.75 |
| 15 | 王金龙 | 3 | 1.8 | 2 | 2.82 | 1 | 0.11 | 0.18 | 4.91 |
| 16 | 王水土 | 4 | 2.4 | 3 | 4.23 | 2 | 0.22 | 0.24 | 7.09 |
| 17 | 王银龙 | 3 | 1.8 | 2 | 2.82 | 1 | 0.11 | 0.18 | 4.91 |
| 18 | 王金根 | 3 | 1.8 | 2 | 2.82 | 1 | 0.11 | 0.18 | 4.91 |
| 合计 | | 74 | 44.4 | 50 | 70.5 | 28 | 3.08 | 4.44 | 122.42 |

双桥 8 组

| 编号 | 户主姓名 | 人口数 | 口粮田（亩） | 劳动力人口数 | 责任田（亩） | 猪只数 | 饲料田（亩） | 自留田（亩） | 合计（亩） |
|---|---|---|---|---|---|---|---|---|---|
| 1 | 徐小全根 | 4 | 2.4 | 2 | 3.4 | 1 | 0.11 | 0.24 | 6.15 |
| 2 | 徐冬根 | 4 | 2.4 | 2 | 3.4 | 1 | 0.11 | 0.24 | 6.15 |
| 3 | 郑布林 | 3 | 1.8 | 2 | 3.4 | 1 | 0.11 | 0.18 | 5.49 |
| 4 | 郑老土 | 3 | 1.8 | 2 | 3.4 | 1 | 0.11 | 0.18 | 5.49 |
| 5 | 徐桂根 | 4 | 2.4 | 3 | 5.1 | 2 | 0.22 | 0.24 | 7.96 |
| 6 | 徐三男 | 3 | 1.8 | 2 | 3.4 | 1 | 0.11 | 0.18 | 5.49 |
| 7 | 徐根福 | 3 | 1.8 | 2 | 3.4 | 2 | 0.22 | 0.18 | 5.6 |
| 8 | 徐林根 | 3 | 1.8 | 2 | 3.4 | 1 | 0.11 | 0.18 | 5.49 |
| 9 | 徐苟根 | 3 | 1.8 | 2 | 3.4 | 1 | 0.11 | 0.18 | 5.49 |
| 10 | 徐招根 | 6 | 3.6 | 4 | 6.8 | 2 | 0.22 | 0.36 | 10.98 |
| 11 | 徐介根 | 5 | 3 | 3 | 5.1 | 2 | 0.22 | 0.3 | 8.62 |

续表

| 编号 | 户主姓名 | 人口数 | 口粮田（亩） | 劳动力人口数 | 责任田（亩） | 猪只数 | 饲料田（亩） | 自留田（亩） | 合计（亩） |
|---|---|---|---|---|---|---|---|---|---|
| 12 | 徐介林 | 4 | 2.4 | 2 | 3.4 | 1 | 0.11 | 0.24 | 6.15 |
| 13 | 徐全林 | 5 | 3 | 3 | 5.1 | 2 | 0.22 | 0.3 | 8.62 |
| 14 | 徐金妹 | 4 | 2.4 | 3 | 5.1 | 2 | 0.22 | 0.24 | 7.96 |
| 15 | 徐云林 | 5 | 3 | 3 | 5.1 | 2 | 0.22 | 0.3 | 8.62 |
| 16 | 徐阿多 | 5 | 3 | 3 | 5.1 | 2 | 0.22 | 0.3 | 8.62 |
| 17 | 沈木根 | 5 | 3 | 4 | 6.8 | 2 | 0.22 | 0.3 | 10.32 |
| 18 | 徐小龙 | 1 | 0.6 | 1 | 1.7 | 1 | 0.11 | 0.06 | 2.47 |
| 合计 |  | 70 | 42 | 45 | 76.5 | 27 | 2.97 | 4.2 | 125.67 |

双桥9组

| 编号 | 户主姓名 | 人口数 | 口粮田（亩） | 劳动力人口数 | 责任田（亩） | 猪只数 | 饲料田（亩） | 自留田（亩） | 合计（亩） |
|---|---|---|---|---|---|---|---|---|---|
| 1 | 徐再根 | 2 | 1.2 | 2 | 3.38 | 1 | 0.11 | 0.12 | 4.81 |
| 2 | 徐明夫 | 4 | 2.4 | 3 | 5.04 | 2 | 0.22 | 0.24 | 7.9 |
| 3 | 徐大宝 | 3 | 1.8 | 2 | 3.36 | 1 | 0.11 | 0.18 | 5.45 |
| 4 | 沈六宝 | 4 | 2.4 | 3 | 5.04 | 2 | 0.22 | 0.24 | 7.9 |
| 5 | 沈福宝 | 6 | 3.6 | 4 | 6.72 | 2 | 0.22 | 0.36 | 10.9 |
| 6 | 徐根元 | 5 | 3 | 4 | 6.72 | 2 | 0.22 | 0.3 | 10.24 |
| 7 | 徐全根 | 3 | 1.8 | 3 | 5.04 | 2 | 0.22 | 0.18 | 7.24 |
| 8 | 徐香根 | 3 | 1.8 | 2 | 3.36 | 1 | 0.11 | 0.18 | 5.45 |
| 9 | 徐三毛 | 5 | 3 | 3 | 5.04 | 2 | 0.22 | 0.3 | 8.56 |
| 10 | 徐火泉 | 5 | 3 | 3 | 5.04 | 2 | 0.22 | 0.3 | 8.56 |
| 11 | 郑阿二 | 3 | 1.8 | 1 | 1.68 | 1 | 0.11 | 0.18 | 3.77 |
| 12 | 王桂妹 | 3 | 1.8 | 1 | 1.68 | 1 | 0.11 | 0.18 | 3.77 |
| 13 | 沈阿二 | 4 | 2.4 | 2 | 3.36 | 1 | 0.11 | 0.24 | 6.11 |
| 14 | 沈水根 | 4 | 2.4 | 3 | 5.04 | 2 | 0.22 | 0.24 | 7.9 |
| 15 | 王玉林 | 4 | 2.4 | 3 | 5.04 | 2 | 0.22 | 0.24 | 7.9 |
| 16 | 徐水根 | 6 | 3.6 | 5 | 8.4 | 3 | 0.33 | 0.36 | 12.69 |
| 17 | 徐金男 | 3 | 1.8 | 2 | 3.36 | 1 | 0.11 | 0.18 | 5.45 |
| 18 | 徐龙根 | 3 | 1.8 | 2 | 3.36 | 1 | 0.11 | 0.18 | 5.45 |
| 合计 |  | 70 | 42 | 48 | 80.66 | 29 | 3.19 | 4.2 | 130.05 |

双桥 10 组

| 编号 | 户主姓名 | 人口数 | 口粮田（亩） | 劳动力人口数 | 责任田（亩） | 猪只数 | 饲料田（亩） | 自留田（亩） | 合计（亩） |
|---|---|---|---|---|---|---|---|---|---|
| 1 | 朱阿苟 | 1 | 0.6 | 1 | 1.55 | 1 | 0.11 | 0.06 | 2.32 |
| 2 | 罗小苟 | 4 | 2.4 | 2 | 3.1 | 1 | 0.11 | 0.24 | 5.85 |
| 3 | 唐水福 | 4 | 2.4 | 4 | 6.2 | 2 | 0.22 | 0.24 | 9.06 |
| 4 | 唐金苟 | 6 | 3.6 | 4 | 6.2 | 2 | 0.22 | 0.36 | 10.38 |
| 5 | 罗全根 | 5 | 3 | 4 | 6.2 | 2 | 0.22 | 0.3 | 9.72 |
| 6 | 罗国光 | 4 | 2.4 | 4 | 6.2 | 2 | 0.22 | 0.24 | 9.06 |
| 7 | 罗卫星 | 3 | 1.8 | 2 | 3.1 | 1 | 0.11 | 0.18 | 5.19 |
| 8 | 罗炳根 | 3 | 1.8 | 2 | 3.1 | 1 | 0.11 | 0.18 | 5.19 |
| 9 | 徐福根 | 4 | 2.4 | 3 | 4.65 | 2 | 0.22 | 0.24 | 7.51 |
| 10 | 徐香林 | 6 | 3.6 | 5 | 7.75 | 3 | 0.33 | 0.36 | 12.04 |
| 11 | 陆福高 | 4 | 2.4 | 4 | 6.2 | 2 | 0.22 | 0.24 | 9.06 |
| 12 | 钱全根 | 5 | 3 | 3 | 4.65 | 2 | 0.22 | 0.3 | 8.17 |
| 13 | 陆进高 | 5 | 3 | 3 | 4.65 | 2 | 0.22 | 0.3 | 8.17 |
| | 合计 | 54 | 32.4 | 41 | 63.55 | 23 | 2.53 | 3.24 | 101.72 |

双桥 11 组

| 编号 | 户主姓名 | 人口数 | 口粮田（亩） | 劳动力人口数 | 责任田（亩） | 猪只数 | 饲料田（亩） | 自留田（亩） | 合计（亩） |
|---|---|---|---|---|---|---|---|---|---|
| 1 | 朱福官 | 3 | 1.8 | 2 | 3.03 | 1 | 0.11 | 0.18 | 5.12 |
| 2 | 陆老土 | 4 | 2.4 | 3 | 4.545 | 2 | 0.22 | 0.24 | 7.405 |
| 3 | 钱火泉 | 3 | 1.8 | 3 | 4.545 | 2 | 0.22 | 0.18 | 6.745 |
| 4 | 钱黑男 | 4 | 2.4 | 3 | 4.545 | 2 | 0.22 | 0.24 | 7.405 |
| 5 | 张洪加 | 4 | 2.4 | 4 | 6.06 | 2 | 0.22 | 0.24 | 8.92 |
| 6 | 张云加 | 5 | 3 | 3 | 4.545 | 2 | 0.22 | 0.3 | 8.065 |
| 7 | 张秋英 | 5 | 3 | 3 | 4.545 | 2 | 0.22 | 0.3 | 8.065 |
| 8 | 张银官 | 5 | 3 | 3 | 4.545 | 2 | 0.22 | 0.3 | 8.065 |
| 9 | 张五官 | 3 | 1.8 | 2 | 3.03 | 1 | 0.11 | 0.18 | 5.12 |
| 10 | 朱云岳 | 6 | 3.6 | 5 | 7.575 | 3 | 0.33 | 0.36 | 11.865 |
| 11 | 朱如妹 | 2 | 1.2 | 2 | 3.03 | 1 | 0.11 | 0.12 | 4.46 |
| 12 | 朱洪生 | 5 | 3 | 3 | 4.545 | 2 | 0.22 | 0.3 | 8.065 |
| 13 | 朱祥男 | 2 | 1.2 | 2 | 3.03 | 1 | 0.11 | 0.12 | 4.46 |
| | 合计 | 51 | 30.6 | 38 | 57.57 | 23 | 2.53 | 3.06 | 93.76 |

双桥 12 组

| 编号 | 户主姓名 | 人口数 | 口粮田（亩） | 劳动力人口数 | 责任田（亩） | 猪只数 | 饲料田（亩） | 自留田（亩） | 合计（亩） |
|---|---|---|---|---|---|---|---|---|---|
| 1 | 陆阿夯 | 4 | 2.4 | 3 | 4.752 | 2 | 0.22 | 0.24 | 7.612 |
| 2 | 陆兴泉 | 5 | 3 | 3 | 4.752 | 2 | 0.22 | 0.3 | 8.272 |
| 3 | 吴水根 | 4 | 2.4 | 2 | 3.168 | 1 | 0.11 | 0.24 | 5.918 |
| 4 | 吴会根 | 3 | 1.8 | 2 | 3.168 | 1 | 0.11 | 0.18 | 5.258 |
| 5 | 陆福泉 | 6 | 3.6 | 5 | 7.92 | 3 | 0.33 | 0.36 | 12.21 |
| 6 | 陆三根 | 4 | 2.4 | 3 | 4.752 | 2 | 0.22 | 0.24 | 7.612 |
| 7 | 陆龙先 | 3 | 1.8 | 2 | 3.168 | 1 | 0.11 | 0.18 | 5.258 |
| 8 | 陆云根 | 3 | 1.8 | 2 | 3.168 | 1 | 0.11 | 0.18 | 5.258 |
| 9 | 陆金根 | 3 | 1.8 | 2 | 3.168 | 1 | 0.11 | 0.18 | 5.258 |
| 10 | 陆龙全 | 4 | 2.4 | 2 | 3.168 | 1 | 0.11 | 0.24 | 5.918 |
| 11 | 陆铁金 | 3 | 1.8 | 2 | 3.168 | 1 | 0.11 | 0.18 | 5.258 |
| 12 | 陆小阿夯 | 3 | 1.8 | 2 | 3.168 | 1 | 0.11 | 0.18 | 5.258 |
| 13 | 陆金泉 | 3 | 1.8 | 1 | 1.584 | 1 | 0.11 | 0.18 | 3.674 |
| 14 | 陆才先 | 5 | 3 | 3 | 4.752 | 2 | 0.22 | 0.3 | 8.272 |
| 15 | 陆老土 | 5 | 3 | 2 | 3.168 | 1 | 0.11 | 0.3 | 6.578 |
| 16 | 陆火根 | 5 | 3 | 3 | 4.752 | 2 | 0.22 | 0.3 | 8.272 |
| 17 | 陆云全 | 5 | 3 | 2 | 3.168 | 1 | 0.11 | 0.3 | 6.578 |
| 18 | 陆阿多 | 4 | 2.4 | 2 | 3.168 | 1 | 0.11 | 0.24 | 5.918 |
| 19 | 陆咬大 | 4 | 2.4 | 3 | 4.752 | 2 | 0.22 | 0.24 | 7.612 |
| 20 | 陆金福 | 5 | 3 | 3 | 4.752 | 2 | 0.22 | 0.3 | 8.272 |
| 21 | 陆根男 | 3 | 1.8 | 2 | 3.168 | 1 | 0.11 | 0.18 | 5.258 |
| 22 | 吴寿根 | 6 | 3.6 | 4 | 6.336 | 2 | 0.22 | 0.36 | 10.516 |
| 23 | 吴福根 | 3 | 1.8 | 2 | 3.168 | 1 | 0.11 | 0.18 | 5.258 |
| 24 | 吴根妹 | 1 | 0.6 | 1 | 1.584 | 1 | 0.11 | 0.06 | 2.354 |
| 25 | 陆火金 | 4 | 2.4 | 3 | 4.752 | 2 | 0.22 | 0.24 | 7.612 |
| 26 | 陆小金根 | 3 | 1.8 | 2 | 3.168 | 1 | 0.11 | 0.18 | 5.258 |
| 合计 | | 101 | 60.6 | 63 | 99.792 | 37 | 4.07 | 6.06 | 170.52 |

表 13-2  1983 年尹西村各村民小组联产到户土地面积一览表

尹西 1 组

| 编号 | 户主姓名 | 人口数 | 口粮田（亩） | 劳动力人口数 | 责任田（亩） | 猪只数 | 饲料田（亩） | 自留田（亩） | 合计（亩） |
|---|---|---|---|---|---|---|---|---|---|
| 1 | 江土生 | 4 | 2.4 | 3 | 3.165 | 2 | 0.22 | 0.24 | 6.025 |
| 2 | 江土根 | 3 | 1.8 | 2 | 2.11 | 1 | 0.11 | 0.18 | 4.2 |
| 3 | 姚木根 | 6 | 3.6 | 5 | 5.275 | 3 | 0.33 | 0.36 | 9.565 |
| 4 | 姚金苟 | 6 | 3.6 | 4 | 4.22 | 2 | 0.22 | 0.36 | 8.4 |
| 5 | 江根火 | 4 | 2.4 | 4 | 4.22 | 2 | 0.22 | 0.24 | 7.08 |
| 6 | 钱全根 | 5 | 3 | 5 | 5.275 | 3 | 0.33 | 0.3 | 8.905 |
| 7 | 江阿夯 | 5 | 3 | 3 | 3.165 | 2 | 0.22 | 0.3 | 6.685 |
| 8 | 钱多林 | 3 | 1.8 | 2 | 2.11 | 1 | 0.11 | 0.18 | 4.2 |
| 9 | 钱根林 | 3 | 1.8 | 3 | 3.165 | 2 | 0.22 | 0.18 | 5.365 |
| 10 | 陈木根寿 | 3 | 1.8 | 2 | 2.11 | 1 | 0.11 | 0.18 | 4.2 |
| 11 | 钱招根 | 4 | 2.4 | 3 | 3.165 | 2 | 0.22 | 0.24 | 6.025 |
| 12 | 钱纪根 | 4 | 2.4 | 2 | 2.11 | 1 | 0.11 | 0.24 | 4.86 |
| 13 | 陈木根土 | 4 | 2.4 | 2 | 2.11 | 1 | 0.11 | 0.24 | 4.86 |
| 14 | 陈根大 | 6 | 3.6 | 6 | 6.33 | 3 | 0.33 | 0.36 | 10.62 |
| 15 | 陈福男 | 6 | 3.6 | 5 | 5.275 | 3 | 0.33 | 0.36 | 9.565 |
| 16 | 仲火根 | 3 | 1.8 | 3 | 3.165 | 2 | 0.22 | 0.18 | 5.365 |
| 17 | 仲月明 | 6 | 3.6 | 4 | 4.22 | 2 | 0.22 | 0.36 | 8.4 |
| 18 | 钱老土 | 4 | 2.4 | 2 | 2.11 | 1 | 0.11 | 0.24 | 4.86 |
| 19 | 陈木金 | 3 | 1.8 | 3 | 3.165 | 2 | 0.22 | 0.18 | 5.365 |
| 合计 | | 82 | 49.2 | 63 | 66.465 | 36 | 3.96 | 4.92 | 124.55 |

尹西 2 组

| 编号 | 户主姓名 | 人口数 | 口粮田（亩） | 劳动力人口数 | 责任田（亩） | 猪只数 | 饲料田（亩） | 自留田（亩） | 合计（亩） |
|---|---|---|---|---|---|---|---|---|---|
| 1 | 江雪云 | 3 | 1.8 | 2 | 2.62 | 1 | 0.11 | 0.18 | 4.71 |
| 2 | 江老三 | 4 | 2.4 | 4 | 5.24 | 2 | 0.22 | 0.24 | 8.1 |
| 3 | 韩招云 | 4 | 2.4 | 3 | 3.93 | 2 | 0.22 | 0.24 | 6.79 |
| 4 | 钱多头 | 4 | 2.4 | 4 | 5.24 | 2 | 0.22 | 0.24 | 8.1 |
| 5 | 韩金火 | 4 | 2.4 | 2 | 2.62 | 1 | 0.11 | 0.24 | 5.37 |
| 6 | 姚会根 | 4 | 2.4 | 2 | 2.62 | 1 | 0.11 | 0.24 | 5.37 |
| 7 | 姚水男 | 6 | 3.6 | 4 | 5.24 | 2 | 0.22 | 0.36 | 9.42 |

续表

| 编号 | 户主姓名 | 人口数 | 口粮田（亩） | 劳动力人口数 | 责任田（亩） | 猪只数 | 饲料田（亩） | 自留田（亩） | 合计（亩） |
|---|---|---|---|---|---|---|---|---|---|
| 8 | 姚水大 | 6 | 3.6 | 5 | 6.55 | 3 | 0.33 | 0.36 | 10.84 |
| 9 | 韩小金火 | 5 | 3 | 4 | 5.24 | 2 | 0.22 | 0.3 | 8.76 |
| 10 | 钱全生 | 4 | 2.4 | 2 | 2.62 | 1 | 0.11 | 0.24 | 5.37 |
| 11 | 江阿三 | 4 | 2.4 | 3 | 3.93 | 2 | 0.22 | 0.24 | 6.79 |
| 12 | 吴木根 | 5 | 3 | 4 | 5.24 | 3 | 0.33 | 0.3 | 8.87 |
| 13 | 姚水根 | 5 | 3 | 4 | 5.24 | 2 | 0.22 | 0.3 | 8.76 |
| 14 | 吴昆大 | 3 | 1.8 | 2 | 2.62 | 1 | 0.11 | 0.18 | 4.71 |
| 15 | 钱土木根 | 4 | 2.4 | 2 | 2.62 | 1 | 0.11 | 0.24 | 5.37 |
| 16 | 江全云 | 4 | 2.4 | 2 | 2.62 | 1 | 0.11 | 0.24 | 5.37 |
| 17 | 吴木大 | 2 | 1.2 | 2 | 2.62 | 1 | 0.11 | 0.12 | 4.05 |
| 18 | 姚根宝 | 4 | 2.4 | 4 | 5.24 | 2 | 0.22 | 0.24 | 8.1 |
| 19 | 钱福金 | 3 | 1.8 | 3 | 3.93 | 2 | 0.22 | 0.18 | 6.13 |
| 20 | 姚纪生 | 5 | 3 | 3 | 3.93 | 2 | 0.22 | 0.3 | 7.45 |
| | 合计 | 83 | 49.8 | 61 | 79.91 | 34 | 3.74 | 4.98 | 138.43 |

尹西3组

| 编号 | 户主姓名 | 人口数 | 口粮田（亩） | 劳动力人口数 | 责任田（亩） | 猪只数 | 饲料田（亩） | 自留田（亩） | 合计（亩） |
|---|---|---|---|---|---|---|---|---|---|
| 1 | 江金男 | 5 | 3 | 5 | 6 | 3 | 0.33 | 0.3 | 9.63 |
| 2 | 付阿木 | 4 | 2.4 | 4 | 4.8 | 2 | 0.22 | 0.24 | 7.66 |
| 3 | 顾桂根 | 3 | 1.8 | 3 | 3.6 | 2 | 0.22 | 0.18 | 5.8 |
| 4 | 顾云元 | 3 | 1.8 | 2 | 2.4 | 1 | 0.11 | 0.18 | 4.49 |
| 5 | 顾进夫 | 5 | 3 | 5 | 6 | 3 | 0.33 | 0.3 | 9.63 |
| 6 | 张木根 | 4 | 2.4 | 3 | 3.6 | 2 | 0.22 | 0.24 | 6.46 |
| 7 | 江和尚 | 5 | 3 | 4 | 4.8 | 2 | 0.22 | 0.3 | 8.32 |
| 8 | 张根大 | 4 | 2.4 | 2 | 2.4 | 1 | 0.11 | 0.24 | 5.15 |
| 9 | 张进福 | 3 | 1.8 | 3 | 3.6 | 2 | 0.22 | 0.18 | 5.8 |
| 10 | 庞中华 | 5 | 3 | 4 | 4.8 | 3 | 0.33 | 0.3 | 8.43 |
| 11 | 庞三根 | 4 | 2.4 | 2 | 2.4 | 1 | 0.11 | 0.24 | 5.15 |
| 12 | 张根宝 | 4 | 2.4 | 4 | 4.8 | 2 | 0.22 | 0.24 | 7.66 |
| 13 | 张兴根 | 3 | 1.8 | 2 | 2.4 | 1 | 0.11 | 0.18 | 4.49 |
| 14 | 江岳先 | 4 | 2.4 | 4 | 4.8 | 2 | 0.22 | 0.24 | 7.66 |

续表

| 编号 | 户主姓名 | 人口数 | 口粮田（亩） | 劳动力人口数 | 责任田（亩） | 猪只数 | 饲料田（亩） | 自留田（亩） | 合计（亩） |
|---|---|---|---|---|---|---|---|---|---|
| 15 | 江云根 | 2 | 1.2 | 2 | 2.4 | 1 | 0.11 | 0.12 | 3.83 |
| 16 | 江毛水 | 6 | 3.6 | 5 | 6 | 3 | 0.33 | 0.36 | 10.29 |
| 17 | 江多头 | 4 | 2.4 | 2 | 2.4 | 1 | 0.11 | 0.24 | 5.15 |
| 18 | 江水妹 | 1 | 0.6 | 1 | 1.2 | 0 | 0 | 0.06 | 1.86 |
| 19 | 张建青 | 4 | 2.4 | 2 | 2.4 | 1 | 0.11 | 0.24 | 5.15 |
|  | 合计 | 73 | 43.8 | 59 | 70.8 | 33 | 3.63 | 4.38 | 122.61 |

尹西 4 组

| 编号 | 户主姓名 | 人口数 | 口粮田（亩） | 劳动力人口数 | 责任田（亩） | 猪只数 | 饲料田（亩） | 自留田（亩） | 合计（亩） |
|---|---|---|---|---|---|---|---|---|---|
| 1 | 张水根 | 7 | 4.2 | 6 | 9.78 | 3 | 0.33 | 0.42 | 14.73 |
| 2 | 张水云 | 5 | 3 | 4 | 6.52 | 2 | 0.22 | 0.3 | 10.04 |
| 3 | 傅金泉 | 3 | 1.8 | 3 | 4.89 | 2 | 0.22 | 0.18 | 7.09 |
| 4 | 傅阿夯 | 3 | 1.8 | 3 | 4.89 | 2 | 0.22 | 0.18 | 7.09 |
| 5 | 梁木苟 | 6 | 3.6 | 3 | 4.89 | 2 | 0.22 | 0.36 | 9.07 |
| 6 | 梁银苟 | 6 | 3.6 | 3 | 4.89 | 2 | 0.22 | 0.36 | 9.07 |
| 7 | 张云男 | 4 | 2.4 | 3 | 4.89 | 2 | 0.22 | 0.24 | 7.75 |
| 8 | 张林根 | 3 | 1.8 | 2 | 3.26 | 1 | 0.11 | 0.18 | 5.35 |
| 9 | 顾全根 | 3 | 1.8 | 3 | 4.89 | 2 | 0.22 | 0.18 | 7.09 |
| 10 | 顾桂生 | 5 | 3 | 4 | 6.52 | 2 | 0.22 | 0.3 | 10.04 |
| 11 | 顾土金 | 5 | 3 | 4 | 6.52 | 2 | 0.22 | 0.3 | 10.04 |
| 12 | 顾六宝 | 5 | 3 | 3 | 4.89 | 2 | 0.22 | 0.3 | 8.41 |
| 13 | 江宝根 | 5 | 3 | 3 | 4.89 | 2 | 0.22 | 0.3 | 8.41 |
| 14 | 顾多水根 | 4 | 2.4 | 3 | 4.89 | 2 | 0.22 | 0.24 | 7.75 |
|  | 合计 | 64 | 38.4 | 47 | 76.61 | 28 | 3.08 | 3.84 | 121.93 |

尹西 5 组

| 编号 | 户主姓名 | 人口数 | 口粮田（亩） | 劳动力人口数 | 责任田（亩） | 猪只数 | 饲料田（亩） | 自留田（亩） | 合计（亩） |
|---|---|---|---|---|---|---|---|---|---|
| 1 | 陆金苟 | 5 | 3 | 3 | 3.999 | 2 | 0.22 | 0.3 | 7.519 |
| 2 | 陆寿先 | 5 | 3 | 4 | 5.332 | 2 | 0.22 | 0.3 | 8.852 |
| 3 | 陆根大 | 4 | 2.4 | 2 | 2.666 | 1 | 0.11 | 0.24 | 5.416 |

续表

| 编号 | 户主姓名 | 人口数 | 口粮田（亩） | 劳动力人口数 | 责任田（亩） | 猪只数 | 饲料田（亩） | 自留田（亩） | 合计（亩） |
|---|---|---|---|---|---|---|---|---|---|
| 4 | 陆纪根 | 5 | 3 | 2 | 2.666 | 1 | 0.11 | 0.3 | 6.076 |
| 5 | 李彩林 | 4 | 2.4 | 3 | 3.999 | 2 | 0.22 | 0.24 | 6.859 |
| 6 | 陆金木根 | 4 | 2.4 | 3 | 3.999 | 2 | 0.22 | 0.24 | 6.859 |
| 7 | 陆万龙 | 4 | 2.4 | 3 | 3.999 | 2 | 0.22 | 0.24 | 6.859 |
| 8 | 顾志超 | 6 | 3.6 | 4 | 5.332 | 2 | 0.22 | 0.36 | 9.512 |
| 9 | 李根福 | 4 | 2.4 | 4 | 5.332 | 2 | 0.22 | 0.24 | 8.192 |
| 10 | 李全福 | 7 | 4.2 | 5 | 6.665 | 3 | 0.33 | 0.42 | 11.615 |
| 11 | 徐秋妹 | 3 | 1.8 | 1 | 1.333 | 1 | 0.11 | 0.18 | 3.423 |
| 12 | 李阿二 | 5 | 3 | 4 | 5.332 | 2 | 0.22 | 0.3 | 8.852 |
| 13 | 顾长福 | 5 | 3 | 4 | 5.332 | 2 | 0.22 | 0.3 | 8.852 |
| 14 | 陆木金 | 4 | 2.4 | 3 | 3.999 | 2 | 0.22 | 0.24 | 6.859 |
| 15 | 陆三南 | 4 | 2.4 | 2 | 2.666 | 1 | 0.11 | 0.24 | 5.416 |
| 16 | 陆双生 | 1 | 0.6 | 1 | 1.333 | 0 | 0 | 0.06 | 1.993 |
| 17 | 陆阿五 | 6 | 3.6 | 5 | 6.665 | 3 | 0.33 | 0.36 | 10.955 |
| 18 | 李龙华 | 2 | 1.2 | 2 | 2.666 | 1 | 0.11 | 0.12 | 4.096 |
|  | 合计 | 78 | 46.8 | 55 | 73.315 | 31 | 3.41 | 4.68 | 128.21 |

尹西 6 组

| 编号 | 户主姓名 | 人口数 | 口粮田（亩） | 劳动力人口数 | 责任田（亩） | 猪只数 | 饲料田（亩） | 自留田（亩） | 合计（亩） |
|---|---|---|---|---|---|---|---|---|---|
| 1 | 胡云男 | 6 | 3.6 | 4 | 6.172 | 2 | 0.22 | 0.36 | 10.352 |
| 2 | 郭老二 | 6 | 3.6 | 5 | 7.715 | 3 | 0.33 | 0.36 | 12.005 |
| 3 | 郭老大 | 5 | 3 | 4 | 6.172 | 2 | 0.22 | 0.3 | 9.692 |
| 4 | 胡木根 | 5 | 3 | 3 | 4.629 | 2 | 0.22 | 0.3 | 8.149 |
| 5 | 胡水根 | 4 | 2.4 | 2 | 3.086 | 1 | 0.11 | 0.24 | 5.836 |
| 6 | 胡全根 | 4 | 2.4 | 2 | 3.086 | 1 | 0.11 | 0.24 | 5.836 |
| 7 | 胡火金 | 2 | 1.2 | 2 | 3.086 | 1 | 0.11 | 0.12 | 4.516 |
| 8 | 胡多头 | 4 | 2.4 | 2 | 3.086 | 1 | 0.11 | 0.24 | 5.836 |
| 9 | 胡会福 | 2 | 1.2 | 2 | 3.086 | 1 | 0.11 | 0.12 | 4.516 |
| 10 | 胡二男 | 4 | 2.4 | 3 | 4.629 | 2 | 0.22 | 0.24 | 7.489 |
| 11 | 胡火福 | 2 | 1.2 | 2 | 3.086 | 1 | 0.11 | 0.12 | 4.516 |

续表

| 编号 | 户主姓名 | 人口数 | 口粮田（亩） | 劳动力人口数 | 责任田（亩） | 猪只数 | 饲料田（亩） | 自留田（亩） | 合计（亩） |
|---|---|---|---|---|---|---|---|---|---|
| 12 | 胡林根 | 4 | 2.4 | 2 | 3.086 | 1 | 0.11 | 0.24 | 5.836 |
| 13 | 胡火根 | 5 | 3 | 4 | 6.172 | 2 | 0.22 | 0.3 | 9.692 |
| 14 | 胡水福 | 2 | 1.2 | 2 | 3.086 | 1 | 0.11 | 0.12 | 4.516 |
| 15 | 胡会根 | 4 | 2.4 | 2 | 3.086 | 1 | 0.11 | 0.24 | 5.836 |
| 16 | 胡海根 | 4 | 2.4 | 2 | 3.086 | 1 | 0.11 | 0.24 | 5.836 |
| 17 | 刘林南 | 6 | 3.6 | 4 | 6.172 | 2 | 0.22 | 0.36 | 10.352 |
|  | 合计 | 69 | 41.4 | 47 | 72.521 | 25 | 2.75 | 4.14 | 120.81 |

尹西7组

| 编号 | 户主姓名 | 人口数 | 口粮田（亩） | 劳动力人口数 | 责任田（亩） | 猪只数 | 饲料田（亩） | 自留田（亩） | 合计（亩） |
|---|---|---|---|---|---|---|---|---|---|
| 1 | 王阿木 | 1 | 0.6 | 1 | 1.095 | 0 | 0 | 0.06 | 1.755 |
| 2 | 张多头 | 3 | 1.8 | 2 | 2.19 | 1 | 0.11 | 0.18 | 4.28 |
| 3 | 董根大 | 6 | 3.6 | 4 | 4.38 | 2 | 0.22 | 0.36 | 8.56 |
| 4 | 李阿夯 | 4 | 2.4 | 2 | 4.38 | 2 | 0.22 | 0.24 | 7.24 |
| 5 | 李道根 | 4 | 2.4 | 2 | 4.38 | 2 | 0.22 | 0.24 | 7.24 |
| 6 | 李云根 | 5 | 3 | 2 | 4.38 | 2 | 0.22 | 0.3 | 7.9 |
| 7 | 傅玉苟 | 6 | 3.6 | 4 | 4.38 | 2 | 0.22 | 0.36 | 8.56 |
| 8 | 傅导大 | 4 | 2.4 | 2 | 2.19 | 1 | 0.11 | 0.24 | 4.94 |
| 9 | 傅宝根 | 5 | 3 | 3 | 3.285 | 2 | 0.22 | 0.3 | 6.805 |
| 10 | 钱小龙 | 3 | 1.8 | 2 | 2.19 | 1 | 0.11 | 0.18 | 4.28 |
| 11 | 钱唐龙 | 4 | 2.4 | 2 | 2.19 | 1 | 0.11 | 0.24 | 4.94 |
| 12 | 钱全根 | 5 | 3 | 5 | 5.475 | 3 | 0.33 | 0.3 | 9.105 |
| 13 | 李福根 | 4 | 2.4 | 3 | 3.285 | 2 | 0.22 | 0.24 | 6.145 |
| 14 | 李和尚 | 5 | 3 | 4 | 4.38 | 2 | 0.22 | 0.3 | 7.9 |
| 15 | 李会云 | 4 | 2.4 | 2 | 2.19 | 1 | 0.11 | 0.24 | 4.94 |
| 16 | 李会林 | 5 | 3 | 3 | 3.285 | 2 | 0.22 | 0.3 | 6.805 |
| 17 | 王水根 | 7 | 4.2 | 5 | 5.475 | 3 | 0.33 | 0.42 | 10.425 |
|  | 合计 | 75 | 45 | 54 | 59.13 | 29 | 3.19 | 4.5 | 111.82 |

尹西 8 组

| 编号 | 户主姓名 | 人口数 | 口粮田（亩） | 劳动力人口数 | 责任田（亩） | 猪只数 | 饲料田（亩） | 自留田（亩） | 合计（亩） |
|---|---|---|---|---|---|---|---|---|---|
| 1 | 钱龙福 | 3 | 1.8 | 2 | 2.514 | 1 | 0.11 | 0.18 | 4.604 |
| 2 | 张小多头 | 5 | 3 | 4 | 5.028 | 2 | 0.22 | 0.3 | 8.548 |
| 3 | 郭素根 | 3 | 1.8 | 2 | 2.514 | 1 | 0.11 | 0.18 | 4.604 |
| 4 | 江土根 | 6 | 3.6 | 5 | 6.285 | 3 | 0.33 | 0.36 | 10.575 |
| 5 | 钱火宝 | 2 | 1.2 | 2 | 2.514 | 1 | 0.11 | 0.12 | 3.944 |
| 6 | 钱木金 | 6 | 3.6 | 2 | 2.514 | 1 | 0.11 | 0.36 | 6.584 |
| 7 | 郭水云 | 5.5 | 3.3 | 3 | 3.771 | 2 | 0.22 | 0.33 | 7.621 |
| 8 | 郭龙生 | 3.5 | 2.1 | 2 | 2.514 | 1 | 0.11 | 0.21 | 4.934 |
| 9 | 郭小男 | 3 | 1.8 | 3 | 3.771 | 2 | 0.22 | 0.18 | 5.971 |
| 10 | 王玉根 | 6 | 3.6 | 5 | 6.285 | 3 | 0.33 | 0.36 | 10.575 |
| 11 | 张三宝 | 4 | 2.4 | 2 | 2.514 | 1 | 0.11 | 0.24 | 5.264 |
| 12 | 王金水根 | 4 | 2.4 | 3 | 3.771 | 2 | 0.22 | 0.24 | 6.631 |
| 13 | 张根宝 | 4 | 2.4 | 3 | 3.771 | 2 | 0.22 | 0.24 | 6.631 |
| 14 | 李金泉 | 4 | 2.4 | 3 | 3.771 | 2 | 0.22 | 0.24 | 6.631 |
| 15 | 钱金根 | 3 | 1.8 | 3 | 3.771 | 2 | 0.22 | 0.18 | 5.971 |
| 16 | 钱小全根 | 7 | 4.2 | 5 | 6.285 | 3 | 0.33 | 0.42 | 11.235 |
| 17 | 王纪根 | 6 | 3.6 | 5 | 6.285 | 3 | 0.33 | 0.36 | 10.575 |
|  | 合计 | 75 | 45 | 54 | 67.878 | 32 | 3.52 | 4.5 | 120.9 |

尹西 9 组

| 编号 | 户主姓名 | 人口数 | 口粮田（亩） | 劳动力人口数 | 责任田（亩） | 猪只数 | 饲料田（亩） | 自留田（亩） | 合计（亩） |
|---|---|---|---|---|---|---|---|---|---|
| 1 | 唐水大 | 8 | 4.8 | 6 | 7.596 | 3 | 0.33 | 0.48 | 13.206 |
| 2 | 胡龙根 | 3 | 1.8 | 2 | 2.532 | 1 | 0.11 | 0.18 | 4.622 |
| 3 | 陆介根 | 6 | 3.6 | 5 | 6.33 | 3 | 0.33 | 0.36 | 10.62 |
| 4 | 陆玉根 | 4 | 2.4 | 2 | 2.532 | 1 | 0.11 | 0.24 | 5.282 |
| 5 | 陆林生 | 8 | 4.8 | 5 | 6.33 | 3 | 0.33 | 0.48 | 11.94 |
| 6 | 唐根泉 | 3 | 1.8 | 3 | 3.798 | 2 | 0.22 | 0.18 | 5.998 |
| 7 | 陆金根 | 6 | 3.6 | 4 | 5.064 | 2 | 0.22 | 0.36 | 9.244 |
| 8 | 陆木泉 | 6 | 3.6 | 4 | 5.064 | 2 | 0.22 | 0.36 | 9.244 |
| 9 | 唐全根 | 5 | 3 | 4 | 5.064 | 2 | 0.22 | 0.3 | 8.584 |

续表

| 编号 | 户主姓名 | 人口数 | 口粮田（亩） | 劳动力人口数 | 责任田（亩） | 猪只数 | 饲料田（亩） | 自留田（亩） | 合计（亩） |
|---|---|---|---|---|---|---|---|---|---|
| 10 | 陆林根 | 4 | 2.4 | 4 | 5.064 | 2 | 0.22 | 0.24 | 7.924 |
| 11 | 唐金根 | 4 | 2.4 | 2 | 2.532 | 1 | 0.11 | 0.24 | 5.282 |
| 12 | 唐土根 | 4 | 2.4 | 3 | 3.798 | 2 | 0.22 | 0.24 | 6.658 |
| 13 | 胡雪林 | 6 | 3.6 | 6 | 7.596 | 3 | 0.33 | 0.36 | 11.886 |
| 14 | 胡云根 | 6 | 3.6 | 5 | 6.33 | 3 | 0.33 | 0.36 | 10.62 |
| 15 | 唐水土 | 6 | 3.6 | 5 | 6.33 | 3 | 0.33 | 0.36 | 10.62 |
| 16 | 唐龙根 | 4 | 2.4 | 3 | 3.798 | 2 | 0.22 | 0.24 | 6.658 |
| 17 | 陆水根 | 5 | 3 | 4 | 5.064 | 2 | 0.22 | 0.3 | 8.584 |
| 18 | 袁苟大 | 3 | 1.8 | 3 | 3.798 | 3 | 0.33 | 0.18 | 6.108 |
| 19 | 周福根 | 7 | 4.2 | 5 | 6.33 | 3 | 0.33 | 0.42 | 11.28 |
| 20 | 程阿林 | 5 | 3 | 3 | 3.798 | 2 | 0.22 | 0.3 | 7.318 |
| 21 | 袁玉文 | 2 | 1.2 | 2 | 2.532 | 1 | 0.11 | 0.12 | 3.962 |
| 22 | 袁玉平 | 2 | 1.2 | 2 | 2.532 | 1 | 0.11 | 0.12 | 3.962 |
| 合计 | | 107 | 64.2 | 82 | 103.812 | 47 | 5.17 | 6.42 | 179.6 |

尹西10组

| 编号 | 户主姓名 | 人口数 | 口粮田（亩） | 劳动力人口数 | 责任田（亩） | 猪只数 | 饲料田（亩） | 自留田（亩） | 合计（亩） |
|---|---|---|---|---|---|---|---|---|---|
| 1 | 陆林福 | 5 | 3 | 5 | 5.45 | 3 | 0.33 | 0.3 | 9.08 |
| 2 | 顾盘根 | 3 | 1.8 | 2 | 2.18 | 1 | 0.11 | 0.18 | 4.27 |
| 3 | 顾雪根 | 6 | 3.6 | 5 | 5.45 | 3 | 0.33 | 0.36 | 9.74 |
| 4 | 顾福根 | 4 | 2.4 | 3 | 3.27 | 2 | 0.22 | 0.24 | 6.13 |
| 5 | 陆林生 | 4 | 2.4 | 2 | 2.18 | 1 | 0.11 | 0.24 | 4.93 |
| 6 | 顾海林 | 6 | 3.6 | 5 | 5.45 | 3 | 0.33 | 0.36 | 9.74 |
| 7 | 顾木根 | 4 | 2.4 | 2 | 2.18 | 1 | 0.11 | 0.24 | 4.93 |
| 8 | 顾伯林 | 5 | 3 | 4 | 4.36 | 2 | 0.22 | 0.3 | 7.88 |
| 9 | 顾玉宝 | 1 | 0.6 | 1 | 1.09 | 1 | 0.11 | 0.06 | 1.86 |
| 10 | 顾小宝 | 5 | 3 | 2 | 2.18 | 1 | 0.11 | 0.3 | 5.59 |
| 11 | 顾福宝 | 5 | 3 | 4 | 4.36 | 2 | 0.22 | 0.3 | 7.88 |
| 12 | 顾六宝 | 7 | 4.2 | 5 | 5.45 | 3 | 0.33 | 0.42 | 10.4 |
| 13 | 顾祥林 | 6 | 3.6 | 4 | 4.36 | 2 | 0.22 | 0.36 | 8.54 |
| 14 | 顾福龙 | 3 | 1.8 | 2 | 2.18 | 1 | 0.11 | 0.18 | 4.27 |
| 15 | 顾金英 | 4 | 2.4 | 2 | 2.18 | 1 | 0.11 | 0.24 | 4.93 |

续表

| 编号 | 户主姓名 | 人口数 | 口粮田（亩） | 劳动力人口数 | 责任田（亩） | 猪只数 | 饲料田（亩） | 自留田（亩） | 合计（亩） |
|---|---|---|---|---|---|---|---|---|---|
| 16 | 顾多根 | 6 | 3.6 | 5 | 5.45 | 3 | 0.33 | 0.36 | 9.74 |
| 17 | 顾云男 | 3 | 1.8 | 2 | 2.18 | 1 | 0.11 | 0.18 | 4.27 |
| 18 | 陆玉林 | 6 | 3.6 | 3 | 3.27 | 2 | 0.22 | 0.36 | 7.45 |
| 19 | 陆根弟 | 4 | 2.4 | 3 | 3.27 | 2 | 0.22 | 0.24 | 6.13 |
| 20 | 陆根木 | 4 | 2.4 | 2 | 2.18 | 1 | 0.11 | 0.24 | 4.93 |
| 21 | 顾木泉 | 5 | 3 | 3 | 3.27 | 2 | 0.22 | 0.3 | 6.79 |
| 22 | 顾林根 | 4 | 2.4 | 2 | 2.18 | 1 | 0.11 | 0.24 | 4.93 |
| | 合计 | 100 | 60 | 68 | 74.12 | 39 | 4.29 | 6 | 144.41 |

尹西11组

| 编号 | 户主姓名 | 人口数 | 口粮田（亩） | 劳动力人口数 | 责任田（亩） | 猪只数 | 饲料田（亩） | 自留田（亩） | 合计（亩） |
|---|---|---|---|---|---|---|---|---|---|
| 1 | 庞全福 | 5 | 3 | 4 | 5.12 | 2 | 0.22 | 0.3 | 8.64 |
| 2 | 陆水火 | 4 | 2.4 | 3 | 3.84 | 2 | 0.22 | 0.24 | 6.7 |
| 3 | 陆泉男 | 4 | 2.4 | 2 | 2.56 | 1 | 0.11 | 0.24 | 5.31 |
| 4 | 陆水龙 | 4 | 2.4 | 3 | 3.84 | 2 | 0.22 | 0.24 | 6.7 |
| 5 | 陆木英 | 6 | 3.6 | 5 | 6.4 | 3 | 0.33 | 0.36 | 10.69 |
| 6 | 顾多林 | 5 | 3 | 3 | 3.84 | 2 | 0.22 | 0.3 | 7.36 |
| 7 | 顾土根 | 6 | 3.6 | 5 | 6.4 | 3 | 0.33 | 0.36 | 10.69 |
| 8 | 庞根全 | 4 | 2.4 | 2 | 2.56 | 1 | 0.11 | 0.24 | 5.31 |
| 9 | 庞根福 | 2 | 1.2 | 2 | 2.56 | 1 | 0.11 | 0.12 | 3.99 |
| 10 | 庞云福 | 3 | 1.8 | 3 | 3.84 | 2 | 0.22 | 0.18 | 6.04 |
| 11 | 顾阿多 | 4 | 2.4 | 4 | 5.12 | 2 | 0.22 | 0.24 | 7.98 |
| 12 | 陆祥夫 | 2 | 1.2 | 2 | 2.56 | 1 | 0.11 | 0.12 | 3.99 |
| 13 | 陆根兴 | 5 | 3 | 4 | 5.12 | 2 | 0.22 | 0.3 | 8.64 |
| 14 | 陆宝根 | 4 | 2.4 | 3 | 3.84 | 2 | 0.22 | 0.24 | 6.7 |
| 15 | 顾金水根 | 6 | 3.6 | 4 | 5.12 | 2 | 0.22 | 0.36 | 9.3 |
| 16 | 张福云 | 5 | 3 | 4 | 5.12 | 2 | 0.22 | 0.3 | 8.64 |
| 17 | 陆玉根 | 5 | 3 | 2 | 2.56 | 1 | 0.11 | 0.3 | 5.97 |
| 18 | 顾水根 | 5 | 3 | 4 | 5.12 | 2 | 0.22 | 0.3 | 8.64 |
| 19 | 张雪云 | 5 | 3 | 3 | 3.84 | 2 | 0.22 | 0.3 | 7.36 |
| | 合计 | 84 | 50.4 | 62 | 79.36 | 35 | 3.85 | 5.04 | 138.65 |

表 13-3　1983 年红庄村各村民小组联产到户土地面积一览表

红庄 1 组

| 编号 | 户主姓名 | 人口数 | 口粮田（亩） | 劳动力人口数 | 责任田（亩） | 猪只数 | 饲料田（亩） | 自留田（亩） | 合计（亩） |
|---|---|---|---|---|---|---|---|---|---|
| 1 | 毛招大 | 6 | 3 | 4 | 7.0304 | 2 | 0.22 | 0.42 | 10.67 |
| 2 | 陈毛毛 | 4 | 2 | 3 | 5.2728 | 2 | 0.22 | 0.28 | 7.7728 |
| 3 | 周土泉 | 4 | 2 | 2 | 3.5152 | 1 | 0.11 | 0.28 | 5.9052 |
| 4 | 周云泉 | 3 | 1.5 | 3 | 5.2728 | 2 | 0.22 | 0.21 | 7.2028 |
| 5 | 居老土 | 3 | 1.5 | 3 | 5.2728 | 2 | 0.22 | 0.21 | 7.2028 |
| 6 | 陈根金 | 4 | 2 | 4 | 7.0304 | 2 | 0.22 | 0.28 | 9.5304 |
| 7 | 汝长金 | 6 | 3 | 5 | 8.788 | 3 | 0.33 | 0.42 | 12.538 |
| 8 | 居银苟 | 3 | 1.5 | 2 | 3.5152 | 1 | 0.11 | 0.21 | 5.3352 |
| 9 | 居秀金 | 3 | 1.5 | 3 | 5.2728 | 2 | 0.22 | 0.21 | 7.2028 |
| 10 | 居水林 | 5 | 2.5 | 2 | 3.5152 | 1 | 0.11 | 0.35 | 6.4752 |
| 11 | 周福男 | 3 | 1.5 | 2 | 3.5152 | 1 | 0.11 | 0.21 | 5.3352 |
| 12 | 周水男 | 4 | 2 | 4 | 7.0304 | 2 | 0.22 | 0.28 | 9.5304 |
| 13 | 周泉男 | 4 | 2 | 3 | 5.2728 | 2 | 0.22 | 0.28 | 7.7728 |
| 14 | 浦根福 | 3 | 1.5 | 3 | 5.2728 | 2 | 0.22 | 0.21 | 7.2028 |
| 15 | 居金弟 | 5 | 2.5 | 3 | 5.2728 | 2 | 0.22 | 0.35 | 8.3428 |
| 16 | 周玉男 | 3 | 1.5 | 2 | 3.5152 | 1 | 0.11 | 0.21 | 5.3352 |
| 17 | 居金土 | 5 | 2.5 | 3 | 5.2728 | 2 | 0.22 | 0.35 | 8.3428 |
|  | 合计 | 68 | 34 | 51 | 89.6376 | 30 | 3.3 | 4.76 | 131.7 |

红庄 2 组

| 编号 | 户主姓名 | 人口数 | 口粮田（亩） | 劳动力人口数 | 责任田（亩） | 猪只数 | 饲料田（亩） | 自留田（亩） | 合计（亩） |
|---|---|---|---|---|---|---|---|---|---|
| 1 | 龚玉根 | 3 | 1.5 | 2 | 2.616 | 1 | 0.11 | 0.21 | 4.436 |
| 2 | 王毛根 | 3 | 1.5 | 2 | 2.616 | 1 | 0.11 | 0.21 | 4.436 |
| 3 | 龚志明 | 4 | 2 | 2 | 2.616 | 1 | 0.11 | 0.28 | 5.006 |
| 4 | 汝多男 | 3 | 1.5 | 2 | 2.616 | 1 | 0.11 | 0.21 | 4.436 |
| 5 | 龚关林 | 4 | 2 | 3 | 3.924 | 1 | 0.11 | 0.28 | 6.314 |
| 6 | 王根木 | 3 | 1.5 | 2 | 2.616 | 1 | 0.11 | 0.21 | 4.436 |
| 7 | 王金根 | 5 | 2.5 | 3 | 3.924 | 2 | 0.22 | 0.35 | 6.994 |
| 8 | 居阿四 | 5 | 2.5 | 5 | 6.54 | 3 | 0.33 | 0.35 | 9.72 |
| 9 | 王夫根 | 4 | 2 | 2 | 2.616 | 1 | 0.11 | 0.28 | 5.006 |

续表

| 编号 | 户主姓名 | 人口数 | 口粮田（亩） | 劳动力人口数 | 责任田（亩） | 猪只数 | 饲料田（亩） | 自留田（亩） | 合计（亩） |
|---|---|---|---|---|---|---|---|---|---|
| 10 | 龚老土 | 4 | 2 | 2 | 2.616 | 1 | 0.11 | 0.28 | 5.006 |
| 11 | 龚根泉 | 4 | 2 | 3 | 3.924 | 2 | 0.22 | 0.28 | 6.424 |
| 12 | 龚福寿 | 3 | 1.5 | 3 | 3.924 | 2 | 0.22 | 0.21 | 5.854 |
| 13 | 龚志亮 | 3 | 1.5 | 3 | 3.924 | 2 | 0.22 | 0.21 | 5.854 |
| 14 | 史全根 | 4 | 2 | 4 | 5.232 | 2 | 0.22 | 0.28 | 7.732 |
| 15 | 汝火妹 | 4 | 2 | 3 | 3.924 | 2 | 0.22 | 0.28 | 6.424 |
| 16 | 陆道生 | 3 | 1.5 | 3 | 3.924 | 2 | 0.22 | 0.21 | 5.854 |
| 17 | 汝玉泉 | 3 | 1.5 | 3 | 3.924 | 2 | 0.22 | 0.21 | 5.854 |
| 18 | 汝金泉 | 3 | 1.5 | 2 | 2.616 | 1 | 0.11 | 0.21 | 4.436 |
| 19 | 汝老五 | 5 | 2.5 | 5 | 6.54 | 3 | 0.33 | 0.35 | 9.72 |
| 20 | 居玉苟 | 3 | 1.5 | 2 | 2.616 | 1 | 0.11 | 0.21 | 4.436 |
| 21 | 浦寿根 | 3 | 1.5 | 2 | 2.616 | 1 | 0.11 | 0.21 | 4.436 |
| 22 | 王志强 | 5 | 2.5 | 2 | 2.616 | 1 | 0.11 | 0.35 | 5.576 |
| 23 | 龚双根 | 2 | 1 | 2 | 2.616 | 1 | 0.11 | 0.14 | 3.866 |
| 合计 |  | 83 | 41.5 | 62 | 81.096 | 35 | 3.85 | 5.81 | 132.26 |

红庄 3 组

| 编号 | 户主姓名 | 人口数 | 口粮田（亩） | 劳动力人口数 | 责任田（亩） | 猪只数 | 饲料田（亩） | 自留田（亩） | 合计（亩） |
|---|---|---|---|---|---|---|---|---|---|
| 1 | 唐玉明 | 3 | 1.5 | 2 | 3.26 | 1 | 0.11 | 0.21 | 5.08 |
| 2 | 唐根元 | 3 | 1.5 | 3 | 4.89 | 2 | 0.22 | 0.21 | 6.82 |
| 3 | 张根男 | 5 | 2.5 | 4 | 6.52 | 2 | 0.22 | 0.35 | 9.59 |
| 4 | 张道大 | 4 | 2 | 3 | 4.89 | 2 | 0.22 | 0.28 | 7.39 |
| 5 | 罗子香 | 3 | 1.5 | 3 | 4.89 | 2 | 0.22 | 0.21 | 6.82 |
| 6 | 罗根木 | 3 | 1.5 | 2 | 3.26 | 1 | 0.11 | 0.21 | 5.08 |
| 7 | 罗阿夯 | 3 | 1.5 | 2 | 3.26 | 1 | 0.11 | 0.21 | 5.08 |
| 8 | 施方定 | 4 | 2 | 3 | 4.89 | 2 | 0.22 | 0.28 | 7.39 |
| 9 | 龚三男 | 4 | 2 | 2 | 3.26 | 1 | 0.11 | 0.28 | 5.65 |
| 10 | 龚水男 | 4 | 2 | 2 | 3.26 | 1 | 0.11 | 0.28 | 5.65 |
| 11 | 罗加男 | 4 | 2 | 3 | 4.89 | 2 | 0.22 | 0.28 | 7.39 |
| 12 | 罗道元 | 4 | 2 | 3 | 4.89 | 2 | 0.22 | 0.28 | 7.39 |
| 13 | 唐会根 | 4 | 2 | 2 | 3.26 | 1 | 0.11 | 0.28 | 5.65 |
| 14 | 史三男 | 5 | 2.5 | 3 | 4.89 | 2 | 0.22 | 0.35 | 7.96 |

续表

| 编号 | 户主姓名 | 人口数 | 口粮田（亩） | 劳动力人口数 | 责任田（亩） | 猪只数 | 饲料田（亩） | 自留田（亩） | 合计（亩） |
|---|---|---|---|---|---|---|---|---|---|
| 15 | 龚林男 | 3 | 1.5 | 3 | 4.89 | 2 | 0.22 | 0.21 | 6.82 |
| 16 | 唐招根 | 4 | 2 | 3 | 4.89 | 2 | 0.22 | 0.28 | 7.39 |
| 17 | 唐毛男 | 4 | 2 | 2 | 3.26 | 1 | 0.11 | 0.28 | 5.65 |
| 18 | 唐招泉 | 4 | 2 | 2 | 3.26 | 1 | 0.11 | 0.28 | 5.65 |
| 19 | 唐金男 | 4 | 2 | 3 | 4.89 | 2 | 0.22 | 0.28 | 7.39 |
| 20 | 罗雪男 | 3 | 1.5 | 2 | 3.26 | 2 | 0.22 | 0.21 | 5.19 |
| | 合计 | 75 | 37.5 | 52 | 84.8 | 32 | 3.52 | 5.25 | 131.03 |

红庄4组

| 编号 | 户主姓名 | 人口数 | 口粮田（亩） | 劳动力人口数 | 责任田（亩） | 猪只数 | 饲料田（亩） | 自留田（亩） | 合计（亩） |
|---|---|---|---|---|---|---|---|---|---|
| 1 | 陆三毛 | 6 | 3 | 5 | 6.796 | 3 | 0.33 | 0.42 | 10.546 |
| 2 | 陆留根 | 5 | 2.5 | 4 | 5.4368 | 2 | 0.22 | 0.35 | 8.5068 |
| 3 | 陆盘根 | 3 | 1.5 | 2 | 2.7184 | 1 | 0.11 | 0.21 | 4.5384 |
| 4 | 龚连根 | 4 | 2 | 3 | 4.0776 | 1 | 0.11 | 0.28 | 6.4676 |
| 5 | 汝云男 | 4 | 2 | 3 | 4.0776 | 2 | 0.22 | 0.28 | 6.5776 |
| 6 | 陆水金 | 4 | 2 | 3 | 4.0776 | 2 | 0.22 | 0.28 | 6.5776 |
| 7 | 唐阿夯 | 6 | 3 | 5 | 6.796 | 3 | 0.33 | 0.42 | 10.546 |
| 8 | 汝木泉 | 4 | 2 | 3 | 4.0776 | 2 | 0.22 | 0.28 | 6.5776 |
| 9 | 谢小男 | 5 | 2.5 | 4 | 5.4368 | 2 | 0.22 | 0.35 | 8.5068 |
| 10 | 姚文元 | 4 | 2 | 3 | 4.0776 | 2 | 0.22 | 0.28 | 6.5776 |
| 11 | 姚金媛 | 3 | 1.5 | 1 | 1.3592 | 1 | 0.11 | 0.21 | 3.1792 |
| 12 | 陆进生 | 6 | 3 | 5 | 6.796 | 3 | 0.33 | 0.42 | 10.546 |
| 13 | 陆根泉 | 4 | 2 | 3 | 4.0776 | 2 | 0.22 | 0.28 | 6.5776 |
| 15 | 陆水根 | 4 | 2 | 3 | 4.0776 | 2 | 0.22 | 0.28 | 6.5776 |
| 16 | 龚根弟 | 4 | 2 | 2 | 2.7184 | 1 | 0.11 | 0.28 | 5.1084 |
| 17 | 张玉根 | 4 | 2 | 3 | 4.0776 | 2 | 0.22 | 0.28 | 6.5776 |
| 18 | 张寿根 | 4 | 2 | 3 | 4.0776 | 2 | 0.22 | 0.28 | 6.5776 |
| 19 | 陆根毛 | 4 | 2 | 2 | 2.7184 | 1 | 0.11 | 0.28 | 5.1084 |
| 21 | 孙木根 | 3 | 1.5 | 2 | 2.7184 | 1 | 0.11 | 0.21 | 4.5384 |
| 22 | 谢银毛 | 3 | 1.5 | 1 | 1.3592 | 1 | 0.11 | 0.21 | 3.1792 |
| | 合计 | 84 | 42 | 60 | 81.552 | 36 | 3.96 | 5.88 | 133.39 |

红庄 5 组

| 编号 | 户主姓名 | 人口数 | 口粮田（亩） | 劳动力人口数 | 责任田（亩） | 猪只数 | 饲料田（亩） | 自留田（亩） | 合计（亩） |
|---|---|---|---|---|---|---|---|---|---|
| 1 | 孙寿根 | 4 | 2 | 2 | 2.96912 | 1 | 0.11 | 0.28 | 5.3591 |
| 2 | 谢宝根 | 5 | 2.5 | 4 | 5.93824 | 2 | 0.22 | 0.35 | 9.0082 |
| 3 | 许小男 | 5 | 2.5 | 4 | 5.93824 | 2 | 0.22 | 0.35 | 9.0082 |
| 4 | 孙寿林 | 5 | 2.5 | 3 | 4.45368 | 2 | 0.22 | 0.35 | 7.5237 |
| 5 | 许四古 | 3 | 1.5 | 3 | 4.45368 | 1 | 0.11 | 0.21 | 6.2737 |
| 6 | 孙玉林 | 5 | 2.5 | 4 | 5.93824 | 2 | 0.22 | 0.35 | 9.0082 |
| 7 | 孙抱大 | 4 | 2 | 4 | 5.93824 | 2 | 0.22 | 0.28 | 8.4382 |
| 8 | 张金根 | 6 | 3 | 5 | 7.4228 | 3 | 0.33 | 0.42 | 11.173 |
| 9 | 张纪根 | 4 | 2 | 2 | 2.96912 | 1 | 0.11 | 0.28 | 5.3591 |
| 10 | 孙福龙 | 4 | 2 | 4 | 5.93824 | 2 | 0.22 | 0.28 | 8.4382 |
| 11 | 孙林根 | 3 | 1.5 | 2 | 2.96912 | 1 | 0.11 | 0.21 | 4.7891 |
| 12 | 孙龙云 | 3 | 1.5 | 3 | 4.45368 | 2 | 0.22 | 0.21 | 6.3837 |
| 13 | 孙道根 | 2 | 1 | 2 | 2.96912 | 1 | 0.11 | 0.14 | 4.2191 |
| 14 | 许雪根 | 3 | 1.5 | 2 | 2.96912 | 1 | 0.11 | 0.21 | 4.7891 |
| 15 | 孙根土 | 6 | 3 | 5 | 7.4228 | 3 | 0.33 | 0.42 | 11.173 |
| 16 | 张福元 | 3 | 1.5 | 2 | 2.96912 | 1 | 0.11 | 0.21 | 4.7891 |
| 17 | 张全根 | 3 | 1.5 | 3 | 4.45368 | 2 | 0.22 | 0.21 | 6.3837 |
| 18 | 张火金 | 3 | 1.5 | 3 | 4.45368 | 2 | 0.22 | 0.21 | 6.3837 |
| 合计 |  | 71 | 35.5 | 57 | 84.6199 | 31 | 3.41 | 4.97 | 128.5 |

红庄 6 组

| 编号 | 户主姓名 | 人口数 | 口粮田（亩） | 劳动力人口数 | 责任田（亩） | 猪只数 | 饲料田（亩） | 自留田（亩） | 合计（亩） |
|---|---|---|---|---|---|---|---|---|---|
| 1 | 许巧福 | 5 | 2.5 | 4 | 3.1576 | 1 | 0.11 | 0.35 | 6.1176 |
| 2 | 许水男 | 4 | 2 | 2 | 1.5788 | 1 | 0.11 | 0.28 | 3.9688 |
| 3 | 龚元根 | 5 | 2.5 | 3 | 3.1576 | 2 | 0.22 | 0.35 | 6.2276 |
| 4 | 许火根 | 5 | 2.5 | 3 | 2.3682 | 2 | 0.22 | 0.35 | 5.4382 |
| 5 | 许八虎 | 4 | 2 | 3 | 2.3682 | 2 | 0.22 | 0.28 | 4.8682 |
| 6 | 许根木 | 2 | 1 | 2 | 1.5788 | 1 | 0.11 | 0.14 | 2.8288 |
| 7 | 许龙元 | 3 | 1.5 | 2 | 1.5788 | 1 | 0.11 | 0.21 | 3.3988 |
| 8 | 王根兴 | 4 | 2 | 4 | 3.1576 | 2 | 0.22 | 0.28 | 5.6576 |

续表

| 编号 | 户主姓名 | 人口数 | 口粮田（亩） | 劳动力人口数 | 责任田（亩） | 猪只数 | 饲料田（亩） | 自留田（亩） | 合计（亩） |
|---|---|---|---|---|---|---|---|---|---|
| 9 | 许云男 | 5 | 2.5 | 2 | 1.5788 | 1 | 0.11 | 0.35 | 4.5388 |
| 10 | 王云男 | 4 | 2 | 3 | 2.3682 | 2 | 0.22 | 0.28 | 4.8682 |
| 11 | 王四古 | 5 | 2.5 | 5 | 3.947 | 3 | 0.33 | 0.35 | 7.127 |
| 12 | 顾木泉 | 3 | 1.5 | 2 | 1.5788 | 1 | 0.11 | 0.21 | 3.3988 |
| 13 | 谢牛根 | 4 | 2 | 2 | 1.5788 | 1 | 0.11 | 0.28 | 3.9688 |
| 14 | 谢建明 | 5 | 2.5 | 2 | 1.5788 | 1 | 0.11 | 0.35 | 4.5388 |
| 15 | 许木根 | 4 | 2 | 2 | 1.5788 | 1 | 0.11 | 0.28 | 3.9688 |
| 16 | 许根元 | 4 | 2 | 4 | 3.1576 | 2 | 0.22 | 0.28 | 5.6576 |
| 17 | 杭宁根 | 6 | 3 | 4 | 3.1576 | 2 | 0.22 | 0.42 | 6.7976 |
| 18 | 许 伟 | 5 | 2.5 | 4 | 3.1576 | 2 | 0.22 | 0.35 | 6.2276 |
| 19 | 许金弟 | 2 | 1 | 2 | 1.5788 | 1 | 0.11 | 0.14 | 2.8288 |
| 20 | 许五保 | 5 | 2.5 | 4 | 3.1576 | 2 | 0.22 | 0.35 | 6.2276 |
| 21 | 王全根 | 4 | 2 | 3 | 2.3682 | 2 | 0.22 | 0.28 | 4.8682 |
| 22 | 许祥根 | 2 | 1 | 2 | 1.5788 | 1 | 0.11 | 0.14 | 2.8288 |
| 23 | 王水元 | 3 | 1.5 | 2 | 1.5788 | 1 | 0.11 | 0.21 | 3.3988 |
| 24 | 许祥林 | 2 | 1 | 2 | 1.5788 | 1 | 0.11 | 0.14 | 2.8288 |
| 25 | 顾伟大 | 3 | 1.5 | 2 | 1.5788 | 1 | 0.11 | 0.21 | 3.3988 |
| 26 | 许福元 | 3 | 1.5 | 3 | 2.3682 | 2 | 0.22 | 0.21 | 4.2982 |
| 27 | 许彩男 | 3 | 1.5 | 2 | 1.5788 | 1 | 0.11 | 0.21 | 3.3988 |
| 28 | 许祥男 | 3 | 1.5 | 2 | 1.5788 | 1 | 0.11 | 0.21 | 3.3988 |
| 29 | 许美云 | 2 | 1 | 2 | 1.5788 | 1 | 0.11 | 0.14 | 2.8288 |
| 30 | 王火根 | 3 | 1.5 | 3 | 2.3682 | 2 | 0.22 | 0.21 | 4.2982 |
| 31 | 许龙根 | 3 | 1.5 | 2 | 1.5788 | 1 | 0.11 | 0.21 | 3.3988 |
| | 合计 | 115 | 57.5 | 85 | 67.099 | 45 | 4.95 | 8.05 | 137.6 |

红庄7组

| 编号 | 户主姓名 | 人口数 | 口粮田（亩） | 劳动力人口数 | 责任田（亩） | 猪只数 | 饲料田（亩） | 自留田（亩） | 合计（亩） |
|---|---|---|---|---|---|---|---|---|---|
| 1 | 龚小新 | 3 | 1.5 | 2 | 2.36388 | 1 | 0.11 | 0.21 | 4.1839 |
| 2 | 龚宇新 | 3 | 1.5 | 2 | 2.36388 | 1 | 0.11 | 0.21 | 4.1839 |
| 3 | 王多金 | 2 | 1 | 2 | 2.36388 | 1 | 0.11 | 0.14 | 3.6139 |
| 4 | 严菊林 | 3 | 1.5 | 2 | 2.36388 | 1 | 0.11 | 0.21 | 4.1839 |
| 5 | 严金根 | 4 | 2 | 2 | 2.36388 | 2 | 0.22 | 0.28 | 4.8639 |

续表

| 编号 | 户主姓名 | 人口数 | 口粮田（亩） | 劳动力人口数 | 责任田（亩） | 猪只数 | 饲料田（亩） | 自留田（亩） | 合计（亩） |
|---|---|---|---|---|---|---|---|---|---|
| 6 | 许进夫 | 4 | 2 | 4 | 4.72776 | 1 | 0.11 | 0.28 | 7.1178 |
| 7 | 许根男 | 4 | 2 | 4 | 4.72776 | 2 | 0.22 | 0.28 | 7.2278 |
| 8 | 许雪林 | 5 | 2.5 | 4 | 4.72776 | 2 | 0.22 | 0.35 | 7.7978 |
| 9 | 朱林根 | 5 | 2.5 | 5 | 5.9097 | 2 | 0.22 | 0.35 | 8.9797 |
| 10 | 许福男 | 5 | 2.5 | 4 | 4.72776 | 2 | 0.22 | 0.35 | 7.7978 |
| 11 | 王其生 | 6 | 3 | 4 | 4.72776 | 2 | 0.22 | 0.42 | 8.3678 |
| 12 | 莫金男 | 4 | 2 | 2 | 2.36388 | 1 | 0.11 | 0.28 | 4.7539 |
| 13 | 许多男 | 4 | 2 | 2 | 2.36388 | 1 | 0.11 | 0.28 | 4.7539 |
| 14 | 严寿林 | 4 | 2 | 2 | 2.36388 | 1 | 0.11 | 0.28 | 4.7539 |
| 15 | 朱会土 | 4 | 2 | 3 | 3.54582 | 2 | 0.22 | 0.28 | 6.0458 |
| 16 | 吴毛根 | 5 | 2.5 | 3 | 3.54582 | 2 | 0.22 | 0.35 | 6.6158 |
| 17 | 龚云华 | 4 | 2 | 3 | 3.54582 | 2 | 0.22 | 0.28 | 6.0458 |
| 18 | 许钰男 | 4 | 2 | 2 | 2.36388 | 1 | 0.11 | 0.28 | 4.7539 |
| 19 | 朱根土 | 5 | 2.5 | 3 | 3.54582 | 1 | 0.11 | 0.35 | 6.5058 |
| 20 | 莫根大 | 2 | 1 | 2 | 2.36388 | 1 | 0.11 | 0.14 | 3.6139 |
| 21 | 马多根 | 4 | 2 | 3 | 3.54582 | 2 | 0.22 | 0.28 | 6.0458 |
| 22 | 龚小明 | 3 | 1.5 | 2 | 2.36388 | 1 | 0.11 | 0.21 | 4.1839 |
| 23 | 龚林宝 | 2 | 1 | 2 | 2.36388 | 1 | 0.11 | 0.14 | 3.6139 |
| 24 | 严道根 | 5 | 2.5 | 3 | 3.54582 | 2 | 0.22 | 0.35 | 6.6158 |
| 合计 | | 94 | 47 | 67 | 79.19 | 35 | 3.85 | 6.58 | 136.62 |

红庄 8 组

| 编号 | 户主姓名 | 人口数 | 口粮田（亩） | 劳动力人口数 | 责任田（亩） | 猪只数 | 饲料田（亩） | 自留田（亩） | 合计（亩） |
|---|---|---|---|---|---|---|---|---|---|
| 1 | 刘长兴 | 2 | 1 | 2 | 2.16166 | 1 | 0.11 | 0.14 | 3.4117 |
| 2 | 刘才兴 | 2 | 1 | 2 | 2.16166 | 1 | 0.11 | 0.14 | 3.4117 |
| 3 | 刘老土 | 5 | 2.5 | 5 | 5.40415 | 2 | 0.22 | 0.35 | 8.4742 |
| 4 | 刘水金 | 6 | 3 | 5 | 5.40415 | 3 | 0.33 | 0.42 | 9.1542 |
| 5 | 刘龙大 | 4 | 2 | 3 | 3.24249 | 2 | 0.22 | 0.28 | 5.7425 |
| 6 | 刘金根 | 5 | 2.5 | 4 | 4.32332 | 2 | 0.22 | 0.35 | 7.3933 |
| 7 | 刘雪林 | 3 | 1.5 | 2 | 2.16166 | 1 | 0.11 | 0.21 | 3.9817 |
| 8 | 周三妹 | 3 | 1.5 | 2 | 2.16166 | 1 | 0.11 | 0.21 | 3.9817 |
| 9 | 刘龙男 | 4 | 2 | 3 | 3.24249 | 2 | 0.22 | 0.28 | 5.7425 |

续表

| 编号 | 户主姓名 | 人口数 | 口粮田（亩） | 劳动力人口数 | 责任田（亩） | 猪只数 | 饲料田（亩） | 自留田（亩） | 合计（亩） |
|---|---|---|---|---|---|---|---|---|---|
| 10 | 刘老三 | 3 | 1.5 | 2 | 2.16166 | 1 | 0.11 | 0.21 | 3.9817 |
| 11 | 刘雪云 | 3 | 1.5 | 2 | 2.16166 | 1 | 0.11 | 0.21 | 3.9817 |
| 12 | 刘咬大 | 4 | 2 | 2 | 2.16166 | 1 | 0.11 | 0.28 | 4.5517 |
| 13 | 刘和福 | 3 | 1.5 | 3 | 3.24249 | 2 | 0.22 | 0.21 | 5.1725 |
| 14 | 刘金男 | 3 | 1.5 | 3 | 3.24249 | 2 | 0.22 | 0.21 | 5.1725 |
| 15 | 刘留福 | 5 | 2.5 | 4 | 4.32332 | 3 | 0.33 | 0.35 | 7.5033 |
| 16 | 杭根大 | 5 | 2.5 | 4 | 4.32332 | 2 | 0.22 | 0.35 | 7.3933 |
| 17 | 毛水全 | 7 | 3.5 | 5 | 5.40415 | 3 | 0.33 | 0.49 | 9.7242 |
| 18 | 毛根火 | 5 | 2.5 | 5 | 5.40415 | 3 | 0.33 | 0.35 | 8.5842 |
| 19 | 刘根男 | 4 | 2 | 4 | 4.32332 | 2 | 0.22 | 0.28 | 6.8233 |
| 20 | 刘全龙 | 3 | 1.5 | 3 | 3.24249 | 2 | 0.22 | 0.21 | 5.1725 |
| 21 | 毛永元 | 5 | 2.5 | 3 | 3.24249 | 2 | 0.22 | 0.35 | 6.3125 |
| 22 | 刘玉林 | 3 | 1.5 | 2 | 2.16166 | 1 | 0.11 | 0.21 | 3.9817 |
| 23 | 刘木根 | 4 | 2 | 2 | 2.16166 | 1 | 0.11 | 0.28 | 4.5517 |
|  | 合计 | 91 | 45.5 | 72 | 77.8198 | 41 | 4.51 | 6.37 | 134.2 |

红庄 9 组

| 编号 | 户主姓名 | 人口数 | 口粮田（亩） | 劳动力人口数 | 责任田（亩） | 猪只数 | 饲料田（亩） | 自留田（亩） | 合计（亩） |
|---|---|---|---|---|---|---|---|---|---|
| 1 | 毛正福 | 3 | 1.5 | 3 | 2.72961 | 2 | 0.22 | 0.21 | 4.6596 |
| 2 | 秦三兴 | 3 | 1.5 | 2 | 1.81974 | 1 | 0.11 | 0.21 | 3.6397 |
| 3 | 凌留福 | 4 | 2 | 4 | 3.63948 | 2 | 0.22 | 0.28 | 6.1395 |
| 4 | 谢会生 | 4 | 2 | 4 | 3.63948 | 2 | 0.22 | 0.28 | 6.1395 |
| 5 | 顾美根 | 3 | 1.5 | 2 | 1.81974 | 1 | 0.11 | 0.21 | 3.6397 |
| 6 | 谢玉男 | 3 | 1.5 | 2 | 1.81974 | 1 | 0.11 | 0.21 | 3.6397 |
| 7 | 凌海福 | 5 | 2.5 | 4 | 3.63948 | 2 | 0.22 | 0.35 | 6.7095 |
| 8 | 凌木泉 | 4 | 2 | 2 | 1.81974 | 1 | 0.11 | 0.28 | 4.2097 |
| 9 | 秦菊男 | 2 | 1 | 2 | 1.81974 | 1 | 0.11 | 0.14 | 3.0697 |
| 10 | 秦玉根 | 4 | 2 | 2 | 1.81974 | 1 | 0.11 | 0.28 | 4.2097 |
| 11 | 毛卫土 | 4 | 2 | 2 | 1.81974 | 1 | 0.11 | 0.28 | 4.2097 |
| 12 | 顾金男 | 4 | 2 | 2 | 1.81974 | 1 | 0.11 | 0.28 | 4.2097 |
| 13 | 顾建平 | 4 | 2 | 2 | 1.81974 | 1 | 0.11 | 0.28 | 4.2097 |
| 14 | 秦子明 | 3 | 1.5 | 3 | 2.72961 | 2 | 0.22 | 0.21 | 4.6596 |

续表

| 编号 | 户主姓名 | 人口数 | 口粮田（亩） | 劳动力人口数 | 责任田（亩） | 猪只数 | 饲料田（亩） | 自留田（亩） | 合计（亩） |
|---|---|---|---|---|---|---|---|---|---|
| 15 | 邹福林 | 5 | 2.5 | 4 | 3.63948 | 2 | 0.22 | 0.35 | 6.7095 |
| 16 | 毛珍妹 | 2 | 1 | 1 | 0.90987 | 0 | 0 | 0.14 | 2.0499 |
| 17 | 王根全 | 4 | 2 | 3 | 2.72961 | 1 | 0.11 | 0.28 | 5.1196 |
| 18 | 毛阿元 | 5 | 2.5 | 4 | 3.63948 | 2 | 0.22 | 0.35 | 6.7095 |
| 19 | 邹林福 | 5 | 2.5 | 4 | 3.63948 | 2 | 0.22 | 0.35 | 6.7095 |
| 20 | 凌祥男 | 5 | 2.5 | 4 | 3.63948 | 2 | 0.22 | 0.35 | 6.7095 |
| 21 | 王双根 | 2 | 1 | 2 | 1.81974 | 1 | 0.11 | 0.14 | 3.0697 |
| 22 | 顾会根 | 5 | 2.5 | 4 | 3.63948 | 2 | 0.22 | 0.35 | 6.7095 |
| 23 | 杭纪大 | 6 | 3 | 5 | 4.54935 | 2 | 0.22 | 0.42 | 8.1894 |
| 24 | 秦三福 | 3 | 1.5 | 3 | 2.72961 | 2 | 0.22 | 0.21 | 4.6596 |
| 25 | 王毛毛 | 2 | 1 | 2 | 1.81974 | 1 | 0.11 | 0.14 | 3.0697 |
| 26 | 顾雪男 | 5 | 2.5 | 4 | 3.63948 | 2 | 0.22 | 0.35 | 6.7095 |
| | 合计 | 99 | 49.5 | 76 | 69.1501 | 38 | 4.18 | 6.93 | 129.76 |

红庄 10 组

| 编号 | 户主姓名 | 人口数 | 口粮田（亩） | 劳动力人口数 | 责任田（亩） | 猪只数 | 饲料田（亩） | 自留田（亩） | 合计（亩） |
|---|---|---|---|---|---|---|---|---|---|
| 1 | 莫水龙 | 3 | 1.5 | 1 | 1.18965 | 1 | 0.11 | 0.21 | 3.0097 |
| 2 | 莫水林 | 6 | 3 | 4 | 4.7586 | 2 | 0.22 | 0.42 | 8.3986 |
| 3 | 李长根 | 5 | 2.5 | 4 | 4.7586 | 2 | 0.22 | 0.35 | 7.8286 |
| 4 | 吴水土 | 3 | 1.5 | 2 | 2.3793 | 1 | 0.11 | 0.21 | 4.1993 |
| 5 | 吴根男 | 5 | 2.5 | 4 | 4.7586 | 2 | 0.22 | 0.35 | 7.8286 |
| 6 | 吴根土 | 3 | 1.5 | 2 | 2.3793 | 1 | 0.11 | 0.21 | 4.1993 |
| 7 | 莫龙根 | 3 | 1.5 | 2 | 2.3793 | 1 | 0.11 | 0.21 | 4.1993 |
| 8 | 王水金 | 3 | 1.5 | 2 | 2.3793 | 1 | 0.11 | 0.21 | 4.1993 |
| 9 | 吴水元 | 5 | 2.5 | 4 | 4.7586 | 2 | 0.22 | 0.35 | 7.8286 |
| 10 | 王福寿 | 4 | 2 | 4 | 4.7586 | 2 | 0.22 | 0.28 | 7.2586 |
| 11 | 莫文清 | 3 | 1.5 | 3 | 3.56895 | 1 | 0.11 | 0.21 | 5.389 |
| 12 | 莫寿大 | 4 | 2 | 3 | 3.56895 | 2 | 0.22 | 0.28 | 6.069 |
| 13 | 莫寿林 | 4 | 2 | 3 | 3.56895 | 2 | 0.22 | 0.28 | 6.069 |
| 14 | 唐全根 | 5 | 2.5 | 4 | 4.7586 | 3 | 0.33 | 0.35 | 7.9386 |
| 15 | 莫木根 | 4 | 2 | 2 | 2.3793 | 1 | 0.11 | 0.28 | 4.7693 |

续表

| 编号 | 户主姓名 | 人口数 | 口粮田（亩） | 劳动力人口数 | 责任田（亩） | 猪只数 | 饲料田（亩） | 自留田（亩） | 合计（亩） |
|---|---|---|---|---|---|---|---|---|---|
| 16 | 王水福 | 4 | 2 | 3 | 3.56895 | 2 | 0.22 | 0.28 | 6.069 |
| 17 | 莫土金 | 5 | 2.5 | 4 | 4.7586 | 2 | 0.22 | 0.35 | 7.8286 |
| 18 | 王水火 | 5 | 2.5 | 3 | 3.56895 | 2 | 0.22 | 0.35 | 6.639 |
| 19 | 王多头 | 4 | 2 | 3 | 3.56895 | 2 | 0.22 | 0.28 | 6.069 |
| | 合计 | 78 | 39 | 57 | 67.8101 | 32 | 3.52 | 5.46 | 115.79 |

红庄11组

| 编号 | 户主姓名 | 人口数 | 口粮田（亩） | 劳动力人口数 | 责任田（亩） | 猪只数 | 饲料田（亩） | 自留田（亩） | 合计（亩） |
|---|---|---|---|---|---|---|---|---|---|
| 1 | 马根兴 | 5 | 2.5 | 4 | 5.24 | 2 | 0.22 | 0.35 | 8.31 |
| 2 | 罗林根 | 3 | 1.5 | 2 | 2.62 | 1 | 0.11 | 0.21 | 4.44 |
| 3 | 马会根 | 3 | 1.5 | 2 | 2.62 | 1 | 0.11 | 0.21 | 4.44 |
| 4 | 罗雪根 | 3 | 1.5 | 3 | 3.93 | 2 | 0.22 | 0.21 | 5.86 |
| 5 | 罗连根 | 3 | 1.5 | 2 | 2.62 | 1 | 0.11 | 0.21 | 4.44 |
| 6 | 马金根 | 4 | 2 | 2 | 2.62 | 1 | 0.11 | 0.28 | 5.01 |
| 7 | 张毛根 | 5 | 2.5 | 4 | 5.24 | 2 | 0.22 | 0.35 | 8.31 |
| 8 | 唐金泉 | 5 | 2.5 | 3 | 3.93 | 2 | 0.22 | 0.35 | 7 |
| 9 | 张福男 | 3 | 1.5 | 3 | 3.93 | 2 | 0.22 | 0.21 | 5.86 |
| 10 | 张云男 | 3 | 1.5 | 2 | 2.62 | 1 | 0.11 | 0.21 | 4.44 |
| 11 | 张火全 | 4 | 2 | 3 | 3.93 | 2 | 0.22 | 0.28 | 6.43 |
| 12 | 张金妹 | 4 | 2 | 3 | 3.93 | 2 | 0.22 | 0.28 | 6.43 |
| 13 | 张金男 | 4 | 2 | 2 | 2.62 | 1 | 0.11 | 0.28 | 5.01 |
| 14 | 张全男 | 5 | 2.5 | 4 | 5.24 | 2 | 0.22 | 0.35 | 8.31 |
| 15 | 张土泉 | 5 | 2.5 | 5 | 6.55 | 3 | 0.33 | 0.35 | 9.73 |
| 16 | 胡金华 | 6 | 3 | 5 | 6.55 | 3 | 0.33 | 0.42 | 10.3 |
| 17 | 胡留保 | 4 | 2 | 2 | 2.62 | 2 | 0.22 | 0.28 | 5.12 |
| | 合计 | 69 | 34.5 | 51 | 66.81 | 30 | 3.3 | 4.83 | 109.44 |

红庄 12 组

| 编号 | 户主姓名 | 人口数 | 口粮田（亩） | 劳动力人口数 | 责任田（亩） | 猪只数 | 饲料田（亩） | 自留田（亩） | 合计（亩） |
|---|---|---|---|---|---|---|---|---|---|
| 1 | 谢金男 | 3 | 1.5 | 2 | 3.00762 | 1 | 0.11 | 0.21 | 4.8276 |
| 2 | 钱木根火 | 5 | 2.5 | 3 | 4.51143 | 2 | 0.22 | 0.35 | 7.5814 |
| 3 | 谢云福 | 3 | 1.5 | 3 | 4.51143 | 2 | 0.22 | 0.21 | 6.4414 |
| 4 | 孙毛根 | 4 | 2 | 3 | 4.51143 | 2 | 0.22 | 0.28 | 7.0114 |
| 5 | 朱龙弟 | 4 | 2 | 3 | 4.51143 | 2 | 0.22 | 0.28 | 7.0114 |
| 6 | 朱根弟 | 4 | 2 | 3 | 4.51143 | 2 | 0.22 | 0.28 | 7.0114 |
| 7 | 钱根大 | 3 | 1.5 | 3 | 4.51143 | 2 | 0.22 | 0.21 | 6.4414 |
| 8 | 孙金根 | 3 | 1.5 | 2 | 3.00762 | 1 | 0.11 | 0.21 | 4.8276 |
| 9 | 钱彩男 | 3 | 1.5 | 2 | 3.00762 | 1 | 0.11 | 0.21 | 4.8276 |
| 10 | 王多头 | 4 | 2 | 2 | 3.00762 | 1 | 0.11 | 0.28 | 5.3976 |
| 11 | 徐海男 | 4 | 2 | 3 | 4.51143 | 2 | 0.22 | 0.28 | 7.0114 |
| 12 | 张根元 | 4 | 2 | 4 | 6.01524 | 2 | 0.22 | 0.28 | 8.5152 |
| 13 | 张雪男 | 3 | 1.5 | 2 | 3.00762 | 1 | 0.11 | 0.21 | 4.8276 |
| 14 | 许福林 | 4 | 2 | 4 | 6.01524 | 2 | 0.22 | 0.28 | 8.5152 |
| 15 | 朱根福 | 4 | 2 | 4 | 6.01524 | 2 | 0.22 | 0.28 | 8.5152 |
| 16 | 王金元 | 3 | 1.5 | 2 | 3.00762 | 1 | 0.11 | 0.21 | 4.8276 |
| 17 | 王金根 | 5 | 2.5 | 4 | 6.01524 | 2 | 0.22 | 0.35 | 9.0852 |
| 18 | 张根妹 | 3 | 1.5 | 3 | 4.51143 | 2 | 0.22 | 0.21 | 6.4414 |
| 19 | 许官福 | 5 | 2.5 | 3 | 4.51143 | 2 | 0.22 | 0.35 | 7.5814 |
| 合计 | | 71 | 35.5 | 55 | 82.7096 | 32 | 3.52 | 4.97 | 126.7 |

# 编纂始末

《红庄社区志》的编写始于2013年10月,在中共红庄社区党委、红庄社区居委会的领导下,成立了《红庄社区志》编纂委员会和编纂办公室,并向各居民户下发了相关告知,开始收集资料,着手编写。历时一载有余,数易其稿,终于客观真实地编纂成书。

红庄境域历史上曾分属吴县、长洲(后元和)、吴江三县。时代久远,世事更迭,文献散乱,档案残缺。修志人员本着资政、育人、存史的指导思想,重视搜集工作,采用先内后外、先近后远、先易后难、逐步展开的办法,多方面、多渠道采集,并先后多次去苏州市档案馆、苏州市文管会、苏州市图书馆、吴中区档案馆、吴中区地方志办公室、吴中区文管会、吴中区图书馆、吴江区(县)档案馆、吴江区(县)图书馆查阅了数千卷旧志书、史籍档案和报刊。同时,走访老干部、社会长者,召开座谈会,征集红庄有关史料。编纂委员会办公室两次举办培训班,对编写人员和基层单位相关人员进行业务培训,群策群力为社区志征集资料。编修人员对征集之资料反复核实、详细考订、补漏勘误,且对体例编排、章节设置、资料取舍等反复推敲,体现了求真务实、一丝不苟的精神。《红庄社区志》几经反复、充实完善,至2014年12月完成初稿。随即,送社区编纂委员会领导和有关老同志审阅,并根据提出的意见,再行修改、调整、补充。2015年12月将送审稿交吴中区地方志办公室审定通过,交付出版。

编修《红庄社区志》,是红庄历史上一项浩大的文化工程。编修人员都是外行受命,遇到的难题始料未及。为树立信心,面对困难,修志人员以"修志须立志,无志难成志"勉励自己,本着对得起先辈、无愧于后人的要求,发扬"不用扬鞭自奋蹄"的老黄牛精神,甘于寂寞,力戒浮躁,涉暑熬寒,旷日持久,广征博采,潜心笔耕,默默奉献,合力把社区志编好。

编纂过程中,红庄社区党委、居委会领导始终给予关心和重视,域内企事业单位大力支持,社区各界人士热心帮助,吴中区地方志办公室、城南街道社会事业科领导悉心指导。在此,谨对所有为《红庄社区志》做出贡献的人们表示衷心的感谢。

《红庄社区志》即将付梓,从此,红庄人民有了自己的一笔文化遗产。但是,由于我们的水平有限,难免有疏漏、谬误之处,企望各界人士不吝指教,亦期望后人续修时予以补正。

《红庄社区志》编纂委员会办公室<br>2015年12月